Renate Eulenbruch

Vorsicht Fernweh!

Geschichten vom Reisen

Träume nicht dein Leben,
lebe deinen Traum!

Renate Eulenbruch

Vorsicht FERNWEH!

Geschichten vom Reisen

Zu Risiken und Nebenwirkungen fragen Sie Ihren Arzt, Ihr Reisebüro oder Kreditinstitut!

2. Auflage 2009

TRIGA – Der Verlag

Bibliografische Information der Deutschen Bibliothek
Die Deutsche Bibliothek verzeichnet diese Publikation in der Deutschen Nationalbibliografie;
detaillierte bibliografische Daten sind im Internet über http://dnb.ddb.de abrufbar.

2. Auflage 2009

Herzbachweg 2, D-63571 Gelnhausen
www.triga-der-verlag.de

Lektorat: Waltraud Steffens, Tavern

Zeichnungen und Fotos: Renate Eulenbruch

Druck: Daten- & Druckservice Spengler, 63486 Bruchköbel
Printed in Germany

ISBN 978-3-89774-656-5

Schön, dass Sie dieses Buch neugierig gemacht hat, denn Neugierde ist keine negative Eigenschaft, sondern der Motor unseres Lebens. Ohne sie gäbe es keine Erfindungen, keinen Fortschritt und keine neuen Träume. Wir würden noch heute wie Eva, nur mit einem Feigenblatt bekleidet, ohne Jeans, im Garten Eden unter einem Apfelbaum sitzen und Rauchzeichen geben, anstatt zu mailen, und Adam würde nicht mit einem Handy, sondern mit einer Buschtrommel zum Abendessen oder zum Verführen, durch die Schlange natürlich, rufen.

Lassen Sie für ein paar Stunden Ihre Seele baumeln, vergessen Sie alle Sorgen und tauchen Sie mit mir in den Zauber fremder Kulturen ein. Kommen Sie mit mir auf eine kleine, unterhaltsame Reise rund um die Welt. Sollte Sie dabei das Fernweh packen, versuchen Sie Ihre Träume oder wenigstens einen kleinen Teil davon zu verwirklichen, bevor es vielleicht einmal zu spät dazu sein könnte. Garantiert wird jede Reise zu einem unvergesslichen Erlebnis werden.

Meist beginnt es schon im Flugzeug, wenn Ihr liebenswerter Vordermann gerade dann seine Rückenlehne zurückstellt, um seine Schlafposition einzunehmen, wenn Sie noch Ihr Essen vor sich stehen haben, dazu möglichst noch ein Glas Rotwein, das munter über Ihre frischgewaschene, weiße Hose schwappt, während Sie versuchen, Ihre Gabel aus dem Kiefer zu ziehen und Ihre zusammengefalteten Beine vor einem Trümmerbruch zu retten.

Als Entschädigung dafür lernen Sie nach der Landung faszinierende Länder, bezaubernde Menschen aller Hautschattierungen und traumhaft schöne Landschaften kennen. Die Welt ist nicht nur rund, sondern auch wunderschön und vieles sieht ganz anders aus, als man es sich vorgestellt hat. Die eigenen Alltags-

probleme scheinen plötzlich Lichtjahre weit entfernt zu sein. Stattdessen strahlt die Sonne vom Himmel, Palmen wiegen sich sanft im Wind, das Meer rauscht leise und Sie spüren den warmen Sand unter Ihrem Körper.
Erst wenn Sie wieder von stressgezeichneten Gesichtern umgeben sind, Kofferwägelchen in die Hacken gehauen bekommen, weil alles nicht schnell genug geht, dann wissen Sie, Sie sind wieder daheim. Doch entspannt und erholt, noch beseelt von all den schönen Erinnerungen an einen Traumurlaub werden Sie auch darüber plötzlich mit einem Lächeln hinweg schauen können.
Übrigens, seit einem schweren Unfall habe ich eine Unterschenkelprothese, was mich aber nicht daran hindern sollte, die halbe Welt zu umkreisen. Da hat man doch im Notfall wenigstens immer eine schlagkräftige Waffe zur Hand! Lassen also auch Sie sich nicht durch eventuelle Handicaps von Ihren Träumen abbringen. Denn, wie heißt es so schön: »Wer heute den Kopf in den Sand steckt, knirscht morgen mit den Zähnen« – und das hilft letztendlich höchstens gegen Karies.

Also dann, viel Spaß bei meiner Reise rund um den Globus!

Inhalt

SÜDSEE

Eine Reise von Traum zu Traum

Bilder der Südsee erwecken wohl in jedem von uns den Traum, sich einmal im Leben wie Robinson fühlen zu können. Vielleicht inspiriert durch die farbenfrohen Gemälde von Gauguin oder die schwärmerischen Erzählungen von William Somerset Maugham, James Michener, James Cook, Robert Luise Stevenson oder anderen Abenteurern oder aber durch faszinierende Fotos von sich im Wind wiegenden Palmen, unzähligen von tintenblau bis türkis leuchtenden Lagunen, grün bewachsenen, bizarr geformten Bergen, sanften Hügeln, schokobraunen Inselschönheiten und schneeweißen, einsamen Stränden. Bilder, die keine Wünsche mehr offen lassen zu scheinen. Dazu die Vorstellung vom beruhigenden Rauschen des Meeres, betörenden Düften, unzähligen Arten exotischer Pflanzen, einschmeichelnden Klängen der Ukulelen und dem traumhaften Farbenspiel der Sonnenuntergänge. Je komplizierter, kälter, unpersönlicher und hektischer unser Alltag wird, umso größer wird unsere Sehnsucht nach einem unabhängigen, romantischen und sorglosen Leben fernab der alltäglichen Zwänge, einem Ort wo man noch seine Seele baumeln lassen kann.

Auch meinen Mann Werner und mich lassen diese fantastischen Bilder und Erzählungen von Südseeromantik nicht mehr los. So entschließen wir uns an einem kalten Novembertag, die halbe Welt zu umrunden, um diesen Traum Wirklichkeit werden zu lassen.
Der Flug geht zunächst nach Los Angeles. Ich liebe den Flughafen dieser Stadt. Man läuft und läuft durch endlos lange Gänge und wenn man schon glaubt, die ganze Stadt umrundet zu haben, fast vergessen hat, wohin man eigentlich will, geschieht letztendlich doch noch das Wunder und man erreicht erleichtert das herbeigesehnte Gate.
Nach weiteren Aufenthalten auf Hawaii und den Fidjis landen wir glücklich und erschöpft im letzten und ältesten Königreich Polynesiens – Tonga.

Tonga

Maloelelei! Willkommen in Tongatapu!

Tonga liegt ziemlich genau auf der entgegengesetzten Seite unseres Erdballs – rund 19150 km und 23 Flugstunden von Deutschland entfernt, am Rande der Datumsgrenze und besteht zu 99 % aus Wasser. Das Inselreich wird durch die dort verlaufende Datumsgrenze auch als »der Ort, wo die Zeit beginnt« und durch seine Lage und Geschichte, als »Herz der alten Südsee« bezeichnet. Die Datumsgrenze ist nicht zu hören, zu spüren, zu sehen, man wird nicht getauft wie am Äquator, aber man kann trotzdem viel verlieren – oder auch gewinnen – nämlich einen ganzen Tag. Denkt man nicht daran, ist man vielleicht etwas verwundert, wenn der Flug einen Tag früher geht oder man das Zimmer erst einen Tag später bekommt. Die Tongaer waren zunächst über die Datumsgrenze nicht sehr glücklich und fragten immer wieder, wohin der Tag denn nun verschwinden würde. Doch der kluge König machte es seinen frommen Untertanen schmackhaft, indem er ihnen ohne viele Erklärungen abgeben zu müssen sagte, dass sie so das Glück haben, die erste Nation der Welt zu sein, die ihren Gott jeden Tag zuerst begrüßen kann.

Bekanntschaft mit der Datumsgrenze macht auch unserer Freund Serban, dem sein runder Geburtstag auf diese Weise abhanden gekommen ist. Wer also glaubt, seiner nächsten Null entfliehen zu müssen – ein Schritt über die Datumsgrenze genügt, nur leider lässt sich dadurch nicht das Geburtsdatum im Pass verändern ...

Besiedelt wurde Tonga bereits 500 Jahre v. Chr. Bereits im 13. Jahrhundert war die Insel der Mittelpunkt eines großflächigen polynesischen Inselreichs. Der regierende König Taufa'ahau Tupou IV kann auf ein fast 2000 Jahre altes Herrschergeschlecht zurückblicken. Sein Inselreich gehört zu den wenigen noch verbliebenen absoluten Monarchien der Welt.

Schon im Anflug haben wir einen traumhaften Blick über die Hauptinsel Tongatapu, die wie ein grüner Farbklecks im tintenblau schimmernden Pazifik schwimmt. Sie wirkt flach wie ein Konfetti, ist bedeckt von vielen Palmenhainen und umgeben von den unterschiedlichsten im Sonnenlicht glitzernden, mystischen Farben des Meeres. Es fällt schwer zu begreifen, dass all diese traumhaften Blau-, Grün- und Türkistöne keine unrealistischen, kitschigen Fotomontagen, sondern Wirklichkeit sind.
Ein Bus, dessen Federung sicher als Bandscheibentest dient, bringt uns in die Hauptstadt Nuku' alofa. Die Fahrt geht vorbei am Wohnsitz der Prinzessinnen von Tonga, bewacht von zwei großen Raubkatzen aus Stein, zum Hotel »Datline International«. Es ist das beste Haus am Platze und gehört König Tupou IV. Vor uns erhebt sich allerdings ein Gebäude mit wenig internationalem Flair. Es erinnert mehr an den wenig attraktiven, schlichten und ergreifenden Baustil sozialistischer Staaten. Auch die Einrichtung der Zimmer scheint etwas zusammengewürfelt.
Werner unternimmt erst einmal den Versuch, die Klimaanlage zu reparieren, damit sie auch als selbige zu gebrauchen ist, während ich die Schirmchen der Nachttischlampen an die Stelle bringe, an der sie sich ursprünglich einmal befunden haben könnten. Die Wasserhähne sind jedoch beste deutsche Wertarbeit. Vermutlich ein Geschenk der Entwicklungshilfe und der guten Beziehung des Königs zu Deutschland.
Im angrenzenden Garten gibt es einen kleinen Pool, umgeben von Palmen, exotischen Blumen und Sträuchern. Geradezu einladend zur Erfrischung und Abkühlung – hätten sich dort nicht bereits ein paar muntere Hühnchen zur Entspannung niedergelassen, die absolut nicht gestört werden wollen. Ihren Unmut

geben sie uns schnell mit bösartigem Gegacker und zum Angriff aufgerissenen Schnäbeln zu verstehen. Einen unübersehbaren, die Popularität ungemein steigernden Vorzug hat das »Datline« allerdings: Hier gibt es auch am heiligen Sonntag etwas zu essen und es darf Alkohol ausgeschenkt werden.
Tongatapu ist trotz einiger Hotels, Geschäfte, Restaurants, Kaufhäuser, Kirchen, Kokospalmen und vieler dicker, schwarzer Schweine keine sehr aufregende Stadt. Am abenteuerlichsten sind die wild verknoteten, in sich verschlungenen Stromleitungen, die an Masten unbeachtet neben den oft etwas schiefen und von der schwülen Tropenhitze in Mitleidenschaft gezogenen Holzhäuschen baumeln.
Man fährt im Königreich links. Die staubigen Straßen sind voll von langsam vor sich hintuckernden, lauten, rostigen Vehikeln. Munteres, buntes Treiben herrscht dagegen auf dem Talamahu-Markt, unmittelbar neben dem Busbahnhof. Kastanienbraune Frauen mit molligen Figuren und Blumen im Haar sitzen auf Pandanusmatten, wackeln vergnügt mit ihren nackten Zehen und tauschen gestenreich mit ihren Nachbarn die aktuellsten Neuigkeiten aus. Sie sind umgeben von geflochtenen Körben und Bergen von Süßkartoffeln, Tarokknollen, riesigen Kürbissen, Bananen, Ananas, Kokosnüssen, Melonen, Papayas, Zwiebeln, Karotten, Tomaten, Paprikas, Vanilleschoten und vielen wohlriechenden Gewürzen. Es ist ein faszinierendes, farbenfrohes Bild – ein Eldorado für Fotografen; jedoch auch Freunde des Kunsthandwerks kommen nicht zu kurz. Überall versetzen einen die schönen Schnitzereien aus Holz und Korallen, Flechtarbeiten und unzählige Gegenstände aus Tapa in Erstaunen.
Tapa ist ein Baststoff, der aus dem Papiermaulbeerbaum gewonnen wird. Er entsteht, indem man die Masse, die sich zwischen Holz und Rinde befindet, entfernt. Sie wird zunächst in der Sonne getrocknet, danach gewässert und mit Schlegeln zu seidenfeinen Bahnen geklopft. Später werden die Stoffe mit Stärkemehl an- und aufeinander geklebt. Zuletzt bedruckt man die Stoffbahnen, die ein Ausmaß von bis zu 100 m Länge und 6 m Breite annehmen können, mit geschnitzten Stempeln oder bemalt sie mit kunstvol-

len Ornamenten. Die dazu verwendeten Naturfarben werden aus Blättern, Blüten, Baumrinde und dem Ruß verbrannter Nüsse gewonnen. Sie leuchten in wunderschönen, warmen Braun-, Rot-, Gelb- und Schwarztönen. Aus diesen aufwendig und mühsam hergestellten Stoffen fertigt man nicht nur Decken, sondern auch Wandbehänge, Taschen und die bei den Touristen sehr beliebten Briefkarten. Klebt man dann auch noch die wunderschönen, großen und in Sammlerkreisen heiß begehrten tongaischen Briefmarken darauf, die fast die Postkarte zur Nebensache werden lassen, schlägt auch das Herz der Daheimgebliebenen höher.
Die Fröhlichkeit und Offenheit der Menschen ist allgegenwärtig, selbst der größte Regenguss tut ihrer Unbeschwertheit keinen Abbruch. Vielleicht konnten sich die Tongaer diese Lebensfreude auch nur bewahren, weil sie nie von fremden Kolonialmächten unterdrückt und beeinflusst wurden.
Sehenswert ist natürlich der im viktorianischen Stil erbaute Palast des Königs Taufa' ahau Tupou IV. Erwartet man allerdings einen monströsen Prachtbau, so dürfte die Enttäuschung groß sein. Zwischen Norfolk-Kiefern, die Premierminister Shirley Baker bereits 1880 pflanzen ließ, entdeckt man eine weiße, nur zwei Stockwerke hohe Villa, deren knallrotes Wellblechdach einem von weitem entgegenleuchtet. Würde man sich vorstellen, dass Scarlett O'Hara durch das Eingangsportal schreitet, könnte man sie genauso gut an den Mississippi stellen. Der Palast wurde 1867 aus in Neuseeland gefertigten Holzteilen erbaut und mit Türmchen und verspielten Balkonen verziert. Schon an der Zufahrt sorgen Posten der Palastwache dafür, dass kein ungebetener Gast das Gelände betritt. Andere Leibwächter sitzen in ihren beigefarbenen Uniformröcken, unter denen stramme braune Männerwaden herausschauen, geschniegelt und gebügelt vor den tollsten Mercedes-Limousinen und harren der Dinge die da kommen – oder auch nicht. Ab und zu wedeln sie ein Staubkörnchen vom Lack der Luxuskarossen oder spielen vergnügt wie Kinder Nachlaufen.
Ein hoher Zaun soll vor eventuell einfallenden Rebellen schützen. Großen Gefahren dieser Art dürfte der freundliche, wohl-

beleibte König allerdings nicht ausgesetzt sein, denn seine Untertanen, die über 170 Inselchen verstreut sind, leben sehr traditionsbewusst. Sie respektieren die Gesetze, sind gehorsam und schauen ergeben zu ihrem König auf. Doch auch hier ist bereits ein Umbruch zu spüren. Junge Leute, die aus Mangel an Arbeitsmöglichkeiten das Land verlassen, einige Zeit in Australien, Neuseeland oder den USA verbringen, sind nicht mehr ganz so königstreu und unterwürfig eingestellt. Sie möchten lieber ihre eigenen Ideen verwirklichen und ihr Leben unabhängig von althergebrachten Stammestraditionen gestalten können.
So wirken die getroffenen Vorsichtsmaßnahmen eher wie die verträumte Kulisse einer Operettenbühne. Ein tongaischer Schriftsteller soll einmal gesagt haben:
»Wenn die Tongaer hören, es ist eine Revolution, stellen sie sich an die Straße und warten.« Ich denke, dieser Satz ist auch heute noch sehr zutreffend und sagt sehr viel über die Mentalität dieser liebenswürdigen Insulaner aus.
Fährt man über das Land nach Houma, so entdeckt man plötzlich ein völlig demoliertes Auto. Natürlich denkt man im ersten Moment an einen grausamen Unfall, bis ein Schild Aufklärung bringt. Darauf steht zu lesen: »Drive carefully«. Nun, eigentlich kann man auf dieser Insel nur carefully driven, denn die Straßen sind nicht gerade im besten Zustand und schon gar nicht als Rennbahn geeignet. Eher hatte der arme Autofahrer wohl in einem Schlagloch abgehoben, die Orientierung verloren, eine Palme erwischt und sein Auto so in dieses einprägsame Blechknäuel verwandelt. Allerdings glaube ich, dass in Tonga die Gefahr, einem Autounfall zum Opfer zu fallen, geringer ist als von einer der allerorts drohend über einem schwebenden Kokosnüsse erschlagen zu werden.
Etwas weiter an der Küste entlang kommt man zu den Blow-Holes von Mapu'a'a vaca. Ein Naturschauspiel, das man sich, wie ich las, besonders bei starkem Südostpassat nicht entgehen lassen sollte. Durch die tosenden Wellen des Meeres wurden Korallenriffe und Vulkangestein so ausgespült, dass sich Hunderte von Kanälen und Öffnungen bildeten.

Der Palast des Königs von Tonga

Markttag in Nuku'alofa

Für Schulkinder sind wir »Langnasen« immer eine willkommene Abwechslung

Es ist ein schöner sonniger Tag, als wir dort ankommen. Das Einzige, was die Stille unterbricht, ist das gleichmäßige Schlagen der Wellen an die zerklüfteten Korallenklippen. Wir setzen uns auf ein Riff und sind ganz traurig, dass uns wohl das Glück versagt bleibt, diese wunderschönen Geysire zu sehen. Es »blowt« weder vor, hinter noch neben uns. Wir wollen gerade aufstehen, als plötzlich in unmittelbarer Nähe mit donnerndem Getöse und ohne jegliche Vorwarnung eine ca. 20 m hohe, glitzernde, schäumende Fontäne emporschießt. Das Schauspiel setzt sich in vielen kleinen und großen Fontänen fort. Als wir uns vom ersten Schreck erholt haben, sind wir von oben bis unten nass wie die Pudel. Der Höllenlärm klingt noch lange in unseren Ohren nach. Still dagegen tropfen unsere Haare und die nasse Kleidung vor sich hin und bilden kleine Pfützen unter den Sitzen des Busses ...

Immer wieder werden wir von Einheimischen begrüßt. Die Lehrer in den Schulen, an denen wir vorbeikommen, haben ihre liebe Not, ihre Zöglinge in ihren schönen rot-weißen oder blau-weißen Schuluniformen wieder zur Ordnung zu rufen. Wir scheinen lehrreicher und interessanter als jede Unterrichtsstunde zu sein. Sieht man diese zarten, hübschen, nussbraunen Mädchen, dann drängt sich einem unwillkürlich die Frage auf, wie wohl später diese fülligen, barocken Figuren daraus werden können? Nun, schon ab dem Teenageralter gilt bei den Südseeinsulanern XXL-Körperfülle als Schönheitsideal. Ein untrügliches Zeichen dafür, dass sie den angenehmen Dingen des Lebens sehr zugetan sind und nicht etwa, wie wir, kostbare Zeit damit verschwenden, über Diäten nachzudenken. Sind die eigenen Sprösslinge den Kinderschuhen entwachsen, lässt man sich von ihnen bedienen, pflegt mehr seine Ruhe als die Arbeit und widmet sich den Leckereien und dem Relaxen. Man hat alle Zeit der Welt und schaut nicht auf die Uhr. Hektik und Stress sind in der Südsee ein absolutes Fremdwort, eine Einstellung, die auch für uns noch einige Überraschungen bereithalten sollte.

Warum soll man sich auch abhetzen? Der strahlende Sonnenschein und ab und zu ein Regenguss sorgen dafür, dass die

Blumen, Bäume und Früchte fast von alleine gedeihen und die Tiere machen in Gottes freier Natur auch nicht viel Arbeit. So braucht man nur entspannt darauf zu warten, bis einem die Papayas in den Mund fallen und die Schweine dick und fett genug sind, um sich in einen kräftigen Sonntagsbraten zu verwandeln.

Auf der Weiterfahrt in den nördlichen Teil der Insel wird man von den glühendroten Blüten der Flammenbäume, den allgegenwärtigen Palmenhainen und dem süßen Duft der rosa, weißen, roten und gelben Blüten der Frangipanibäume verzaubert. Hinter dieser Blütenpracht entdeckt man oftmals kleine Friedhöfe. Die Gräber sind bunt geschmückt mit Muscheln aller Art, grellen Plastikblumen, an Pfosten gespannten Tüchern, die mit religiösen Motiven bedruckt sind, im Wind flatternden Papierstreifen – und einer Unmengen von Bierflaschen, die mit den Hälsen in die Erde gesteckt sind. Fast könnte man annehmen, dass hier eine Säuferleber ihre letzte Ruhe gefunden hat oder man dem Verblichenen das Leben im Jenseits feucht-fröhlich gestalten wollte. Mit dieser eigenwilligen Grabumrandung will man jedoch lediglich das Abrutschen des Sandes verhindern.

Die Einstellung zum Tod ist dort eine ganz andere als bei uns. Die Farbenfreudigkeit und Fröhlichkeit der Gräber, eine Mischung aus christlichen und polynesischen Überlieferungen, soll die Hoffnung auf ein Leben mit den Sternen symbolisieren, das den Einwohnern einst von den Missionaren versprochen worden war. Wenn die Möglichkeit besteht, können Gräber auch auf dem eigenen Grundstück angelegt werden. So ist man den Ahnen näher und kann sie jederzeit problemlos mit in das eigene Leben einbeziehen. Man kann ihnen seine Sorgen und Erlebnisse mitteilen oder auch mit ihnen feiern.

Das Mittagessen nehmen wir in einem kleinen gemütlichen Restaurant am Strand ein. Vielleicht besser zu beschreiben mit einer »Hütte am Meer«. Sie liegt malerisch versteckt in einer kleinen, verträumten Bucht, gehört einem Deutschen, der irgendwann einmal hier hängen geblieben ist und eine Einheimische geheiratet hat. Sie, eine freundliche, farbenfroh gekleidete Tongae-

rin mit einer gelbweißen Frangipaniblüte hinter dem Ohr, ist bekannt dafür, dass sie den besten Lobster weit und breit zubereiten kann.
Ein Grab, das sich unmittelbar neben der Küche in einem kleinen Garten befindet, lässt zunächst ganz automatisch Zweifel daran aufkommen, ob dort wirklich ein Verwandter oder eventuell vielleicht doch ein Gast seine letzte Ruhe gefunden hat?
Die kleine Küche, mit selbstgezimmerten Regalen, Tischen, riesigen alten Töpfen, Pfannen, Dosen und einem Gaskocher ausgestattet, ist blitzblank geputzt. Als der frisch aus dem Meer gefischte Lobster schön garniert auf dem Teller liegt, sind schnell all meine Zweifel an ein frühzeitiges Ableben verflogen.
Gerade in Gedanken versunken, bringt mich das unsanfte Bremsen des Busses in die Realität zurück. Vor uns steht ein riesiger Eisenholzbaum, an dem viele dunkle Säcke hängen. Das glaubt man zumindest, bis sie anfangen sich zu bewegen und durch die Lüfte zu gleiten. Das aber könnten höchstens Säcke unter der magischen Kraft von David Copperfield! So schließen wir messerscharf – es sind keine ausgestopften Zaubersäcke, sondern unzählige Pekas (Flughunde) mit einer Flügelspanne von bis zu einem Meter. Obwohl diese fliegenden Hunde an und für sich Nachttiere sind, setzen sie ihre Schwingen auch tagsüber unter lautem Geschrei in Bewegung, wenn sie sich in ihrer Ruhe gestört fühlen. Beim Hochschauen sollte man allerdings etwas vorsichtig sein, denn diese putzigen Tierchen mit ihren flatternden Armen lieben Früchte und haben dadurch eine ausgesprochen gesunde Verdauung.
Die Pekas von Kolovai gehören alleine der königlichen Familie und dürfen deshalb weder gejagt noch getötet werden. Ähnliche Tierchen hatte ich schon einmal auf einer Reise durch Sri Lanka gesehen. Dort nannte man sie »flying foxes«, weil ihre Köpfe denen kleiner Füchse ähneln. Aber ob nun Hund oder Fuchs, man fühlt sich bei diesem Anblick unweigerlich in eine Szenerie des Horrorfilmes »die Vögel« von Hitchcock versetzt.
Natürlich gibt es auf Tonga auch einige archäologische Stätten. Besonders der Besuch der geheimnisvollsten und bekanntesten

des Ha'amonga Mauri Trilithon (Torbogen des Maui) sollte auf keiner Inselrundfahrt fehlen. Diesen klangvollen Namen führt ein riesiges, ca. 5 m hohes Monument, das aus drei 40 Tonnen schweren Korallenquadern zusammengesetzt ist. Man sagt, es soll im 13. Jahrhundert die Zufahrt zum Sitz des Königs Tu'ìtatui geschmückt haben. Später jedoch entdeckten Wissenschaftler eine Markierung, über der die Sonne genau am Tag der Sommersonnenwende aufgeht. Es besteht also auch die Möglichkeit, dass das Tor eventuell zur Bestimmung von Jahreszeiten gedient hat. Eine Legende erzählt, dass der polynesische Halbgott Maui es selbst auf seinen Schultern nach Tonga getragen haben soll. Doch wer weiß, vielleicht ist es auch ein Denkmal für die von hier aus erfolgreich gestarteten Entdeckungsreisen durch die Inselwelten der Südsee oder aber die mystische Südseeantwort auf Englands Stonehenge?

Hat man das Glück, auch einen Sonntag auf der Insel verbringen zu können, sollte man auf keinen Fall den Besuch einer der vielen Kirchen versäumen, die man selbst in den kleinsten Dörfern findet. Hier sind alle Religionsgemeinschaften vertreten, oft nur einen Steinwurf voneinander entfernt. Nicht nur der Anblick der Einheimischen mit ihren traditionellen Ta'ovales, eine wie ein voluminöser Gürtel um den Bauch geschlungene Bastmatte mit darunter getragenen wadenlangen Röcken, ist beeindruckend, sondern auch ihre zu Herzen gehenden, melodisch-melancholischen Gesänge, die sie voller Inbrunst und aus vollem Halse schmettern.

Was soll man an einem Sonntag schon anderes tun, als sich fein machen und singen? Denn, so bunt und lebhaft Toga sonst auch ist, am Sonntag ändert sich alles. Sonntag ist Sonntag, im wahrsten Sinne des Wortes! Sonntags bewegt sich nichts – höchstens der Wind. Es fährt kein Auto, kein Motorrad, kein Boot, die Geschäfte sind geschlossen, es startet und landet kein Flugzeug und es gibt, außer im Hotel »Datline«, auch nichts zu essen.

Auch wenn wir zu den Glücklichen zählen, dort logieren zu dürfen, bleiben wir nicht von dem sonntags angesagten Schneckentempo verschont. Schon das Frühstück ist ein Genuss besonderer Güte. Es dauert von 8 bis 12 Uhr. Bis dahin war ich mir nicht bewusst, wie langsam sich Menschen bewegen können. Es hätte keinerlei Anstrengung bedurft, ihnen beim Laufen die Schuhe zu besohlen. Auch den Gestaltungsmöglichkeiten sind keine Grenzen gesetzt. Mal kommt ein Toast, mal ein Ei, mal Obst, mal eine Scheibe Wurst. Wenn man Glück hat, auch eine Tasse Kaffee, die natürlich bei dieser rasenden Geschwindigkeit bereits kalt ist. Auch die Reihenfolge der Lieferungen ist nicht zu ergründen. Am besten ist, man lehnt sich entspannt zurück und lässt dieses Schauspiel geduldig auf sich wirken. Wo auf der Welt hat man schon Gelegenheit, Wurst zum kalten Kaffee, das Ei zum Orangensaft oder harten Toast zum Obst genießen zu können?

All das ist nicht unbedingt ein größeres Problem, wäre nicht unsere Zeit etwas begrenzt und hätten wir nicht gerade für diesen heiligen Sonntag eine Sondergenehmigung höchster Regierungskreise und das Einverständnis des Königs für den Weiterflug auf die kleine Tonga-Insel Vava'u gehabt.

So verzichten wir lieber auf den Endspurt dieses ausgedehnten, gemütlichen Frühstücks und machen uns, bewaffnet mit einer Scheibe kaltem Toast als Proviant, auf zum Flughafen.

Vava'u

Die Insel Niemandsland

Dieser Archipel der Träume, der zu den schönsten und ursprünglichsten Tongas zählt, liegt ca. 130 Flugminuten nördlich von Tongatapu entfernt. Schon als unser kleines Flugzeug über die wunderschönen Atolle, Lagunen, kleinen Buchten, umgeben von curaçaoblauem Wasser gleitet, lässt es die Schönheit dieser Insel, die wie eine kleine palmenbewachsene Billardkugel aus dem Wasser ragt, erahnen. Wir landen auf einer holprigen Piste, die sich Flugplatz nennt. Hier vertraut man noch seinem fliegerischen Können und fliegt nach Sicht. Der Pilot weiß genau, hinter der zweiten Palme links muss er den Flieger runterziehen, wenn er nicht im Wasser landen möchte. Sind in schwarzen Tropennächten die Palmen nicht genau zu erkennen, zündet man am Ende der Start- und Landebahn grablichterähnliche, mit Kerosin gefüllte Eimer an, die zur besseren Orientierung dienen sollen. Die Fahrt vom verträumten Städtchen Neiafu zum Hotel, vorbei an märchenhaften Alleen, kleinen Dörfern, in denen alteingesessene Fischer und Bauern in traditionell rund gebauten, mit Palmenwedeln bedeckten Hütten leben, gleicht einem Ausflug durch einen unbeschreiblich schönen, nach Frangipani duftenden tropischen Garten. Genau so malerisch ist unser Hotel gelegen. Die Bungalows, umgeben von exotischem Blütendschungel, sind sehr geräumig. Anstelle von Tapeten sind die Wände mit gemusterten Bastmatten bespannt.

Völlig unerwartet ist die Musik, die mir beim Betreten des Hotels ans Ohr dringt. »Die Insel Niemandsland, die keiner fand, außer

dir«, gesungen von Freddy. Der Text des Liedes ist zwar sehr treffend, aber wer vermutet schon solche akustischen Klänge auf einer winzigen Insel am anderen Ende der Welt?
Ein deutsches Ehepaar, sehr englisch angehaucht, leitet das Restaurant. In ihrer vornehmen, näselnden Art passen sie in diese ursprüngliche Welt wie die Faust aufs Auge. Die Schwierigkeiten mit dem einheimischen Personal waren so schon vorprogrammiert. Man verstand sich gegenseitig nicht und dementsprechend gut klappte auch der Service. Obwohl das Essen, wenn es denn nun kam, ausgezeichnet schmeckte.
Nach den anstrengenden Tagen tut uns ein wenig Erholung gut. Wir schippern mit einem Katamaran durch das glasklare, opalblauschimmernde Wasser der Lagunen, vorbei an einer Höhle der Insel Kapa, in deren 32 m hohem, steil aus dem Meer aufsteigendem Gewölbe unzählige Schwalben schwirren. Sanft streicht der Wind die Haare aus meinem Gesicht. Wir steuern eine kleine, zum Baden einladende Insel mit einem weißen Strand, wie von einem Zuckerbäcker ausgeschüttet, an. Wir legen uns in den warmen Sand, lauschen den Wellen und dem Wind, der sich in den Palmenwedeln fängt oder schwimmen im lauwarmen Wasser mit wunderschönen, bunt schillernden Fischen um die Wette.
Abends setzen wir uns gemütlich mit einem gut gekühlten Forster Bier an den Pool unseres Hotels, von wo aus man einen herrlichen Blick über den fjordähnlichen Hafen Port of Refuge genießen kann. Viele Schiffe, deren weiße Segel in der Sonne glänzen, liegen dort vor Anker, denn er gilt als einer der schönsten natürlichen Häfen der Südsee und wegen seiner malerischen Lage als Mekka für Segelyachten.
Versinkt die Sonne wie ein rotglühender Feuerball langsam im Meer, lassen auch wir den Tag mit einem der herrlich schmeckenden, bunten Südsee-Drinks ausklingen, mit Vorfreude und Neugierde auf weitere Abenteuer. Und die lassen auch nicht lange auf sich warten ...
Von Vava'u war ein Weiterflug nach Amerikanisch-Samoa geplant. Da »seine Majestät«, der König, aber zwischenzeitlich

Neugieriger Empfang am Flughafen von Neiafu

Oh, Kerosin tropft aus den Tragflächen! Ob das wohl so sein soll?

seine ganze Flotte zu einem Besuch nach Neuseeland mitgenommen hat, müssen für seine Untertanen und uns extra Flugzeuge aus Samoa angeheuert werden. Solche Aktionen lassen bei der Gemütlichkeit und Gelassenheit der Südseeinsulaner meist nichts Gutes ahnen.

Die Luft in dem kleinen Flughafengebäude ist schwül und stickig. Wir lassen uns mit unserem Gepäck in einer Ecke nieder, umgeben von freundlichen Einheimischen, die auf dem Boden sitzen, sich gegenseitig die Haare kämmen oder lautstark unterhalten, Blumenketten basteln und unsere – in ihren Augen – sehr zerbrechlichen Figuren bestaunen. Auch hier von Hektik, keine Spur. Selbst das Flughafenpersonal steht gelangweilt herum. So harren wir der Dinge, die da kommen sollen, hoffentlich noch bevor unser Urlaub vorbei ist! Mit total verblüfftem Gesicht zischt mir plötzlich unser Reisebegleiter ins Ohr:

»Ich werde verrückt, da hinten kommen tatsächlich die beiden gecharterten Flugzeuge.« Ich schaue auf und sehe mit Verwunderung, wie zwei kleine Maschinen elegant auf dem Acker, den man Piste nennt, landen. Eine Maschine ähnelte einem Flugobjekt, das man wohl gerade einem Museum entwendet hat, der andere Zaubervogel der Samoa Air (sehr zu empfehlen, wenn man Feinde oder eine böse Schwiegermutter hat) dagegen macht einen noch recht brauchbaren Eindruck. Er hat nur einen klitzekleinen Nachteil – es tropft Kerosin aus der Tragfläche ... Ein kluger Kopf stellte zunächst einen Becher darunter, dann ein Töpfchen, dann einen Topf, später einen Eimer, gefolgt von einer Wanne, bis ein weiterer noch klügerer Kopf nach Stunden des Bedenkens feststellte, dass man damit wohl nicht mehr fliegen könne. Welch tief schürfende Erkenntnisse!

Um solch einen Fehler zu beheben, hätten Ingenieure aus Hawaii eingeflogen werden müssen, die zunächst den Schaden begutachten, dann das nötige Material und die erforderlichen Ersatzteile bestellen würden, um letztendlich mit der Reparatur beginnen zu können. Wer weiß, wie viele Lichtjahre das gedauert hätte. Sicher hätten wir bis dahin schon die tongaische Staatsangehörigkeit erhalten.

Immerhin erfreulich, dass kein Feuer ausbrach, denn mit dem für diese Zwecke vorhandenen abenteuerlichen Auto hätten die Feuerwehrmänner höchstens noch ihre eigene Haut retten können. Dieses Feuerwehrauto, das bei Ankunft eines Flugzeugs immer sehr verantwortungsbewusst auf das Flugfeld rollt, ist absolut sehenswert. Es ist eine Kreuzung zwischen Jeep und Landrover, total verzogen und verrostet, ein Scheinwerfer ist ganz verloren gegangen oder hat eine anderweitige Verwendung gefunden. Auf der Ladefläche ist ein altes Fass montiert, zusätzlich eine Rolle mit einem Schlauch, der auch schon bessere Zeiten gesehen hat. Ich bezweifle sehr, dass das Wasser je die Chance gehabt hätte, von dem Fass bis an die Schlauchspitze zu gelangen. Als Rasensprenger hätte er sicher bessere Dienste getan.
So bleibt uns also nur der Weiterflug mit dem superinteressanten Museumsexemplar übrig. Da ein Unglück aber bekanntlich selten allein kommt, gibt es noch ein weiteres Problem: Auf diesem Flug sind auch Einheimische gebucht ... und die Beförderungsmenge geht nur nach Gewicht!
Nachdem wir und unser Gepäck auf vorsintflutlichen Kartoffelwaagen aus dicken Holzbohlen mit alten, massiven Gewichten gewogen sind, entscheidet der Kapitän, dass die Hälfte der Gruppe, samt Reisebegleiter und Koffer, in Vava'u zurückbleiben muss. Missmutig werden die »Verlierer« auf alte Lastwagen verfrachtet, deren Ladeflächen so hoch sind, dass man für den Aufstieg das Sportabzeichen gebraucht hätte. Dann geht die Fahrt zurück ins Hotel.
Für uns geht das Abenteuer weiter. Unweigerlich kommt mir ein erst kürzlich gelesener Witz in den Sinn: Auf einem winzigen Flughafen in einem exotischen Land soll ein Flugzeug starten. Mit gemischten Gefühlen hören die Passagiere, wie der Kapitän ruft:
»Ich fliege nicht mit der verdammten Kiste, wenn der Motor nicht ausgetauscht wird.« Nach einer Viertelstunde startet das Flugzeug. »Was, so schnell ist der Motor ausgetauscht worden?« fragt ein Fluggast die Stewardess. »Der Motor nicht – aber der Pilot.« Beruhigendere Witze fallen mir leider in diesem Moment

nicht ein. Doch was bleibt uns schon anderes übrig, als trotzdem an Bord dieser antiken, fliegenden Luxuskiste zu gehen?
In der ersten Reihe sitzt ein stattlicher Tongaer. Ein Mann wie ein Bär. Er alleine braucht schon drei Sitzplätze, um seine Fülle gleichmäßig verteilen zu können. In den Restraum dieses Wunderwerkes der Technik versuchen wir uns zu quetschen. Zur Begrüßung gibt es von einer hübschen Stewardess poppigbunte Bonbons – wir nehmen an, als »Sterbehilfe« ...
Die Sitze scheinen aus einem Go-Kart zu stammen, denn sie sind nur in Vertiefungen des leicht verrosteten Flugzeugbodens gesteckt. Die Rückenlehnen kann man ganz nach Wunsch rausnehmen oder seinen Vordermann damit erschrecken, indem man sie diskret entfernt und voller Schadenfreude darauf wartet, dass er sich gemütlich zurücklehnen möchte. Die Fensterscheiben sind beschlagen und blind. An der Abtrennungswand zum Cockpit tropft vergnügt das Kondenswasser herunter und die Türdichtungen hat man zur besseren »Belüftung« gleich ganz entfernt. So kann man durch die Türschlitze die weißen Wolken am Himmel vorbeiziehen sehen (auf denen sicher schon die Engelchen sitzen, die vorher einmal mit Samoa-Air geflogen waren) und durch diese Belüftungsschlitze auch gleichzeitig genussvoll den Duft des frischen Kerosins einatmen. Das trübt die Sinne und macht abenteuerlustiger.
Eine Mitreisende opfert ihr kostbarstes Parfum und meint, wenn wir schon sterben müssen, sollten wir wenigstens gut riechen. Zumindest kann es aber in dieser fliegenden Kiste keine Aussteiger geben. Ein Fluchtversuch ist unmöglich, denn die Tür mit der Einsteigetreppe ist vor dem Start mangels Verriegelungstechnik mit Metallketten (frühere Ankerketten) von innen einbruchssicher mit dem Rest des Flugzeuges verbunden worden.
Da die beiden jungen Piloten zum Glück nicht gerade suizidgefährdet aussehen, löst sich langsam unsere Verkrampfung. Wir versuchen trotz der ungewöhnlichen Flugzeugausstattung den Flug über die traumhaften Südseeatolle zu genießen. Wir überfliegen die Datumsgrenze und werden dadurch einen Tag jünger. So schnell schafft das kein Anti-Aging-Produkt!

Amerikanisch-Samoa

Talofa! Hallo Tutuila!

Tutuila, die Hauptinsel der fünf zu den externen Territorien der USA gehörenden Inseln Amerikanisch-Samoas ist 30 km lang, 3 km breit und vulkanischen Ursprungs. Schon vor der Landung sieht man schroff abfallende Bergrücken, kleine Puderzuckerbuchten, erloschene Vulkane und eine sehr dichte, in allen Grüntönen leuchtende Vegetation, bedingt durch den fruchtbaren Lavaboden.

Der Flughafen, mit einer Rollbahn, die weit wie ein Dreieck in ein Riff hinausragt, liegt 15 km von der Hauptstadt Pago-Pago entfernt. Bei schwüler Tropenluft geht die Fahrt zu unserem Hotel, an dem der Zahn der Zeit kräftig genagt hat. Dafür liegt es in einer herrlichen kleinen Bucht, umgeben von sanften, grün bewachsenen Hügeln. Durch die hohe Luftfeuchtigkeit klebt jeder Faden der Kleidung an unseren Körpern. Damit man die peinlichen Schwitzflecken nicht mehr so erkennt, beginnt zusätzlich ein Tropenregen auf uns niederzuprasseln, wie wir ihn vorher noch nie erlebt haben. Die Tropfen sind groß wie Wachteleier. Innerhalb von Sekunden sind wir nass wie eine Katze, die man ertränken will. Die Haare kleben am Kopf, die Schuhe quietschen und das Wasser quatschelt zwischen den Zehen. Durch unser Zimmer fließt genüsslich ein immer breiter werdendes Rinnsal. Windböen blasen es zur Eingangstür rein und zum Balkon wieder raus. Eine bequeme Art der Zimmerselbstreinigung ... Aber genauso schnell wie diese Sintflut begonnen hat, ist sie auch wieder vorbei. Sollte das vielleicht die Begrüßung des »Rainmakers« gewesen sein?

Der etwa 500 m hohe Mount Pioa erhebt sich östlich der Stadt. Durch seine Lage, die Windverhältnisse und die dadurch entstehende Wolkenbildung bedingt, gehört diese Gegend um Pago-Pago zu der regenreichsten der Insel und somit Regenschauer zum Alltag. Von den Insulanern wird er deshalb Rainmaker (Regenmacher) genannt.
Nach ein paar erholsamen Stunden am Pool fahren wir mit einem Bus zu einem der schönsten Aussichtspunkte, dem Mount Pioa. Der Blick über die Bucht und den sturmsicheren, natürlichen Hafen der Stadt ist phantastisch. Aus dem Wasser sieht man immer wieder kleine, bizarre Formationen aus Lavagestein ragen, an denen sich schäumend die Wellen brechen. Ein, zwei Palmen haben auf dem löchrigen Gestein Halt gefunden und bewegen sich im Wind.
Bilder, wie sie bereits 1916 Somerset Maugham in »Rain« beschrieben hat, werden bei diesem Anblick wieder lebendig.
Nicht weniger sehenswert ist jedoch unser Bus. Er besteht aus einem Lkw-Fahrgestell, auf dem handgefertigte Holzaufbauten montiert sind. Man sitzt wie auf einer Gartenbank auf Holzsitzen und genießt »Aircondition natural«, denn die Fenster haben keine Scheiben. Auch spart man jegliche elektrische Absicherungen ein, dafur sind im Sicherungskasten die Drähte wild zusammengezwirbelt. Ob dem Fahrer dadurch schon einmal die Socken verbrannt sind, weiß ich nicht, auf jeden Fall fährt er barfuß und bekreuzigt sich vorsichtshalber vor jeder Talfahrt, da sie – wie er meinte – sehr schwierig sei. Die Straße ist eng, teilweise sehr abschüssig und kurvenreich. Das kann aber nicht der alleinige Grund gewesen sein, der seine Bedenken ausgelöst hat. Wer weiß, vielleicht ist ja auch die Bremsvorrichtung selbst gebastelt und steckt noch in der Entwicklungsphase ...

Am 17. April 1900 unterschrieb der Matai von Tutuila die Abtretung der Insel an die USA. Im Zweiten Weltkrieg diente sie als Basis für militärische Operationen gegen Japan. Tausende dort stationierter Soldaten hinterließen ihre Spuren, und vieles der Ursprünglichkeit ging leider dadurch auch verloren. Die Insel

Samoanerin mit Kind,
geschmückt mit unzähligen duftenden Blütenkränzen

ist weitgehend von den USA abhängig und der »American way of life« ist heute allgegenwärtig. Besonders stark macht sich dieser Wandel natürlich in den Städten bemerkbar.
Die Hauptindustrie ist die Thunfischverarbeitung und Tiermittelverwertung. Die Stadt ist nicht sehr sauber, man stolpert überall über Coladosen, verrottete Autos, Plastikabfälle, und der Fischgeruch der Fabriken tut sein Übriges. Nicht umsonst wird die Insel ironisch »Coca-Cola-Samoa« genannt.
Das Wasser des wunderschön gelegenen Hafens ist durch Abfälle und ausgelaufenes Öl verschmutzt, amerikanische Straßenkreuzer und Supermärkte zieren das Straßenbild. Ebenso haben Fernsehen, Computer und Aircondition Einzug gehalten. Die traditionellen Fales werden immer mehr durch im europäischen Stil gebaute Häuser verdrängt. Außerhalb der Stadt ist die Straße von vielen kleinen rosa, blau, weiß und grün gestrichenen Häusern gesäumt. Vor den Häusern stehen entweder vor sich hin modernde Autowracks oder man ist damit beschäftigt, ein neueres Vehikel wieder auf Vordermann zu bringen. Daneben mit Blumen geschmückte Gräber, über denen die frisch gewaschene Wäsche im Wind flattert.
Plötzlich erregen Lautsprecherdurchsagen, die monoton Zahlen verkünden, unsere Aufmerksamkeit. Wir entdecken einen Platz, auf dem sich viele Insulaner versammelt haben, um Bingo zu spielen. Manche sitzen auf der Erde, vor sich viele Tafeln mit Punkten, andere laufen ungeduldig hin und her und erhoffen sich einen Gewinn. Hinter die Spielregeln konnte ich bis zum Schluss nicht steigen, aber nach den Gesichtern zu urteilen, muss es sehr aufregend und spannend gewesen sein.
An einem aufgebauten Grill kaufen wir uns einen gut gewürzten Hähnchenschenkel und schauen kauend weiter dem bunten Treiben zu. Selbst als es anfängt, wie aus Eimern zu schütten, lässt sich die Menge nicht beirren. Einige finden Unterschlupf in einer Fale, andere packen ihre geflochtenen Matten aus, hängen sie über die nahe gelegenen Grabsteine und setzen sich wie in einem Zelt darunter, bis der Regenschauer aufhört.
Reizvoll anzuschauen ist das Parlamentsgebäude mit einem nach

alter Tradition gebauten Rundhaus (Fale tele), das bunte emsige Treiben auf dem Markt mit all seinen Farben, Gerüchen und der Blick auf die herrliche Bergkulisse, die sich majestätisch hinter der Stadt erhebt.
Der Abschied rückt näher. Dumm ist nur, dass ein Teil der Mitreisenden noch immer in Vava'u festsitzt. So auch unser Reisebegleiter, der sämtliche Flugscheine und Vouchers für Ausflüge, Hotel und Transfers bei sich trägt. Ohne Geld keine Abreise, da lässt sich auch ein samoanisches Herz nicht erweichen. Erst nach fürchterlichem Hin und Her, verschiedenen Telefongesprächen, Unterschriften und Hinterlegung von Kreditkartenbelegen ist man bereit, uns ziehen zu lassen. Erst wenige Minuten vor dem Abflug erreichen wir, schweißtriefend vor Aufregung und Hitze, den Flughafen. Dunkle Wolken ziehen am Himmel auf und es beginnt wieder zu regnen, als würde Petrus zum Abschied nochmals alle Schleusen öffnen. Der Weg, der »to all gates« führt, gleicht eher dem Canale Grande, aber dafür ist wenigstens diesmal unser Flugzeug, das uns heil nach West-Samoa bringen soll, in Ordnung.

West-Samoa

Upolu – die Wiege Polynesiens

Ruhig schwebt unsere kleine zweimotorige Maschine über die unendliche Weite des azurblauen Pazifiks. Sonnenstrahlen glitzern und glänzen auf den Wellen, als hätte man Tausende von Diamanten auf ihnen ausgeschüttet.

Dann plötzlich bricht sich das Meer schäumend an der Küste einer Insel. Der Pilot zieht eine lange Schleife über einen mit dichtem Regenwald bewachsenen Hügel, malerisch an der Küste entlang aufgereihten Dörfchen und landet etwas unsanft auf dem Flughafen der Insel Upolu.

Das längliche Gebäude des »Faleolo-International-Airport«, das eher einer Autobahnraststätte ähnelt, ist umgeben von Palmen, die sich leicht im Wind wiegen. Frohgelaunte, gut genährte und farbenfroh gekleidete Einheimische stehen wild winkend und laut lachend hinter der Absperrung, vermutlich, damit sie von ihren Angehörigen nicht übersehen werden, was allerdings bei ihrer Körperfülle schon schwierig wäre.

Wir werden von einer freundlichen Prospektschönheit, bekleidet mit einem leuchtendroten langen Kleid, das mit großen weißen Blumen bedruckt ist, empfangen. Der betörende Duft der wunderschönen weiß-gelben Blütenkränze, die sie uns zur Begrüßung um den Hals hängt und die schwülheiße Luft, die uns entgegenschlägt, scheinen uns wie eine Droge noch schneller in das Land der Träume befördern zu wollen ...

Die Fahrt in die Inselhauptstadt Apia führt über holprige Straßen, vorbei an traditionellen Fales, unzähligen Kirchen, Frangipani-, Bougainvilleen-, Hibiskussträuchern und Weihnachtssternen, die mit der Sonne um die Wette leuchten.

Die traditionellen ovalen Häuser der Samoaner geben uns Einblick in eine ganz andere Lebensart, eine Welt, in der es keine Privatsphäre gibt. Essen, Schlafen, Vergnügen und Arbeiten findet in einem Raum vor den Augen der ganzen Sippe statt. Die *Fales* wirken meist sehr gepflegt. Sie bestehen aus auf einem kniehohen Steinfundament befestigten Pfosten und einem Dach aus Palmblättern. Es gibt keine Wände, die den ringsherum offenen Raum unterteilen. Das hat den Vorteil, dass die Passatwinde erfrischend durch das Zimmer wehen können und sich damit ein kostspieliges Aircondition erübrigt.

Doch nicht nur Gemeinschaftssinn ist auf Samoa von großer Bedeutung, auch das Familienleben spielt sich zu jeder Tages- und Nachtzeit in aller Öffentlichkeit ab. Jeder kann zuschauen, wie das Baby in einer Hängematte schaukelt, die Oma auf dem Boden sitzt und eine neue Pandanusmatte flicht, die Tochter gerade ihr Mittagsschläfchen hält und der Herr des Hauses seinen athletischen, tätowierten Körper in Gottes freier Natur – allerdings mit einem bunten *lavalava* (langer Rock der Männer) bekleidet – duscht.

Tätowierungen sind sehr wichtig und ein Zeichen von Männlichkeit. Um dieses traditionelle *pe' a*, ein Schutzsymbol der Götter, das einen großen Teil des Körpers bedeckt, zu erlangen, lässt man sich oft eine Woche lang und bis zu vier Stunden am Tag die mystischen Motive und Symbole tief in die Haut ritzen. Eine Legende erzählt, dass Mata Mata Aruhu und Tu Ra'I Po, die beiden Söhne des Gottes Ta'aron, die Tätowierung erfanden, um damit der Tochter des ersten Menschen, Mina Ere Ere Manua, zu gefallen und sie verführen zu können. Zum Tätowieren benutzten sie als Farbstoff ein Gemisch aus Kakao-Asche und als Nadel den Hauer eines Ebers. Heute verwendet ein nach alter Tradition ausgebildeter Tätowierer dazu einen Nadelkamm, auf den er mit einem Holzstock schlägt. Je stärker die Schläge ausgeführt werden, umso tiefer dringen die Nadeln unter die Haut. Es bedarf schon viel Mutes und Tapferkeit, sich freiwillig dieser sehr schmerzhaften Prozedur zu unterziehen. Und das alles ohne jegliche Betäubung, nur schöne samoanische Musik soll für etwas Abwechslung und Entspannung sorgen. Aber daran, denke ich, muss man wirklich fest glauben ...

Vor den Fales spielen Dutzende von Kindern Volleyball. Zwischen den Palmen ist die Wäsche zum Trocknen aufgehängt, Hunde dösen in der Mittagshitze oder laufen laut quietschenden, schwarzen Hängebauchschweinen hinterher, gackernde Hühner suchen unter Schatten spendenden Bananenstauden nach ein paar Körnern.

Um wenigstens gegen Sturm und starke Regengüsse geschützt zu sein, sind an den Seiten der Räume geflochtene Matten befestigt, die man wie ein Rollo herunterlassen kann. Auf dem Boden, der meist aus Muschelkalk besteht, liegen Matten, auf denen die Insulaner schlafen oder gemütlich sitzend das Leben, das sich vor den Hütten abspielt, beobachten. Ab und zu entdeckt man auch ein selbst gezimmertes Bett, über dem ein Moskitonetz baumelt – in vornehmeren Häusern auch mal einen Schrank oder eine Truhe. Ansonsten ist alles, was man braucht, auf dem Boden ausgebreitet, vom Fernseher über Radio, Kissen, Geschirr bis hin zum Kochtopf.

Gekocht wird aber meist nach traditioneller Art im Umu, einem Erdofen. Das Fleisch wird dazu in Bananenblätter gewickelt und auf glühend heißes Lavagestein gelegt. Nach sechs Stunden ist der Festbraten dann zart und weich. In früheren Kriegszeiten garte man dort auch seine Gegner, denn man glaubte, dass man durch den Verzehr ihres Fleisches auch ihre Kraft aufnehmen würde. Zum Glück gibt es diese kriegerischen Sitten heute nicht mehr.

Für uns wäre solch ein Leben, in dem man sich völlig der Allgemeinheit preisgibt, es kaum Privatsphäre gibt, wo selbst das Besitztum eines jeden der Gemeinschaft gehört, kaum vorstellbar. Jedes Dorf ist eine kleine Welt für sich und das Gemeinwohl wird höher eingeschätzt als der Vorteil des Einzelnen. Zwar entsteht dadurch ein starkes Gefühl der Zusammengehörigkeit und Geborgenheit, doch besonders die Jugendlichen, die eine Zeit lang im Ausland verbracht haben, sind der alten Stammestradition überdrüssig. Sie wollen ihre Zukunft nicht weiter vom *Matai* (Familienoberhaupt) bestimmen lassen, wollen weniger Abhängigkeit auch in der Wahl ihres Ehepartners, dafür mehr Individualismus und Eigenverantwortung. Dies, wie auch der hohe Alkoholkonsum, die schlechten Möglichkeiten, eine gute Schulbildung und Jobs zu bekommen, die ein Auskommen sichern können, bringen viele Probleme mit sich. Die Selbstmordrate ist beträchtlich.

Ansonsten erscheint das »Fa'á Samoa«, die samoanische Lebensart, sehr stressfrei. Was braucht man schon mehr zum Glück als ein Lavalava und eine Blume hinter dem Ohr? Gelassenheit wird groß geschrieben. Man bewegt sich nicht mehr als unbedingt notwendig und wenn, dann meist nur im Zeitlupentempo. Bis man sich als stressgeplagter Mitteleuropäer an diesen beschaulichen Lebensrhythmus gewöhnt hat, muss man schon manchmal kräftig durchatmen, um keine Pickel oder Magengeschwüre zu bekommen.

Schon vor der Ankunft im Hotel fängt unser Herz an, ein wenig höher zu schlagen, denn das *Aggie Grey* ist kein x-beliebiges Hotel, es ist eine weltberühmte Südsee-Legende. Schon Marlon Brando, William Holden, Gary Cooper, Raimond Burr, Nixon, Roberta Haynes und andere prominente Persönlichkeiten, auch Könige, sind hier abgestiegen und haben ihr müdes Haupt zur Ruhe gebettet ... warum also nicht auch wir? Majestätisch, weiß verschnörkelt, im Kolonialstil erbaut, erhebt sich das Gebäude am Hafen an der Beach Road von Opolus Hauptstadt Apia.

Aggie Grey, die Tochter eines Engländers und einer Samoanerin, hatte das Haus 1933 eigentlich als Club für in Samoa stationierte Soldaten gegründet. Die freundliche, einladende und ungezwungene Atmosphäre sprach sich schnell herum, und so zogen sich im Laufe der Jahre immer mehr Persönlichkeiten dorthin zurück, um diese Ruhe und Abgeschiedenheit zu genießen. Auch in dem imposanten Neubau, der an der ursprünglichen Stelle des alten Hotels errichtet wurde, gingen dieses Charisma und der nostalgische Charme nicht verloren. Man erzählt, Aggie habe für James

Michener, der im 2. Weltkrieg auf Samoa stationiert war, als Bloody Mary in »Tales of the South Pacific« Modell gestanden.
Eine freundliche Angestellte gibt uns in der gemütlichen Hotelhalle, die mit vielen Pflanzen, Blumen und einladenden Korbsesseln ausgestattet ist, den Schlüssel für unsere Fale. Wenige Stufen führen hinunter in einen wunderschönen tropischen Garten. Majestätisch überragen Kokospalmen den dichten Dschungel aus Blumen und Sträuchern. Überdachte Wege mit schön geschnitzten Säulen führen an versteckt liegenden Fales vorbei. Unsere geräumige Fale, im traditionellen Stil eingerichtet, ist eingerahmt von einem duftenden Blütenmeer aus Hibiskus, Bougainvilleen, Heliconien, Ixoras und Rhododendren. Üppige Bananenstauden, deren Früchte man essen darf, baumeln über unserer Veranda.
Schon dieser Anblick allein lässt schnell alle Aufregungen vergessen. Am Pool genießen wir im romantischen Schein brennender Fackeln einen erfrischenden Cocktail, serviert von einem schokobraunen Kellner, der sich später bei einer Abendveranstaltung in einen wilden Südseetänzer verwandelt.
Neben uns sitzen zwei Südseeschönheiten mit Traumfiguren, perfektem Make-up und hüftlangen, schwarz glänzenden Haaren. Der Minirock bedeckt spärlich die langen, milchkaffeebraunen Beine, an den Füßen hohe Stöckelschuhe. Die Gestik ihrer schlanken Hände ist äußerst graziös. Die vorbeischlendernden Herren renken sich fast die Hälse aus und überdenken sicher schon ihre Abendplanung neu.
Ich überlege mir bei diesem Anblick, ob nicht doch mal wieder eine Diät fällig wäre, bis mir ein »Hallo« mit tiefster, aber sanfter Männerstimme bald das Glas aus der Hand fallen lässt. So schnell können Träume zerplatzen! Doch was uns überrascht, gehört in Polynesien zum ganz normalen Alltag und zu den kulturellen Wurzeln. Hatte früher eine samoanische Familie nicht genügend Töchter, die für die Arbeiten in einer Großfamilie nötig waren, wurde kurzerhand ein Knabe in Mädchenkleider gesteckt und so zum Mädchen umfunktioniert. Er wurde wie ein Mädchen erzogen und mit den üblichen, weiblichen Aufgaben

Straßenszene in Apia

Stimmungsvolle Tanzvorführung

vertraut gemacht. Heute entscheiden die jungen Männer meist selbst, in welcher Rolle sie leben möchten. Viele *Fa'afafine* (leben wie eine Frau) fühlen sich in ihrer weiblichen Rolle so wohl, dass sie es ein Leben lang beibehalten. Andere dagegen kehren, wenn sie erwachsen sind, zum Leben als Mann zurück. Fa'afafine sind sehr angesehen und in allen Berufen, vom Hausmädchen bis zum hohen Beamten, zu finden. Privat leben sie meistens mit einem Mann zusammen. Andere Stimmen dagegen sagen, dass niemand zur Fa'afafine erzogen würde, man sei in Samoa dem dritten Geschlecht gegenüber ganz einfach toleranter.

Leider gibt es in Apia keine Strände. Um Badefreuden zu genießen, sollte man einen kleinen Ausflug an die Südküste Upolus machen, wo sich der berühmte und wunderschöne weiße, palmenbewachsene Strand des »Return to Paradise Beach« befindet. Er diente schon als Kulisse für den Film »Return to Paradise«, in dem Gary Cooper die Hauptrolle spielte. Wer räkelt sich nicht gerne einmal im weißen Sand, in dem schon Hollywoodlegenden das wohlige Gefühl des Augenblicks genossen haben– auch wenn man heute dafür zwei Tala bezahlen muss.
Vielleicht hat auch Robert Louis Stevenson, als er in Apia lebte, an einer der kleinen Lagunen gesessen und wurde so zu seinem Buch »Die Schatzinsel« inspiriert. Beerdigt wurde er auf dem Mount Vaea, unweit von Apia.
Wir entschließen uns erst einmal dazu, die Stadt anzuschauen. Bereits morgens um acht Uhr marschiert die »Western Samoa Police and Prison Servive«, eine 50 Mann starke Ehrenkompanie mit lauter Marschmusik und Trommelwirbel zum Gerichtsgebäude und hisst dort unter den Klängen der Nationalhymne die samoanische Flagge. Sie sehen putzig aus in ihren hellblauen Lavalavas mit Uniformjacken und weißen Helmen.
Die Sonne strahlt erbarmungslos vom Himmel und die Luftfeuchtigkeit macht ihrem Namen alle Ehre. Die Luft steht schwül in den Straßen, über die klapprige, buntbemalte Busse schaukeln, aus denen laute Musik dröhnt. Sie kennen keinen Fahrplan, sondern halten überall, wo jemand zu- oder aussteigen möchte.

Bei einer samoanischen Busfahrt herrscht immer Party- und Discostimmung.
Kinder in frisch gebügelten Schuluniformen begutachten uns neugierig. Vielleicht denken sie, alte Verwandte kommen zu Besuch, denn über West-Samoa wehte von 1900 bis 1914 die Fahne des deutschen Kaiserreiches. Danach stand die Insel unter neuseeländischer Regie, bis sie 1962 unabhängig wurde.
An die deutsche Kolonialzeit erinnern auch heute noch viele Nachnamen, wie z. B. Schneckenberger, Meier, Kruse. Einige Firmenschilder zeugen davon, dass die Gründer der Geschäfte aus Deutschland stammten. Schon im Flughafengebäude fällt uns ein Schild »Retzlaff 's Tour Travel« ins Auge.
Das Zentrum von Apia ist klein und hat noch etwas von seinem kolonialen Charakter behalten. Doch leider mussten auch hier schon viele der schönen, pastellfarbenen, alten Holzhäuser aus der Kolonialzeit neueren Betonbauten weichen oder wurden von einem Taifun weggeblasen.
Am Glockenturm, der zum Gedenken an die im ersten Weltkrieg gefallenen Samoaner errichtet wurde, der Kathedrale, dem Wahrzeichen Apias und am Gerichtsgebäude vorbei, das auch noch aus der deutschen Kolonialzeit stammt, landen wir – wie meist – auf dem faszinierenden Markt der Stadt. Hier findet man alles, von Obst, Gemüse, Vanilleschoten, fangfrischen Meerestieren über Kokosseife, Matten, Körbe und was das Herz sonst noch begehren mag. Und das von morgens bis abends, ohne dass jemand auf die Idee kommt, sich über Ladenschlusszeiten Gedanken zu machen.
Als es schon anfängt zu dämmern, die Füße durch die drückende Hitze immer schwerer und wir immer flügellahmer werden, zieht es uns auf die Terrasse von *Aggie* zurück. Wir freuen uns auf ein gut gekühltes Vailima – »brewed and bottled under German Management« – wie man auf der Flasche lesen kann. Ob sich das auch auf das deutsche Reinheitsgebot bezieht sei dahingestellt, aber es schmeckt und erfrischt wunderbar. Das ist auch gut so, denn ich vermute, dass noch weitere Abenteuer auf uns warten ...

Savai'i

Der Traum vom Paradies

Am nächsten Morgen soll es für zwei Tage auf die größte Insel Samoas weitergehen. Da Upolu und Savai'í nur eine Flugzeit von ca. 15 Minuten trennt, dürfte dieses Vorhaben ja kein größeres Problem sein. Außerdem gibt es auch zusätzlich noch Fährschiff- und Schnellbootverbindungen zwischen den beiden Inseln.
ABER, man sollte nie vergessen, wir sind in der Südsee ... Die Arbeitswut gleicht hier eher einer Meditationsübung und auch die Uhren scheinen einer anderen Zeitrechnung anzugehören. Schon an der Bootsanlegestelle kommen wir in den weiteren Genuss dieses besonderen Südseefeelings. Das Schnellboot, das uns nach Savai'i bringen soll, fährt nicht. Und Flüge? Ja, warum sollen sie denn stattfinden?
Eine Frage nach dem Warum erweckt höchstens gelangweilte Mienen und verständnisloses Achselzucken. Wen sollte das interessieren? Nicht da ist nicht da. Warum wollen diese fremden *Palagi* immer den genauen Grund wissen? Es ändert doch eh nichts daran. Man regt sich höchstens darüber auf, das stört nur die Gemütlichkeit und bringt Falten. Allein mit Gelassenheit lässt es sich gut leben, man muss sich entscheiden: Sucht man den *Spirit of South Sea* oder deutsche Perfektion?
Wer weiß, vielleicht kommt das Boot ja doch noch – nichts ist unmöglich und Wunder soll es bekanntlich auch immer wieder geben ... Damit wir bei der Hitze und dem Warten auf eine wundersame Fügung nicht verdursten, können wir immerhin mit dem Wedeln von Geldscheinen den Wind erzeugen, der es schafft,

eine Bedienung langsam, sehr langsam, in Bewegung zu setzte, um uns ein kaltes Cola zu verkaufen.

Doch alles Warten nützt nichts – das Schnellboot bleibt verschollen und uns nichts anderes übrig, als mit der Lkw-Fähre vorlieb zu nehmen. Vor uns erhebt sich das weiß-blau gestrichene, etwas verrostete Monstrum »Lotu-o-samoa«, das eigentlich nicht für den Personentransport gedacht ist. Da Lkws nicht schwitzen und sich auch nicht setzen möchten, gibt es folglich auch keine Sitzgelegenheiten oder Überdachungen, von Rettungsbooten ganz zu schweigen. Außer den besagten Lkws werden auch Transportgüter und Särge befördert, deren Bewohner sich ja auch nicht mehr wehren können.

Obwohl wir inzwischen schon ziemlich hart im Nehmen sind, fehlt uns zum Glück jegliche Vorstellung, was es heißt, ohne den geringsten Sonnenschutz über drei Stunden bei brütender Hitze auf ölverschmierten Eisenböden, Seilwinden oder Pumpen zu sitzen – und das zur Mittagszeit! Die flimmernde Hitze der Mittagssonne brennt unbarmherzig auf unsere Haut – das ist Mikrowellen-Feeling pur.

Der Boden ist heiß wie ein Grill, man könnte problemlos Spiegeleier darauf braten (eine etwas beunruhigende Vorstellung für unsere Herren der Schöpfung). Legt man die Kleidung als Brandschutz unter sich, schlägt die Haut am Oberkörper Blasen, was sich auch nicht wesentlich angenehmer anfühlt. Die Kühlung des Fahrwindes entspricht der eines auf heiß gestellten Föhns.

Wie ein Steak von oben und unten »well done« fallen wir erschöpft an der Anlegestelle in Salelologa von Bord. Jetzt heißt es nur noch gut zwei Stunden die halbe Insel zu umrunden, bis hoffentlich die heiß ersehnte, erfrischende Duschmöglichkeit auf uns wartet ...

Beim Anblick dieser traumhaft schönen Insel erwachen unsere Lebensgeister schnell wieder zum Leben. Die Fahrt geht über eine schmale Teerstraße vorbei an unzähligen, malerisch gelegenen, kleinen, sehr sauberen Dörfern, hohen vulkanischen Bergen, saftiggrünen, tropischen Regenwäldern und ausgedehn-

ten Kokosplantagen bis an das nordwestliche Ende der Insel. Hier hat sich in den letzten fünfzig oder hundert Jahren sicherlich wenig verändert. Bei kleinen Stopps werden wir überall von freundlichen Einheimischen begrüßt und von Kindern umringt, die uns noch lange winkend nachlaufen. Fremde, die sich noch nicht so häufig auf diese Insel verirren, sind immer eine willkommene Abwechslung. Man glaubt, durch einen gepflegten, unglaublich schönen, tropischen Garten zu fahren.
Immer wieder werden wir zu den auf saftig grünen Wiesen unter blühenden, tropischen Bäumen stehenden Fales gebeten, die meist fein säuberlich mit weißen oder schwarz-weißen niedrigen Mäuerchen umgeben sind.
Unser Bus hält an einem weißen Sandstrand, wo nun eigentlich unser gebuchtes Hotel stehen sollte. Dummerweise war aber zwischenzeitlich einer der heftigsten Taifune über die Insel gefegt, und von dem einstigen kleinen Hotel waren nur noch niedrige Mauern und Steinhaufen übrig geblieben, umgeben von traurig aussehenden Palmenstümpfen ohne Wedel. Nur das Glöckchen einer ebenfalls zerstörten, nahe liegenden Kirche bimmelt noch friedlich vor sich hin.
Auch wenn man das Gefühl hat, als gingen die Uhren in Savai' í noch langsamer, hatte man es immerhin blitzschnell geschafft, uns eine neue Unterkunft zu beschaffen. Das Hotel Vaisala liegt an einer wunderschönen, romantischen Bucht. Es ist so abgelegen, dass sich hier sicher Katz und Maus gute Nacht sagen. Nicht weit von hier entfernt befindet sich ein beeindruckender Landstrich, der durch seine erstarrten Lavafelder einer Marslandschaft gleicht. Hier hatte 1905 und 1911 bei den letzten Vulkanausbrüchen des Mount Matavanu ein heißer Lavastrom Dörfer, Menschen, Tiere und viel fruchtbares Land unter sich begraben. Man erzählt sich, dass nur das Grab einer Jungfrau verschont geblieben sei. Diesen mit schwarzen Lavafelsen bedeckten Küstenstreifen nennen die Einheimischen *Papalaulelei*, was so viel wie »träumende Steine« bedeutet.
Eine Legende erzählt, dass hier die Kokosnuss auf unsere Welt gelangt sein soll:

»Das wunderschöne Mädchen Sina fand am Ufer des Meeres einen Aal, den sie immer liebevoll fütterte und mit dem sie sprach. Er wurde Tag für Tag schöner und größer. Als er jedoch anfing sie zu bedrängen, bekam sie solch große Angst vor ihm, dass sie ihr Dorf verließ. Aber gleich, wohin sie auch ging, der Aal war schon vor ihr dort und erwartete sie bereits. Ihre Furcht steigerte sich ins Unermessliche und sie sah keinen anderen Ausweg, als ihn zu töten. Gerade als sie ihm den Kopf abschlagen wollte, schaute der Aal sie an und sagte, sie solle, wenn er tot sei, seinen Kopf begraben. Aus ihm würde dann ein Baum wachsen, dessen Fruchtfleisch man essen, dessen Saft man trinken und aus dessen Stamm man Hütten bauen könne. Und immer, wenn ihre Lippen beim Trinken die Frucht berührten, wäre es, als würde sie ihn küssen. Und so geschah es. Aus seinem Kopf wuchs eine majestätische Kokospalme, und betrachtet man eine Kokosnuss, so sieht man noch heute die beiden runden, kahlen Stellen – die Augen des Aals.«

Weiter erzählt man, dass es Maui, der wichtigste Held der Polynesier gewesen sein soll, der sich in die Schönheit Sina verwandelte, um so mit dieser wichtigen Nutzpflanze den Inselbewohnern das größte Geschenk zu machen.

Unsere Fale ist so riesig, dass man darin problemlos die ganze Dorfgemeinschaft hätte unterbringen können. Wuchtige Stühle, ein Tisch, dekoriert mit duftenden Blumen und zwei Betten, schmücken das Innere. Die Betten sind so breit, dass man sich gar nicht mehr wiederfindet. Vermutlich wurden sie nach den Ausmaßen der voluminösesten Insulaner gezimmert. Ein Deckenventilator verteilt quietschvergnügt (mit Betonung auf der ersten Silbe!) die schwülwarme Luft des Zimmers, ohne dass sich eine Kühlung bemerkbar macht. Vor der Veranda wiegen sich Palmen im Wind, der leicht vom Meer her weht; kleine Boote schaukeln auf den Wellen und Hunderte von Moskitos freuen sich über unser frisches, europäisches Blut.
Als die Sonne langsam glutrot im Meer versinkt, wird der schneeweiße Sand in einen unwirklichen zarten Hauch von Orangerosa

getaucht. Das zarte Rosa der Wolken spiegelt sich auf der Oberfläche des Meeres wider. Südseefeeling pur!
Nachdem wir uns ein wenig erholt haben, erwartet uns ein mit viel Liebe zubereitetes Buffet mit den köstlichsten, einheimischen Spezialitäten. Im Umu (Erdofen) gegartes Schweinefleisch, frittierte Brotfruchtscheiben, Hühnchen im Kokosmantel, Lamm, marinierter oder frischer Fisch, Hummer, verschiedene Cremespeisen, zum Teil in Taroblättern eingewickelt, und die unterschiedlichsten Obstsorten.
Da Abwechslung hier nicht unbedingt zum Alltag gehört, hat sich unser Besuch so schnell wie ein Lauffeuer unter der Dorfbevölkerung herumgesprochen. Viele Einheimische kommen, um uns mit einem traditionellen *Fiafia* (Fest) willkommen zu heißen. Die Frauen tragen Festtagskleidung. Die langen, schwarzen Haare sind mit bunten Kronen aus Blüten geschmückt. Die Männer erscheinen meist in bunten, um die Hüften geschlungenen Lavalavas und mit freiem Oberkörper.
Ihre wunderschönen Gesänge, untermalt von rhythmischen Trommelwirbeln, und die leidenschaftlichen Tänze spiegeln die Lebensart und Lebensfreude der Inselbewohner wider. Ihre Körper wiegen sich dabei geschmeidig wie Grashalme im Wind. Jede Handbewegung erzählt eine Geschichte und endet meist mit einem ungeheuerlichen Hüftschwung.
Eine Belustigung besonderer Güte sind zum Tanz aufgeforderte steife, blässliche Neuankömmlinge, die sich mit schwabberndem Bierbauch im polynesischen Hüftschwung versuchen. Den Abschluss bildet ein spektakulärer Feuertanz. In dieser ungezwungenen, natürlichen Atmosphäre, die nichts mit ähnlichen Veranstaltungen in manchen Hotels gemein hat, müssen wir natürlich auch Kava-Kava trinken. Es ist eine besondere Ehrerweisung und eine Geste der Gastfreundschaft. Sie zurückzuweisen wäre beleidigend. Der Anstand gebietet deshalb, dass man nicht schon bei dem Anblick missbilligend die Augen verdreht oder gleich dankend die Flucht ergreift. Kava-Kava wird aus den zerstampften, mit Wasser vermischten, getrockneten Wurzeln des Pfefferstrauches zubereitet. Die dadurch entstan-

Typische Fale, eingebettet in eine Tropenlandschaft

Einheimische Tänzerin beim Fiafia-Fest

dene braune Brühe sieht aus wie das Wasser des Rheins, wenn er Hochwasser führt und schmeckt wie die Erde eines angeschwemmten Blumenbeetes, gemischt mit einem Hauch von Mottenkugeln, gebunden mit etwas Mondamin. Trotz der etwas pelzig werdenden Zunge versuche ich heldenhaft, mich nur innerlich zu schütteln und nach außen hin freundlich lächelnd in die Hände zu klatschen, wie es das Ritual erfordert. Ausfallerscheinungen und Benommenheit empfinde ich noch nicht, aber ich verspüre auch kein Verlangen danach, noch weitere Schalen dieses Lieblingsgetränks der Südseeinsulaner zu genießen, um alle ihm nachgesagten Wirkungen zu testen.
Schon am frühen Morgen liegt eine bleierne Schwüle über der Insel, doch es heißt wieder einmal langsam Abschied nehmen. Die Fahrt geht über die malerische Küstenstraße zurück in den Süden, zur Schiffsanlegestelle. Da wir nicht wissen, ob uns diesmal das Glück vergönnt ist, das Schnellboot zu erwischen, essen wir in einem kleinen Lokal erst einmal ausgiebig zu Mittag, um für eventuelle weitere Abenteuer gestärkt zu sein. Man soll ja positiv denken! Was kann jetzt schon noch groß passieren? Mit dem Schnellboot zurück nach Apia – darüber sollte man eigentlich keinen Gedanken verschwenden müssen!
Und richtig, wir trauen unseren Augen kaum, das Boot legt nicht nur pünktlich, sondern sogar einige Minuten früher als geplant an. Vielleicht hätte uns das schon stutzig machen sollen ...
Die Sonne strahlt vom Himmel, vor uns liegt ein wunderschön aussehendes neues Schiff, die Stimmung ist super, wo bleibt da noch Platz für Zweifel? Es beginnt eine herrliche Fahrt durch das glasklare, spiegelglatte Wasser.
Kaum verschwindet die Küste Savai'is allmählich am Horizont, beginnt sich der Himmel zu verfinstern. Eine schwarz-gelbliche, bedrohlich aussehende Wolkenwand türmt sich auf und rast auf uns zu. Heftig aufkommender Sturm macht das Schnellboot im aufgepeitschten Meer zu einer steuerlosen Nussschale. Ein Taifun hat uns voll im Griff.
Blitzschnell werden alle Luken geschlossen, denn die weiß schäumenden, reißenden Wellen schlagen mit roher Gewalt

schonungslos über uns zusammen. Das Meer ist aufgewühlt wie ein alles verschlingen wollendes, tobendes Ungeheuer. Wir fliegen wie ein Spielball von Welle zu Welle. Die an die Fenster schlagenden tosenden Wellen wirken wie ein Blick in eine Waschmaschine im Schleudergang. Torkelnd, uns kaum auf den Beinen halten könnend, versuchen wir uns an den mit blauem Velours ausgeschlagenen Wänden festzukrallen, um vielleicht im Vorbeiflug irgendwo eine Sitzgelegenheiten zu treffen. Zwei Deckenventilatoren wälzen die stickige Luft durch den Raum, ohne einen Hauch von Kühlung zu bringen. Die Hitze staut sich unerträglich. Kinder weinen, überall liegen Menschen ohnmächtig am Boden, auf den Sitzen, auf der Treppe. Die Reisekrankheit räumt alle Mägen auf und verschont weder Fremde noch Einheimische, die sogar am wenigsten seetüchtig zu sein scheinen.
Man weiß nicht mehr, wo man seine Füße hinstellen soll, um von so mancher übel riechenden »Ladung« verschont zu bleiben. Die schön verkleideten Wände und Schalensitze aus Leder sind kaum noch zu erkennen. Wohl dem, der eine Plastiktüte sein Eigen nennen kann ...Wer noch standhaft ist, dem wird spätestens bei diesem Anblick und dem einprägsamen Duft, für dessen Verbreitung die Ventilatoren sorgen, schlecht. Kalte Schweißperlen quellen aus all meinen Poren. Die Beine scheinen sich in eine gummiähnliche Masse zu verwandeln, die jeder noch so kleinen Schwingung nachgibt. Auch das Hirn und die Eingeweide wollen ihren angestammten Platz verlassen. Als auch noch mein Magen anfängt, seinen Rückwärtsgang einzulegen und die Farbe meines Gesichts wohl eher der eines Schweizer Käses mit Schimmel zu ähneln beginnt, fragt mich ein mitfühlender Schiffsjunge, ob er mir helfen könne, aber »das« kann ich schon alleine, es bedarf keiner Hilfe mehr ...
Jeder, der schon einmal richtig seekrank war, kennt sicher das Gefühl, des »Nur-noch-sterben-Wollens«, damit all das Elend möglichst schnell ein Ende findet. Dagegen ist die schlimmste Achterbahnfahrt ein Sonntagsausflug. Man möchte sich nicht mehr bewegen, nicht mehr reden, was sicher auch in dieser Situation nicht sehr ratsam wäre. Es ist grausam!

Die sorgenvollen Blicke des Matrosen verfolgen jede meiner Bewegungen. Immer wieder versucht er mich mit den Worten: »In 20 Minuten ist alles vorbei«, zu trösten. Letzteres hätte schneller als gewollt in Erfüllung gehen können, denn unsere Nussschale kracht x-mal mit durch Mark und Bein gehendem Knirschen auf Korallenriffe.
Unwillkürlich tauchen bekannte Cartoons vor meinen Augen auf. Ich sehe mich auf einem Inselchen im Sand sitzen, umgeben von einer Palme, vielen Fischgräten und mit sehnsüchtigen Blicken den in der Ferne verschwindenden Schiffen nachwinken ...

1889 war vor Apia in stürmischer See der deutsche Kreuzer »Adler« versunken, aber wir haben eigentlich nicht vor, als Leichen in die Geschichte einzugehen. Unser Kapitän erzählte uns später, dass er immer wieder versuchen musste, gegen die erbarmungslose Kraft der aufbäumenden Wellen anzukämpfen und deshalb mit Vollgas aufs offene Meer hinaus steuerte, um nicht an den Riffen zu zerschellen. So werden aus der üblicherweise ca. 45 Minuten dauernden Überfahrt nicht enden wollende vier Stunden, die wir sicher unser Leben lang nicht vergessen werden. Durch den heldenhaften Einsatz des Kapitäns kommen wir zwar mit stundenlanger Verspätung, leichtem Grünspan im Gesicht und wie betrunken wankend in Apia an – aber immerhin lebend. Besorgt und mit mitleidigen Mienen werden wir schon bei *Aggie* erwartet. Aber selbst ihr leckeres Buffet kann uns nicht mehr reizen – im Gegenteil: Unsere Mägen tanzen noch nach vielen Stunden Tango.
Doch leider heißt es am nächsten Tag wieder Abschied nehmen. Auch von einer kleinen Katze, einem Tigerchen mit riesig großen Ohren, die gleich bei der Ankunft mit ihren Samtpfötchen und kräftigem Schnurren unser Herz erobert hatte. Leider passt sie nicht ins Reisegepäck und das nächste Inselabenteuer ruft.

Cook-Islands

Rarotonga – Perle der Südsee

Eine kleine Maschine der Polynesian Airlines bringt uns zu unserem nächsten Reiseziel – Rarotonga, der Hauptinsel der Cook-Islands, deren 15 Inseln zum polynesischen Kulturkreis gehören und über ein riesiges Seegebiet verstreut liegen. 1965 wurde der Inselstaat von Neuseeland in die Unabhängigkeit entlassen, dennoch blieben sie weiterhin eng verbunden.

Schon während des Fluges bietet sich uns eine traumhafte Aussicht auf die märchenhafte Welt des Ozeans. Beim Anflug breitet sich die landschaftliche Schönheit der Felseninsel Rarotongas vor uns aus. In der Mitte des ovalen Eilands erhebt sich ein erloschener Vulkan. Die faltigen Berghänge sind mit dichtem Regenwald bewachsen. Über den saftig grünen, flachen Küstengürtel sieht man verstreut viele kleine Orte. Davor erstreckt sich die türkisfarbene, schmale Lagune mit ihrem schützenden Riff, an dem sich die Wellen des strahlend blauen Pazifiks brechen. Im kleinen, netten Flughafen der Hauptstadt Avarua werden wir von bildhübschen Insulanerinnen mit einem herzlichen: »Kiaorana« (»du sollst leben« oder ganz einfach: »Hallo«) begrüßt und wieder mit betäubend duftenden Blütenkränzen behängt. Nicht nur Touristen werden so empfangen, die Einheimischen heißen auch ihre Angehörigen mit selbst aufgereihten, frischen Blumenkränzen willkommen, denn Blumen aller Farben und Düfte gehören zum alltäglichen Schmuck der Südseeinsulaner. Ein kleiner Bus bringt uns zu dem circa eine Viertelstunde entfernt liegenden »Rarotonga Resort Hotel«. Es liegt eingebettet in eine weitläufige, tropische Gartenanlage, direkt am feinen, weißen Sandstrand. Abends genießen wir in einem kleinen landestypischen Restaurant die kulinarischen Köstlichkeiten der einheimischen Küche, umgeben von freundlicher, entspannter Inselatmosphäre und kontaktfreudigen, herzlichen, aufgeschlossenen Insulanern.

Am nächsten Morgen werden wir durch das laute Prasseln eines Tropenregens auf unser Bungalowdach geweckt. Wolkenbrüche gehören wegen der nahen Berge zum Alltag. Ihnen verdankt die Insel ihre Fruchtbarkeit und leuchtend grüne Vegetation. Zum Glück sind diese heftigen Regengüsse meist nur von kurzer Dauer. Schon als wir zu einer Inselrundfahrt aufbrechen wollen, strahlt die Sonne wieder mit voller Kraft vom Himmel.

Schnell hat man sich an den Linksverkehr gewöhnt, denn die Cook-Insulaner fahren ihrer Mentalität entsprechend Auto – gelassen und ohne jegliche Eile. Den ersten Stopp machen wir an der Kirche von Avarua und dem angrenzenden Friedhof, auf dem sich ein Gedenkstein des ersten Missionars Papaiha befindet und außerdem das Grabmal des ersten Premierministers der Cook-Inseln, Sir Albert Henry, und seiner Frau Lady Elisabeth Henry. Das Grab ist mit einer riesigen Steinplatte bedeckt. Dahinter steht auf einem Sockel seine Büste aus schwarzem Stein gemeißelt, die immer mit frischen Blumen- und Muschelketten geschmückt wird. Vor der Platte steht ein schwarzes Steinkreuz mit der Inschrift: »Sir Albert Royle Henry – June 1907 – January 1981 – First premier of the Cook-Islands 1965 – 1978 – knighed by her majesty the Queen – God is love.« Gegenüber der Kirche befindet sich die inzwischen zerfallene Residenz der ariki Makea Takau, der Königin von Rarotonga. Sie war die erste Frau, der 1845 erlaubt wurde, einen Häuptlingstitel zu tragen.

Rarotonga hat zwei Straßen, die rund um die Insel führen. Ara Tapu und die etwas weiter landeinwärts liegende, schlechter ausgebaute sehr alte Ara Metua. Wir nehmen zunächst lieber die 32 km lange Küstenstraße Ara Tapu. Sie führt uns durch fantastische, abwechslungsreiche Landschaftsszenarien, vorbei an mit

Wellblech bedeckten in Pastellfarben angestrichenen Häusern, umgeben von liebevoll gepflegten tropischen Gärten mit Blumen, Papaya- und Avocadobäumen, schweren Bananenstauden und der leuchtenden Blütenpracht von Hibiskus-, Flamboyan- und Frangipanibäumen. Der warme Wind verteilt die betörende Düfte in der Luft – ein Geruch, der sich unauslöschlich im Gedächtnis eingräbt. Immer wieder säumen sonnendurchflutete Kokospalmenhaine, deren Palmenblätter grell in der Mittagssonne leuchten, die schmale Straße. Auch wenn wir von diesem Anblick immer wieder verzaubert werden, ist hier die Kokospalme eine normale Nutzpflanze, der »Baum des Lebens«, der für die unterschiedlichsten Dinge des täglichen Gebrauchs verwertet wird. Die Fasern werden zu Matten verarbeitet, mit den Blättern deckt man Dächer, flechtet Hüte und Körbe, mit ihrem Holz baut man Hütten und Möbel. Aus dem Saft der Kokosnuss zaubert man erfrischende Drinks, das geraspelte Fruchtfleisch verwertet man bei vielen einheimischen Gerichten. Aus dem getrockneten Fruchtfleisch (Kopra) gewinnt man Öl für Seifen und Körperlotion. Die Schalen dienen als Brennmaterial und selbst die Rippen der Blätter wirft man nicht weg, sondern bindet sie zu Besen und Bürsten.
Zwischendurch wird der Blick auf die leuchtendgrünen Berge und das azurblaue, endlose Meer freigegeben. Unerwartet stehen wir vor einer kleinen weißen Hütte, vor der ein großes weißes Schild mit schwarzer Schrift verkündet, dass es sich bei diesem Einmann-Bungalow um das Gefängnis der Insel handelt. Wenn das kein gutes Zeichen für die Kriminalstatistik ist! Hier gibt es weder Mord noch Totschlag. Vielleicht mal einen kleinen Diebstahl, aber den Täter behandelt man sehr liberal. Er darf neben seinem Gefängnis Gemüse anpflanzen und bekommt zu Festen und Familienfeiern frei. Da auf der Insel jeder jeden kennt, wäre er selbst bei einer Flucht in die Berge schnell entdeckt.
In der ganz aus geschlagenen Korallenblöcken erbauten weiß leuchtenden Kirche von Ngatangiia legen wir eine kurze Rast ein. Ihr Innenraum ist nicht nur sehenswert, sondern spendet bei der draußen herrschenden Hitze auch angenehme Kühle.

Einmann-Gefängnis unter Palmen

Am Ende der Lagune von Ngatangiia weist eine Tafel darauf hin, dass von hier aus im 14. Jahrhundert Maoris in Kanus aufgebrochen sein sollen, um Neuseeland zu besiedeln.
Vorbei am 413 m hohen, aus grünem Dickicht ragenden Te Rua Manga, genannt *The Needle*, fahren wir wieder langsam ins Hotel zurück. Als die Sonne wie eine purpurrote Scheibe im Meer versinkt, lassen wir diesen eindrucksvollen Tag mit einem kühlen, exotischen Drink gemütlich ausklingen.
Am nächsten Morgen geht es schon früh zum kleinen Flughafen von Rarotonga. Selbst zur morgendlichen Stunde sind hier alle Einheimischen schon gut gelaunt und mit Frangipanikränzen geschmückt. Zwei junge hübsche Insulanerinnen halten uns, als sie unsere Kamera sehen, für ein deutsches Kamerateam und singen für uns herzzerreißend zu den Klängen einer Ukulele »La Paloma«. Die Sonne brennt. Wir setzen uns auf eine überdachte Bank (sie erinnert ein wenig an die Überdachungen der Krippen, die bei uns zur Wildfütterung dienen) und schauen dem Treiben auf dem Flugplatz zu. Kaum ist ein kleines Flugzeug gelandet,

erscheint schnell ein laut knatterndes Etwas auf der Bildfläche. Es besteht aus einem rot lackierten Traktor mit Anhänger, auf dem ein altes Benzinfass befestigt ist. Ich dachte zunächst, es wäre der Bauer, der das Gras auf dem Flugfeld düngen wollte, aber es war der Tankwagen.

Aitutaki

Endstation Sehnsucht

Wieder liegt ein ruhiger, faszinierender Flug über die Inselwelt der Cooks vor uns. Manche Inseln sind so klein, dass man denken könnte, jemand hätte ein Eimerchen Sand ins Wasser geschüttet und ein paar Palmen darauf gepflanzt.
Auch die 16-sitzige Maschine der Air Rarotonga scheint zu unserer Überraschung ohne besondere Tücken zu sein. Aitutaki liegt etwa 259 km nördlich von Rarotonga und man sagt, dass sie die vielleicht schönste Lagune der Südsee sei. Aitutaki, schon der Name allein prickelt wie Brausepulver!
Nach einer Stunde Flugzeit erscheint unter uns, einer Fata-Morgana gleich, im geheimnisvollen smaragdfarbenen Wasser des Pazifiks die malerische Außenstelle des Paradieses. Man sieht Hügel, die sich bis 120 m in den Himmel heben, die türkis leuchtende Lagune mit vielen Palmen bewachsenen Inselchen und schneeweißen Stränden.
Auch unser Pilot scheint von der Schönheit angezogen oder an ein Rendezvous erinnert worden zu sein, denn er setzt zu einem kunstvollen Sturzflug an, bei dem einem Hören und Sehen vergehen konnte – im wahrsten Sinne des Wortes. Sehen konnte ich zwar zum Glück noch, aber mein Gehör schien völlig auf der Strecke geblieben zu sein. Ich verstand kein Wort mehr, sondern vernahm nur noch ein weit entfernt scheinendes Rauschen. Die Zollbeamten schauten mich etwas irritiert an, als ich ihnen auf ihre Fragen keine Antwort gab. Ich sah nur, wie sich ihre Münder langsam öffneten und schlossen wie Kaulquappen, wenn sie nach Luft schnappen.

Und da ja bekanntlich ein Unglück selten alleine kommt, wird uns eröffnet, dass unser Hotel, wie so oft in der Südsee, hoffnungslos überbucht sei und wir deshalb auf mehrere andere Quartiere verteilt werden müssen.
Mein Mann, Josef, ein junger Österreicher und ich sollen zusammen einen Bungalow mit zwei Schlafzimmern, einer Küche und einem Wohnraum bekommen. Es wird schon langsam dämmrig, als der kleine Bus kommt, der uns zu unserer Anlage bringen soll. Wir fahren und fahren, das Gelände wird immer unwegsamer, die Wege immer schlechter und bald funkeln die ersten Sterne am Himmel. Eigentlich hätten wir die 18 qkm große Insel schon lange durchfahren haben müssen. Plötzlich und ohne Vorwarnung steigt unser nicht gerade sehr gesprächiger Fahrer voll in die Eisen und macht keine weiteren Anstalten, seine Fahrt fortzusetzen. Nach ein paar hilflosen Blicken schließen wir messerscharf, dass wir nun wohl am Ende unserer Fahrt angekommen sein müssen. Wir nehmen unsere Koffer, der Bus entschwindet lautlos in der dunklen Nacht. Wir finden uns in einem dunklen Bananenhain wieder. Erstrebenswert!
Jeder Windzug lässt uns zusammenzucken, denn die blauen Plastikbeutel, in die die Bananen gleich an den Stauden wachsen, rascheln gespenstig. Uns bleibt also nichts anderes übrig, als mit unserem Gepäck zwischen den Bananenstauden den Weg ins Ungewisse zu wagen. Wir kommen uns vor wie Maria und Josef auf der Suche nach einer Übernachtungsmöglichkeit. Nur leuchtet über uns kein Komet, und ich bin zum Glück nicht hochschwanger!
Und siehe da, unerwartet taucht in der Ferne ein Lichtschein auf. Wir wagen es kaum zu hoffen, aber es ist eine kleine Hütte, die sich als Rezeption der Anlage entpuppt. Man hat wohl nicht mit uns gerechnet, denn die Besitzerin, eine Südseeschönheit, guckt uns äußerst verwundert an. Dennoch, das Glück ist uns diesmal hold, eine Hütte ist noch frei. Allerdings hat sie nicht wie versprochen zwei Schlafzimmer, sondern besteht lediglich aus einem Riesenraum mit einem Doppelbett und einem Kinderbett. Dazu eine kleine, offene Küche, ein Bad mit einer sehr beeindru-

ckenden Duschkabine. Ihr Boden ist von einer leicht trichterförmigen, hochglanzpolierten Edelstahlplatte bedeckt, die so glänzt, dass sie kaum von einem Spiegel zu unterscheiden ist. Das vermittelt das Gefühl, in einen tiefen Schacht zu fallen, sobald man nichts Böses ahnend in die Dusche steigt.
Ja, und was machen nun drei Erwachsene mit einem Doppel- und einem Kinderbett? Da wir alle total geschafft und hundemüde sind, erklärt sich Josef schnell dazu bereit, sich im Kinderbett zusammenzufalten und uns das Doppelbett zu überlassen. Doch irgendwie schien Josef mit seinen 1,76 m doch schon dem Kinderbett-Alter entwachsen zu sein, denn am nächsten Morgen höre ich, wie er knirschend und krachend versucht, seine morschen Knochen wieder in die richtige Reihenfolge zu bringen.
Als die ersten Sonnenstrahlen durchs Fenster fallen, stoßen wir die Tür zu einem großen Balkon auf, der unmittelbar an die kristallklare Lagune grenzt. Der Ausblick ist atemberaubend, kein noch so verlockend gedrehter Werbespot hätte dem standhalten können. Das Sonnenlicht glitzert auf dem grün-blau-türkisfarbenen Wasser, als wäre ein Netz mit Tausenden von Sternen auf ihm ausgebreitet; Wellen umspülen sanft die Pfosten der Veranda, Palmen wiegen sich im Wind und laue, exotisch duftende Luft umspielt unsere Körper. Vor uns liegt ein Paradies zum Träumen!
An die Rückseite unseres kleinen Hauses grenzt ein wunderschöner tropischer Garten, umgeben von himmlischer Ruhe. Aber auch ein Paradies hat kleine Fehler. Nach unserer nächtlichen Irrfahrt über die Insel haben wir keinerlei Ahnung, wo wir uns überhaupt befinden. Nach dem Frühstück ist die kleine Anlage menschenleer, denn die Eigentümer arbeiten im Dorf. Die Rezeption ist geschlossen. Das Telefon funktioniert nicht, damit ist also jegliche Kontaktaufnahme mit dem Reisebegleiter zum Scheitern verurteilt, und die Frage nach etwas Essbarem erübrigt sich damit tagsüber auch. Wegen der abgeschiedenen Lage und der schwülheißen Luft wäre ein Fußmarsch in das nächsten Dorf zu anstrengend. Sicherlich hätte man irgendwo Fahrräder oder Mopeds leihen können, aber wo? Man hatte uns im Garten Eden

ausgesetzt! Als Trostpflaster aber ist wenigstens der Kühlschrank bis oben hin mit Getränken aller Art gefüllt.
So passen wir uns der Welt der Südseeinsulaner an, setzen uns an den Strand, lauschen dem Wind und den Wellen, singen ein Liedchen, träumen und genießen nur noch den Augenblick. Josef schaut in die Ferne und meint trocken:
»Etzart woas i, warum di Cook-Inseln Cook-Inseln hoaßen ... – weil ma hier nur cooken kann!«
Ein auf uns zu treibendes Segelboot unterbricht unsere Träume. Ein muskulöser, gut aussehender Insulaner hat nicht allzu viel Mühe, uns davon zu überzeugen, dass ein Ausflug zu anderen kleinen Inseln der Lagune eine schöne Abwechslung wäre. Es sind keine leeren Versprechungen, wenn Aitutaki und die kleinen Inselchen drum herum oft als die schönsten der Südsee beschrieben werden. Ein Platz für Gefühle, Träume und Sehnsüchte. Hier ist mehr von der natürlichen, wilden Schönheit erhalten geblieben und auch die Preise sind erschwinglicher als auf anderen französisch polynesischen Inseln.
Unser Boot gleitet langsam durch die smaragdgrünblau leuchtende Lagune. Das Wasser ist so kristallklar, dass man sieht, wie sich der Schatten des Bootes im sandigen Grund bewegt. Der Fahrwind verschafft angenehme Kühlung. Bunte Fischschwärme begleiten uns. Immer wieder tauchen in der Ferne winzige, palmenbewachsene Inseln auf. Ihre perlweißen Strände bilden einen wunderschönen Kontrast zum azurblauen Pazifik.
Wir werfen vor einer kleineren Insel Anker, waten vorsichtig durch das warme Wasser, um nicht auf die Wassergurken zu treten, die es sich überall gemütlich gemacht haben. Man sollte sie nicht mit Salatgurken verwechseln und versuchen herzhaft hinein zu beißen. Denn diese getarnten Früchtchen sind wurmförmige Stachelhäuter, die sich meist unter der obersten Sandschicht vergraben. Wenn man sie reizt, sondern sie ein Sekret aus dem After ab, das unangenehm brennen kann.
Vor uns liegt ein die Augen blendender, endlos scheinender, menschenleerer Strand – unbeschreiblich weiß und fein wie Puderzucker. Palmen neigen sich so schräg zum Wasser, als wollten sie

Ein Inselpanorama, das die Seele streichelt

sich vor den an Land rollenden Wellen verbeugen. Diese paradiesische Kulisse, die irgendwie nicht von dieser Welt zu sein scheint, ist so kitschig schön, dass es einem fast Tränen in die Augen treibt. So muss sich Robinson gefühlt haben. Hier ist es möglich, Hektik und Lärm hinter sich zu lassen und nur noch im Einklang mit der Natur zu leben. Plötzlich kommt der Gedanke auf, einfach hier zu bleiben – ein Leben ohne all die moderne Technik, die von uns Besitz ergriffen hat, zu führen. Doch würde es uns noch auf Dauer gelingen, Computer, Fernseher, Videorecorder, Handy und Auto nicht zu vermissen? Man könnte nicht schnell den Herd anschalten, wenn man etwas kochen möchte oder gerademal um die Ecke in den nächsten Supermarkt einkaufen gehen. Könnten wir unser Leben wirklich noch einmal auf »Slowmotion« zurückdrehen? Das Glück ist eine Momentaufnahme, und wie man weiß, hatten schon Adam und Eva Schwierigkeiten mit dem Paradies ...

Unser Bootsjunge hat zwischenzeitlich eine Feuerstelle bereitet. Darauf brutzeln nun zum Lunch frische Fische und halbierte

Langusten, daneben dünsten Taroscheiben. Dazu schlägt er Kokosnüsse auf und reicht sie uns als erfrischenden »Welcome-Drink«. Nach der Stärkung umrunden wir unsere kleine malerische Südseeoase und setzen uns unter einen ein wenig Schatten spendenden Palmenwedel in den warmen Sand. Die Luft ist prickelnd wie Champagner und voller Sinnlichkeit. Palmen rauschen leise im Wind. Das opalfarbene Wasser der Lagune, das die Seele streichelt, das Licht, das sich in den Wellen bricht, die Farben und Gerüche der Blumen, das Rufen der Vögel, der azurblaue Himmel, an dem manchmal Wattebauschwolken vorüberziehen, durchdringen jede Faser meines Körpers.
Man verliert das Empfinden für Zeit und Raum, taucht ganz in seine Träume ein und merkt gar nicht, wie schnell die Stunden vergehen. Auch nicht, dass unsere Haut langsam die rote Farbe von Langusten angenommen hat. So entschließen wir uns, wenn auch mit etwas Wehmut, langsam wieder dieses kleine Paradies zu verlassen und zurückzufahren.
In unserer Anlage angekommen, wartet schon ein von der Besitzerin selbst zubereitetes Firstclass-Abendessen auf uns. Zuvor heißt es aber noch schnell waschen oder duschen, denn ab 20 Uhr wird der Strom und somit auch die Wasserpumpe abgeschaltet.
Bevor wir erschöpft von all diesen schönen Erlebnissen in die Federn sinken, lassen wir den Abend wie immer mit einen farbenfrohen Tropenschlummerdrink mit Südseewind auf der Veranda ausklingen. Eingehüllt von samtiger Tropenluft riechen wir den Duft der Blumen, hören das leise Rauschen der Wellen in der Dunkelheit und sehen die Sterne, die sich in der Lagune spiegeln. Nur eine kleine Maus, die wohl das Geländer unserer Veranda für ihr Fitnessprogramm auserkoren hat, unterbricht ab und zu unsere Träume.
Die Hitze ist auch nachts noch drückend, der Schlaf unruhig, dazu kommt die Ungewissheit: Hat man uns hier in unserem kleinen Paradies vergessen oder erinnert man sich doch noch irgendwann an uns drei Ausgesetzte? Wir haben keinerlei Ahnung, wie und wann unser Programm weitergehen soll. Umso

überraschender erscheint nach dem Frühstück ein nicht sehr Vertrauen erweckender Südseeinsulaner, der nicht allzu überzeugend brummt, er solle uns abholen. Den Reisebegleiter per Telefon erreichen zu wollen ist zwecklos, denn die Telefonleitungen haben schon vor Tagen ihren Geist aufgegeben. So fügen wir uns unserem Schicksal, nehmen wieder unsere Koffer, wandern durch die Bananenplantage, die wir ja schon von unserer nächtlichen Wanderung her kennen, und durchkreuzen abermals die Insel. Erstaunlicherweise kommen wir aber tatsächlich am Flughafen an und können zu unserem nächsten Ziel weiterfliegen.

Französisch Polynesien

Maeva Tahiti! Willkommen im Paradies

Tahiti, die Hauptinsel Französisch Polynesiens, umgibt ein besonderer Mythos. Sie ist vulkanischen Ursprungs und gehört zu den Gesellschaftsinseln, bestehend aus den »Inseln über dem Wind« (Tahiti, Moorea) und den »Inseln unter dem Wind« (Raiatea, Bora Bora, Huahine). Allein schon die Namen klingen weich wie der Hauch des Windes und zergehen wie Schokolade auf der Zunge. Zu Französisch Polynesien gehören fünf Archipele mit 136 Inseln und Atollen, zusammen kaum größer als Mallorca, aber verstreut über eine Fläche so groß wie Europa und 17000 km von Deutschland entfernt.

Nur wenigen Inselreichen der Welt gelingt es, die Flügel der Fantasie so zu stimulieren wie Polynesien. Bereits im Anflug lässt sich die Schönheit der Insel erahnen. Unter uns breiten sich die Umrisse von Tahiti Iti und Tahiti Nui wie eine Acht aus. Wir sehen die bizarren Umrisse des Orohena, den höchsten Berg der Insel, der bis 2241 m emporragt und dessen Gipfel mit Wolken verhüllt ist, den Aorai (2066 m), den Roonui (1323 m), den dichten, unergründlich grünen Regenwald in kaum zugänglichen Hochtälern im Inneren der Insel, das blaue Meer, die curaçaofarbenen Lagunen und landen diesmal stressfrei mit einer Maschine der Air New Zealand auf dem Flughafen Faaa in Papeete.

Kaum steigen wir aus dem Flugzeug, schlägt uns drückend-schwüle Hitze entgegen. Zum Glück verlaufen die Pass- und Zollformalitäten schnell und reibungslos. Die Flughafenhalle ist erfüllt vom Duft der vielen Blütenkränze, mit denen man auch

hier die Gäste willkommen heißt und dem Zuckerwattenzauber einschmeichelnder Südseemelodien, die drei Insulaner auf ihren Gitarren zupfen. Ein rehäugiges Zauberwesen mit pechschwarzem, langem Haar und einem kunstvoll um den Körper drapierten Pareo legt uns einen Kranz aus weißen Tiare-Blüten, deren starker Duft etwas an Jasmin erinnert, um den Hals und flüstert sanft:
»Maeva – Willkommen auf Tahiti.«
Die Fahrt zum Hotel entzaubert etwas den Traum vom Paradies. Schnell sind wir nicht mehr umnebelt von Blütenduft, sondern von den Abgasen der vielen Straßenkreuzer, die nicht gerade zu einem Südseefeeling verhelfen. Der Fortschritt hat auch hier Einzug gehalten. Immerhin leben im politischen und wirtschaftlichen Zentrum Dreiviertel der Bevölkerung. Wir schieben uns im Schritttempo kilometerweit, Stoßstange an Stoßstange, durch überfüllte Straßen, vorbei an Hotels, Restaurants, Betonburgen, überfüllten Parkplätzen. Dazwischen sind nur noch ab und zu die pastelltürkis oder rosafarbenen verschnörkelten Häuser aus der Kolonialzeit zu entdecken.
Diese anfängliche Enttäuschung ist schnell verflogen, als wir unser Hotel entdecken. Das »Hyatt Regency« ist terrassenförmig in einen Berg hoch über der Matavai Bucht gebaut. Vor der im polynesischen Stil erbauten Eingangshalle steht ein riesiger Tiki, der uns erwartungsvoll anschaut. Eigentlich sind Tikis Schutzgeister, die Dämonen abwehren sollen, aber er erkennt sicherlich schnell, dass von uns nach all unseren Erlebnissen keine Gefahr mehr ausgehen kann. Das Hotel ist umgeben von einem schattigen, tropischen Park. Ein Aufzug führt direkt hinunter zum schwarzen Hotelstrand.
Doch zunächst wollen wir noch etwas vom Mythos Tahiti entdecken, der die Phantasie vieler Abenteurer und Entdecker angeregt haben muss. Schnell haben uns die Geschäftigkeit und das Hauptstadtgewühl im Griff. Wir gehen zunächst zum Marché municipal, dem Herz und wohl farbenfrohsten Ort der Stadt. Schon vor dem Eingang empfängt uns der Duft der vielen Blumenstände, an denen täglich unzählige Tiare-Blüten zu Blütenkränzen verarbei-

tet werden. Bei der großen Anzahl der Touristen wird man hier nie arbeitslos, denn jeder Gast soll mit einem Blumenkranz empfangen werden. Zum Abschied hingegen bekommt man Muschelketten geschenkt, die an die schöne Zeit in Polynesien erinnern und ein Ansporn dazu sein sollen, bald wiederzukommen.
Unterschiedliche Gerüche, Düfte und Farben im Inneren der Markthalle betören alle unsere Sinne. Hier gibt es alles, was das Herz begehrt: gewebte und buntbemalte Stoffe, zu Pyramiden aufgetürmte Früchte aller Größen und Sorten, Muscheln, Tikifiguren, exotische Blumen, Perlmutt und die vielfältigsten Arten von frischem Fisch aus den Korallenriffs, schön auf Eisblöcken ausgebreitet. Manche Fischsorten schillern so bunt, dass man fast glauben könnte, sie seien nur eine Dekoration aus Plastik.
Am Markt fahren auch die beliebten »Trucks« ab. Es sind kleine Lkws, die rechts und links Sitzplätze haben und ringsherum offen sind. Bei der feuchtheißen Tropenluft ist man für diese natürliche Aircondition besonders dankbar. Die Minitrucks halten auf Handzeichen und es lässt sich mit ihnen günstig die Gegend erkunden.
Wir schlendern über den Boulevard Pomare, am Hafen entlang. Eine leichte Brise vom Meer her macht die drückende Schwüle etwas erträglicher. In der Bucht liegen Luxusliner mit zahlungskräftigen Passagieren, weiße majestätische Jachten und große Containerschiffe. Letztere bringen alles, was zur Versorgung der Insel notwendig ist.
In den Abendstunden beginnt das Leben rund um die Hafenbucht. Unzählige Roulottes werden herangerollt und geöffnet. In diesen kleinen Imbissbuden auf Rädern werden allerlei Leckereien der tahitischen, aber auch italienischen und französischen Küche verkauft, die einem schnell das Wasser im Mund zusammenlaufen lassen. Die Auswahl ist riesengroß. Wir sind umweht von einem Duft aus Früchten, Würstchen, Pizza, Frühlingsrollen, Hühnchen, Crêpes, poisson cru (roher Fisch in Kokosmilch eingelegt) und fremden Gewürzen. Ganze Schweine werden an Spießen gedreht und gebraten, frisch gefangener Fisch zu Sushi verarbeitet.

Abendstimmung auf Tahiti, mit Blick auf Moorea

Als die Sonne rubinrot im Meer versinkt, die Lichter der Stadt langsam anfangen zu glitzern, ergattern wir die letzten beiden Stühle in einem kleinen, überfüllten Café am Hafen. Von hier lässt sich wunderschön das geschäftige Treiben, die anhaltende Rush-Hour und die Touristen, bewaffnet mit Videokameras auf der Jagd nach Fotomotiven, beobachten. Dazwischen Südseeschönheiten in elegantem Pariser Schick, die das »savoir-vivre« genießen. Man erkennt schnell, wie sehr sich inzwischen die polynesische mit der französischen Kultur vermischt hat. Leider ist dadurch aber auch immer mehr von der polynesischen Lebensart verloren gegangen. Einen weiteren Drink verkneifen wir uns lieber, denn die Preise auf Tahiti können einem oftmals Tränen in die Augen treiben. Das Paradies ist eben nicht zum Schnäppchenpreis zu bekommen, dafür mussten bekanntlich schon Adam und Eva einen hohen Preis bezahlen.

Kaum zeigen sich am nächsten Morgen die ersten Sonnenstrahlen am Himmel, da erwartet uns schon ein appetitliches, blumen-

geschmücktes Frühstücksbuffet. Zwischen unzähligen exotischen Köstlichkeiten stehen Säfte, Früchte, auch kunstvoll gestapelte Croissants, Baguette und »Bonne Maman«. Entdecke ich diese Marmelade heute manchmal bei uns im Supermarkt, erfüllt mich gleich wieder ein Hauch von Südseezauber ...
Da das Auge, wie man so schön sagt, mitisst, ist es hier besonders schwierig, den Verlockungen dieser liebevoll, exotisch zubereiteten Buffets zu widerstehen. Wir versuchen es trotzdem, um nicht gleich wieder in einen Taumel von Faulheit zu verfallen, denn heute wollen wir etwas mehr von Tahiti kennenlernen und deshalb die Insel umrunden.
Die Landschaft, die diese 114 km lange Straße, die rund um die Insel führt, umsäumt, ist vielfältig wie ein Gewächshaus. Palmen- und Zitronenhaine wechseln sich mit anderen exotischen Plantagen ab, kleine Dörfer liegen an der Straße. Man sieht die steil aufragenden von einem Wolkenkranz umhüllten Berge, die wilde, unberührte Vegetation des Regenwaldes, die zerklüfteten undurchdringlichen Schluchten, die ins Innere der Insel führen, hört das Rauschen der Wasserfälle und die Schreie bunter exotischer Vögel.
Nicht weit von Papeete besichtigen wir das Grabmal des letzten tahitischen Königs Pomare V, der dem Alkohol zum Opfer gefallen sein soll und fahren dann weiter zu der kleinen nördlichen Landzunge, dem »Point Venus«. Malerisch hebt sich der weiße, eckige Leuchtturm von dem tiefen Grün der Palmen und Bäume eines kleinen Parks, den bunten Blumen und dem langen, schwarzen Strand ab. Fischer hängen ihre Netze auf Stangen auf. Auslegerboote liegen einsam im heißen Lavasand, der in der Sonne schwarz glänzt, als hätten die Wellen des Meeres Tonnen von Kaviar an Land gespült.
Weiter geht unser Ausflug nach Tiarei und dem »Trou du Souffleur«, einem Blasloch, aus dem hohe Wasserfontänen schießen. Nicht so gigantisch wie in Tonga, aber sehenswert. Später kreuzen wir den Weg, der in das Faarumai-Tal führt, in dem sich drei wunderschöne, in der Sonne glänzende Wasserfälle in die Tiefe stürzen. Im Anschluss erreichen wir eine Bronzetafel, die an

der Stelle errichtet ist, an der Bougainville 1768 die Insel betreten hatte.
Bei dem zauberhaft in die Landschaft eingebetteten Dorf Taravao befindet sich die schmale Stelle, die Tahiti Nui (große Insel) und Tahiti iti (kleine Insel) verbindet.
Der nächste Stopp ist das Gauguin-Museum. Die ausdrucksvollen Farben der Südseemotive des französischen Malers, der von 1891 bis 1903 auf Tahiti lebte, haben mich schon in vielen Kunstgalerien fasziniert. Umso mehr war ich von dem, was das Gauguin-Museum bot, enttäuscht. Von den bekannten Originalen keine Spur. Sie wurden sicherlich von der Familie finanziell gewinnbringender in anderen Kunsthallen der Welt untergebracht. Hier wird sein künstlerisches Schaffen allein durch Schautafeln, Fotos, Drucke, einige Erinnerungsgegenstände und Holzschnitte dokumentiert.
Wesentlich beeindruckender ist da schon der anschließende Botanische Garten. Schöne Wege mit Schatten spendenden Bäumen führen durch ein Naturparadies von zirpenden Zikaden, farbenprächtig blühenden Sträuchern, Südseeorchideen, Heliconien, Strelitzien, Bougainvilleen und unzähligen, verschiedenartigen Raritäten von Tropengewächsen.
Besonders angetan hatte es mir allerdings eine uralte Riesenschildkröte. Kaum hatte sie mich entdeckt, drehte sie ihren Kopf, stupste mich an und gab mir sehr deutlich zu verstehen, dass sie gekrault werden wollte. Dabei schloss sie genüsslich ihre schon milchig aussehenden Augen, gab schmatzende Laute von sich und drehte ihren langen, faltigen Hals in alle Richtungen, damit ich ihr nicht so schnell entwischen konnte.
Zur Belebung der inzwischen etwas erlahmten Lebensgeister halten wir an einer kleinen Likör- und Schnapsfabrik. Selbst wenn man nur an all den vielen unterschiedlichen, bunten Sorten genippt hat, hat man danach den richtigen Schwung und die erforderliche Einkaufsstimmung, um eines der vielen Perlengeschäfte unsicher zu machen, denn die Zucht der berühmten schwarzen Perlen ist neben dem Tourismus der wichtigste Wirtschaftszweig. Im ersten Moment erinnert die angebotene Menge

an Perlen an eine nicht erstrebenswerte Wundertüte. Lässt man aber den Glanz der weiß-, champagner-, violett-, grün- bis hin zum tiefsten schwarz schimmernden Tahiti-Perlen auf sich wirken, wird die Versuchung, eine Perle zu erstehen, immer größer. Tahiti-Perlen strahlen eine Faszination aus, die sich schlecht beschreiben lässt. Mancher Traum ist allerdings schneller als gedacht beendet, wenn man den Preis erfährt. Verstehen kann man ihn, wenn man das aufwendige, langwierige Zuchtverfahren kennenlernt.

Von den Perlenzüchtern werden zunächst über drei Jahre junge Austern unter Wasser aufgezogen. Ihnen werden dann Perlmuttkerne und ein Stückchen Geweberand einer anderen Auster – meist der Mississippiauster – eingepflanzt. Da diese Arbeit sehr schwierig ist, wird sie größtenteils von sehr gut bezahlten japanischen Spezialisten ausgeführt. Erst nach weiteren zwei bis drei Jahren lässt sich erkennen, ob sich um den Kern eine dünne Perlmuttschicht gebildet hat. Da die schwarzlippige Perlenauster sehr empfindlich ist, gelingt das höchstens bei 30 von 100 Perlen. Davon sind bestenfalls zwei makellos, denn bereits veränderte Wassertemperaturen und Taifune können Unregelmäßigkeiten hervorrufen. Die wohl bekannteste schwarze Naturperle ist »Azra«, die in einer Kette der russischen Kronjuwelen verarbeitet wurde.

Langsam neigt sich der Tag seinem Ende entgegen, wir fahren zum Hotel zurück, um den wundervollen Sonnenuntergang von unserer Terrasse aus nicht zu versäumen. Am Horizont steigt die schroffgezackte Silhouette von Moorea schwarz wie ein Scherenschnitt aus dem Meer empor. Dahinter versinkt die Sonne in einem einzigartigen, glutroten und flammendorangegelben Farbenspiel. Dieser Anblick ist so schön, dass man ihn nie mehr vergessen wird.

Nach Mitternacht klingelt das Telefon. Auf der anderen Seite unser inzwischen fast dem Wahnsinn naher Reisebegleiter. »Was soll ich tun?«, stöhnt er. »Wie soll ich den anderen Mitreisenden nur beibringen, dass auch unser Flug nach Bora Bora zweifach und unser dortiges Hotel dreifach überbucht ist und wir nach Huahine ausweichen müssen?«

Mittlerweile aber bin wohl auch ich schon dem Südseezauber erlegen, denn ich finde all diese Katastrophenmeldungen nur noch äußerst erheiternd. In der Südsee regt sich kein Mensch über Dinge auf, die nicht mehr zu ändern sind. Das bringt Gemütlichkeit ins Leben und schont die Magennerven. Inzwischen ist unsere biologische und physische Uhr ohnehin schon total gestört. Durch das Überfliegen der Datumsgrenze war heute mal morgen und morgen mal gestern, sodass inzwischen kaum ein Mitstreiter noch weiß, WIE spät es ist, WO wir sind, WOHIN wir gehen,WOHER wir kommen und WARUM wir überhaupt hier sind. Warum dann also nicht Huahine, anstatt Bora Bora?

Huahine

Insel aus Träumen geboren

Huahine liegt 175 km nordwestlich von Tahiti und gehört zu den Inseln »unter dem Wind«. Fast vierzig Minuten lang gleitet unser kleines, gechartertes Flugzeug der Air Tahiti ruhig über die endlose Weite des Pazifiks, immer wieder unterbrochen von kleinen Inseln, die wie bewachsene Stecknadelköpfe aus dem Wasser ragen, und türkis schimmernden Lagunen. An den Riffs brechen sich weiße, schäumende Wellen. Dann entdecke ich unter uns einen langgestreckten Motus (Koralleninsel) und zwei hügelige, mit tiefgrünem Regenwald bewachsene Inselchen. Sie sind durch einen schmalen Kanal verbunden, über den eine Brücke führt. Beide liegen in derselben Lagune, die sich wie ein Band um die Inseln zieht und werden durch das gleiche Korallenriff vom Pazifik abgeschirmt.
Es ist Huahine, unterteilt in den etwas größeren Inselteil Huahine-Nui und Huahine-iti. Wird Bora-Bora heute vom Tourismus überrannt, verirren sich hierher nur wenige Touristen. Durch diese Abgeschiedenheit konnte sie sich noch viel des ursprünglichen Charakters Polynesiens bewahren. Die landschaftliche Mannigfaltigkeit und die zuvorkommende Gastfreundschaft der Insulaner machen Huahine wahrscheinlich zur schönsten Insel Französisch Polynesiens. Nach anfänglicher Enttäuschung sind wir überglücklich, dass es uns ungewollt auf diese beschauliche, weitgehend unberührte Trauminsel verschlagen hat.
Unser Hotel »Sofitel Heifa« liegt eingebettet in einer wilden tropischen Parklandschaft zwischen grünen Kokosnusshainen,

türkis schillernden Lagunen und zwei weißen, menschenleeren Sandstränden. Unser einladender Bungalow, dessen Wände mit geflochtenen Matten bespannt sind, ist mit gemütlichen, grünen Bambusmöbeln ausgestattet und liegt nahe dem Strand. Das Bett ist bedeckt mit einer poppigen Decke, auf der Vogel- und Blumenmotive prangen. Ein Ventilator versucht gegen die tropische Schwüle anzukämpfen. Die schwere Luft ist getränkt vom süßen, berauschenden Duft der Hibiskus-, Frangipani- und Tiareblüten, mit denen Bett, Nachtschränkchen, Schreibtisch und selbst der Klodeckel geschmückt sind.

Tiare, eine Gardenienart, ist die älteste einheimische Pflanze und wurde so zur Nationalblume Französisch Polynesiens. Aus ihren Blüten werden nicht nur Ketten geflochten, sondern es wird damit auch Kokosöl parfümiert. Das pflegt die Haut, und von dem wohlriechenden, aber sehr starken Duft fallen selbst die Moskitos von den Wänden.

Ich öffne die riesige Glasschiebetür zu unserer Terrasse und stehe vor sich im Wind wiegenden Palmen und Bananenstauden, deren Blüten schwer am Stamm hängen, und einem exotisch duftenden Blumenmeer. Zwischen saftig grünen Palmenhainen und azurblauem Himmel leuchtet die Lagune in fast unwirklichen Blau- und Türkistönen.

Traumhaft gelegen sind die Over-Water-Bungalows der Anlage. Von diesen – wie das Wort schon sagt – im Wasser stehenden, mit Stegen verbundenen, kunstvoll geflochtenen Hütten, kann man sich direkt von der Terrasse aus ins warme Wasser des Meeres gleiten lassen. Ein Glasboden im Zimmer gibt wie ein riesiges Aquarium den Blick auf eine faszinierende Unterwasserwelt frei. Unzählige Fische, Seeigel und Krebse tummeln sich wie Farbkleckse zwischen märchenhaften Korallenformationen und Algen. Bunte Papageienfische, Engelskaiserfische in gelben Signalfarben, rot-weiße Anemonenfische, Kugelfische, die sich bei Bedrohung aufblasen, rot-schwarz-türkisfarbene Korallenfische, von denen es noch über 500 andersfarbige Arten gibt, gelb-schwarze Zebrafische und kleine, wie Juwelen glänzende Fischschwärme, eröffnen eine kleine Märchenwelt. Da Träume

aber leider auch meist einen sündhaften Preis haben, sollte man, bevor man bucht, lieber einen größeren Lottogewinn abwarten. Sonst könnten einen daheim die Sorgen und Nöte, denen man vielleicht hier zu entfliehen versucht, schnell wieder einholen ...
Als uns die schwarze Tropennacht langsam wie ein Mantel aus Samt und Seide umgibt, setzen wir uns in den noch warmen Sand. Eine wunderschöne, kaffeebraune Insulanerin, wie einem Gauguingemälde entsprungen, mit einem um die Hüfte geschlungenen, leuchtend türkis-weißem Pareo bringt uns eine Schale *Mai-Tai*, einen tropischen Rumcocktail. Der warme Schein der angezündeten Fackeln spiegelt sich in der Lagune wider. Im Hintergrund hört man romantische Lieder, gesungen zu den Klängen einer Ukulele. Ein anmutiger Polynesier, dessen lackschwarze, lange Haare mit Frangipaniblüten geschmückt sind, bläst auf einer großen Muschel Melodien, wie das schon seine Vorfahren getan haben. Am Himmel glitzern Tausende von Sternen wie Diamanten.
Frühmorgens werden wir vom lauten Gezwitscher der Vögel und den ersten warmen Strahlenbündeln der Morgensonne geweckt. Das weiche Licht der Morgenröte durchflutet das Zimmer. Ich versuche langsam zu begreifen, dass ich nicht nur vom Paradies geträumt habe, sondern mich tatsächlich in diesem kleinen Garten Eden befinde. In dem lichtdurchfluteten Restaurant, an dessen Decke riesige Lampen aus Unmengen von großen und kleinen Muscheln hängen, wartet schon ein üppiges, mit vielen Blumen dekoriertes Frühstücksbuffet auf uns. Frisch gepresste Säfte aus Mangos, Ananas, Papayas und Orangen sowie Kokosnüsse duften um die Wette wie die Blüten, die man hinter die Ohren gesteckt bekommt, falls man dies vorher selbst vergessen hat. Blumen gehören zum Alltag, ohne sie wird man nicht zum Südseeinsulaner. Trägt man die Blüte hinter dem linken Ohr, so bedeutet das: »Sorry, ich bin schon vergeben«, hinter dem rechten Ohr: »Ich bin für jedes Angebot offen.« Man muss also vorsichtig sein, dass man, wie das ja bei dem weiblichen Geschlecht öfter der Fall sein soll, rechts und links nicht verwechselt!
Aber irgendwie müssen bei den Südseeinsulanern die Ohren

wohl anders geformt sein. So sehr ich mich auch bemühe – die Blüten entschwinden bei der kleinsten Bewegung. Sie kleben auf dem Ei, schwimmen in der Suppe oder dekorieren mein Steak, nur hinter dem Ohr halten sie nicht. So wusste man bei einem kunstvoll gestalteten Buffet nie so genau, waren die Blüten gewollte Dekoration oder nur Abfallprodukte mitteleuropäischer Ohren?

Gut gestärkt entschließen wir uns zu einer Rundfahrt über die 60 km lange Inselstraße. Überall werden wir von freundlichen, unbekümmerten Einheimischen begrüßt und in Gespräche verwickelt. Ein älterer Herr – man sagte, er wäre Millionär – lädt uns in sein Haus ein. Es ist in traditioneller Bauweise errichtet, liegt an einer malerischen Bucht der türkis leuchtenden Lagune, mit Blick auf den blendend weißen, von Palmen eingerahmten Puderzuckerstrand. Die Wände sind mit geflochtenen Matten verkleidet, an denen kostbare Südseebilder, alte Waffen und Masken hängen. Davor Regale mit unzähligen Büchern und eine Bar. Ein Sofa und gemütliche Sessel aus schwarz gelacktem Bambus mit großen, bunten Kissen machen die Gemütlichkeit perfekt. Wir genießen einen süßen, erfrischenden Kokosnussdrink und bewundern die kunstvollen, mehrstöckigen Muschellampen.

Vorbei an Plantagen der unterschiedlichsten, exotischen Früchte, Kaffee, Ananas kommen wir zu einer Vanilleplantage. Der süße Duft der Pflanzen hängt schwer in der schwülwarmen Samtluft. Vanille gehört zur Familie der Orchideen und ist hier von hoher Qualität. Die langen Ranken an den niedrigen Bäumen sind voller weißer Blüten. Die Bestäubung der Blüten ist reine Handarbeit. Verlief sie erfolgreich, können die Schoten nach 7 bis 9 Monaten geerntet werden. Im Anschluss werden sie immer wieder von Hand gewendet und noch Monate getrocknet. Der typische Vanilleduft entsteht durch die Fermentation.

Wir kaufen als Erinnerung ein paar der duftenden, dunkelbraunen, getrockneten Schoten und fahren weiter zu den ältesten Ruinen, Versammlungsplätzen und Siedlungen früherer Mareas. Fast alle dieser Kultstätten liegen an der Küste. Die große Anzahl zeugt davon, dass hier einst ein wichtiges Zentrum der polynesischen Kultur gewesen sein muss. Die gewaltigen Korallenplatten und Terrassen vermitteln einen Eindruck davon, was die Insulaner bereits vor über 1300 Jahre errichten konnten. Heute ragen von Wind und Wetter angenagte Steinplatten zwischen Sand und Grasbüscheln empor. Hier wurden früher die Götter um Hilfe angerufen, wenn durch eine Hitzeperiode die Ernte schlecht ausgefallen war, man auf Regen hoffte oder wenn eine feindliche Auseinandersetzung oder sonstiges Unheil drohte. Man opferte ihnen Tiere, Speisen, manchmal sogar Menschen. Auch Kannibalismus war ihnen nicht fremd, der Verzehr bestimmter Körperteile sollte übernatürliche Kräfte verleihen. Trotz der erbarmungslosen Missionierung, die auch hier stattfand, ist die Macht der Ahnen und Mareas noch nicht ganz verblasst. So werden auch heute noch vereinzelt Blumen und Opfergaben niedergelegt, wohl in der Hoffnung, dass die Götter von einst mehr Einfluss haben als die Errungenschaften der modernen Zivilisation.

Ein Paradies zum Träumen

Der Hauptort der Insel ist Fare, ein kleiner verträumter Ort mit farbenfrohen Häusern und einem malerischen Kai. Bäume spenden den nötigen, erholsamen Schatten. Auf der Kaimauer sitzt ein muskulös gebauter Insulaner in Jeans, einem weißem Badetuch um den Kopf gewickelt, an dessen kaffeebraunem Rücken alle Blicke hängen bleiben. Denn auf ihm prangt ein wunderschönes Tatoo von einer Südseeschönheit, Blumen und kunstvollen Ornamenten. Sicherlich hat er dafür beim Tätowieren einige Schmerzen über sich ergehen lassen müssen, doch solch ein Tatoo soll ja nicht nur gegen böse Kräfte schützen, sondern auch, wie überall in der Südsee üblich, die Männlichkeit betonen und ihrer war er sich voll bewusst ... Tätowierungen haben zwar ihren Ursprung in der Südsee, doch nach der Missionierung waren sie nicht mehr mit dem Moralkodex der Kirche zu vereinbaren und wurden verboten. Erst seit einigen Jahren blüht diese alte Tradition wieder auf.
Eine ältere Dame in buntem Kleid mit einem großen, mit vielen Blumen geschmückten Strohhut und einem feinen weißen Handtäschchen gesellt sich zu uns und erzählt uns ihre Lebensgeschichte – nehmen wir zumindest mal an, denn ihre Augen glänzen vor Begeisterung. Wir verstehen kein Wort, lächeln freundlich und sie scheint glücklich zu sein.
Die knapp fünftausend Einwohner der Insel leben hauptsächlich vom Fischfang. Auch sonntags haben die Geschäfte geöffnet. Auf dem kleinen Markt der Stadt herrscht geschäftiges Treiben, denn auch nach dem Kirchgang kann man hier noch frischen Fisch und alle Zutaten kaufen, die für das sonntägliche Familienfestessen benötigt werden.
Gleich hinter dem Ortskern steigen sattgrüne, kegelförmige, dicht bewachsene Hügel auf, die sich von dem leuchtendblauen Himmel abheben. Zurück im Hotel, wollen wir die letzten Stunden in diesem Paradies noch voll auskosten. Wir schwimmen in der badewannenwarmen Lagune, legen uns danach unter einen Sonnenschirm, dessen Palmenwedel leicht die heiße Luft bewegt. Wir schauen auf das in allen Blaufarben schimmernde Wasser, beobachten die kleinen Schaumkronen, die sich am Riff bre-

chen und zählen die weißen Wattebauschwolken, die am azurblauen Himmel langsam vorbeiziehen. Uns umgibt eine stille, nach Exotik duftende Märchenwelt, die ein Gefühl vermittelt, das nicht mehr zwischen Traum und Wirklichkeit unterscheiden kann. Der entspannende Rhythmus der Wellen scheint in unser Blut überzugehen. Wir sind dem Südseezauber verfallen, lassen unsere Seele baumeln und die Gedanken in die Unendlichkeit schweifen.

Doch plötzlich holt uns die Wirklichkeit durch die laute Stimme eines Hotelangestellten mit den Worten: »Packt bitte sofort eure Koffer, das Flugzeug wartet schon«, wieder ein. Hatte der Hotelangestellte zu lange die Sonne auf sein Hirn scheinen lassen oder wir? Wieso sollte jetzt schon das Flugzeug warten? Auch wenn man in diesem Paradies nie versuchen würde, einen Gast zu etwas zu zwingen, was er nicht möchte, lassen seine Gesichtszüge keine Zweifel an der Ernsthaftigkeit seiner Worte aufkommen. Zu trügerisch war wohl unsere Hoffnung, dass es in der Südsee einen Tag ohne besondere Vorkommnisse geben könnte! Schnell holen wir die restlichen Mitstreiter, die sich noch munter im Meer tummeln, aus dem Wasser, stürmen ins Zimmer, schnappen unsere halboffenen Koffer, werfen sie und uns auf die Sitze des schon bereitstehenden Busses. Während der Fahrt versuchen wir, die nassen Badesachen gegen ein einigermaßen gesellschaftsfähiges Flugoutfit zu tauschen.

Am Flughafen angekommen, wartet der Pilot schon leicht nervös mit dem Fuß wippend vor seiner Maschine. Aus welchen unerfindlichen Gründen auch immer ist der Flieger zur Abwechslung mal zwei Stunden zu früh gekommen, verständlicher Weise will er nun auch zwei Stunden früher wieder zurückfliegen, jedoch, wer konnte das schon ahnen? Nur dem glücklichen Umstand, dass auch noch einige andere Hotelgäste auf diese Maschine gebucht sind, haben wir es zu verdanken, dass er überhaupt noch die Güte besitzt, auf uns zu warten. Wäre das nicht geschehen, wäre auch unser Anschlussflug von Tahiti nach Los Angeles ins Wasser gefallen, damit auch unser Weiterflug nach Deutschland, dort hätte dann unser Taxi vergeblich gewartet ... und ... und ... und ...

Doch ich glaube, jeder, der einmal den warmen, weißen Sand der Perlenstrände unter seinem Körper gespürt und ihn leicht durch seine Finger hat rieseln lassen, die unglaublichen Farben des Meeres, das Grün der sich im Wind wiegenden Palmen gesehen hat, die exotischen Düfte gerochen und die Stimmen des Regenwaldes gehört hat, wird den Zauber der Südsee nie mehr vergessen. Es ist ein Glücksgefühl, das alle Fasern des Körpers erreicht. Auch wenn dieses Paradies auf Erden 20 000 km von uns entfernt liegt, würde ich gerne diesen wunderschönen Traum noch einmal erleben, denn ein kleines Stückchen meiner Seele, meiner Sehnsucht, liegt dort noch immer, unter funkelndem Sternenhimmel, im warmen, weißen Sand ...

PATAGONIEN

Gletscher, Eisberge und kleine Kellner im Frack

Argentinien ist nicht nur das Land des Tangos, der unendlich weiten Pampas und riesigen, saftigen Steaks, sondern im Süden des Landes bieten sich auch zahlreiche Möglichkeiten zu faszinierenden, seltenen Tierbeobachtungen. Wale, See-Elefanten, Seelöwen und seltene Seevögel geben sich hier ein Stelldichein. Wer in dieser unberührten, wilden Landschaft am Ende der Welt zwischen Pampasgras, verdorrten Sträuchern, Gletscherlandschaften und kalten Winden überleben möchte, muss schon sehr abgehärtet und widerstandsfähig sein, denn hier haben sich seit Jahrtausenden die Lebensbedingungen kaum verändert.
Schon unser Flug von Buenos Aires nach Feuerland soll einen kleinen Vorgeschmack auf das geben, was uns erwartet – er findet nämlich erst einmal gar nicht statt. Schneestürme, die über den südlichsten Zipfel des Landes peitschen, machen die Flüge dorthin unmöglich. Kaum vorstellbar, denn in Buenos Aires brennt die Sonne vom strahlend blauen Himmel. So machen wir es uns auf dem Flughafen bequem, in der Hoffnung, dass dieser Wintereinbruch nicht Wochen andauert und unser Traum, Feuerland zu sehen, wie eine Seifenblase zerplatzt.
Nach Stunden endlosen Wartens werden unsere Gebete tatsächlich erhört. Die Nachricht, dass sich die Wetterlage etwas verbessert haben soll, bringt auch unsere vom langen Sitzen steif gewordenen Knochen wieder in Schwung. Der Flugkapitän bekommt die Starterlaubnis und meint, er wolle jetzt den Versuch unternehmen, bis Ushuaia zu kommen. Das klingt zwar nicht gerade hoffnungsvoll, aber was tut man nicht alles, um auch entlegenere Winkelchen der Welt kennenzulernen. Es wird schon gut gehen ...
Unter uns breitet sich das endlose Nichts des Landes aus. Erst dem schneebedeckten, überwältigenden Gipfelpanorama der Anden gelingt es, das Bild zu verändern. Sonnen- und Schattenspiele verwandeln die Farben der Bergmassive ständig. Schnee und Eis glitzern, als wären sie mit einem Netz von Tausenden Kristallen überspannt.
Doch schon vor der Landung in Ushuaia versteckt sich die Sonne wieder hinter dunklen Wolken, die sich plötzlich am Horizont

auftürmen. Dichtes Schneegestöber bringt uns in die Wirklichkeit zurück und macht uns schnell bewusst, in welcher Region der Welt wir uns befinden. Windböen rütteln und schütteln unsere Maschine durcheinander. Man sieht kaum noch die Hand vor Augen. Da bleibt nur noch das Vertrauen in den Piloten und die Hoffnung, dass er die Landebahn auch noch im Blindflug findet. Neben mir erscheint der Kirchturm von Ushuaia. Er ist so nah am Fenster, dass ich glaube, ihn mit der Hand fassen zu können. Vielleicht dient er dem Piloten ja als Grenzpfosten, denn er beginnt mit dem Sinkflug. Windböen heben die kleine Maschine wie einen Federball an und lassen sie wieder fallen. Ein Gefühl, das jegliche Magennerven in einen Freudentaumel versetzt. Dann ein dumpfer Aufschlag, einige ungemütliche Schlenker auf der spiegelglatten Landebahn, und das Flugzeug kommt zum Stehen. Die Erleichterung über die glückliche Landung steht allen Passagieren, die sich zwischenzeitlich in den Polstern ihrer Sitze oder in den Armen ihres Nachbarn festgekrallt hatten, ins Gesicht geschrieben.
Vor uns liegt Ushaia, die Hauptstadt des argentinischen Nationalterritoriums *Tierra del Fuego*, auch Feuerland genannt, dessen westliche Hälfte zu Chile und die östliche zu Argentinien gehört. Ausgedehnt an einer malerischen Bucht wird die Kleinstadt von einer bezaubernden Kulisse hoher, verschneiter Berge eingerahmt. Ein eisiger Sturm pfeift uns erbarmungslos um die Nase. Dabei könnte man glauben, dass der feurige Name Tierra del Fuego ein wenig Wärme verspricht, doch leider rührt er nur daher, dass Magellan, als er 1520 hierher kam, die leuchtenden Flammen der Indiofeuer sah. Kein Wunder, vermutlich waren auch die Indios halb erfroren und suchten das wärmende Feuer, denn eine Feder im Haar bringt bekanntlich noch keinen Sommer.
Uns bleibt zumindest der kleine Hoffnungsschimmer, dass das Wetter an diesem Ende der Welt innerhalb kürzester Zeit wieder umschlagen kann. Wie im wahren Leben: Auf Regen folgt Sonnenschein… Man muss nur fest genug daran glauben. So hat der Wettergott mit uns verfrorenen Mitteleuropäern ohne Fell ziemlich schnell ein Einsehen und lässt die letzten grauen Schnee-

und Regenwolken Richtung Antarktis weiterziehen. Sonnenstrahlen erwärmen rasch die reine, klare Luft.
Ushuaia ist die südlichste Stadt der Welt (nur das chilenische Puerto Williams liegt noch südlicher, hat jedoch zu wenige Einwohner, um als Stadt bezeichnet werden zu können) und bedeutet in der Indiosprache so viel wie: »Bucht, die sich dem Sonnenuntergang zuwendet«. Als die letzte Abendsonne die kleine Hafenstadt in ein warmes Licht taucht, schlendern wir durch die Straßen, vorbei an moderneren Bauten aus Beton und bunt bemalten älteren Holzhäusern, deren Dächer mit Wellblech gedeckt sind. Alles erinnert ein wenig an die nördlichen Regionen Skandinaviens. Die Häuserfronten in der Hauptverkaufsstraße sind mit zahlreichen Reklametafeln geschmückt, die die Kauflust an den hier zollfreien Waren steigern sollen. Steuervorteile für Fabriken, die sich hier ansiedeln, schaffen viele neue Arbeitsplätze und locken viele Einheimische aus anderen Landesteilen in die Stadt. Fand man früher nur eine Ansammlung verstreut stehender, farbiger Holzhäuser mit einem kleinen Stadtkern vor, so klettern nun durch das schnelle Anwachsen der Einwohnerzahlen die Holzbaracken bis zu den Gebirgshängen empor.
Das berühmte Gefängnisgebäude, das sich heute auf dem Gelände eines Militärstützpunktes befindet, ist jetzt zu einem Museum und dem Sitz von Behörden umfunktioniert worden. Es ist noch ein Relikt aus den Jahren 1906 bis 1940, als sich hier eine Strafkolonie für Schwerverbrecher und politische Häftlinge befand. An diesem Ort eingesperrt zu sein war wahrlich kein Vergnügen und eigentlich schon Buße genug, denn der Alltag versprach harte Arbeit unter schwierigsten Bedingungen und ohne Fluchtmöglichkeiten. Wohin hätte man auch fliehen sollen? In die Gletscherwelt, um wie Ötzi zu enden oder in die stürmische See vor Kap Hoorn, um zu ertrinken – beides wohl kein sehr prickelnder Gedanke. So trostlos diese Gegend am Ende der Welt im ersten Moment auch erscheinen mag, spätestens bei einem Ausflug durch den bewaldeten Nationalpark und auf einer Bootsfahrt im Beagle-Kanal entfaltet sich die ganze Schönheit dieser einzigartigen Natur.

Langsam tuckert unser kleines Schiff vorbei an den vielen vorgelagerten zerklüfteten Inseln und gefährlichen Riffs des Beagle-Kanals, auf denen sich Tausende von Seeschwalben, Kormorane, Möwen, Pinguine, seltene Vogelarten und Seehunde tummeln. In der Nähe eines Leuchtturms passieren wir die Stelle, wo am 22. Januar 1930 der Luxusliner »Monte Cervantes« auf ein Riff fuhr und in den Fluten versank.
Unsere Rundfahrt geht bis fast an die chilenische Grenze. Zum Glück ist uns die See gut gesonnen – es ist ja auch erst Oktober – und nichts erinnert daran, dass wir uns in unmittelbarer Nähe des berüchtigten Kap Hoorn befinden, wo tosende Stürme und gewaltige, haushohe Wellen den Schiffen einen erbarmungslosen Kampf liefern und sie nicht selten in den Fluten versenken.
Ein weiterer Höhepunkt des nördlichen Teils Argentiniens sind die schneebedeckten Gipfel der Bergmassive, Gletscher, Eisberge, Flüsse und Seen Patagoniens. Dieses endlos scheinende, karge Wunderland der Natur schließt sich an Feuerland an und erstreckt sich 1600 km bis zum Rio Colorado. Es wird erzählt, das Wort »Patagonien« käme von »Patagones«, den großen Fußstapfen der Tehuelche-Indianer, die ihre Füße zum Schutz gegen Kälte mit dicken Fellen umwickelten. Stundenlang fährt man durch raue Einöde und grenzenlose Natur, ohne auch nur einem einzigen Menschen zu begegnen. Westlich von Calafate, dem Tor zur Gletscherwelt, erstreckt sich entlang der Anden der Nationalpark Los Glaciares mit einem unbeschreiblichen Reichtum an Fauna, Flora und Gletscherlandschaften. Das patagonische Inlandeis ist die größte zusammenhängende Eismasse außerhalb der Polarkappen. Die Luft ist glasklar. Am Fuße der Kordilleren liegt der größte See Argentiniens, der 1415 qkm große, faszinierende Lago Argentino. Wir entschließen uns zu einer Schiffsfahrt, um die Schönheit und das Farbenspiel des Gletschersees in Ruhe genießen zu können. Auf dem blau-türkis-schimmernden Wasser treiben unzählige Eisschollen und Eisberge an uns vorbei. Je mehr wir uns dem Upsala-Gletscher (dem mit 600 qkm größten des Nationalparks) nähern, umso gigantischer wirkt ihre Größe. Der Kapitän muss aufpassen, dass er nicht von Eisbergen, die

sich in der schützenden Bucht sammeln und verkeilen, eingeschlossen wird. Plötzlich steigt vor uns eine gewaltige, bis 120 Meter hohe Gletscherwand auf. Die von ihren Rändern abgebrochenen Eiskolosse schillern in allen Farbentönen, vom tiefen Tintenblau bis Grün und Sahneweiß.

Blaue Eisberge bestehen aus kompaktem Eis ohne Lufteinschlüsse, in denen das Licht so gebrochen wird, dass sie blau erscheinen. Bei grünen vermutet man eingeschlossene Partikel, die so die optische Beschaffenheit verändern. Die Vielfalt der vorbei treibenden Eisberge ist kaum mit Worten wiederzugeben, am liebsten würde man jeden einzelnen auf einem Foto verewigen. Manche wirken wie moderne Skulpturen, andere wie auferstandene Märchenwesen. Bizarre Zacken, Rundungen, Löcher oder geschwungene Bögen setzen der Fantasie keine Grenzen. Da Eis leichter ist als Wasser gehen sie nicht unter, sondern verlieren höchstens ihr Gleichgewicht und kippen um. Das Gefährliche an den Eisbergen ist jedoch, dass man ihre wahre Größe nicht erkennen und einschätzen kann, denn höchstens 20 % der Eismasse sind sichtbar, die restlichen 80 % befinden sich unter Wasser. Der Untergang der Titanic zeigte, wie bedrohlich diese weißen, schwimmenden Riesen für die Schifffahrt sein können. Unvergesslich bleibt mir in diesem Zusammenhang eine sinnige Zeitungsüberschrift, die ich vor vielen Jahren einmal gelesen habe und die meine Fantasie wohl so anregt hat, dass ich sie nie mehr vergaß: »Was sucht der Mann mit dem Frack auf dem Eisberg?« Nun, vielleicht wollte er in seinem zweiten Leben Pinguin werden, eine Eisbar eröffnen oder sich vor seiner Hochzeitsnacht ein wenig abkühlen? Wer weiß, man wird ihn nie mehr fragen können.

Der wohl bekannteste Gletscher des kontinentalen Eises, des Hielo Continental, ist jedoch der Perito-Moreno. Unaufhörlich schieben sich seine Eiswände weiter in den Lago Argentino vor. Eine schmale, kurvenreiche Straße windet sich Richtung Gletscher und gibt schon aus der Ferne einen Blick auf seine gigantische Eiswand frei. Hinter ihr erheben sich die über 3000 m hohen Kordilleren, deren Gipfel in weiße Wolkenkränze wie in

Wattebäusche gehüllt sind. Davor leuchtet das blaugrüne Wasser des Gletschersees.

Von einem Parkplatz, auf einer Anhöhe dem Gletscher gegenüber gelegen, genießen wir einen ersten Blick auf die vor uns liegende gigantische Gletscherwand. Sonnenstrahlen lassen das Eis glitzern, als hätte man auf ihm Tausende von Glitzersteinen ausgeschüttet, und das tiefe Blau der Gletscherspalten wirkt noch intensiver, als es ohnehin schon ist. Der Zauber, der von dieser Landschaft ausgeht, ist unbeschreiblich reizvoll und fremd.

Gletschereis entsteht aus fest zusammengedrücktem Schnee. Schneeflocken fallen aufeinander und pressen sich so eng zusammen, dass kaum noch Luft zwischen die Flocken passt. Aus den Flocken werden Kristalle, die bei steigender Temperatur schmelzen und zusammenkleben. Gelingt es der Sonne nicht, die Schnee- und Eisschicht des Winters zu schmelzen, entstehen Gletscher.

Auf einem gut ausgebauten Weg mit Treppen steigen wir tiefer hinunter. Von einer Aussichtsplattform hat man einen fantastischen Blick auf die enormen Ausmaße der Eismassen. Eine vier Kilometer breite und bis 70 Meter hohe, zerklüftete Eiswand fällt steil bis in den See ab.

Der Perito Moreno ist der einzige wachsende Gletscher, der sich in einen See schiebt und kalbt. Schon von weitem hört man das Tosen und Krachen der berstenden Eismassen. Riesige Gletscherbrocken und Eistürme von oft mehr als 20 m Höhe lösen sich unter gewaltigem Getöse aus der Gletscherwand und stürzen in die eisigen Fluten des Sees hinab. Gewaltige Wasserfontänen schießen empor. Die tonnenschweren Blocks versinken in dem weiß aufschäumenden Wasser und tauchen an anderer Stelle wieder auf. Der Anblick dieser Naturgewalt ist überwältigend. Pausenlos kracht, donnert, zischt und poltert es. Zu gerne würde man dieses Schauspiel auf einem Foto festhalten, doch schaut man in freudiger Erwartung durch die Linse, geschieht dieses Spektakel natürlich grundsätzlich auf der Seite, die man gerade nicht ins Visier genommen hat. Es ist wie ein Lottogewinn, den Auslöser zur rechten Zeit an der richtigen Stelle zu drücken.

Kann diese Einzigartigkeit und Schönheit der Natur überhaupt noch überboten werden? Kaum vorstellbar. Doch schon, als wir zu der im Norden Patagoniens an der Atlantikküste gelegenen Halbinsel Valdés weiterfahren, finden wir die Antwort auf unsere Frage. Ein gewaltiges Schutzgebiet bietet für See-Elefanten, Seelöwen, Vögel, Wale und Pinguine ein kleines Paradies. Ein Traum für jeden Tierliebhaber!
Bei Punto Norte besuchen wir eine riesige Kolonie von See-Elefanten und Seelöwen, die sich zu Hunderten an den Stränden tummeln. Die über 6 m langen Kolosse dösen friedlich zusammengekuschelt in der Sonne und lassen sich nicht im Geringsten von unserer Anwesenheit stören. Ab und zu reißen sie ihren Rachen auf, dass man ihnen fast bis in den Magen schauen kann und gähnen uns gelangweilt an. Wollen sie sich Respekt verschaffen, brüllen sie mit voller Lautstärke und zeigen uns ihre langen gesunden Beißerchen, in die man nur ungerne geraten möchte. Die restliche Zeit verbringen sie damit, sich zu beißen, in der Sonne zu aalen, zu schlafen oder einander ins Wasser zu scheuchen. Wird es ihnen zu warm, bewerfen sie sich mit dem kühlen, feuchten Uferkies.
Besonders faszinierend war für mich das Naturschutzgebiet von Punta Tombo. Hier befinden sich ein einzigartiges Tierparadies und die weltweit größte Brutstätte der Magellanpinguinen, die aus dem südlichen Feuerland hierher kommen, um sich zu paaren, ihre Eier abzulegen und zu brüten.
Als wir aus dem Bus steigen, schlägt uns ein lausig kalter, arktischer Sturm entgegen, der durch all unsere Knopflöcher bläst und selbst die Vögel rückwärts fliegen lässt. Obwohl wir durch die erbarmungslosen Winde, die uns schon im Süden Feuerlands um die Nase wehten, etwas abgehärtet sind, würden wir uns am liebsten in dicke Felljacken und Stiefel hüllen oder besser noch, schnellstens mit einem heißen Grog bewaffnet, in einem geschützten Zelt Zuflucht suchen.
Verfällt man der wahnwitzigen Idee, ein Foto machen zu wollen, muss man mit artistischen Verrenkungen versuchen, mit der einen Hand den Fotoapparat festzuhalten und sich gleichzeitig

»Wo bitte geht's hier zum Strand?«

Blick auf den Perito-Moreno-Gletscher

mit der anderen Hand an einen Ast zu klammern, um nicht wie der fliegende Robert in die Lüfte zu entschweben. Untermalt wird dieses Unterfangen mit einem ohrenbetäubenden Geschnatter, gemischt mit durch Mark und Bein gehenden, lang anhaltenden Schreien. Nicht von uns, wie man vielleicht glauben mag, sondern von den Bewohnern dieser Gegend – den Pinguinen. Und das auch nicht etwa, weil ihnen bei dem Anblick der verfrorenen Mitteleuropäer die Nerven versagen, sondern weil sie an Land äußerst kurzsichtig sind, im Meer dagegen sind sie überaus geschickt und sehen fabelhaft. Auf diese Weise versuchen sie nun, im Gewimmel der Tausenden von Artgenossen durch laute Lockrufe ihren eigenen Frackpartner wiederzufinden. Denn, haben sie einmal ihr Herz verschenkt, bleiben sie ein Leben lang zusammen und führen eine äußerst liebevolle Pinguin-Ehe. Natürlich geschieht es auch dort, dass ein fremder, ungebetener Gast einem bereits vergebenen Pinguinweibchen den Hof zu machen versucht. Begreift der Nebenbuhler jedoch nicht schnell genug, dass das aufgeregte Flügelschlagen und die Warnschreie des Pinguingatten, die einer verrosteten Autohupe oder Sirene gleichen, sehr ernst gemeint sind, so muss er die schmerzliche Erfahrung machen, dass das darauf folgende Schnabelgefecht auf seinem weißes Frackhemd ein paar Blutflecken hinterlässt.

Es ist ein äußerst lustiger Anblick, wenn unzählige dieser kleinen, tollpatschigen Wesen wie betrunkene Kellner mit weißer Weste, schwarzem Frack und großen Watschelfüßen über die Straße zum Meer torkeln. Es fehlen nur noch die Tabletts mit gefüllten Champagnergläsern! Vor Erheiterung fällt es schwer, die Kamera noch ruhig zu halten. Kommen sie auf uns zu gewatschelt, so heißt das oberste Gebot: »Stehen bleiben«, denn hier haben ausschließlich Pinguine Vorfahrt. Zwar gibt es auch weitläufig angelegte Wanderwege für Touristen, aber darauf wird von den tapsigen, drolligen Vögeln wenig Rücksicht genommen. Im Gegenteil, sie bleiben neugierig stehen, beäugen uns zweibeinige Eindringlinge vorwitzig, spielen mit den Schnürsenkeln, die sie vorher aufgezogen haben, beißen in die Hosenbeine oder versuchen durch sonstigen Schabernack unsere Aufmerksamkeit zu erringen. Wird man als nicht brauchbares Objekt eingestuft, drehen sie mit beleidigter Miene wieder ab. Sie wissen genau, dass ihnen von uns keine Gefahr droht. Sicher haben ihnen schon die Eltern in ihren Pinguinmärchen erzählt, dass Touristen harmlos sind und keine kleinen Pinguine fressen. Leider sind zur Zeit unseres Besuches die Pinguinbabys noch nicht geschlüpft. Das Pinguinweibchen sitzt brütend auf ihren beiden gelegten Eiern und schaut uns mit großen, leicht rötlichen Augen nur etwas abgestumpft, ignorierend an, als wolle sie sagen: »Komische große Vögel (und dann noch ohne Frack bei dieser Kälte!), warum brüten die noch nicht?« Gelangweilt schiebt sie ab und zu die Eier wieder in die richtige Position oder verteilt ein fettiges, ausgeschiedenes Sekret, das vor Wärmeverlust schützen soll, auf ihrem Gefieder.

Die Magellan-Pinguine, die kleinste Pinguinart (30 bis 55 cm), graben feste Höhlen in den Boden, in denen sie immer zwei Eier ablegen. Dort sind sie und ihre Eier am besten vor Wind und Wetter und sonstigen Gefahren geschützt. Da der Boden sehr hart ist, ist der Bau dieser Behausung sehr anstrengend und nimmt sehr viel Zeit, Ausdauer und Kraft in Anspruch. Aus diesem Grunde sind die Höhlen meist nicht tiefer als einen Meter. Nur in Ausnahmefällen, bei ganz weichem Boden, können sie schon mal bis sechs Meter Tiefe erreichen. Nicht dumm, versuchen sie deshalb möglichst eine noch leerstehende, repräsentative, wenn auch vielleicht nach dem strengen Winter etwas renovierungsbedürftige »Sommerresidenz« vom Vorjahr zu ergattern, schnell in Beschlag zu legen und Hausputz zu halten, bevor eventuell der alte Eigentümer dieser Immobilie wieder auftaucht und seine alten Besitzansprüche geltend macht.

Deshalb sollte man beim Durchstreifen dieses Küstenstreifens auch sehr vorsichtig sein, denn die ganze Gegend ist wie ein Schweizer-Käse mit unzähligen alten und neuen Löchern und Höhlen durchzogen. Es ist ratsam, möglichst immer einen Blick auf den Boden gerichtet zu lassen, damit man nicht in eine dieser versteckten Behausungen fällt und ungewollt ein im Nest befindliches Ei in Rührei verwandelt.

Nach der Brutzeit beginnt der Ernst des Lebens. Die Kleinen wachsen schnell und damit wächst auch ihr gesegneter Appetit. Ein Pfund Fisch pro Tag muss schon in den hungrigen Schnabel des Pinguinbabys gestopft werden, damit aus ihm ein ansehnlicher Halbstarker werden kann. So beginnt die eifrige Suche nach Garnelen, Fischen und sonstigen Leckerbissen, um die kleinen nimmersatten, schreienden Pinguinbabys zu füttern. Ein anstrengendes Unterfangen, auch wenn das Meer noch reich an Fischen und Nährstoffen ist. Männchen und Weibchen machen sich deshalb abwechselnd auf den für sie oft weiten Weg zum Meer. Bei zwölf Schritten pro Meter müssen immer wieder Verschnaufpausen eingelegt werden. Es ist köstlich anzuschauen, wie sie auf ihrem befrackten Po die Dünen zum Strand herunterrutschen. Unten angekommen, stoßen sie meist schon auf Grüppchen anderer Leidensgenossen und warten erst einmal mit lautem Geschnatter, das oftmals recht aggressiv anmutet, ab, was ihre Mitstreiter so zu tun gedenken. Sie schauen nach rechts, nach links, watscheln vor und zurück, als seien sie in einer Tangotanz-Schule. Doch mit dieser Verzögerungstaktik wollen sie nur vermeiden, sich als Erster in die Fluten stürzen zu müssen. Sicherlich haben sie schon in der Vergangenheit Erfahrungen damit gemacht, welche Gefahren dort auf sie lauern können – eine zu starke Strömung, die sie abtreiben und gegen felsige, scharfe Klippen schleudern könnte oder, was auch nicht viel erstrebenswerter wäre, in die hungrigen Mägen von Walen und Seelöwen zu wandern. Im Schutz der Gruppe ist die Gefahr gefressen zu werden dagegen relativ gering. So zögern sie lieber den todesmutigen Sprung ins kalte Nass etwas hinaus, umarmen mit ihren Stummelflügelchen ihren auch nicht gerade von Tollkühnheit geplagten Nachbarn, schnattern ihm etwas ins Ohr, rangeln miteinander, flirten oder putzen sich gegenseitig ihr Gefieder, denn je sauberer dieses ist, umso schneller können sie schwimmen. Im Schnitt sind sie bis 8 km/h schnell, bei Gefahr schaffen sie sogar über 12 km/h.

All das geschieht in der Hoffnung, dass zwischenzeitlich doch einer den Anfang gemacht hat oder von einem anderen Kollegen unfreiwillig in die blitzblauen, langen Wellen des Meeres geschubst wurde, denn leider gibt es keine andere Möglichkeit der Nahrungssuche. Ist das geschehen, schauen alle Zurückgebliebenen erwartungsvoll, ob sie den beherzten Schwimmer wieder irgendwo an der Wasseroberfläche auftauchen sehen ... Wieder Kopf rechts, Kopf links, als verfolgten sie gerade ein Tennismatch. Erblicken sie ihn, hüpfen alle hinterher in die Fluten, wenn nicht, watscheln sie erst ein Stückchen weiter den Strand entlang. Wer weiß, vielleicht wird man ja durch eine kleine Wanderung wagemutiger? Kommen sie nach getaner Arbeit müde von ihren Beutezügen zurück, müssen sie oft noch eine Stunde watscheln, bis sie zu ihrem Nest kommen. Dort werden sie allerdings zum Dank erst einmal von ihrem Partner umarmt und mit zärtlichen Gesten überschüttet. Jedes Federchen wird an seinen Platz gezupft, sie schnäbeln zärtlich, schnattern durcheinander, turteln wie Frischverliebte und freuen sich so, als wären sie jahrelang getrennt gewesen. Im Februar verlassen die Pinguine mit ihren Jungen, denen schon nach wenigen Wochen ein dichtes Federkleid zum Schutz gegen das kalte Wasser gewachsen ist, die Brutkolonie und schwimmen Richtung Süden ins weite, endlose Meer hinaus.

Man kann nur hoffen, dass dieses kleine Paradies erhalten bleibt und nicht auch noch der anhaltenden Zerstörung der Natur zum Opfer fällt. Durch die Erwärmung der Ozeane und die Verschmutzung der Meere wird die Nahrungssuche für die Pinguine immer schwieriger. Obwohl sie sich stets weiter auf die Meere hinauswagen, kann es passieren, dass sie erst nach vielen Tagen genügend Futter gefunden haben, um zu ihren Küken zurückkehren zu können. Leider kommt es aber immer häufiger vor, dass sie durch den ständig geringer werdenden Fischreichtum unterwegs verhungern. Dadurch sind nicht nur die auf Nahrung wartenden Partner, sondern auch die Pinguinbabys gefährdet.

Für uns ist es ein unvergessliches Erlebnis, diesen kleinen, lustigen Clowns einmal so nahe sein zu können und wir werden sicher wieder einmal vorbeischauen, um uns zu vergewissern, dass es ihnen gut geht.

JAPAN

Schnelle Züge, kleine Füße und viele Verbeugungen

Japan ist das Land der Kirschblüten, tausendjährigen Schreine und Tempel, Zen-Gärten, wunderschönen Seen und des meist unter den Wolken versteckten Fujis, aber auch ein Land, das uns wohl immer etwas rätselhaft bleiben wird. Hier prallen ultramoderne Technik, uralte Traditionen und fernöstliche Exotik gnadenlos aufeinander.

Für eine Reise in dieses ferne Land habe ich mich ziemlich gut vorbereitet – das glaubte ich zumindest. Damit ich nicht gleich in jedes nur erdenkliche Fettnäpfchen trete, versuchte ich mir ein paar Schriftzeichen einzuprägen, die wichtigsten Worte und Anstandsregeln zu lernen. Doch es dauerte nur wenige Stunden, bis mir im Land der aufgehenden Sonne bewusst wurde, dass zwischen Theorie und Praxis doch oftmals Welten liegen.
Einen Härtetest besonderer Güte versuche ich im riesigen Bahnhof von Tokyo Shinjuku zu bestehen. Allerdings habe ich es vorgezogen, wenigstens im Vorfeld meine Nerven zu schonen und von meinem Hotel aus lieber ein Taxi zu nehmen, denn auch nach mehreren Tagen in Tokyo komme ich mir noch immer vor wie ein Analphabet auf Bildungsurlaub. Glücklicherweise verteilt das Hotel Kärtchen mit seiner Anschrift, damit man von einem Ausflug wenigstens ohne Nervenzusammenbrüche dorthin zurückfindet. Alles ist wie ein großes Rätselbuch, dessen Inhalt auch durch ein Gläschen Sake (Reiswein) keine Lösung findet. Man weiß nie, wo man ist, alle Straßennamen sind unentzifferbare Hieroglyphen. Überall nur Bildchen und Strichmännchen, aber wenigstens lassen sich diese Männchen noch auf den Toiletten richtig einordnen.
Nun stehe ich an einem sonnigen Tag im März auf dem beeindruckenden Bahnhof, mit Gängen und Abzweigungen in alle nur erdenklichen Richtungen. Überall sind gut sichtbare, große Tafeln angebracht, die den richtigen Weg weisen sollen – doch leider auch hier nur in schön geschwungenen, bunten Schriftzeichen (inzwischen sollen die Stationen auch in römischen Buchstaben beschriftet worden sein und somit auch für Ausländer zu entziffern, hat man mir erzählt). Menschenmassen hasten im

Laufschritt an mir vorbei und ich, als irritiert dreinblickendes Verkehrshindernis, mittendrin. In der Hand einen Fahrschein, der nicht zu entziffern ist, egal, wie herum ich ihn drehe – er hat die Aussagekraft einer Wundertüte. Na, zumindest weiß ich, dass ich nach Kyoto möchte. Ich kann nur hoffen, dass das auch auf dem Ticket steht. Meine Englischkenntnisse kann ich getrost vergessen, denn kaum jemand versteht hier diese Sprache. Bei jedem Zweihundertsten soll man, statistisch gesehen, vielleicht Glück haben, aber ich scheine nur immer den 199sten zu erwischen.

Ein netter älterer Japaner schaut sich, intelligent durch seine dicke Brille blickend, meinen Fahrschein an und schiebt mich freundlich nach rechts in Richtung einer Treppe, verbeugt sich lächelnd und entschwindet.

Ich steige die Stufen empor und stehe auf einem langen Bahnsteig mit vielen schönen, bunten, unverständlich beschrifteten Schildern, Pfeilen und Nummern. Vermutlich lässt mein Gesichtsausdruck meine Verwirrung erahnen, denn wiederum erscheint ein freundlicher Mensch, nimmt mir mein Billett aus der Hand und redet ohne Luft zu holen auf mich ein. Ich nicke höflich, verstehe aber kein Wort. Doch plötzlich schwant es mir, dass es sich bei dem Kauderwelsch wohl um Englisch mit zungenbrecherischem Einschlag handeln muss. Er gibt mir zu verstehen, dass ich mich am Ende einer langen Schlange anstellen soll. Voller Gottvertrauen – was bleibt mir auch anderes übrig – nehme ich meine neue Position ein. Im wahrsten Sinne des Wortes, denn alle Wartenden stehen in Zweierreihen fast bewegungslos in Reih und Glied. Der Vorderste steht mit seinen Fußspitzen an einem weißen Strich, der als Markierung auf dem Boden des Bahnsteigs angebracht ist. Er macht die Einstiegsstelle erkenntlich, an der sich später zentimetergenau die Tür der entsprechenden Waggons öffnet. Kein Mensch drängelt oder schiebt, denn der Ausdruck von Ungeduld, Missfallen oder Ärger kommt einem Gesichtsverlust gleich. Einige lesen Zeitung, andere schauen gelangweilt vor sich hin und denken vielleicht schon an ihre zu erwartenden Geschäftsspesen.

In ihrer Businesskleidung sehen die Männer irgendwie alle gleich aus: klein, kurze Beine und der Scheitel in ihrem schwarzen Haar wie mit dem Lineal gezogen. Die dezenten dunkelblauen oder anthrazitfarbenen Anzüge haben scharfe Bügelfalten. Die Hemden sind frisch gestärkt und blütenweiß, sicher mit Persil gewaschen. Die unauffälligen Farben der Krawatten sind zum Einschlafen langweilig, die geschnürten, dunklen Schuhe sind blank gewienert und glänzen wie Obsidian in der Sonne. Für jeden Japaner ist das tadellose Aussehen eine Verpflichtung seinem Land, seiner Firma und Familie gegenüber, alles andere würde dem Ansehen schaden. Das Leben in der Öffentlichkeit und im privaten Bereich wird streng getrennt. Nur in seinem persönlichen Umfeld darf man sich gehen lassen und verhalten, wie man möchte.
Die einzigen Farbkleckse auf dem Bahnsteig sind die Kinder, je älter die Leute sind, umso farbloser und trauriger scheint auch ihre Kleidung zu werden. Ein paar Touristen in bunten Hemden, Shorts, behaarten Beinen, Socken und Sandalen an den Füßen wirken dazwischen wie falsch gelandete Paradiesvögel eines anderen Sterns.
Auf diesem Bahnhof steigen täglich ohne jegliche Komplikationen mehrere Millionen Menschen aus, ein oder um. Die Disziplin der Fahrgäste ist bewundernswert und wahrscheinlich einmalig auf der Welt. Auf die Minute pünktlich läuft der sehr beeindruckende Hochgeschwindigkeitszug oder die Granate, wie ihn die Japaner nennen, fast lautlos in den Bahnhof ein. Die Züge sind ständig ausgebucht. Der Waggon mit der auf meinem Fahrschein ausgedruckten Nummer hält millimetergenau an der weißen Linie. Die Türen öffnen sich geräuschlos. Auch jetzt kein Schieben und Drängeln. Alle Passagiere steigen gelassen, aber zügig ein, denn nach 90 Sekunden schließen sich die Türen wieder und der Zug fährt weiter. Ist der Zug voll, bleiben die restlichen Passagiere stehen und warten geduldig auf den nächsten, der die Großstädte im Drei- bis Zehn-Minuten-Takt verbindet. Nur in wirklichen Stoßzeiten kann es schon mal etwas hektischer werden, dann betätigen sich Bahnhofsangestellte als sogenannte »Po-

Schieber«. Sie drücken die Passagiere, die noch in den Türen hängen, in die überfüllten Züge, damit sie nicht durch die automatisch schließenden Türen verletzt werden.
Alle größeren Entfernungen legt man mit diesen supermodernen Wunderwerken der Technik zurück. Sie sind nicht nur eine Legende, sondern gelten auch als sicherstes Verkehrsmittel. Der bekannteste, aber auch teuerste, ist der Shinkansen, der Tokyo mit Kyoto und Osaka verbindet. Er war der erste Zug dieser Art auf der Welt. Schon bei seiner Inbetriebnahme, pünktlich zur Eröffnung der olympischen Sommerspiele 1964, erreichte er auf der 515 km langen Strecke zwischen Tokyo und Osaka eine Geschwindigkeit von 200 km/h. Heute saust er mit Spitzengeschwindigkeiten von über 300 km/h über die Schienen. Der Nazomi (Hoffnung) hält nur an wichtigen Stationen. Der Hikari (Licht) hält etwas häufiger, erreicht aber auch ca. 240 km/h. Der Kodama (Echo) hält an allen Bahnhöfen.
Kaum habe ich es mir auf meinem Sitz bequem gemacht, da donnert dieses stromlinienförmige Geschoss auch schon an dem unendlichen, betongrauen Häusermeer vorbei, das man durch die Geschwindigkeit nur noch verschwommen wahrnehmen

??????

kann. Hat man die Hochhäuser der Weltstadt, auf deren Dächer Personen Gymnastikübungen machen oder Tennis spielen, und die unzähligen glitzernden Reklametafeln, Autobahnen und Straßen, die wie Spaghetti übereinander liegen, hinter sich gelassen, wechseln sich gemütliche Reisbauerndörfchen mit kleinen Holzhäusern und engen Gassen, Tempelchen, alten Schreinen und Flüssen ab. Die grünen Halme der Pflanzen auf den Reisfeldern, an denen wir vorbeifliegen, zerfließen durch das hohe Tempo zu einem tiefgrünen Schleier.

Ein Teil der Fahrgäste hat sich in der Zwischenzeit hinter ihren Zeitungen vergraben und liest die neuesten Börsenberichte. Einige kramen ihre mitgebrachte Arbeit aus den Aktenkoffern, andere packen ihre Frühstücksbrote aus oder holen in den bequemen Sesseln ihren versäumten Schlaf nach.

Ein Bahnbeamter nähert sich, verbeugt sich leicht, begrüßt mich und heißt mich herzlich willkommen. Das Wohlergehen der Gäste hat oberste Priorität, deshalb wird diese Höflichkeit jedem Gast zuteil, nicht nur mir »gaijin«, »dem guten Menschen von draußen«, wie man sagt. Ein zweiter Schaffner kontrolliert mein Ticket. Er schaut es an, schaut mich an, als könne er etwas auf meiner Stirn lesen, dann wieder das Billett und gibt mir freundlich gelassen in ausnahmsweise gut verständlichem Englisch zu verstehen, dass ich im falschen Zug sitze. Das wäre aber kein Problem, er würde mir an der nächsten Station zeigen, in welchen Zug ich steigen müsse. Bis dahin solle ich mich ein wenig ausruhen, denn es dauere noch einige Zeit. Leichte Schweißperlen bilden sich auf meiner Stirn. Na prima, das hat mir ja gerade noch gefehlt!

Eine Zugbetreuerin in Uniform rollt ihr Wägelchen durch den Gang, verbeugt sich und fragt mit zwitschernder Stimme, ob ich Saft, Kaffee, Bier oder eine Box mit japanischen Spezialitäten (Bento) kaufen möchte. Ich verneine, denn ein doppelter Cognac wäre auf diesen Schreck hin sicher angebrachter gewesen. Jetzt erst bemerke ich, dass mich eine ältere Japanerin, die mir gegenüber sitzt, freundlich anlächelt. Sie trägt einen roten, bestickten, wunderschönen Kimono. Ihre schwarzen, mit Sil-

berfäden durchzogenen Haare sind zurückgekämmt, und ihre Füße stecken in weißen Söckchen und Sandalen. Mir fällt auf, wie klein ihre Füße sind. Vielleicht wurden sie ihr als Kind noch gewickelt? Ein grausamer Gedanke!
Was für uns wie ein Klumpfuß aussieht, entsprach in China und Japan dem Schönheitsideal und galt gleichzeitig als besonders erotisch. Je zierlicher der Fuß, je zartgliedriger die Hände und schlanker die Taille, desto höher fiel der Brautpreis für ein Mädchen aus. Ein Lotusfuß (er wurde so genannt, weil er Abdrücke hinterließ, die einer Lotoslilie glichen) sollte nicht mehr als 8 bis 10 cm Größe haben. Um das zu erreichen, mussten die Kinder unsagbare Schmerzen ertragen. Im Alter von etwa sechs Jahren, wenn die Knochen noch biegsam und weich sind, begann man mit diesen Schönheitskorrekturen. Mit strammen Bandagen band man vier Zehen unter die Fußsohlen, nur die große Zehe blieb in ihrer Position stehen. Die Binden wurden dann in kurzen Abständen immer enger in Richtung Ferse gezogen. Der Fuß sollte letztendlich einer Mondsichel gleichen. Meist brachen dabei die Knochen oder wurden zerquetscht, die Durchblutung versagte und die Muskulatur erschlaffte. Es bildeten sich tiefe, blutige, eitrige Wunden, die das Fleisch und oft den ganzen Fuß abfaulen ließen. Unzählige Frauen waren somit völlig in ihrer Bewegungsfreiheit eingeschränkt. Sie konnten weder arbeiten noch waren sie in der Lage, das Haus zu verlassen. Viele humpelten auf Stöcken gestützt vorwärts, rutschten auf Knien oder robbten auf niedrigen Stühlen durch ihre Gemächer. Die wenigsten konnten sich den Luxus leisten, sich von Dienern in einer bequemen Sänfte oder auf dem Rücken tragen zu lassen. Aber gerade diese Abhängigkeit und Hilflosigkeit machte sie in der Männerwelt so begehrenswert. In Überlieferungen wird geschrieben, dass dieser Fußfetischismus nicht nur die Erregung der Herren der Schöpfung steigerte, sondern sie auch dazu verleitete, aus den verbogenen Füßen Getränke zu sich zu nehmen oder sie sogar als Aschenbecher zu benutzen. Erst im 20. Jahrhundert versuchte man das zu ändern, band sogar fest verschnürte, verkrüppelte Füße wieder auf, was aber nicht weniger schmerzhaft und qualvoll war.

Schönheit fordert in jeder Epoche ihren Preis. Die eng geschnürten Korsetts, die eine Zeit lang in Europa große Mode waren und in denen alle Innereien zusammengequetscht wurden, konnten sicher auch nicht gerade als gesundheitsfördernd bezeichnet werden. Doch, was nimmt man nicht alles in Kauf, um schön und begehrenswert zu sein?! Noch heute bezahlen wir viel Geld dafür, um der verloren geglaubten Jugend nachzujagen. Große Busen, stehend wie Pudding-Förmchen, sind angesagt, die kleinsten Falten werden mit Montageschaum unterspritzt. Wir nehmen dafür hin, dass beim Lachen die Ohren mitwackeln, das Gesicht maskenhafte Züge annimmt und merken gar nicht, dass wir vor lauter künstlicher Verschönerung bald nur noch die Ausstrahlung einer Kloschüssel besitzen. Sicher wird man in einigen Jahrzehnten auch darüber nur noch den Kopf schütteln – und sich dafür anderen, sicherlich ebenso abwegigen Schönheitsidealen zuwenden.
Ich hoffe, dass meine nette Mitfahrerin keine dieser Torturen überstehen musste. Ihr Gesicht, das sehr viel Warmherzigkeit ausstrahlt, ist glatt und faltenlos, ihr Alter nicht zu schätzen. Nun habe ich gelernt, dass die Japaner möglichst Körperkontakte vermeiden. Man streckt deshalb weder zur Begrüßung die Hand entgegen noch klopft man frohen Mutes seinem Gegenüber kräftig auf die Schulter. Also lächle ich freundlich und verbeuge mich leicht, denn auch die Zeremonie des Verbeugens ist ein Kapitel für sich und muss gelernt sein. Eigentlich verbeugt man sich in Japan den ganzen Tag. Man verneigt sich zur Begrüßung, wenn man sich bedankt, entschuldigt, um etwas bittet oder wenn man sich verabschieden möchte. Es ist eine wichtige Form der Höflichkeit und rührt von Überlieferungen der Kriegerkaste, der Samurais her. Wie tief und lange man sich verbeugen muss, hängt vom Alter, der sozialen Stellung und davon ab, wie viel Höflichkeit und Respekt man seinem Gegenüber entgegenbringen möchte. Der Rangtiefere muss sich also vor dem Ranghöheren, dem mehr Respekt gebührt, tiefer und länger verbeugen. Wenn ich mir, bei unserer europäischen Körpergröße diese Bücklinge in unseren Behörden vorstelle, müsste man die

Gänge verbreitern, um Kopfplatzwunden zu vermeiden, zumal sich manche Zeitgenossen schon verbeugen, wenn nur der Regen ans Fenster klopft. In Japan sagt man:
»Wahre Achtung beginnt mit der Geste.«
So reichen 5° Verbeugung bei einer flüchtigen Begrüßung, 10° bis 15° beim Begrüßen von Freunden, Familienangehörigen und ranggleichen Kollegen, 30° bis 40° zur Begrüßung oder Verabschiedung, wenn man etwas erbitten oder um Verzeihung bitten möchte. Mit 45° kann man am wenigsten verkehrt machen. Damit begrüßt und verabschiedet man im Rang hoch stehende, wichtige Personen wie Lehrer, Vorgesetzte, ältere Personen oder verleiht einer Bitte um Verzeihung oder Dankbarkeit besonderen Ausdruck, 90° bei einem Besuch im Tempel oder bei besonderen Zeremonien. Doch nicht nur, dass man als Ungeübter wohl am besten immer einen Winkelmesser bei sich tragen sollte, auch eine korrekte Körperhaltung ist dabei wichtig. Der Rücken bleibt gestreckt, während man den Oberkörper nach vorne beugt. Die Männer legen ihre Arme seitlich an die Oberschenkel. Die Frauen umschließen mit der rechten Hand die linke und legen sie bei der Verbeugung in den Schoß.
All das schießt mir durch den Kopf, als meine bezaubernde Butterfly aufsteht und anfängt sich vor mir zu verneigen. Schon verlässt mich jede Theorie. Ich stehe nicht aufrecht, sondern sitze mit unhandlichen Gepäckstücken auf dem Schoß, der keinen Platz mehr für meine Hände freilässt. Ich bin sicher jünger als sie, müsste mich deshalb tiefer verneigen. Ich bin weder Gast noch sie Gastgeberin, Frauen müssen sich tiefer vor Männern verneigen. Wie aber verneigen sich Frauen untereinander? Man soll sich nicht eher wieder aufrichten, bevor es der Ranghöhere getan hat, nur wer ist ranghöher? Und schon ist das Verbeugungschaos komplett! Sie lächelt mich freundlich an, verbeugt sich, ich verbeuge mich, sie verbeugt sich, ich verbeuge mich – allmählich beginnt meine Bandscheibe zu quietschen und mein Ischiasnerv gerät in Schwingungen. Doch das Spiel hat noch lange kein Ende – in diesem Land braucht man bestimmt keine Rückenschule. Warum stand in keinem meiner Bücher etwas

darüber zu lesen, wer zuerst aufhören muss, sich zu verbeugen?
Mein rettender Engel naht in Gestalt des Schaffners, der mir mitteilt, dass ich nun aus- und umsteigen müsse. Ich nehme schnell mein Gepäck, verneige mich noch einmal besonders tief und flüchte. Als ich auf den Bahnsteig trete, sehe ich noch aus dem Augenwinkel die tiefe Verbeugung meiner bezaubernden Nachbarin. Ich kann nur hoffen, dass sich meine nette Japanerin später wieder in die Sessel zurückfallen lassen konnte und sich nicht noch heute verneigt ...

Sayonara!

NEUSEELAND, KENIA, TANSANIA

Tierische Begegnungen

Nicht immer sind es nur die fantastischen Kulturdenkmäler dieser Welt, die von fremden, fernen Ländern in Erinnerung bleiben, sondern auch die herrlichen Naturlandschaften und deren Bewohner, die einem so manche nette Überraschungen bescheren können.

Es ist ein wunderschöner, sonniger Tag. Ich sitze auf einer kleinen Mauer und genieße im Mount-Cook-Nationalpark, der sich auf der Südinsel Neuseelands befindet, den eindrucksvollen Ausblick auf die 3000 m hohen schneebedeckten Gipfel und Gletscher der Alpen. Schon alleine diese grandiose Landschaft entschädigt für den nicht endenwollenden 28-stündigen Flug an das andere Ende der Welt.

Endlich hat sich ein Traum erfüllt. Ich bin in Neuseeland, in »Aotearoa«, wie es die Maori nennen, dem »Land der langen weißen Wolke«. Ein Land voller Naturschönheiten, Geysire, Regen- und Farnwälder, traumhaften Küsten, Gletscher, Seen und endloser Weideflächen, auf denen sich unzählige Schafherden tummeln.

Plötzlich jedoch findet die Ruhe dieses Idylls ein jähes Ende. Ich werde von einem undefinierbaren Luftzug, einem Flattern und Rauschen über meinem Kopf aus all meinen Träumen gerissen. Ein großes Federknäuel hat wohl meinen Kopf als Grenzpfosten seiner Einflugschneise auserkoren und landet, nachdem er sich fast in meinen langen Haaren verfilzt hat, mit durchdringendem Kia-Kia-Gekreische direkt neben meiner Hand.

Verdutzt schaue ich in die neugierigen Augen eines fast 50 cm großen Keas, der sich mit seinem dichten, olivgrünen Gefieder majestätisch vor mir aufbaut. Fragend dreht er seinen Kopf von rechts nach links, schaut mich frohlockend an, hält meine Hand mit seinen messerscharfen Krallen fest und versucht mit seinem waffenscheinpflichtigen Schnabel, mir meine Uhr von Arm zu hacken. Als er merkt, dass mich seine diebischen Neigungen nicht gerade in Entzücken versetzen, lässt er von meinem Arm ab und beginnt, seinen kaum zu bremsenden Spieltrieb an meinen Schuhen auszutoben. Sicher wäre es ihm ohne weiteres gelungen, sie innerhalb kürzester Zeit in alle Einzelteile zu zerlegen, aber zum Glück beschränkt er sich erst einmal darauf, genüsslich meine Schnürsenkel zu zerkauen. Erfreulicherweise verliert er irgendwann das Interesse an mir, wendet sich stattdessen einer Dose zu, die er mit lautem Scheppern quer über einen steinigen Weg kullert. Je mehr Lärm es macht, umso erfreuter hüpft er drum herum und schlägt voller Übermut mit seinen an der Unterseite scharlachroten Flügeln.

Das nächste Objekt seiner Begierde ist ein in der Nähe abgestelltes Auto. Er springt auf das Dach, testet mit seinem spitzen Schnabel die Härte des Lackes und versucht, diebisch wie eine Elster, die schön in der Sonne glänzende Zierleiste abzumontieren. Nachdem das nicht sehr Erfolg versprechend zu sein schien, zerzupft er zur Abwechslung schwungvoll ein Stück der Gummidichtung des Seitenfensters. Er stemmt seine Füße gegen die Scheibe, zieht mit seinem gebogenen Schnabel an dem nachgebenden Gummi und bricht, wenn er sich dabei im Seitenspiegel entdeckt, in laute Jubelschreie aus. Dann sind die Scheibenwischergummis dran – herrlich, ein völlig neues Kaugefühl, wenn man schon keine Gummibärchen hat! Bei so viel Action scheint er alles um sich herum zu vergessen.

Aber auch das wird mit der Zeit langweilig. So fliegt er auf den Boden und erkundet voller Begeisterung die Autoreifen. Der linke hintere scheint seiner Geschmacksrichtung am meisten zu entsprechen. Vielleicht ist er ja vorher mal durch einen gut riechenden Haufen gefahren ... Er hackt temperamentvoll auf ihm herum und versucht die kleinen abgebissenen Gummistückchen zu zerkauen. Dann steckt er übermütig seinen Kopf in den Auspuff, um anschließend mit Ruß verschmierten Federn im Radkasten abzutauchen. Dort lassen sich wundervolle Dinge entdecken: Bremsschläuche, Gelenkmanschetten und ähnliche Leckereien. Zwischendurch schaut dieser Nichtsnutz mit Federn immer wieder zu mir herüber, als erwarte er meinen Applaus für seine zerstörungswütigen Neigungen.

Da mir erzählt wurde, dass schon viele Autofahrer ihr Gefährt demoliert und mit platten Reifen wieder gefunden haben, möchte ich den Besitzer dieses Wagens vor unliebsamen Überraschungen bewahren und versuche das aufmüpfige, verspielte, gefiederte Unikum zu verscheuchen. Er nimmt meinen Sinneswandel irritiert zur Kenntnis, schlägt einen Purzelbaum zum nächsten Abfalleimer, um dafür dessen Inhalt quietschfidel vor meinen Füßen auszubreiten. Nach längeren Überlegungen fliegt er schließlich doch vorsichtshalber erst einmal mit ohrenbetäubendem Kia-Kia-Geschrei auf einen Baum. Seine Schreie klingen allerdings eher so, als würde er sich über mich halb tot lachen und nur darauf warten, dass ich endlich verschwinde, damit er seinen Abenteuerspielplatz wieder ganz für sich alleine hat.

Keas sind Bergpapageien, die nur in den neuseeländischen Alpengebieten beheimatet sind. Sie sind nicht nur äußerst frech, gesellig und neugierig, sondern auch außergewöhnlich intelligent und lernfähig. Sicher sind es die ungewöhnlichsten Papageien der Welt, denn sie können auf den Höhen der Alpen selbst bei Eis, Schnee und frostigen Winterstürmen überleben. Ihrer Anpassungsfähigkeit und Ausdauer haben sie es zu verdanken, dass sie Jahrhunderte überleben konnten – auch noch, als immer mehr Menschen und fremde Tierarten den Archipel besiedelten und sie nicht mehr das gesamte Bergland für sich in Anspruch nehmen konnten. Bis dahin waren ihnen Säugetiere fremd. Es gab zwar Reptilien und andere Vogelarten, aber die bedeuteten für sie keinerlei Gefahr. Sie kannten keine Feinde, und Angst war ihnen fremd. Ernährte sich der Kea früher ausschließlich von Wurzeln, Früchten, Beeren und Pflanzen, so änderte er seine Fressgewohnheiten und wurde zum einzigen Fleisch fressenden Papagei. Ist ihm also einmal nicht nach vegetarischer Nahrung zumute, schmecken ihm auch Insekten, Butter, Käse, Würmer und Abfälle aller Art. Auch Eier fremder Nester und kleine Küken sind eine willkommenen Abwechslung in seinem Speiseplan. Dieses Verhalten brachte ihn in den Verdacht, auch Schafe und Lämmer anzugreifen, zu verletzen und gar zu töten, indem er ihnen die Nieren herauspickt. Auch wenn die Zoologen diese Meinung nicht teilen, haben die Schafzüchter zum Schutz ihrer Herden Tausende Keas vergiftet, abgeschossen oder mit Fallen getötet. So werden ihre hochintelligenten, wandlungsfähigen und cleveren Nachkommen sicher auch weiterhin mit immer neuen Überraschungen und Tricks Mensch und Tier in Erstaunen und Schrecken versetzen.

Das können allerdings auch, wie ich an einem schwülheißen Abend in Tansania erfahre, schon wesentlich kleinere Tiere. Erschlagen von den Erlebnissen einer atemberaubenden Safari durch die Serengeti, dem wohl großartigsten und berühmtesten Nationalpark Afrikas, und einem feurigen Tropendrink entschließe ich mich, mich etwas früher in Morpheus Arme zu begeben, in der Hoffnung, dass ich heute ohne größere Überraschungen Schlaf finden kann. In der vergangenen Nacht war mir das nicht vergönnt gewesen. Zuerst saß eine Hyäne vor meiner Hütte, die sich anscheinend vor Freude die Schenkel klopfte und sich darüber halbtot lachte, dass mich ihre Anwesenheit davor zurückschrecken ließ, im etwas entfernter liegenden Restaurant zu Abend zu essen.
Gerade hatte mich das Knurren meines Magens in den Schlaf gewiegt, als ich durch fremde, beängstigende Geräusche geweckt wurde. Es scharrte, kratzte und klapperte. Die Terrasse vor meiner Hütte war nur von Gras, ein paar Schirmakazien und der unendlicher Weite der Savanne umgeben. Woher konnten diese Geräusche also kommen? Es war nicht das Gebrüll der Löwen, das Trampeln der Gnuherden, das Trompeten der Elefanten oder all die fremden Laute der nächtlichen Wildnis. Das Ganze war mir mehr als unheimlich, denn gelegentlich hörte man schon von Einbrüchen und Überfällen. Todesmutig schlich ich mich an die riesige Glasschiebetür, schob den Vorhang etwas beiseite und entdeckte einen dunklen Schatten, der sich langsam auf und ab bewegte. Mir stockte der Atem. Ich wartete. Nach einigen Minuten nahm ich nochmals all meinen Mut zusammen und erspähte durch einen kleinen Spalt des Vorhanges vier lange, sich in der Dunkelheit bewegende Beine. Zwei Einbrecher? Aber hätten sie so lange, knochige, behaarte Beine? Diese Feststellung machte

mich etwas mutiger, ich schob die Gardine zurück und schaute in zwei große, dunkle Augen und auf eine dampfende Nase, die an der Scheibe platt gedrückt war. Jedoch aus vier wurden plötzlich sechzehn Beine und aus einem vier Augenpaare, die mich irritiert anstarrten – was sicherlich auf Gegenseitigkeit beruhte! Vor mir standen vier wunderschöne Zebras, die sich meine Terrasse als Tanzfläche auserkoren hatten. Zumindest schien es so, denn die Partylaune meiner nächtlichen Besucher und ihre klappernden Hufe brachten mich die ganze restliche Nacht um meinen wohlverdienten Schlaf.

Um heute keine weitere nächtliche Überraschung zu erleben, schaue ich lieber vorher auf die Terrasse hinaus. Doch diesmal weit und breit keine tanzenden Zebras, nur Romantik pur. Die letzten Sonnenstrahlen versinken glutrot am Horizont. Ich bin von einer himmlischen Ruhe umgeben, die nur ab und zu vom leisen Rauschen der Bäume und dem entfernten Rufen exotischer Vögel unterbrochen wird. Allmählich senkt sich der dunkle Schleier der Nacht und über mir beginnt sich ein endlos glitzernder, zum Anfassen naher Sternenhimmel auszubreiten. Ich fühle mich wie ein Komparse in einer Szene von »Jenseits von Afrika«, nur leider ohne Robert Redford. So lasse ich noch etwas meine Seele baumeln, bevor ich mich ausziehe und auf mein Bett lege.

Gerade als ich das Licht löschen will, entdecke ich an der Wand ein etwa 1 cm großes, bräunliches Insekt mit schmalem, länglichem Körper. Unvermittelt, als hätte es nur auf mich gewartet, beginnt es mich anzugreifen. Immer und immer wieder fliegt es im Sturzflug auf mich zu. Selbst als ich mich in meine Bettdecke wickle, versucht es noch irgendwo eine kleine Lücke zu entdecken, um meine nackte Haut zu erwischen.

Es besteht keine Chance, der Aggressivität dieses ausgehungerten Blutsaugers zu entgehen. Was also tun? Warten, bis dem fliegenden Ungeheuer der Sprit ausgeht? Das könnte zu lange dauern. Ich versuche, den Hörer des Telefonapparates unter meine Decke zu ziehen, um so als letzte Rettung eine Mitreisende anzurufen.

Verwundert über meinen nächtlichen Hilferuf über eine angrei-

fende Mücke, denkt sie wohl zunächst, mein letzter Drink wäre schlecht gewesen oder hätte irgendwelche Halluzinationen ausgelöst. Letztendlich überzeugt sie mein Beteuern, dass dem nicht so sei und sie erscheint kurz drauf, vorsichtshalber mit einem Handtuch bewaffnet, in meinem Zimmer. Weitere Fragen erübrigen sich schnell, denn auch sie wird sofort von dem unbekannten Flugobjekt angegriffen. In den nächsten Minuten verspüre ich nur noch die durch das Handtuch erzeugten Luftwirbel, höre lautes Klatschen und entsetzte »aaah« und »ooooh«, »ist die zäh«-Schreie und dann nach endlosen Minuten die erlösende Feststellung: »So, die sticht uns nicht mehr!«
Ich krieche unter dem Schutz meines Bettlakens hervor und schaue mir das erlegte Insekt an. Es ist zwar etwas platt, aber keiner von uns hatte zuvor je diese Mückenart gesehen. Am nächsten Morgen zeigen wir unsere erlegte Trophäe, schön auf einem kleinen Teller drapiert, dem Hotelpersonal. Bei dem Anblick scheinen ihre Gesichtszüge etwas zu entgleisen, sie nehmen schnell den Teller und entschwinden damit wortlos hinter der Rezeption. Weitere Fragen bleiben unbeantwortet. Erst nach längerem Drängen erklärt uns der Hotelchef etwas unwillig, dass es sich um eine Tsetse-Fliege gehandelt habe, der Überträgerin der Schlafkrankheit.
Allein ihr Name klingt schon recht ungemütlich. Er bedeutet in der Tswana-Sprache »Fliege«, was dem Fluggeräusch nachempfunden sein soll. Man erklärt uns, dass man die Tsetse-Fliege an ihrer charakteristischen Flügelstellung erkennen könne. In Ruhestellung (nur, wer erlebt sie schon so? Man kann ihr ja nicht erst vor dem Angriff Baldrian einflößen) sind ihre Flügel wie bei einer Schere übereinander gelegt. Vermehrt sie sich, so legt sie keine Eier ab, sondern gebärt Larven, die sich in den Boden eingraben, dort verpuppen und bereits als Fliege aus der Erde kriechen. Sie ernährt sich von menschlichem und tierischem Blut.
Wie auch wir exotische Speisen lieben, so hatte sich wohl auch dieser kleine Vampir an diesem Abend unser europäisches Blut als besondere Delikatesse zur Verfeinerung seines Speiseplanes gewünscht. Noch mal Glück gehabt!

Allerdings manchmal, wenn ich mich jetzt morgens hundemüde aus den Federn schäle, beschleicht mich doch oftmals der Gedanke, ob sie wirklich nur an mir vorbei geflogen ist ...

Schmerzhafter dagegen war die Bekanntschaft mit einem kleinem Äffchen, die ich in Kenia machte. Es war ein Tag, wie man sich ihn wünscht. Die Sonne strahlt vom Himmel und lässt das tiefblaue Meer wie von Tausenden kleiner Diamanten übersät glitzern. Das leise Rauschen der Wellen und der Palmen, in denen sich der Wind fängt, wirkt entspannend und wohltuend. Ich liege unter einem Sonnendach aus Palmenblättern im Liegestuhl, genieße die warme Luft auf meiner Haut und träume vor mich hin.

Irgendwann löst sich aus dem flimmernden Licht der Mittagssonne die Gestalt eines Einheimischen, der sich langsam mit einem kleinen Affen auf dem Arm nähert. Süßes Tier, denke ich gerade, als es auch schon mit einem ungeahnt weiten Sprung geradewegs auf meinem Bauch landet. Große, ängstliche, bernsteinfarbene Augen schauen mich an. Er klettert höher und schlingt seine Ärmchen fest um meinen Hals – sehr zur Belustigung der anderen Hotelgäste, die neugierig ihre Bücher fallen lassen, um dem Spiel frohlockend zuzuschauen.

Es ist weniger das fremde Äffchen, das anfängt, mich zu beunruhigen, sondern es sind vielmehr die schwarzen Punkte, die auf seinem Fell herumturnen. Hunderte von Flöhen scheinen in seinem Fell eine gemütliche Heimat gefunden zu haben! Allein durch diesen Anblick fängt schnell mein Fell an zu jucken und ich habe das Gefühl, als würden sich ganze Flohkolonien meiner Haut bemächtigen und in meine Haare klettern. Vorsichtig versuche ich mich aus seiner Umklammerung zu lösen. Doch je mehr ich schiebe, umso steifer macht er sich und desto fester drückt er seinen pelzigen Körper an meinen. Als dann auch noch der Einheimische versucht, seine Hände nach ihm auszustrecken, glaubt mein Kuscheltier, ich wolle ihn loswerden. Um seinem Unwillen deutlich Ausdruck zu verleihen, beißt er mit seinen spitzen Zähnen mit voller Kraft in meinen Finger.

Um ihn nicht noch ungnädiger zu stimmen wage ich zunächst nicht, mich zu bewegen und nach einem Taschentuch zu suchen. Nachdem mein Äffchen merkt, was es angerichtet hat, ergreift es aber nicht etwa die Flucht, sondern drückt sich, zur Freude aller Flöhe, noch enger an mich und schaut mich nur mit großen, traurigen Augen an. Erst als mein Blut langsam auf sein Fell zu tropfen beginnt, macht es einen Satz und verschwindet, mit im wahrsten Sinne des Wortes affenartiger Geschwindigkeit im nächsten Gebüsch.
Der Direktor des Hotels erzählte mir später, dass es schon öfter Probleme dieser Art gegeben habe. Meist handele es sich dabei um Affen, die in Haushalten weißer Einwohner als Haustiere gehalten werden. Dort werden die zahmen Tiere, um sie in klingende Münze umzusetzen, von Einheimischen gestohlen, eingesperrt und meist auch nicht gut behandelt. Sehen sie plötzlich wieder die gewohnten hellhäutigen Menschen, versuchen sie zu fliehen und bei ihnen Schutz zu suchen. Vielleicht hat ja mein Äffchen durch die gelungene Flucht wenigstens seine Familie wieder gefunden ...

In Norwegen wurde ich vom Elch geknutscht, jetzt auch noch vom Affen gebissen – das dürfte auf meinem weiteren Lebensweg sicher vieles entschuldigen ...

CUBA

Das Leben auf der Insel 1926

Auszüge aus den Erinnerungen meiner Mutter an ihre Zeit in Habana:

»Im Jahre 1926 ging mein Vater im Auftrag der I.G Farben nach Cuba. Es gefiel ihm dort so gut, dass er blieb und meine Mutter und mich nach ein paar Monaten nachkommen ließ. Damals war man mit dem Schiff noch drei Wochen unterwegs. Zu dieser Zeit wanderte man zwar nach Amerika, Kanada oder Australien aus, aber nach Cuba? Das kannte man ja kaum, dazu musste man schon eine ganze Portion Abenteuerblut in den Adern haben.
Mein Vater hatte fast schwarzes Haar und war ein dunkler Typ, was der weiße Tropenanzug noch unterstrich. Er war immer sofort braun, obwohl er nie in der Sonne saß. Ich glaube, er war ein Überbleibsel von König Attila und dem Hunnensturm. Eine Dame, mit der sich meine Mutter auf der Reise angefreundet hatte, sagte bei seinem Anblick: ›Ihr Mann ist doch aber kein Deutscher.‹ Meine Mutter fand das damals empörend. Es war eben eine ganz andere Zeit, man war in der eigenen kleinen Welt fest verwurzelt, aus der man einfach nicht ausbrach.
Die Überfahrt nach Cuba war alles andere als gut. Wir gerieten vor Cuba in einen schlimmen Zyklon. Es war der stärkste, den es dort seit der Registrierung gegeben hat. Wir ankerten vor Cuba und durften nicht in den Hafen einfahren. Auf unserem Schiff war die Ladung verrutscht, es hatte Schlagseite und lag völlig schief im Wasser. Alle Aufgänge waren mit Seilen abgesperrt, damit niemand an Deck konnte. Für solch einen Sturm waren die damaligen Schiffe sicher nicht mehr als eine Nussschale, die ›Sierra Ventana‹, mit der wir kamen, hatte, soviel ich weiß, 15000 BRT und war das Schwesterschiff der ›Sierra Cordoba‹. Als der Sturm vorüber war und wir endlich in den Hafen einlaufen durften, wurde das Schiff von einer riesigen Menschenmenge empfangen. Alle schauten gleich, ob eine schwarze Flagge gehisst war, denn es war üblich, dass eine schwarze Flagge gehisst wird, wenn es Tote an Bord gegeben hatte.
Ich kann mich nicht erinnern, Angst gehabt zu haben. Für ein

Kind ist alles wohl mehr ein Abenteuer, zumal ich auch nicht seekrank war wie die meisten der anderen Passagiere.
Der Sturm hatte auf Cuba und besonders im Hafen schwere Verwüstungen angerichtet, viele große Yachten waren wie Spielzeug auf das Festland geworfen worden. So sind wir also mit einem Paukenschlag in unserer neuen Heimat empfangen worden.
Dieser Zyklon vom 20. Oktober 1926 auf Cuba ist im Verzeichnis der berüchtigsten Zyklone im ›Lexikon der Farbe‹ des Olde Hansen Verlages Hamburg aufgenommen worden – und wir mussten natürlich dabei sein! Sturmwarnungen gab es in jedem Herbst. Man traf Vorkehrungen, indem man alles gut abdichtete, denn kam Wind erst ins Haus, war das Dach weg, zumindest in den weniger großen und festen Häusern. Trotzdem haben wir niemals wieder einen so starken Zyklon erlebt.
Nach unserer Ankunft wohnten wir in Cerro, allerdings nur für kurze Zeit, bis wir in Marianao ein passendes Haus fanden. Von den Anwohnern wurden wir schon erwartet und bestaunt, weil wir so herrlich weiß waren. Ich dagegen freute mich über die vielen ›Schokoladenmänner‹, denn ich hatte zuvor ja noch nie einen Dunkelhäutigen gesehen. Von meinem Vater bekam ich Verhaltensregeln, wie ich mit den anderen Kindern umgehen sollte. Kein Erwachsener durfte dort ein Kind schlagen und für einen Ausländer hätte das besonders schlimme Folgen gehabt, also musste man sich selbst verteidigen. Die Kinder warfen bei jeder Gelegenheit mit Steinen, und nicht gerade mit den kleinsten. Es hieß also, flink sein und schon anzugreifen, wenn sie sich nach einem Stein bückten. Nun, ich muss sagen, ich war recht erfolgreich und habe mir schnell Respekt verschafft.
Mein Vater leitete die ›Tintoreria Americana‹. Der Besitzer der Färberei wohnte im Amerikanischen Club. Seine Frau und sein Sohn waren zurück in die Staaten gegangen und so war er froh, dass wir in seine Villa zogen. Wir brauchten keine Miete zu bezahlen, nur das Gehalt für einen Gärtner und ein Dienstmädchen. Das Haus lag in einem großen Garten, der eigentlich eher ein Park war und es war ein Eckgrundstück. Links des

Haupteinganges befand sich eine Rasenfläche, die bis zu einer Mauer reichte, verziert mir Rabatten. Der breite Haupteingang des Hauses war zu beiden Seiten bepflanzt, immer abwechselnd ein rund geschnittener und ein spitzer Baum, was sehr hübsch aussah. Bei diesem Klima wuchs alles rapide, der Gärtner hatte täglich zu tun, um die Bäume in Form zu halten. War er hinten im Garten fertig, konnte er vorne schon wieder anfangen. Auf der rechten Seite des Eingangs war wieder Rasen, anschließend eine breite Einfahrt, die zur Garage hin immer breiter wurde. In der Garage hatten vier große Autos bequem nebeneinander Platz. Über der Garage befand sich eine Wohnung für den Chauffeur. Vom Vorplatz der Garage aus konnte man in die Küche und in die Wohnung des Dienstmädchens gehen.

Unser Dienstmädchen hieß Ramona. Sie war bildhübsch, eine gelungene Mischung aus schwarz, weiß und gelb. Sie war Mulattin und hatte die Schlitzaugen von ihrem asiatischen Großvater, wenn auch nicht so ausgeprägt.

Im hinteren Teil des Gartens standen unter anderem ein Mangobaum, Feigenbaum, eine Kokospalme und ein buntes Puppenhaus. Es war groß genug, dass zwei Kinder darin spielen konnten. Allerdings wohnte dort auch mein Huhn, das ich als Küken geschenkt bekommen hatte. Das Tier war sehr zutraulich und lief mir immer nach, sogar auf die Terrasse, die durch ein Moskitodrahtgitter geschützt war, und setzte sich auf die Lehne des Schaukelstuhls. Wenn ich es ärgern wollte, schaukelte ich so heftig, bis es abrutschte, dann hat es schrecklich gegackert und geschimpft. Es war sowieso ein besonderes Exemplar von einem Huhn. Im Puppenhaus hatte es in der Ecke ein Nest, in das es die Eier hineinlegen sollte. Jedoch weit gefehlt, das tat es grundsätzlich nicht. Zum Eierlegen flog es auf die halbgeöffnete Tür und ließ sie dann von oben herunterfallen. Ramona konnte dann die Rühreier wieder wegwischen.

Unser Haus war nach den hiesigen Begriffen zwar sehr feudal, gemessen an den Palästen der cubanischen Zuckerbarone und der amerikanischen Hautevolee aber eher bescheiden. Trotzdem war es für uns noch zu groß und wir bewohnten deshalb nicht

alle Räume. Im Erdgeschoss befand sich mein Spielzimmer, auf der anderen Seite des Flurs der Salon, anschließend das Esszimmer. Von dort aus konnte man auf die oben erwähnte Terrasse gehen, dann kam das Musikzimmer. Außer Radio, Grammophon, Klavier und einer Mandoline gab es allerdings keine Instrumente. Vom Esszimmer aus kam man auf den Flur, der zur Küche führte. Dort lag auch das Zimmer des Dienstmädchens. In die erste Etage führte eine breite, geschwungene Marmortreppe. Hier befanden sich die Schlafräume. Auf der einen Seite die Räume von Madame, auf der anderen die des Hausherrn – je zwei große Zimmer: einem Schlafzimmer, Ankleidezimmer und einem Traumbad. Für die Dame war alles in rosa gehalten. Es gab ein riesiges Fenster mit bunten Flamingos, die in grün, gelb und braunem Schilf standen, alles herrliche Einlegearbeiten à la Tiffany. Das Bad war groß wie ein Wohnraum.
Der Trakt für den Hausherrn war ähnlich, nur bestand das Bad aus blauem, grauem und grünem Marmor, passend dazu die Einlegearbeiten der Fenster. Wir haben alles etwas umfunktioniert und blieben auf einer Seite. In dem einen Schlafzimmer schliefen meine Eltern, im angrenzenden Zimmer schlief ich, und ein einziges Flamingobad reichte uns auch.
Habana war eine supermoderne Metropole und eine der fortschrittlichsten Städte der Welt, mit tollen Geschäften und dem damals drittstärksten Autoverkehr der Welt, wie es hieß. Man sah die größten und neuesten amerikanischen ›Schlitten‹. An jeder Ecke stand ein Polizist und drehte seinen Gummiknüppel, was so viel bedeutete wie: dichter auffahren! Dabei stand man sowieso schon Stoßstange an Stoßstange. Gute Nerven musste man bei diesem Verkehr, besonders in den engen Straßen der Altstadt, schon haben!.
Meine Muter war damals eine relativ gute Autofahrerin, aber wenn ein Polizist vor ihr stand, der seinen Gummiknüppel drehte und drehte und drehte, um sie zu veranlassen, noch weiter aufzufahren, würgte sie den Motor regelmäßig ab. Den Motor abzuwürgen kostete allerdings ein paar Dollar Strafe, nicht aber, wenn der Motor streikte und man selbst keine Schuld hatte. So

stieg mein Vater immer aus, öffnete die Motorhaube, rüttelte irgendwo ein bisschen – und weiter ging es. Meine Mutter motzte zwar, aber mein Vater war stur und ließ sie fahren, bis sie auch mit diesem Verkehr zurechtkam.

Habana war versessen nach Fortschritt, jede neue Erfindung war nach kurzer Zeit dort. Als Watt 1792 die Dampfmaschine verbesserte, lief sie vier Jahre später in Habana. Habana war die vierte Stadt der Welt, die eine Eisenbahn besaß und die dritte, die über eine Gasbeleuchtung verfügte. Kaum hatte Morse das Telegrafensystem erfunden, waren in Habana schon die Leitungen gespannt. Nirgendwo auf der Welt gab es früher Selbstwähltelefone als in Habana. Unsere Telefonnummer war FO 7585. Habana wurde zur Teststadt ausgewählt, und der Erfinder selbst weihte die erste Rundfunkstation ein. Sechs Monate nach der Ausstellung in Paris wurden die ersten Cinematographen, die nach Amerika kamen, auch auf Cuba in Betrieb genommen. Wen wundert es da, dass alle berühmten Frauen und Männer wenigstens einmal nach Cuba kamen?

Von der Prohibition in Amerika von 1919 bis Februar 1933 hat Cuba besonders profitiert. Von Miami nach Habana ist es nur ein Katzensprung, mit dem Privatjet gerade mal 20 Minuten. So kamen, besonders reiche Amerikaner, zum Feiern nach Cuba. Sie wohnten in ihren Clubs oder hatten ihre Villen dort und kamen zum Golfspielen in den Country-Club. Beliebt war der Karneval, dort konnte man alle Stars antreffen, ob Charly Chaplin oder Tom Mix mit seinem berühmten Pferd. Tom Mix war natürlich für uns der Größte, denn Westernfilme waren sehr beliebt, ebenso wie Shirley Temple. Die cubanischen Zöllner hatten anscheinend auch zu viele Western gesehen, denn sie ließen Tom Mix erst einreisen, nachdem er seinen Colt abgegeben hatte.

Auch wir Kinder liebten Karneval. Die Mutter meiner Freundinnen Marga und Hedy konnte gut nähen, so bekamen wir Bajazzokostüme verpasst. Das Verdeck des Cabrios wurde zurückgeklappt und wir saßen stolz auf der Ablage, die Füße auf dem Sitz und fuhren mit. Es ging am Malecon entlang und dann kreuz und quer durch die Stadt. Vor uns watschelte Charly

Chaplin mit seinen bekannten, großen Latschen von einer Straßenseite auf die andere.
Schon damals hatte Habana eine gut funktionierende Müllabfuhr. Am Abend fuhren die Schiffe mit Müllbergen beladen aufs offene Meer hinaus, wo der Unrat ausgekippt wurde. Die Haie warteten schon darauf und schwammen in Schwärmen hinterher. Es gab eine Unmenge von Haien. Wenn man auf dem Castillo del Moro stand und hinunterschaute, wimmelte es nur so davon.
Einige junge Männer waren über die Maleconmauer geklettert und sind am Wasser entlang gelaufen, obwohl man sie davor gewarnt hatte. Aber sie waren zu übermütig, um darauf zu hören, bis einer auf den Steinen ausrutschte und mit den Füßen ins Wasser kam. So schnell konnte er gar nicht zurück, wie ein Hai ihn schon am Bein hatte! Die Freunde hielten ihn an den Händen fest, andere warfen mit Gegenständen nach dem Hai, so hat er schließlich losgelassen, aber das Fleisch war bis zum Knie vom Bein abgezogen.
Ähnlich erging es einem amerikanischen Marinesoldaten. Bei einem Manöver vor der Hafeneinfahrt kenterte das Boot. Im Nu war das es wieder umgedreht, die Soldaten sprangen wieder hinein – jedoch einer fehlte.
Gebadet wurde nur in einer geschützten Playa. Wir fuhren immer zur Playa Marianao, sie war die Beste und Sicherste. Zwischen Schiffen waren Eisengitter installiert, die bis auf den Meeresboden reichten. Auf den Schiffen befanden sich zusätzliche Wacheposten, so ist dort auch nie etwas passiert. Man konnte bis zu einer Plattform hinausschwimmen, es gab Rutschbahnen und Sprungbretter in jeder Höhe. Das Wasser im Golf von Mexiko war immer gut temperiert, es war herrlich, man konnte sich den ganzen Tag dort aufhalten.
Einmal waren wir in einer kleinen Playa. Mein Vater und ich waren zu einem Steg geschwommen, wo gerade Fischer einen Hai und einen Schwertfisch, den sie gefangen hatten, ausluden. Als wir die Zähne des Riesen betrachteten, schlug der Hai plötzlich mit seinem Schwanz und wir sind vor Schreck gleich rückwärts ins Wasser gefallen.

Durch die Straßen von Habana flanierten elegante Menschen – Herren in schneeweißen Tropenanzügen und Panamahüten und schicke Cubanerinnen mit ihrem unverwechselbaren, geschmeidigen, wiegendem Gang. Selbst die Ärmsten waren hübsch gemacht. Natürlich gab es auch arme Menschen, wie überall auf der Welt, trotzdem ist keiner verhungert. Bananen, Melonen, Ananas, Mangos, Feigen, Kokosnüsse, Mais, Zuckerrohr usw. wuchsen überall. Ich habe immer gerne ein Stück Zuckerrohr gekaut. Außerdem ist es immer warm, man kann auch in einer Hütte schlafen, ohne je frieren zu müssen. Hütten standen höchstens außerhalb der Städte oder Orte, niemals in einer Stadt. Die Lebensanschauung war: ›Nur nicht huddeln, manana ist soon, enough for me‹.
Zum Beispiel sah mein Vater eines Tages einen Mann auf der Bank vor der Fabrik sitzen. Er brauchte gerade eine Hilfskraft und fragte ihn, ob er vielleicht Arbeit suche. Der Mann schaute ihn an und sagte höflich: ›Vielen Dank, Senor, aber ich habe heute schon gegessen.‹ Die Arbeiter blieben oft nur ein paar Wochen oder gar Tage, dann hatten sie ein paar Dollar verdient und das reichte wieder für einige Zeit. Was für ein herrliches Leben ...
In den ersten Jahren hatten wir in Cuba einen künstlichen Weihnachtsbaum. Er sah furchterlich aus, nur die vielen Süßigkeiten, die an den Zweigen hingen, machten ihn etwas ansehnlicher. Wenn Weihnachten vorbei war, wurden die Zweige hochgeklappt und der Baum in die Garage gestellt. Später wurden Christbäume aus Amerika importiert. Sie waren zwar dementsprechend teuer, aber es war trotzdem schön, einen echten Baum zu haben. Der Vater meiner Freundinnen war erfinderisch. Er hat seinen echten Baum mit einer Spritzpistole mit grüner Farbe übersprüht, so waren die Nadeln quasi festgeklebt. Damit hielt der Baum ein paar Jahre lang.
Oft fuhr ich mit meinen Eltern in die Stadt. Nach dem Einkaufen gingen wir manchmal noch in eine Bodega, um etwas zu trinken. Alle sahen so ziemlich gleich aus. Auf kleinen, meist runden Tischen mit Marmorplatten standen kleine Gläser mit Zahnstochern. Wer keine Zigarre oder Zigarette im Mund hatte, kaute

auf einem Zahnstocher herum. Zum Cerveza gab es einen kleinen Teller Oliven, und in jeder Ecke und am Ausgang stand ein Spucknapf, der auch tüchtig genutzt wurde. Unappetitlich, aber damals gehörte das in Cuba einfach dazu, das war so und man machte sich keine weiteren Gedanken darüber.
Am Malecon entlang gab es kleine Stände, die frisch gepressten Orangen- oder Cocossaft verkauften oder, wenn man Orangen essen wollte, wurden sie mit einer kleinen Maschine ganz sauber geschält. Gegen den Hunger gab es *lechon* (Spanferkel), das zuvor zubereitet worden war und nun warmgehalten wurde. Das Fleisch wurde in Bananenblätter eingewickelt, mit Erde oder Lehm, das weiß ich nicht mehr genau, umhüllt und in einer Erdgrube gegart. Das hat herrlich geschmeckt. Und natürlich gab es *helado*, Speiseeis in allen Variationen.
Speiseeiswagen fuhren auch durch Wohnviertel, der Verkäufer hatte eine große Glocke und rief alle Eissorten, die er hatte, aus. Manchmal sieht man solche Eiswagen noch in alten Filmen, gezogen oder geschoben von einem Fahrrad.
Auch Fische konnte man von einem fliegenden Händler kaufen. Wenn er durch die Straßen ging und »Pescadero!« rief, lief unsere Katze ihm schon entgegen, in der Hoffnung, vielleicht auch etwas zu ergattern. Extra Katzenfutter gab es damals noch nicht und der frische Fisch roch halt besonders gut.
Händler lieferten lebende Hühner, man konnte sich eines aussuchen und er schlachtete es dann, indem er das Huhn am Kopf nahm, es herumschleuderte und ihm so das Genick brach. Die Hühner waren an den Beinen zusammengebunden und Kopf nach unten auf eine Stange gefädelt. Das war, rückblickend, barbarisch, aber man sieht, alles ist Gewohnheit, man kannte es nicht anders und fand deshalb auch nichts dabei.
Ein schon ziemlich alter Mann – all die Jahre war es der gleiche, der zu uns kam – ging mit seinen Zeitungen durch die Straßen und rief den Namen der Zeitungen, die er hatte, aus. Wollte man eine Zeitung, brauchte man ihn nur zu rufen.
Für die Wäsche waren die Chinesen zuständig. Es gab an allen Ecken chinesische Wäschereien. Sie holten die Wäsche auf

Wunsch ab oder man brachte sie hin und bekam sie im Handumdrehen blütenweiß, gestärkt und glatt gebügelt zurück.
Wir wohnten in Marianao, Reparto Buen Retiro, praktisch ein Vorort von Habana wie Vedado, wo ich zur Schule ging. Bis zur Schule war es etwa eine halbe Stunde mit der Straßenbahn. Manchmal fuhr mich mein Vater mit dem Auto hin, aber das war eher die Ausnahme. Meine Freundinnen Hedy und Marga und ihre Eltern wohnten in Buena Vista und kamen aus einer anderen Richtung. In Cruz Cerro – dort kreuzten sich unsere Straßenbahnen – trafen wir uns und stiegen um. Obwohl wir noch keine zehn Jahre alt waren, waren wir doch schon sehr selbstständig.
In Habana gab es auch eine Wiener Bäckerei, die von Mohrenköpfen bis Vanille-Cremeschnitten und Windbeutel alles hatte, wie man es aus Deutschland kannte. In Cuba kannte man so etwas nicht, dort gab es hauptsächlich *Dulce,* und wie der Name schon sagt, ist alles sehr süß. Man könnte sie vielleicht mit unseren *Petit fours* vergleichen.
Als eine dumme Sitte empfand ich es allerdings, dass einem die Hausfrau, wenn man zu Besuch kam (nicht bei offiziellen Einladungen natürlich) einen schönen bunten Teller *Dulce* zeigte und fragte: ›le gusta?‹ – ob man es mag. Sie bot davon aber nichts an, sie zeigte es nur und ging dann damit wieder weg.
Es gab auch einen deutschen Fleischer, bei dem holten wir unsere Wurst. Ich allerdings liebte die cubanischen Sandwiches. Sie bestanden aus einem ordentlichen Stück Weißbrot, nicht so dünn wie Baguette und waren belegt mit allem, was es gab: Wurst, Schinken, Gurken, Salat, Käse usw. – viel zu hoch, als dass man einfach hätte reinbeißen können.
Auf dem Heimweg von Buena Vista bedurfte es nur eines kleinen Schlenkers nach rechts und wir waren bei ›Habana Kirmes‹. Ich fand das nicht so toll, denn es war meist schon spät und ich war müde. Mein Vater aber liebte diesen Rummel. Die Musiker kannten ihn schon und begrüßten uns mit lauter Musik und Geschrei. Es war ein langes, schmales Gebäude (mehr wohl eine Bretterbude), vorn offen und in einzelne Räume, die nur durch eine schmale Wand getrennt waren, aufgeteilt. So hatte jeder

Wirt und jede Kapelle ein Abteil. Man kann sich sicher vorstellen, was das für ein Lärm war, denn die cubanischen Rumba-Rhythmen sind nicht gerade leise. Alles war klein und eng, sodass die Musiker meist auf der Straße vor ihren Compartments spielten – und jede Kapelle etwas anderes. Na ja, meinem Vater gefiel es, er war glücklich, meine Mutter machte gute Miene zum bösen Spiel, nur ich meuterte.

Eigentlich wäre ich viel lieber daheim geblieben und hätte mit Ramona, die selbst noch ein halbes Kind war, Yacky gespielt. Ich weiß nicht, ob *Yacky* richtig geschrieben ist. Es war ein Geschicklichkeitsspiel und bestand aus zwölf kleinen Metallsteinen in Form von sogenannten spanischen Reitern, dazu gehörte ein kleiner Gummiball. Die Steine wurden wie Würfel auf die Erde geworfen, man warf den Ball hoch, ließ ihn ein Mal aufspringen, griff dabei einen Stein und fing den Ball mit der selben Hand wieder auf. Hatte man das geschafft, warf man den Ball wieder hoch, griff jetzt aber zwei Steine. Dabei durfte man, wie z. B. bei Mikado, die anderen Steine nicht berühren. War auch das geschafft, nahm man drei Steine auf, dann vier usw., bis man alle zwölf Steine und den Ball in der Hand hatte. Ließ man den Ball fallen oder berührte beim Aufnehmen einen Stein, kam der nächste Spieler dran.

Habana hatte ein sehr gutes Philharmonie-Orchester, dort fuhren wir fast jeden Sonntag (als Kind zu meinem Leidwesen!) hin. Kamen wir nach Hause, hatte Ramona schon das Essen zubereitet. Sie kochte sehr gut, doch als Suppe liebte sie Brühe mit eingequirltem Ei. Wie sehr meine Mutter sie auch bat, wenigstens ab und zu eine andere Suppe zu kochen, es nützte nichts, es gab Brühe mit Ei.

Ramona war nicht nur ein sehr hübsches, sondern auch ein sauberes und fleißiges Mädchen. Wir mochten sie alle sehr, sie gehörte zur Familie und so hatte sie Narrenfreiheit und wir aßen halt weiter ihre Brühe mit Ei. Eine Schwäche hatte sie allerdings, sie liebte abgöttisch unseren Hund Popi. Als uns eines Tages noch eine Art Schäferhund zulief, wollte sie diesem partout nichts zu fressen geben. Der arme Kerl war völlig entkräftet, er lief mit Popi einmal um das Haus und fiel um. Wir erschraken sehr, denn wir wussten ja nicht, wie er sich verhalten würde, wenn er wieder zu sich kam. So beobachteten wir ihn erst einmal vorsichtig aus der Ferne. Nun, nach einer Weile stand er wieder auf, wusste wohl nicht, was geschehen war, und kam wedelnd auf uns zu gelaufen. Der Tierarzt meinte, er sei wahrscheinlich immer in einem zu kleinen Zwinger gehalten worden und da er noch ein junger Hund war, seien seine Organe nicht mitgewachsen. Ich konnte mir darunter zwar nichts vorstellen, aber das war seine Erklärung. Nun haben wir das arme Tier erst einmal tüchtig gefüttert. Ramona hat zwar immer noch etwas gemault und gesagt, er sei nicht so dick gewesen, als er herkam, aber dann hat sie ihn wohl doch in ihr Herz geschlossen. Als er gesund und kräftig war, haben wir uns entschlossen, ihn aufs Land zu bringen, denn ein Arbeiter meines Vaters, dessen Hund gestorben war, wollte ihn gerne haben.

Da er einige Kilometer außerhalb der Stadt wohnte, haben wir den Hund ins Auto geladen und sind mit ihm dort hingefahren. Der junge Mann hat sich riesig gefreut, hat ihm gleich Futter gegeben und gestreichelt, man wusste, er ist in wirklich guten Händen. Still und heimlich sind wir wieder weggefahren und der neue Besitzer hat ihn zunächst angeleint. Ein paar Tage später jedoch saß der Hund wieder vor unserer Tür. Es ist erstaunlich, wie ein Tier einen so weiten Weg zurückfindet. Natürlich haben wir ihn behalten, er bekam den Namen ›Chiquita‹, und wir hätten ihn für kein Geld der Welt wieder weggegeben.

Popi dagegen war ein sehniger, kleiner Köter, er sollte wohl mal ein Jagdhund werden. Wenn er bei uns im Auto saß und wir fuhren an einem anderen Hund vorbei, sprang er während der Fahrt aus dem Autofenster, legte sich mit dem fremden Hund an, lief uns dann wieder hinterher und sprang auf das Trittbrett, das die damaligen Autos noch hatten. Dort wartete er geduldig, bis wir ihn wieder hereinzogen.

Die vielen herrlichen Kirchen und Kathedralen in Habana zeugen davon, dass die meisten Cubaner Katholiken waren, geprägt von der spanischen Herrschaft, die bis 1898 dauerte.

Vielleicht war im tiefsten Landesinneren noch etwas von den Sitten afrikanischer Sklaven übrig geblieben, das war damals jedoch so gering, dass man in den Städten kaum etwas davon hörte, geschweige denn merkte. Die Bevölkerung setzte sich aus rund 70 % Weißen, 17 % Mulatten, 12 % Schwarzen sowie 1 % Chinesen zusammen. Erst 1898 kam Cuba an die USA und wurde formell selbstständig. Der maßgebende Mann während dieser Zeit war Präsident Machado, gefolgt von General Batista.

Das erinnert mich wieder an eine Begebenheit bei einem unserer Ausflüge nach Matanzas. Es gab dort eine wunderschöne, der enormen Größe wegen damals noch nicht ganz erkundete Tropfsteinhöhle, in der sich eine große, prächtige ›Orgel‹ befand. Strich der Fremdenführer darüber, entstand tatsächlich ein wunderschöner, harmonischer Klang.

Aber es gab in Matanza auch eine Nervenheilanstalt, die mich als Kind wesentlich mehr faszinierte als alle Stalagmiten und Stalaktiten es vermocht hätten. Sie lag nicht etwa in einem Garten, sondern die Fenster waren direkt an der Straße. Beim Vorbeigehen konnte man sich mit den Insassen durch die vergitterten, aber offenen Fenster unterhalten, was wir wie viele andere auch taten. Eine Frau ließ unaufhörlich selbst gebastelte Papiertauben durch das Gitter hindurch auf die Straße fliegen. Ein Mann hielt meinen Vater am Ärmel fest und sagte:

›Senor, stellen Sie sich vor, dieser Mann muss doch *loco* (verrückt), sein, nicht wahr? Er bildet sich ein, Präsident Machado zu sein!‹

›Das glaube ich auch‹, antwortete mein Vater.

›Claro‹, sagte der gut gekleidete Herr, ›wo ich doch Präsident Machado bin.‹

Während unserer Zeit auf Cuba hat eine Flutwelle – man sprach von 7 m Höhe – große Teile der Stadt Santiago de Cuba mit ins Meer gerissen. Was sich mir als Kind aber am meisten einprägte, waren nicht die Zeitungsbilder von schlimmen Verwüstungen, die die Wassermassen hinterlassen hatten, sondern das Bild einer Ziege. Sie hatte zwar alles heil überstanden, stand nun aber mit traurigem Blick einsam und verlassen auf einem Hügel.

Familienausflug 1926 (meine Großeltern, meine Mutter und zwei Freundinnen)

»Wann sind endlich die Bananen reif?«

Das Capitol von Havanna

In Cuba wurde nie ein Kind in der Schule geschlagen, nicht einmal angebrüllt. Wir wurden mit Samthandschuhen angefasst – und es ging auch. Ehe der Unterricht begann und wir in unser Klassenzimmer gehen durften, war es üblich, dass wir uns im Gemeinschaftsraum versammelten, zusammen ein Lied sangen und ein Gebet sprachen. Es war schön, dort in die Schule zu gehen. Wir hatten ausgezeichnete Lehrkräfte. Einige kamen nur für ein paar Jahre nach Cuba, um Land, Leute und die Sprache zu studieren. Alle waren jung und engagiert. In einer Klasse waren meist nur 10 bis 12 Schüler, so konnten sich die Lehrer mit jedem einzelnen Schüler befassen. Ohne Hetze und Druck kamen auch immer alle gut mit. Die deutsche Schule war in Vedado und sie war die beste auf Cuba. Hier trafen sich die Kinder aller Botschafter und der Hight-Society. Es waren insgesamt etwa 365 Schüler. Die größte Gruppe bildeten die Amerikaner, sie wurden von amerikanischen Lehrkräften in Englisch unterrichtet und hatten Deutsch und Spanisch als Fremdsprache. Wir, die kleinere Gruppe, in der die restlichen Nationalitäten zusammengefasst waren, wurden in deutscher Sprache unterrichtet und hatten Englisch und Spanisch als Fremdsprache. Allerdings war unsere Englischlehrerin eine Amerikanerin, die kaum deutsch sprach, und so fingen wir mit großen Postern an. Sie zeigte auf ein Haus oder eine Kuh und sagte dann: ›This is a house, this is a cow‹, usw. Unsere Spanischlehrein sprach zwar auch kein Deutsch, aber spanisch sprachen wir ja alle. Die einzigen deutschen Worte, die sie konnte und die sie täglich x-mal zu mir sagte, waren: ›meine kleine Maus‹. Sie war eine etwas füllige, aber sehr elegante, mütterliche Frau und anscheinend haben ihr diese Worte oder der Klang besonders gut gefallen.
In unserer Klasse waren zwölf Schüler: acht Deutsche, ein Österreicher, ein Franzose, ein Spanier und ein Holländer, der täglich von einem Diener abgeholt wurde und der tatsächlich Holzschuhe trug, was mich sehr faszinierte. Es war also ein buntes Völkergemisch. Ich kann mich noch an viele erinnern, wie z. B. an die Schwestern Lydia, Elsa und Maria sowie Erich, Alfred, Georg, Hans und Joseph. Was mag aus ihnen geworden sein?

Von einem weiß ich, dass er noch heute in Cuba lebt und ein anderer wurde später Botschafter.
Unsere Klassenlehrerin war eine typische Lehrerin, aber eigentlich sehr nett. Das Schönste aber war, es gab keine Hausaufgaben. Was zu lernen war, lernte man während des Unterrichts. Schule war von 8 bis 12 Uhr (außer sonntags natürlich) von der Vorschule bis zur Oberprima, immer die gleiche Zeit und wir hatten drei Monate – von Juni bis August – Ferien.
Wie gesagt, der Unterricht wurde in Deutsch gehalten, aber in der Pause wurde nur spanisch gesprochen, das beherrschten alle am besten. Deutsch war halt doch mehr oder weniger eine Fremdsprache für uns. Darüber waren die Lehrer gar nicht erfreut und sie ermahnten uns immer wieder, deutsch zu sprechen, denn letztendlich war man ja in der deutschen Schule, um Deutsch zu lernen. Ich war immer die Beste in Deutsch und bekam fast jedes Jahr einen Buchpreis. Und das, obwohl ich zum Entsetzen meiner Mutter in einem Aufsatz geschrieben hatte: ›Der Ziege geht über das Berg.‹ Na ja, die Hauptsache ist doch, sie kam an – die Ziege, meine ich ...
In den meisten Kinos von Habana wurde vor den Filmen eine kurze Show geboten oder einer der Schauspieler, der sich gerade in Habana aufhielt, betrat kurz die Bühne, um zu winken. Im Kino Marianao, wo wir meist hingingen, wurden oftmals ein oder zwei kurze Boxkämpfe gezeigt, bevor der Film begann. Das Publikum ging mit südamerikanischem Temperament begeistert mit. Alle grölten durcheinander und feuerten lautstark ihren Favoriten an. So war es auch diesmal. Der eine hatte seinen Gegner k. o. geschlagen, riss die Arme hoch, tanzte an den Seilen entlang und ließ sich feiern. Dumm war nur, dass der Gegner, ehe er ganz ausgezählt worden war, sich wieder aufrappelte und dem ›Freudentänzer‹ aus dem Nichts heraus solch einen Haken verpasste, dass dieser nun alle Viere von sich streckte, auf die Bretter sank und ausgezählt wurde. Die Zuschauer bogen sich vor Lachen!
Außerhalb der Städte gab es recht unwegsame Gegenden, die man besser meiden sollte, wenn man sich nicht auskannte.

Obwohl wir nie ein Risiko eingingen, wären wir einmal fast in Gefahr geraten, hätte uns nicht ein dort Ansässiger gewarnt. Wir glaubten, es sei ein Stück Brachland, denn man sah nur eine Menge Baumstümpfe. Wir wollten gerade aus dem Auto steigen, um sie uns näher anzuschauen, als uns glücklicherweise noch früh genug der Einheimische darüber aufklärte, dass es sich hier durchaus nicht um Baumstümpfe handle. Er nahm einen Stein, warf ihn nach den ›Baumstümpfen‹ und schwupps waren sie alle verschwunden. So wurde uns schnell klar, dass die Baumstümpfe Krokodile waren, die sich dort sonnten. Glück gehabt! So fuhren wir lieber wieder nach Hause und kamen gerade an, als die Kanone abgefeuert wurde. Jeden Abend um neun Uhr dröhnte ein Kanonenschuss über Habana, abgefeuert vom Moro – so glaube ich wenigstens. Das war ein Ritual, man konnte die Uhr danach stellen.

An einem Wochenende besuchten wir Bekannte auf einer Finca. Zwischenzeitlich war jedoch ein starker Tropenregen niedergegangen, der den Boden total aufgeweicht hatte. Als wir wieder wegfahren wollten, steckte unser Auto im tiefen Morast fest. Der Gutsherr, der zur Verabschiedung mit hinausgekommen war, wollte unseren Wagen anschieben, stellte sich sinnigerweise in seinem blütenweißen Anzug direkt hinter das Auto und sagte zu meinem Vater, er solle Gas geben. Bueno, das tat er dann auch … Die Räder drehten durch und der arme Kerl hinter dem Auto war von oben bis unten mit Dreck bespritzt. Er sprach nur ein paar Brocken deutsch, dazu gehörte wohl: ›du altes Dreckschwein!‹. Wir schauten uns verdutzt an und brachen alle in ein schallendes Gelächter aus.

Gesellschaftliche Ereignisse gab es genügend. Da war der Deutsche Club, sehr hochgestochen und langweilig, wir gingen nur zu besonderen Anlässen hin. Lieber besuchten wir mit Freunden den Tropical-Park. Natur pur, riesige, meterhohe Kakteen, Palmen und was sonst noch zu einem halben Urwald gehört. Dazwischen Tische und Bänke. Wagen, die Bierfässer geladen hatten, machten die Runde. Man kaufte keine Flaschen, sondern ließ sich gleich ein ganzes Fass hinstellen. Der Braumeister von

›Cerveza Tropical‹ war Deutscher. Er hatte auf seinem Dachgarten einen Affen und eine große Schildkröte, für uns Kinder wesentlich interessanter als alle Naturschönheiten zusammen. Der Affe war allerdings in einem großen Käfig. Wir spielten mit ihm, indem wir einen Apfel außerhalb seiner Reichweite legten und zusahen, wie geschickt er versuchte, sich den Apfel zu holen. Dazu benutzte er einen alten Lappen, den er an einem Zipfel festhielt und dann so trickreich unter den Gitterstäben hindurch warf und wieder zurückzog, bis er den Apfel herangeholt hatte und greifen konnte.

Oft gingen wir auch in den Luna-Park, einen großen Vergnügungspark. Außerdem wurde fast jedes deutsche Schiff, das Cuba anlief, besucht. Wenn das Schiff einige Tage im Hafen liegen blieb, wurde manchmal die deutsche Schule zu Kaffee und Kuchen eingeladen, was wir natürlich besonders toll fanden. Oftmals luden meine Eltern auch die Besatzungsmitglieder zu uns nach Hause ein. Wir holten sie mit dem Auto ab und brachten sie später wieder an Bord zurück. Besonders gut in Erinnerung sind mir das Schulschiff ›Deutschland‹, die ›Bremen‹ und die ›Europa‹ geblieben. Die ›Bremen‹ fuhr damals um das ›Blaue Band‹, eine Auszeichnung für das schnellste Passagierschiff im Nordatlantikdienst.

Von jedem Schiff, das wir besuchten, brachten wir ein Mützenband mit. Mein Vater steckte alle in einen Rahmen, was sehr hübsch aussah.

Bei einem dieser Schiffsbesuche nahm mich der Kapitän an die Hand und brachte mich an Deck. Vermutlich wollte er mit meinen Eltern nur in Ruhe Kaffee trinken. Dort setzte er mich zu einem jungen Mann, der auf dem Boden saß, den Rücken an einen Aufbau gelehnt und zeichnete. Er bat ihn, auf mich aufzupassen und mir auch ein paar Mickymäuse zu zeichnen. Der junge Mann sah sehr gut aus, war etwas wortkarg, was bei meinem Temperament auch kein Wunder war, aber er zeichnete mir Blatt um Blatt voller Mickymäuse. Ich spielte eine Zeit lang damit, dann wurden sie wohl weggeworfen. Es muss so 1928/29 gewesen sein. Viel später habe ich mir überlegt, ob das nicht

Walt Disney und die Geburt der Mickymaus gewesen sein könnte, denn in ›Steamboat Willie‹, 1928, hat Walt Disney erstmals seine Mickymaus vorgestellt.
Das war meine Reise in die Vergangenheit. Wenn man verfolgt, was später auf Cuba geschah, war es sicher besser, dass wir nicht dort geblieben sind. Sicher hätte es dort während des Krieges keine Bombenangriffe und keine Flucht gegeben, andererseits wäre man als Deutscher interniert worden, denn als Amerika in den Krieg eintrat, tat es Cuba auch. Damals war ich sehr traurig, als ich von Cuba Abschied nehmen musste. Es war für mich mein Zuhause. An Deutschland konnte ich mich nicht mehr erinnern und Deutsch war für mich eine Fremdsprache. Auf Cuba hatte ich meine Freundinnen und auch mein Pferd, das ich über alles liebte. Meine Mutter gaukelte mir deshalb vor, dass sie in Deutschland eine Cousine hätte, die auf dem Land lebt und auch ein Pferd hat. Das stimmte allerdings nur bedingt, sie hatte zwar eine weitläufige Verwandte, die auf einem Dorf wohnte, die auch Pferde hatte – aber das waren nur zwei träge Ackergäule.

CUBA

... und 60 Jahre später

Viele Jahre habe ich voller Begeisterung den exotischen Erzählungen meiner Großeltern und meiner Mutter gelauscht. Und jetzt endlich, über 60 Jahre später, haben mein Mann und ich uns dazu entschlossen, auf ihren Spuren zu wandeln, um vielleicht einen kleinen Teil ihrer Vergangenheit wiederentdecken zu können.

Als ich meiner Mutter erzähle, dass wir die ersten Nächte im Hotel »National« verbringen werden, schaut sie mich erstaunt an und meint, dass dieses Hotel doch schon am 30. Dezember 1930 eröffnet wurde und wohl sicher inzwischen etwas antik sei ... Damals stieg in seinen heiligen Hallen nur die Crème de la Crème der cubanischen und amerikanischen High Society ab, Millionäre verzockten dort ihr Geld, Filmstars und Mafiabosse residierten in gewohnt feudaler Umgebung.

Nun stehe ich vor dem mit Türmchen geschmückten, majestätischen Gebäude mit Blick auf den Malecón, umgeben von einem Park mit Palmen, deren Wedel sich nur traurig und kraftlos im ständig vom Meer herüberwehenden Wind bewegen. Ich frage mich, ob das allein an dem momentan fehlenden Regen liegt oder ob sie ihr Grün nur hängen lassen, weil sie ein wenig den vergangenen Zeiten nachtrauern?

Das Tropenklima hat die alte Pracht des Hotels und die einst zuckerweiße Farbe des Putzes verblassen und abbröckeln lassen. Der Sprenkelanlage, die früher den tropischen Garten in ein saftiges Grün und Blumenmeer verwandelte, ist kein Tropfen Wasser mehr zu entlocken und so schaffen es nur wenige Grashalme, den strahlenden Sonnenschein zu genießen. Im Inneren des Gebäudes jedoch lassen wunderschöne alte Möbel noch den Hauch von Geschichte atmen. Durch diese große Halle schlenderten schon Al Capone, Winston Churchill, Ava Gardner, Nat King Cole, Charles de Gaulle und Rita Hayworth. Marlon Brando und Frank Sinatra machten es sich dagegen sicherlich eher an der gemütlichen Bar bequem.

Überall weht uns ein Hauch von Nostalgie entgegen – auch in unserem Zimmer. Dunkle, edle Möbel aus der Zeit, als Cuba noch Lasterhöhle und begehrter Tummelplatz der Reichen und

Schönen war, schaffen eine warme, gemütliche und stilvolle Atmosphäre. Auch auf unseren Matratzen scheinen sich schon ganze Generationen getummelt zu haben – schade, dass Matratzen nicht erzählen können ...
Es ist schon spät, der Tag mit seinen vielen, neuen Eindrücken und der letzte »Cuba libre« sorgen für die nötige Bettschwere. Schachmatt werfe ich mich auf mein Bett – und versinke in ungeahnte Tiefen. Fast schlagen die Enden der Matratzen über meinem Kopf zusammen. Damit die Federn nicht gleich im Allerwertesten der Gäste steckten bleiben, hat man vorsorglich gleich zwei Matratzen übereinander gelegt, was zweifellos im ersten Augenblick einen recht bequemen Eindruck macht. Das Dumme ist nur, dass die beiden wundersamen Exemplare ein unvorhersehbares Eigenleben entwickeln. Sie bewegen sich wie Wellen im Sog des Meeres in völlig unterschiedliche Richtungen und vermitteln das Gefühl einer Hochseefahrt bei Windstärke 12. Gegen solch stürmische Attacken wehren sich meine Magennerven entschieden und wohl auch der letzte Cuba libre. So legen wir eines dieser vorsintflutlichen Erzeugnisse vor das Bett und schlafen lieber auf dem verbleibenden, festeren Untergrund.
Kaum hat das Zimmermädchen jedoch am nächsten Tag den Raum betreten, wandert unser Nachtlager wieder an seine gewohnte Stelle ins Bett zurück. So geht es Nacht für Nacht, bis wir irgendwann, des Bettenbauens überdrüssig, das Mädchen bitten, doch eine Matratze ganz zu entfernen. »Oh, si senora, comprende«, meint sie mit verständnisvollem, willigem Blick und unser jugendlicher Leichtsinn gibt sich der Hoffnung hin, diese Schlacht erfolgreich geschlagen zu haben.
Am darauf folgenden Abend – wir stolpern erschöpft ins Zimmer – erscheint uns der Raum etwas verändert. Einige Mojitos hindern uns ein wenig daran, sofort zu begreifen, woran das liegt. Man hatte die Bettrückwand, sicherlich mit großem Arbeitsaufwand, in Einzelteile zerlegt und die Bretter dann zur Stabilisierung zwischen die beiden Matratzen geschoben. Eine wahrscheinlich sehr gut gemeinte Idee, jedoch mit dieser Heldentat begann sich dieses Wunderwerk des Liegekomforts erst recht

zum Rumba tanzenden Schlafkiller zu entwickeln. Keine Nacht wäre ohne Spucktüte zu überleben gewesen. Folglich: Bretter wieder aus dem Bett, Matratze auf die Erde und ... »the same procedure as every day« ...

Durch unser zum Malecón hin geöffnetes Fenster werden wir am nächsten Morgen nicht etwa durch das Rauschen des Meeres geweckt, sondern durch das Getöse eines laut vor sich hin knatternden Autos – der Cubaner liebstes Kind.

Ganz Havanna ist ein lebendes Automuseum. Einige der schönen Straßenkreuzer, von denen schon meine Großeltern sprachen, keuchen noch heute durch die Straßen Havannas, ebenso wie amerikanische Oldtimer aus den 50er-Jahren. Der Anblick der uralten Ford-T-Modelle, Pontiacs, Chevrolets, Buicks, Mercurys und Cadillacs in den schönsten Farben, von babyblau bis hin zum leuchtenden Rot, versetzt das Herz jedes Oldtimerfans in Entzücken. Diese Träume aus Blech und Chrom aus Al Capones Zeiten sind heute Statussymbole, denn nur wer Dollars besitzt, kann sich solch ein vorrevolutionäres Prachtexemplar leisten. Deshalb werden sie mit viel Liebe gehegt und gepflegt. Überall sieht man geöffnete Motorhauben, unter denen die geschickten Hände der Automechaniker versuchen, die museumsreifen Chrom-Schlitten wieder zum Leben zu erwecken. Selbst die Tatsache, dass meist keine Originalersatzteile mehr zu bekommen sind, schreckt nicht ab, sondern wird mit viel Einfallsreichtum, Liebe und Draht überbrückt. Uralte Autohandbücher erfreuen sich großer Beliebtheit, um Teile nachzufertigen. Geben die alten Motoren ganz ihren Geist auf, werden sie, falls man es sich leisten kann, durch polnische oder russische ersetzt. Chromteile und Kühlerfiguren werden liebevoll auf Hochglanz poliert, selbst wenn auf der Karosse schon eine Rostbeule neben der anderen blüht.

Es hat den Anschein, als würden die meisten dieser rollenden Rostlauben nur noch durch den festen Glauben und die inbrünstigen Gebete ihrer Besitzer zusammengehalten. Gelingt es, geräuschvoll und von Rauchfahnen eingenebelt, noch einige Runden durch die Straßen Havannas zu drehen, strahlen ihre

Gesichter voller Glück. Dafür wird auch in Kauf genommen, dass eine Tankfüllung einige Monatsgehälter verschlingen kann, falls ihnen das Glück vergönnt ist, überhaupt etwas von dem rationierten Benzin zu bekommen. Manchmal verbringen Autofahrer ganze Nächte an einer Tankstelle, nur um die nächste Lieferung nicht zu verpassen.
Ist das einstige Fortbewegungsmittel endgültig nicht mehr als solches zu gebrauchen, ist der Motor ausgebaut und sind die Reifen platt, dann wird halt der klägliche Rest gepflegt. Man weiß ja nie, vielleicht kann ihm doch noch irgendwann und irgendwie einmal durch eine Wende des Schicksals Leben eingehaucht werden. So wird der fahrbare Untersatz zu einem Ausstellungsstück, das weiterhin ganztägige Beschäftigung garantiert.
Doch leider nagt der Zahn der Zeit nicht nur an den alten Traumkarossen, sondern auch an der einst wunderschönen Stadt. Jahrhunderte cubanischer Geschichte drohen zu zerfallen. Zwar versucht man mit den geringen Mitteln, die zur Verfügung stehen, wenigstens die Sehenswürdigkeiten, vor allem die vielen Paläste der Innenstadt, zu renovieren, doch teilweise ist der Verfall der einstigen Pracht so weit fortgeschritten, dass eine Sanierung kaum mehr möglich ist.
Am Malecón, 1926 fertiggestellt und einstiger Prachtboulevard Havannas, der sich im großen Bogen am Meer entlang zieht, ist der Glanz der prunkvollen Kolonialbauten längst verblasst. Zwischen einigen renovierten Fassaden ragen immer wieder zerfallene Häuserfronten empor. Man würde sie für unbewohnbar halten, würden sich nicht plötzlich in manchen Wohnungen Menschen bewegen, Wäsche auf morschen, bröckelnden Balkonen zum Trocknen aufhängen und Kinder auf den maroden, wackligen Treppen spielen.
Urplötzlich sackt ein Gebäude vor meinen Augen wie ein Kartenhaus in sich zusammen. Nur mit viel Glück kann ich mich noch rechtzeitig mit einem Sprung zur Seite retten. Für die Einheimischen gehören diese Zustände zum Alltag. Sie zucken nicht einmal zusammen, wenn wieder einmal herabfallende Teile vor

ihren Füßen landen oder sie über neue Schutthalden klettern müssen.
Ich bin seitdem allerdings ziemlich vorsichtig geworden und achte auf das kleinste Knirschen und Krachen in den maroden Gemäuern. Man kann sich des Gefühls nicht erwehren, ein richtiger Windzug – und die ganze Pracht löst sich in ihre Bestandteile auf. Doch noch scheinen die alten Prunkbauten dazu entschlossen zu sein, sich gegenseitig Halt und Kraft zu geben.
Es ist ein trauriges Bild, doch noch immer zeugen die durch Witterungseinflüsse, Salzwasser und Abgase verwitterten Gebäude mit ihren wunderschönen Ornamenten an den Säulen und Wänden und den verspielten Balkonen vom Glanz vergangener Epochen.
Selbst die Haie, von denen meine Mutter sprach, tummeln sich mangels Nahrungsnachschub nicht mehr am Malecón, sondern sind wohl in ertragsreichere Regionen des Meeres geflüchtet. Verblasst sind die Zeiten, in denen Caruso in der herrlichen Oper sang, sich Künstler, Schriftsteller und Hollywoodstars von der Stadt inspirieren ließen und Glücksspiel, Prostitution, Alkohol und viel Geld zum Alltag des Sündenbabels der Karibik gehörten.
Doch abends, wenn die Sonne langsam glutrot im Meer versinkt, die Trostlosigkeit in ein sanftes, rotes Licht gehüllt wird, flanieren die Menschen wie in alten Zeiten am Meer entlang. Musikanten spielen romantische Lieder, Liebespärchen sitzen eng umschlungen auf der Kaimauer, schauen aufs Meer und träumen von Liebe, Glück, Freiheit und einer rosaroten Zukunft.
Wir schlendern durch die mit Kopfstein gepflasterten, engen Gassen der Altstadt, vorbei an prächtigen Kolonialbauten, die teils schon mit Geldern der UNESCO liebevoll restauriert wurden, mit hübschen, idyllischen Hinterhöfen. Kunstvoll geschmiedete, verrostete Balkone, an denen leuchtend bunte, exotische Blumen ranken und Grasbüschel aus dem Putz wachsen, verleihen den feuchten, bröckelnden Fassaden einen eigentümlich brüchigen Charme. Manchmal erkennt man hinter den Terrassentüren hohe teilweise mit abenteuerlichen Zwischende-

cken unterteilte Räume. Damit sollte, wie man sagt, Wohnraum für alle geschaffen werden.
Trotz aller verfallenen Pracht wirkt die Altstadt Havannas immer noch wie ein karibischer Cocktail, gemixt aus Charme, Überlebenswillen, Rhythmus und Faszination. Hat man ihren Zauber erst entdeckt, wird man von ihr gefangen genommen. In den engen Gassen pulsiert das Leben. Geschmeidige Mulattenschönheiten mit poppigen Lockenwicklern und atemberaubendem Hüftschwung halten ein Schwätzchen und tauschen interessante Neuigkeiten mit der Nachbarin aus. Dabei bewegen sie ihren anmutigen Körper zu Rumba- und Salsaklängen, die aus den Wohnungen dröhnen. Temperamentvolle Kinder in Schuluniformen springen über die unzähligen Schlaglöcher, alte Männer sitzen in Schaukelstühlen und lassen den Qualm ihrer dicken Zigarren in die Luft steigen. Kleine Mädchen, mit riesigen bunten Schleifen im Haar, schauen uns mit großen, schwarzen Kulleraugen neugierig nach.
Es sind der Optimismus, die Phantasie und die unbändige Lebensfreude der Menschen, die diese Insel so reich machen. Auch wenn die meisten arm wie Kirchenmäuse sind, der Magen manchmal vor Hunger knurrend in den Kniekehlen hängt, es wird getanzt, gelacht, gesungen und Musik gemacht. Mit dem Lächeln in ihren Augen, ihrer Lebenslust, Herzlichkeit und Aufgeschlossenheit drücken sie aus, dass sie trotz aller Widrigkeiten den lieben Gott einen guten Mann sein lassen und, wie schon zu Zeiten meiner Großeltern, die Arbeit gemächlich und ohne Hektik verrichten, denn morgen ist ja schließlich auch noch ein Tag ...
So stellt man sich geduldig in die Schlangen vor den Geschäften, um mit *Libreta* (Lebensmittelkarten) wenigstens die Grundnahrungsmittel wie Reis, Bohnen, Öl, Eier und Kaffee zu ergattern. Brot wird oft nur an Familien mit Kindern ausgegeben, ebenso Fleischgutscheine nur für Kinder bis acht Jahre. Die anderen bekommen zweimal im Monat ein halbes Huhn. Gibt es einmal Fleisch im freien Verkauf, heißt das, geduldig stundenlang anstehen. Obst und Gemüse sind meist für den Export bestimmt und

haben häufig monatelang Seltenheitswert, von den reinen Luxusgütern wie Kosmetika, Seife, Toilettenpapier, Nylonstrümpfe und Waschmittel ganz zu schweigen.
Nur durch besonderen Verdienst kommt man in den Genuss, ein Haushaltsgerät zu bekommen. Das Gleiche gilt für die Vergabe eines Autos. Wartezeiten von zehn und mehr Jahren sind normal. Eine Zeit, die man sicher auch braucht, um den Kaufpreis zusammen zu sparen, denn selbst der Monatslohn eines Arztes liegt nur bei 350 Pesos.
Devisen zu besitzen ist verboten (zeitweise wurde es erlaubt, dann aber wieder verworfen). So besteht für die Bevölkerung keinerlei Möglichkeit, in den für Touristen zugänglichen Inturläden einzukaufen. In diesen Dollarshops und Diplomatenläden bekommt man zollfrei alles, was das Herz begehrt. In den Regalen entdecke ich die feinsten Getränke, Parfums, Kleidung von Dior bis Versace, Meissner Porzellan, japanische Kameras und den edelsten Schmuck.
Auch in kleinen Hotelshops, in denen mit Devisen bezahlt wird, stapelten sich die Creme- und Shampootuben bis zur Decke, während die einheimische Bevölkerung davon nur träumen kann. Für mich sind diese Zustände bedrückend, sie vermitteln ein permanent schlechtes Gewissen. Oft kaufen wir Kleinigkeiten, stecken sie heimlich den Zimmermädchen zu, die sie mit an Zauberei grenzender Schnelligkeit verschwinden lassen. Copperfield hätte seine wahre Freude an so viel Geschicklichkeit. Für das Personal jedoch ein gefährliches Unterfangen, denn gerade die Kontrollen der Menschen, die mit Touristen in Kontakt kommen, sind besonders streng. Obwohl das Risiko hoch ist, erwischt zu werden, scheint es doch immer Mittel und Wege zu geben, die Sachen unbeobachtet aus dem Hotel zu schmuggeln. Not macht eben erfinderisch!
Überhaupt ist der Kontakt mit Touristen nicht erwünscht. Wer dagegen verstößt, hat mit Repressalien zu rechnen. So sehr die Cubaner auch am Leben ihrer Gäste interessiert sind, man spürt immer die Angst, die ihnen im Nacken sitzt. Im Hotel sind wir, neben vielen Russen, die einzigen deutschen Gäste. Schnell hat

man uns geschickt isoliert, indem an den Nachbartischen flugs alles Besteck weggeräumt wird. So kommt keiner auf die Idee, sich in unsere Nähe zu setzten. Das passiert Tag für Tag. Sobald wir den Speisesaal betreten, setzen wir diese Aktivitäten in Gang. Auch von der Verpflegung und dem wunderschönen Büffet, das für die Hotelgäste mit allerlei Leckereien aufgebaut ist, können die Einheimischen nur träumen.

Außer uns sind noch eine Anzahl Fische in einem Aquarium, das vor dem Speisesaal steht, Nutznießer dieses Überflusses. Ich glaubte meinen Augen nicht zu trauen, als die Kellner die Essensreste von den Tellern in das Becken schütten und die munteren Tierchen alles, gleich ob Salat, Fisch oder Fleisch, genüsslich verschlangen. Ich beobachtete dieses Spielchen bis zu unserer Abreise und musste voller Verwunderung feststellen, dass alle Fische diese Art der Fütterung tatsächlich überlebt haben. Bei uns hätten sie bestimmt schon am ersten Tag alle Flossen von sich gestreckt ...

Damit ein Einheimischer das Hotel nur bis zur Empfangshalle betreten kann, bekommt jeder Hotelgast eine *Guest Card,* die er immer bei sich haben und auf Verlangen vorzeigen muss. Allerdings ist das schon nach wenigen Stunden nicht mehr nötig, spätestens dann weiß bereits jeder, wer man ist, welches Zimmer man hat und sicher noch vieles, vieles mehr. So fühlt man sich bestens bewacht und aufgehoben, aber auch sicher.

Als Hotelgast bekommen wir auch nichts von der schlechten Stromversorgung der Insel zu spüren. Die Elektrizitätsmenge ist für jede Provinz festgelegt. Ist sie ausgeschöpft, wird der Strom einfach abgeschaltet. In Hotels lässt sich der Mangel unbemerkt mit Notstromaggregaten überbrücken.

Eines Morgens entschließen wir uns, die Gegend aufzusuchen, in der meine Großeltern vor 60 Jahren gewohnt haben. Je weiter wir uns vom Zentrum entfernen, umso mehr wird der Verfall sichtbar. Einfache Bretterhäuser stehen neben mehrstöckigen Betonsilos und verrotteten Villen der einstigen Zuckerbarone, denen kein Wiederbelebungsversuch mehr helfen kann. Die hübschen Villen sind heruntergekommen, die Gärten verwildert oder vertrocknet.

Wir fragen einen älteren wie aus Onkel Toms Hütte entsprungenen Cubaner nach dem Weg und stoßen zunächst auf kühle Ablehnung. Geduldig versuche ich ihm mit Händen und Füßen klarzumachen, dass ich nur schauen möchte, wo meine Großeltern früher einmal gelebt haben. Plötzlich verändert sich sein Gesichtsausdruck, er schaut vorsichtig nach rechts und links, ob uns jemand beobachten kann. Dann legt er seine großen, schwarzen, abgearbeiteten Hände auf meinen Arm, seine dunklen Augen bekommen einen wehmütigen Glanz und er meint: »Senora, sagen Sie in Deutschland liebe Grüße und ...das waren damals schöne Zeiten.« Bedenklich, diese Worte aus dem Mund eines Menschen zu hören, der vor der Revolution zu den Unterdrückten gehört haben soll. Dieser Satz wurde mir noch öfter zugeflüstert, das stimmt nachdenklich und macht gleichzeitig traurig.
Die vielen Umbenennungen der Straßen, die im Laufe der Jahre stattgefunden hatten, machen es uns leider unmöglich, die Straße und das Haus meiner Großeltern ausfindig zu machen.

Trotz aller Unzulänglichkeiten lassen die Cubaner nichts auf ihren Staat kommen. Sie sind zu stolz, um zu klagen oder gar zu betteln. Sie geben sich damit zufrieden, dass die Grundversorgung reicht, um satt zu werden und ihnen dazu Bildung und – trotz leerer Apotheken – medizinische Versorgung garantiert werden. Ihre Freude am Leben ist ungebrochen. Sie haben die große Gabe, trotz stinkender Toiletten, permanenten Wassermangels und gesundheitsschädigender Wohnbedingungen aus diesen Mängeln noch Kraft und Phantasie zu schöpfen. Sie leben für das Glück des Augenblicks, für eine Sternennacht am Meer und für ihr Lebenselixier Musik. Mit ihr jagen sie den wirtschaftlichen Schlamassel zum Teufel, vergessen für Stunden Versorgungsengpässe, Essensmarken, Stromausfälle und Benzinmangel. Dringt der sehnsüchtige Klang von »besa me, besa me mucho« durch die warme Tropennacht oder singt eine melancholische, samtweiche Stimme zu Gitarrenklängen »Guantanamera«, dann hüllt der karibische Zauber alle Unannehmlichkeiten in ein verzauberndes Gewand.

Die Aprilsonne brennt vom Himmel, die Füße sind vom vielen Laufen auch langsam lahm, was bietet sich da besser zur Erholung an als ein Besuch in der urigen »Bodeguita del medio«. Hier schaute nicht nur der große Schriftsteller Ernest Hemingway oft und gerne in sein Mojitoglas, verhalf ihr damit zu Weltruhm, sondern es gaben sich auch Errol Flynn, Brigitte Bardot, die Sagan, Nat King Cole und andere berühmte Leute ein Stelldichein. Man kann sie auf vielen Fotos bewundern, genauso wie die bekannteste Reliquie gleich neben dem Eingang – den Barhocker, Hemingways Stammplatz.

Wir trinken den berühmten Mojito (reichlich Rum, Limonensaft, Soda, gestoßenes Eis und ein Stängel frischer Minze) um danach, nur wenige Meter weiter in Hemingways zweitem Lieblingsrestaurant »Floridita«, das einst zu den besten der Welt gehörte und zu deren Gäste Marlene Dietrich und Humphrey Bogart zählten, einen Daiquiri (weißer Rum, ein wenig Maraschino, Grapefruit- und Limonensaft mit wenig gestoßenem Eis) zu trinken.

Hemingway lebte zwanzig Jahre auf Cuba, schrieb hier seine berühmten Romane: »Der alte Mann und das Meer« und »Wem die Stunde schlägt«. In Cojimar, einem Vorort von Havanna, kann man seine schwarze Büste in einem schneeweißen, runden, von Säulen umgebenen Denkmal bewundern. Er gehört zu dieser Karibikinsel genauso wie der berühmte cubanische Rum. Ihn machte ein Einwanderer aus Spanien namens Bacardi durch seine überragende Qualität auf der ganzen Welt bekannt. Als der Familienbesitz zu Beginn der Revolution enteignet wurde, verließ der Rumhersteller mit seiner Familie die Insel und verlegte seine Produktion nach Puerto Rico. Heute werden unter dem neuen Namen ›Havana Club‹ viele Millionen Liter erstklassigen Rums hergestellt. Die Produktion beginnt mit der Fermentierung, bei der der dunkle, dickflüssige Zuckersirup verdünnt und nach Beifügung cubanischer Hefe vergoren wird. Bei der Destillation wird mit hohem Druck der Alkohol entzogen und kondensiert. So entsteht ein farb- und geschmackloser Zuckerrohr-Schnaps mit 75 % Alkohol. Dann folgt das Wichtigste, die Reifung. Der hochprozentige Alkohol wird zunächst in Eichenfässer gefüllt.

Nach drei Jahren wird der Alkoholgehalt reduziert und durch Holzkohle gefiltert. Um eine gleichmäßige Qualität und Farbe zu erzielen, wird der unterschiedlich qualitative und alte Inhalt der einzelnen Fässer gemischt. Edle Rumsorten werden danach weitere sieben bis neun Jahre gelagert und erhalten dadurch ihre Schwere und dunkle Farbe.

Uns verschaffen die guten Getränke zwar keine schriftstellerischen Ambitionen, aber Kraft für neue Entdeckungen. Wir schlendern weiter zum »Capitol«, einer prächtigen Kopie des Weißen Hauses in Washington. Azurblauer Himmel wölbt sich über ihre mächtige Kuppel. Das ehemalige Parlamentsgebäude, das Präsident Machado 1929 errichten ließ, beherbergt heute das Nationalmuseum für Naturgeschichte.

Ein architektonisches Glanzstück ist jedoch die Kathedrale von Havanna. Ihre Barockfassade aus langsam von der feuchten, salzhaltigen Luft zerfressenem Korallenkalkstein zählt zu einer der prachtvollsten Lateinamerikas. Der Grundstein zu einer kleinen Missionskirche wurde bereits Anfang des 18. Jahrhunderts von Jesuiten gelegt. Erst später wurden die Barockfassade und die Seitenschiffe hinzugefügt. Im Hauptschiff ruhten von 1796 bis 1898 die Gebeine von Christoph Kolumbus, die jedoch nach Beendigung der Kolonialherrschaft der Spanier nach Sevilla gebracht wurden.

Auf der »Plaza de la Catedral«, dem Herzstück der Altstadt herrscht buntes Treiben. Die säulenverzierten, kolonialen Bauten um ihn herum faszinieren und das alte Kopfsteinpflaster ersetzt jegliche Fußreflexzonenmassage. Händler bieten an ihren Marktständen mit einem Lächeln, das ihre weißen Zähne wie kostbare Perlen leuchten lässt, Souvenirs an. Unter Arkaden, hoch wie Kirchenportale, kann man schöne Gemälde und Kunstgewerbeartikel erstehen. In gemütlichen, kühlen, mit vielen grünen Pflanzen bewachsenen Innenhöfen, laden Musikkapellen in weißen Hosen und *Guayaveras* (einem typisch kubanischem Hemd), schon in den Vormittagsstunden mit Bongos, Gitarren und Rasseln Touristen zum Tanzen ein. Musik verbindet ohne Worte und lässt unabhängig jeder Tageszeit die Stimmung steigen. Sonnenstrahlen fallen durch die vielen fächerartigen Fenster mit farbenprächtigen *Vitrales* (Glasscheiben) und bringen sie wie ein buntes Kaleidoskop zum Leuchten.

Auf den gemütlichen Marmorbänken der »Plaza de Armas«, einem alten militärischen Exerzierplatz, spenden uns blühende Bäume und Königspalmen Schatten. Viele der prachtvollen Palacios wurden renoviert und lassen erahnen, welch Juwele sie einst für die Stadt gewesen sein müssen.

In der berühmten Eisdiele »Coppelia« wird unsere Geduld auf eine harte Probe gestellt. Eis ist der einzige Luxus, den sich jeder leisten kann. Dafür nimmt man auch weite Wege in Kauf. Menschentrauben stehen gottergeben, wie angewachsen, in langen Schlangen vor diesem Mekka der Speiseeisfans. Wir gesellen uns zu einer Menschenansammlung und harren der Dinge, die da kommen sollen. Nach gut einer Stunde, unserem Ziel schon greifbar nah, stellen wir zu unserer großen Enttäuschung fest, dass es hier nicht etwa das ersehnte Eis, sondern nur ein Märkchen zum Erhalt des Eises in einer weiteren Schlange gibt. Bei dem Gedanken, nochmals eine weitere Ewigkeit stehen zu müssen, verzichten wir lieber auf den kühlen Genuss der sechs verschiedenen Eissorten und schauen uns dafür die gewaltige, teilweise aus dem Fels gehauene Festung »Castillo El Morro« an. Von einer Landzunge, an deren Ende sie auf der gegenüberliegenden Seite der Stadt majestätisch thront, hat man einen fantastischen Blick über die Naturbucht und auf die alte Zwillings-Wehranlage La Punta.

Die zuletzt erbaute und größte Festung »Castillo de la Cabana« diente als Gefängnis und ist heute ein Militärquartier. Jeden Abend ertönt um 21 Uhr aus einer alten Kanone ein Böllerschuss, das frühere Zeichen zum Schließen der Stadttore. Obwohl man es weiß, erschrickt man jeden Tag aufs Neue, nur die Cubaner schauen dabei gelassen auf ihre Uhren und stellen sie neu. Diese alten Festungen haben die vielen Schlachten, die um Havanna stattfanden, fast schadlos überstanden.

Natürlich steht auch der Besuch einer der berühmten Zigarrenfabriken auf dem Plan. Die Tabakfabrik »Pártagas« zählt neben

Blick auf das Hotel National in Havanna

Arbeiter in einer Zigarrenfabrik

Guama, ein kleines Paradies

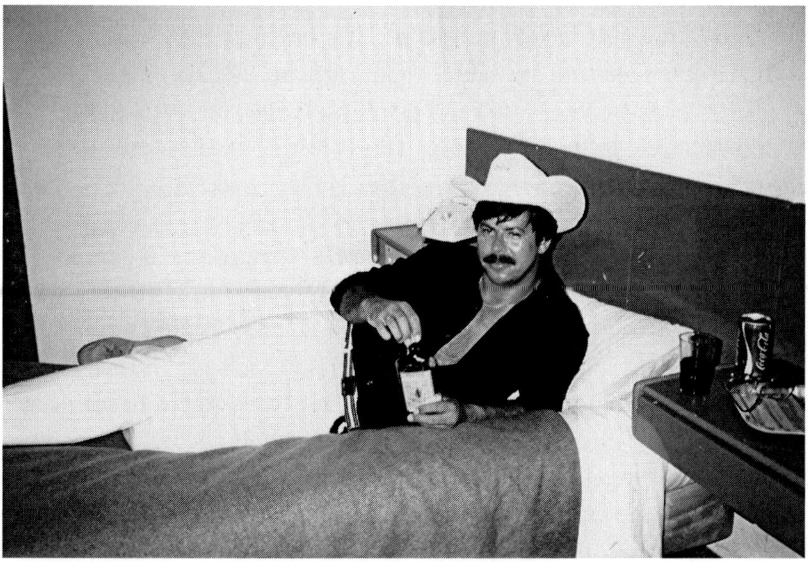

Cubanischer Rum haut jeden um …

»Corona«, »Hoyo de Monterry« und »Upman« zu den bekanntesten Herstellern der Havanna-Zigarren. Hier werden die exklusivsten, teuersten Räucherstäbchen der Welt hergestellt. Der süßliche, schwere Geruch der fermentierten Tabakblätter wird durch Ventilatoren gleichmäßig im Raum verteilt. Nebelschwaden der vielen qualmenden Zigarren der Arbeiter, die so viel rauchen dürfen, wie sie wollen, lässt einem fast die Sinne schwinden. Auf einem Podium sitzt eine Vorleserin, die mit monotoner Stimme aus Zeitungen, Romanen und revolutionären Reden vorliest. Sonderbarerweise scheint das zu keinen sichtbaren Ermüdungserscheinungen zu führen. Vielleicht motivieren ja auch die großen Bilder von Castro und Che Guevara mit seiner wallender Lockenpracht und Guerilla-Look zu Heldentaten. Mir wäre nach spätestens fünf Minuten die dampfende Zigarre aus dem Mundwinkel gefallen und ich schnarchend vom Stuhl gesunken.
Der Weg vom Tabakblatt bis zur Zigarre ist lang. Ein cubanisches Sprichwort sagt: »Tabak darf man nicht behandeln wie eine Ehefrau, sondern muss ihn umgarnen wie eine Geliebte.« Die Tabakblätter werden aus Ausleseschuppen, in denen sie nach dem Trocknen bereits in verschiedene Güteklassen geordnet wurden, in die *Fábrica de tabaco* gebracht. Hier befeuchtet man zunächst die Spitzen, damit die Feuchtigkeit gut in alle Kapillargefäße dringen kann. Nach kurzer Fermentierungszeit wird die feste Zentralrippe entfernt und die Blatthälften werden erneut sortiert. Eine Zigarre besteht aus drei Blättern: der Einlage, dem Umblatt und dem Deckblatt.
Der *Tabaquero* beginnt auf sehr antik wirkenden Holzpulten mit dem Rollen der Blätter auf einem Mangoholz. Durch die Fermentierung und das lange Ausleseverfahren sind sie inzwischen geschmeidig geworden und lassen sich gut verarbeiten. Zur Stabilisierung der Zigarre wird als Einlage ein besonders starkes Blatt ausgesucht und Tabakkrümel eingerollt. Geschickten Arbeitern gelingt es, über 100 Zigarren am Tage herzustellen. Danach wird die gerollte Zigarre in eine Presse aus Zedernholz (bonche) gelegt. Die größte Kunst ist jedoch, das Deckblatt anzubringen. Es muss makellos sein und die gleiche Festigkeit, Dicke

und Farbe haben. Gekonnt schneidet der *Tabaquero* mit einem *Chaveta* (Rundmesser) das Deckblatt für die Seite des Mundstücks zurecht und klebt es mit Schwindel erregender Fingerfertigkeit mit Pflanzengummi fest. Das andere Ende wird mit einem kurzen Hieb beschnitten.

Die fertigen Zigarren werden nach gleichen Farbschattierungen sortiert und in Pinienholz- Kästchen gelegt. Dem *Anilador* bleibt es vorbehalten, die Banderolen der Zigarrenmarken über die Zigarren zu ziehen und das Kästchen zu versiegeln. Damit die Zigarren länger frisch gehalten werden, wird ein Stückchen Zedernholz mit hineingelegt.

Nach den vielen Eindrücken des Tages steht zum Abschluss noch ein Besuch des weltberühmten »Tropicana«, einer der besten Revueshows der Welt, auf dem Plan. Schnell ist die Müdigkeit wie weggewischt. Das Tropicana ist ein devisenträchtiges Überbleibsel aus dem Cuba vor der Revolution, eine Mischung aus Karneval in Rio und »Folies-Bergère« in Paris und hauptsächlich ein Magnet für Touristen, denn der Eintrittspreis ist für die einheimische Bevölkerung zu hoch (50 bis 60 $ inklusive einem Cuba libre). Sie können sich diesen Luxus, der Monatsgehälter verschlingt, höchstens zu besonderen Anlässen wie Geburtstagen, Hochzeiten oder Betriebsausflügen leisten. Ausgelassene Stimmung ist somit vorprogrammiert.

Unter freiem, karibischem Sternenhimmel wirbeln heißblütige Tänzerinnen und Tänzer zu afrocubanischen und Rumba-Rhythmen gleichzeitig über verschiedene Bühnen. Wunderschöne Mulattinnen mit prunkvollem Kopfschmuck aus Straußenfedern und Traumkostümen aus Strass, Pailletten und ein paar Zentimetern Glitzerstoff, der die längsten Beine der Welt noch endloser wirken lässt, wiegen geschmeidig ihre Körper zu den Klängen der Orchester durch die tropische Nacht.

Sänger, deren schwarze Haare und Schnurrbärte im Licht der Scheinwerfer wie geölt glänzen, singen herzzerreißende Lieder von Liebe, Lust und Leid. Dieses rhythmische, farbenprächtige Feuerwerk aus Folklore, Artistik und Ballett berauscht auch heute noch so die Sinne wie zu Zeiten, als hier Josephine Baker ihr Bananenröckchen wippen ließ und sich Weltstars und Mafiabosse ein Stelldichein gaben.

Am nächsten Morgen fahren wir zum Flughafen, um nach Santiago de Cuba zu fliegen. Der Tag ist ungemütlich und stürmisch, die Wellen des Meeres schlagen über den Malecón. Also das richtige Flugwetter, wie man es sich wünscht ...

Auf dem Rollfeld steht eine ehrwürdige, russische Propellermaschine der Fluggesellschaft Cubana, genau das richtige Modell, um Flugangstattacken auszulösen. Wir sitzen gespannt in der Maschine und warten darauf, dass sie langsam über die Piste rollt, aber – es bewegt sich nichts. Nach langer Zeit des Wartens erscheint eine freundliche Stewardess und fordert uns auf, wieder in die Wartehalle zu gehen. Wir beobachten, wie Mechaniker freudig am linken Propeller klopfen, dessen Motor keinen Mucks von sich gibt. Plötzlich heißt es wieder einsteigen, man wolle einen neuen Start versuchen. Es ist vergebliche Liebesmühe, denn bald erklingt erneut eine freundliche Stimme mit der Anweisung: »Bitte wieder aussteigen.« Durch die Fenster des Warteraumes können wir verfolgen, wie die Zahl der Mechaniker sich auf wundersame Weise immer weiter vermehrt. Man klopft mal hier, mal dort, zuckt resigniert mit den Schultern und schüttelt verständnislos den Kopf. Doch dann geschieht das Wunder: Plötzlich springt ohne ersichtlichen Grund der Motor an und der Propeller erlangt Drehzahlen. Dem folgt ein wildes Winken als Aufforderung, ganz schnell einzusteigen, bevor der Motor wieder seinen Geist aufgibt. Wir stürmen mit arg gemischten Gefühlen zu der Maschine, die sich dann tatsächlich schnell, mit großem, geräuschvollem Kraftaufwand in die Wolken schraubt. Trotz ein paar Turbulenzen bleiben wir vor weiteren Überraschungen verschont und unter uns breitet sich die ganze Schönheit der Insel aus.

Malerisch liegt Santiago de Cuba zwischen tiefblauem Meer und der wildzerklüfteten, zum Teil unzugänglichen grünen Gebirgskette der Sierra-Maestra. Die zweitgrößte Stadt Cubas ist quirlig und geschichtsträchtig zugleich. In den engen Gassen, mit Bougainvilleen umrankten Häusern, die das hügelige Gelände durch-

ziehen, pulsiert das Leben. Im *Parque Céspedes* sitzen die Einheimischen unter Bäumen auf Steinbänken, spielen Domino und erzählen sich die neuesten Ereignisse. Niemand rennt und hastet wie bei uns durch die Gegend. Auf dieser Insel versteht man das Leben trotz aller Sorgen zu genießen. Besonders die Pensionäre freuen sich über die neugierigen Touristen und geben voller Begeisterung Tipps, was man sich alles anschauen soll, z. B. den prunkvollen Friedhof Santa Ifigenia mit dem Grabmal von José Martís, die Kathedrale, die mehrfach durch Feuer und Erdbeben zerstört und wieder aufgebaut wurde, das Geburtshaus des cubanischen Dichters Heredia, das Rathaus, in dem Fidel Castro am 1. Januar 1959 die Revolution verkündete, das heute Sitz der cubanischen Volksmacht ist oder das *Casa de Diego Velázquez*, eines der ältesten Häuser Lateinamerikas. Kunstvoll geschnitzte *miradores* (Balkone) zieren die 1520 erbaute Residenz des ersten Gouverneurs Velázquez. Dekorative Säulen, Decken mit wunderschönen, maurischen Holzarbeiten verzaubern uns genauso wie die wertvollen Möbel aus cubanischen Hölzern und das kostbare Geschirr. Zudem besitzt die Villa einen eigenen Goldschmelzofen und eine faszinierende Vorrichtung zum Filtern und Reinigen von Wasser mittels eines porösen Steines.
Ein Muss jeder Stadtbesichtigung ist die Moncada-Kaserne, der Ort des ersten Versuches, Diktator Batista zu stürzen. An ihrer Fassade prangen noch die unzähligen Einschusslöcher, die am 26. Juli 1953 durch die Kugeln der Revolutionäre entstanden. Sicher wurden und werden sie schön gepflegt ...
Damals versuchten junge Studenten unter der Leitung Castros die Kaserne anzugreifen, doch der Angriff scheiterte trotz guter Vorbereitungen. Viele Rebellen verloren ihr Leben im Kampf oder später durch Folterung in den Gefängnissen. Man stach ihnen die Augen aus, entmannte sie oder schlug sie tot, denn für jeden toten Soldaten sollten zehn Gefangene sterben. Das Entsetzen über diese barbarischen Taten war so groß, dass sich die Bewegung »26. Juli« bildete. Fidel Castro überlebte den Angriff, wurde eingesperrt und musste 1955, nach Erlass einer Amnestie, nach Mexiko ins Exil gehen.

Dort trifft er auf Che Guevara. Sie beginnen mit neuen Vorbereitungen für den Sturz der Batistaregierung. Mit der kleinen Privatyacht »Granma« landen sie am 2. Dezember 1956 westlich der Sierra Maestra. Aber auch hier ist ihnen das Glück nicht hold, nur 12 der 82 Rebellen überleben den erneuten Angriffsversuch. Ihnen gelingt es, sich in diesem unwegsamen Gebiet zu verstecken und neue Bewunderer zu gewinnen. Fidel Castro jedoch glaubt weiter unbeirrt daran, mit diesem kleinen Trupp die Regierung und eine riesige Armee schlagen zu können. Sein Optimismus sollte ihm recht geben, denn trotz Gegenmaßnahmen Batistas dringen die Rebellen im Herbst an mehreren Fronten vor und erobern Santa Clara.
Batista verlässt am 1. Januar 1959 mit seiner Familie und den höchsten Regierungsbeamten in drei Flugzeugen die Insel. Einen Tag später ergibt sich Havanna und am 8. Januar 1959 zieht Castro im Triumphzug durch die Stadt. Das ist der Beginn der Revolution, die vieles verändern sollte.
Heute sind in dem Gebäude der Moncada-Kaserne eine Schule und ein Museum untergebracht. In den Hallen des Museums wird alles gezeigt, was ein revolutionäres Herz erfreuen kann. Es dokumentiert die Etappen der Revolution in Bildern und Schriften, zeigt Fotos, Uniformen Fidel Castros und andere revolutionsträchtige Gegenstände.
Auf einem Kalkfelsen am Eingang der Bucht von Santiago de Cuba erhebt sich majestätisch das »Castillo el Morro de Santiago«. Es wurde, wie auch das »Castillo del Morro« in Havanna, von dem italienischen Architekten Juan Bautista Antonelli entworfen und zum Schutz der Stadt und der Meeresbucht erbaut.
1898 versenkten hier die Amerikaner die spanische Flotte von Admiral Cervera. Heute befindet sich im »Castillo del Morro« ein Piratenmuseum, dem wir einen kurzen Besuch abstatten, die restliche Zeit aber lieber damit verbringen, den strahlendem Sonnenschein und den traumhaften Blick über die Bucht von Santiago zu genießen. Jetzt beginnt unsere Fahrt über die fast 1300 km lange und 30 bis 190 km breite Insel, von der wir noch

mehr kennenlernen möchten. Schon Kolumbus war von ihrer Schönheit überwältigt, als er sie am 28. Oktober 1492 betrat. Dichte Regenwälder, zerklüftete Bergketten, wildromantische Gebirgsstraßen und verwunschene Buchten durchziehen die Insel. Dazwischen liegen malerisch verstreut Dörfer und romantische Kolonialstädte. Die Vegetation verändert sich ständig. Mangrovensümpfe, Palmenhaine, Kaffee- und Kakaobüsche wechseln sich mit mattgrünen Tabakfeldern und sich bis zum Horizont ausdehnenden Zuckerrohrplantagen ab.
Auf den Plantagen sind *Macheteros* damit beschäftigt, das über drei Meter hohe Zuckerrohr zu schneiden. Zwar wurden schon viele Arbeiter durch Erntemaschinen ersetzt, aber in unwegsameren Gegenden muss das Zuckerrohr noch immer von Hand geschnitten werden. Es ist extrem anstrengende Knochenarbeit. Dicke Stiefel und Handschuhe schützen vor den scharfkantigen Blättern, der Sombrero vor der brütenden Hitze. Da der Zuckersaft weit unten im Rohr sitzt, wird es mit einer Machete dicht über dem Boden abgetrennt. Anschließend wird es zu einer Sammelstelle gebracht und danach zu einer Zuckerfabrik transportiert. Dort wird der Saft ausgepresst, gereinigt und in Verdampfbottichen eingedickt, durch Kühlung kristallisiert und in Zentrifugen vom dunklen Sirup getrennt.
Zuckerrohr ist das wichtigste Exportgut Cubas. Die Reste des Zuckerrohres verarbeitet man zu den unterschiedlichsten Artikeln wie Papier, Düngemittel, Brennmaterial, Pressplatten für Möbel, Viehfutter und vielem mehr.
War die Arbeit auf den Zuckerrohrplantagen früher saisonbedingte Sklavenarbeit, so sind die Macheteros heute angesehene Leute mit festen Löhnen, Verpflegung, ganzjähriger Anstellung und vielen Privilegien. Rekordarbeiter, die eine Million *Arrobas* (ca. 11 Millionen Kilo Zuckerrohr) geerntet haben, bekommen den klangvollen Titel »Millionär« verliehen. Als zusätzliche Ehre dürfen die wohl einzigen Millionäre Cubas bei der Parade am 1. Mai in den ersten Reihen mitmarschieren – ein hart erarbeiteter, kurzer Ruhm.
Ein Stopp in Guamá lohnt sich immer. Das Hoteldorf liegt auf

einer künstlichen Insel in der Laguna del Tesoro. Hier sollen, so erzählt eine Legende, Indianer auf der Flucht vor den Spaniern einen Goldschatz versenkt haben. Gerne würde ich mich auf Schatzsuche begeben, aber leider fehlt die Zeit dazu. Jedoch die Landschaft entschädigt, sie wirkt wie ein kleines Südseeparadies. Unter sich im Wind wiegenden Palmen und blühenden Bäumen stehen auf kleinen Inseln rekonstruierte, mit Palmwedel gedeckte, vorkolumbianische Indianerhütten, die man über schmale Holzbrücken erreichen kann. Verschiedene Plastiken geben einen Einblick in das Leben der damaligen Indianer.
Das in dem Restaurant »La Boca« angebotene Krokodilfleisch kann man in der angrenzenden Krokodilfarm noch im Ganzen sehen und an über 10 000 lebenden Artgenossen bewundern. Nach dem Schlüpfen werden die kleinen Krokodile zunächst in Jahrgangsklassen eingeteilt und gehalten, bevor sie später in das Großgehege entlassen werden.
Weiter geht unsere Fahrt nach Cienfuegos (hundert Feuer). Die Küstenstraße windet sich durch eine reizvolle Landschaft mit Blick auf den über 1000 m hohen Berg San Juan. Plötzlich hat es den Anschein als würde sich die Straße vor uns zu bewegen beginnen. Beim Näherkommen sehen wir, wie Tausende von Krabben von den Hängen in Richtung Meer über die einzige und daher sehr befahrene Straße wandern. Der Asphalt ist von Artgenossen, die nicht rechtzeitig die andere rettende Straßenseite erreichen konnten, rot gefärbt. Sie sind von schweren Busreifen und Autos schon zu Krabbensalat verarbeitet worden oder durch die hohe Temperatur des Straßenbelages einem Hitzschlag erlegen. Ab und zu bohren sich, als letzter Gruß, ihre Zangen in die Autoreifen ihrer Peiniger, die fluchend am Straßenrand stehen, um ihre Reifen zu wechseln.
Einheimische, die zur nahe gelegenen Bushaltestelle wollen, scharren hektisch mit den Füßen, damit ihnen die recht kräftigen, großen Tierchen nicht an den Beinen hochklettern. Die Wände und Sitzgelegenheiten des überdachten Haltestellen-Häuschens sind rot gepflastert von Krabbeltieren aller Größen, die sich zu ihren Laichplätzen am Meer aufmachen wollten. Am Strand ent-

decken wir eine verlassene, voll eingerichtete Hütte. Kaum habe ich mich in den vor der Hütte stehenden und zu einer Pause einladenden Schaukelstuhl gesetzt, spüre ich ein sonderbares Zwicken an meinen Beinen und an meinem Hals. Hastig versuche ich aus diesem wippenden Möbelstück aufzuspringen, was gar nicht so einfach ist. Dabei blicke ich in die Stielaugen von vier mit ihren Scheren an meiner Kleidung hängenden, orangeroten Krebstieren. Am Körper sind sie noch ekliger als auf einem Teller serviert. Bevor ich sie behutsam ins Gras zurücksetze, verspreche ich ihnen, künftig keinen ihrer Familienangehörigen mehr zu verspeisen.

Ich werfe einen Blick in die Hütte – auch dort Krebse, wohin man schaut. Sie krabbeln auf dem Boden, an den Wänden, über Tische und Stühle, sitzen in Schränken, Kochtöpfen, im Geschirr und im Bett, klettern durch Fenster und Türen, durchdringen problemlos alle Ritzen. Kein Wunder also, dass die Bewohner diesen Kampf erst gar nicht aufnehmen, sondern den Eindringlingen lieber gleich ihre Hütten überlassen, bis ihre Invasion zu den Brutplätzen wieder beendet ist.

Cienfuegos liegt in einer malerischen Bucht. Obwohl eine wichtige Industriestadt mit der größten Zuckerverladestation und einem großen Exporthafen, ist auch hier überall der Verfall deutlich erkennbar, aber auch der Reichtum vergangener Zeiten. Im Theater Terry, der Mailänder Oper nachempfunden und mit wertvollen cubanischen Hölzern ausgestattet, hat schon Caruso gesungen.

Den Sonnenuntergang genießen wir auf der Dachterrasse des rosafarbenen *Palacio Valle,* einem wunderschönen in den unterschiedlichsten Stilrichtungen erbauten Palast aus vorrevolutionärer Zeit. Ein klitzekleines Zimmer würde mir hier schon reichen.

Der Zuckerbaron Don Ciscle del Valle y Blanco ließ ihn 1913 bis 1917 für 1,5 Millionen Dollar erbauen und erhoffte sich damit ein Stückchen seiner Heimat Andalusien mit nach Cuba holen zu können. Doch es brachte ihm nicht viel Glück. Nachdem die Zuckerpreise 1919 in den Keller fielen, blieb auch sein

Herz stehen. Pepe Batista, ein Bruder des Diktators, kaufte das Schloss und eröffnete ein elegantes Casino. Castro setzte dem Glücksspiel und dem lockeren Leben ein schnelles Ende und verwandelte es in ein Kunstmuseum. Durch wunderschöne maurische Säulen verzierte Bögen und bunte Fenster sieht man die Sonne glutrot langsam im Meer versinken. Ein traumhaft schöner Anblick, den man nicht so schnell vergessen wird!

Ein weiterer Höhepunkt der Reise ist das romantische Städtchen Trinidad, ein in einen Dornröschenschlaf versunkenes Juwel der Kolonialarchitektur. Von Velazquez 1514 gegründet, sorgten einst Gold, Sklavenhandel, Schmuggel und Tabak für den Reichtum der Stadt. Im 18. Jahrhundert ließen sich reiche Zuckerbarone nieder und bauten sich prächtige Residenzen.

Heute holpern alte Autos über die mit Kopfstein gepflasterten Straßen. Ein harter Test nicht nur für die Stoßdämpfer, sondern auch für unsere Füße. Nur die Mulis trotten, trotz aller auf ihren Rücken gebundenen Lasten stoisch mit ihren dicken Hufen darüber. Überall hört man aus den geöffneten Fenstern und schattigen Innenhöfen der stuckverzierten, verspielten Patrizierhäuser laute Klänge aller Musikrichtungen. Die in warmen Pastellfarben gestrichenen, einstöckigen Häuserfassaden leuchten wie eine Farbpalette in der Sonne. Typisch für Trinidad sind die kunstvollen, schmiedeeisernen und aus Holz gedrechselten *rejas* (Gitter), die die hohen Fenster zieren und zugleich schützen. Hinter ihnen sitzen ältere Frauen, die nähen, stricken oder mit vorbeigehenden Bekannten plaudern. Männer schaukeln gemütlich in ihren Schaukelstühlen, junge Cubanerinnen beobachten, mit ihren Babys auf den Knien, das muntere Treiben in den Gassen, kleine Kinder stecken ihre Ärmchen durch die Stäbe, um uns zu erschrecken. Stress und Hetze sind auch hier ein Fremdwort, selbst die Katzen und Hunde schleichen im Zeitlupentempo an den schattigen Hauswänden vorbei.

Kleine Museen erzählen vom Reichtum früherer Zeiten und ihren Besitzern und vermitteln einen Einblick in den luxuriösen Lebensstil der einstigen Wirtschaftsbosse. Kristalllüster, teure

italienische Kacheln, Gemälde, Möbel aus kostbaren Tropenhölzern lassen eine längst vergangene Zeit wieder aufleben.
Als wir uns ein wenig auf eine der nostalgischen Bänke auf der »Plaza Major«, dem Herz des verträumten Schmuckkästchens, ausruhen wollen, sind wir schnell von einer Schar neugieriger Schulkinder aller Hautschattierungen umringt. Dieser Schmelztiegel Cuba aus Europäern, Afrikanern und Indios bringt einen sehr schönen, graziösen Menschenschlag von hell bis ebenholzschwarz hervor. Leider verstehen wir nicht alles, was sie uns voller Begeisterung erzählen.
Vom Dachgeschoss eines kleinen Cafés aus haben wir einen wunderschönen Blick über die vielen kleinen, engen Gassen der Altstadt. Zum Abschluss probieren wir noch einen *Guarapo*, (grüngelblicher Saft ausgepresster Zuckerrohrstängel, mit Eissplittern gemischt) und freuen uns auf einige Tage Erholung im Badeparadies Varadero. Nach so vielen Sehenswürdigkeiten sind wir nicht nur reif für die Insel, sondern auch für Sonne, Strand und Meer.
Varadero, auf der Halbinsel Hicacos gelegen, wurde schon sehr früh von Indianern besiedelt. Später sollte es zur Heimat von Piraten, Großgrundbesitzern und Zuckerdynastien werden. 1959 enteignete Castro den Privatbesitz und öffnete die Strände für die Bevölkerung. Die Wirtschaftskrise machte dem wieder den Garaus und verwandelte Varadero in ein Devisen bringendes Touristengetto.
20 Kilometer lange, puderzuckerweiße Strände laden zum Träumen ein. Sanft schlagen die Wellen des türkisblauen, kristallklaren Meeres an den Strand. Das Wasser hat eine durchschnittliche Temperatur von 27° C, die Sonne brennt gnadenlos vom Himmel. Umso mehr freut man sich über die sich sanft im Wind wiegenden Palmen, die Schatten spenden und – so glaubt man zumindest – ein wenig Kühlung bringen. Diese Idylle lässt vergessen, dass hier ein reiner Touristenort für Gäste mit harten Dollars entstanden ist. Immer mehr Hotels werden aus dem Boden gestampft. Hier kann man weder das Land noch die einheimische Bevölkerung kennenlernen. Die Cubaner kommen nur

zum Arbeiten in dieses Ferienparadies; nach Dienstschluss fristen sie ein weniger paradiesisches Leben in Varadero Downtown. Während sie für einen Apfel stundenlang anstehen müssen, sind in den Hotels die Büfetts reichhaltig mit Fleisch- und Fischgerichten, Obst und Gemüse gefüllt. Und das, obwohl fast alles importiert und über staatlich anerkannte Lieferanten bezogen werden muss. So gibt es Lachs aus Chile, Fleisch und Fisch aus Kanada und Weine aus den unterschiedlichsten Ländern. Serviert wird auf englischem Porzellan. Trifft der Nachschub an Lebensmitteln oder anderen Gebrauchsgegenständen einmal nicht pünktlich ein, weiß man nach jahrelanger Erfahrung zu improvisieren.
Trotzdem sind die Hoteljobs heiß begehrt. Der Lohn ist überdurchschnittlich hoch (250 bis 400 Pesos, ca. 11 bis 18 $), dazu lockt ein Trinkgeld in Devisen. So kann es schon vorkommen, dass der Boy, der einem am Pool einen tropischen Drink serviert, eigentlich Lehrer, Pilot, Rechtsanwalt oder Arzt ist.
Steht der Wind ungünstig, zieht einem gelegentlich nicht nur eine frische Meeresbrise in die Nase, sondern der intensive Geruch der nahen Ölfelder. Doch genießt man den Sonnenuntergang am Meer, nimmt in der ehemaligen, aufwendig mit Golfplatz, Park und Flugplatz erbauten Residenz des Chemie- und Waffenfabrikanten und Milliardärs DuPont einen Drink, umgeben von den wundervollen, alten Büchern der Bibliothek und wandert durch den vom Mondlicht silbern angestrahlten, warmen Sand, eingehüllt von einem von Tausenden von Sternen übersäten karibischen Firmament, dann fühlt man sich dem Paradies wieder ein Stückchen näher.
Die Tage der Erholung vergehen schnell, wir fahren zurück nach Havanna und verbringen die letzte Nacht im Hotel »Habana Libre«. Einst von der Hiltongruppe erbaut, diente es vorübergehend auch als Regierungsschaltzentrale Fidel Castros. Zwar zählt dieses Luxushotel zu den größten und besten der Stadt, aber an die Atmosphäre des Hotels »National« kann es nicht tippen. Dafür gibt es geräumige, modern eingerichtete Zimmer mit Betten, in denen man nicht seekrank wird. Durch die große

verglaste Fensterfront kann man einen wunderschönen Blick über die Dächer der Stadt und den Hafen genießen.
Am nächsten Tag heißt es Abschied nehmen. Ein Bus soll uns zum Flughafen bringen. Wir fahren über die Autopista National, ursprünglich als Autobahn oder Schnellstraße gedacht, doch von schnell ist hier nicht viel zu spüren. Ochsengespanne, Reiter auf Pferden und Mulis, Fußgänger mit Handkarren und Fahrräder zuckeln vergnügt über den Asphalt. Auch Pferdekutschen gehören zum Bild der Schnellstraße. Sie machen nicht etwa einen kleinen Sonntagsausflug, sondern dienen als alternatives Transportmittel zum Fahrrad und sind daher voll gestopft mit Erzeugnissen aller Art.
Ein urplötzliches Ruckeln, Zuckeln und schwarz aufsteigende Qualmwolken machen unserem Bus den Garaus. Bevor er abbrennt, versuchen wir unser Gepäck in Sicherheit zu bringen und machen es uns auf dem Grünstreifen bequem. Ohne Handy kann man nicht viel mehr tun, als auf ein Wunder zu warten. Nach längerer Zeit – die Sonne hat uns zwischenzeitlich fast gar gekocht – nähert sich ein leerer Bus. Wie man uns erzählte, fahren sie in Abständen diese Strecke ab, um genervte Touristen liegen gebliebener Busveteranen aufzusammeln.
Kurz vor dem Abflug erreichen wir durchgeschwitzt und halb aufgelöst den Flughafen, stürmen in das Flugzeug, sinken erschöpft in die Sitze und – es geschieht mal wieder nichts. Die Türen bleiben geöffnet, die Gangway wird nicht weggefahren und die heiße Tropensonne heizt das Flugzeug erbarmungslos auf. Mit einem Mal erscheint das Flugpersonal mit diversen Listen. Es wirkt äußerst aufgescheucht, zählt mehrmals hektisch hintereinander die Passagiere durch, um genauso wortlos, wie es gekommen war, wieder zu entschwinden. Einige Minuten später stürmt bis zu den Zähnen bewaffnetes, grimmig blickendes, aggressives Militär in die Maschine, zählt nochmals und verschwindet ebenfalls wieder. Auch dieser Vorgang wird ohne jegliche Erklärung wiederholt.
Gerade als der Befehl kommen sollte, die Maschine wieder zu verlassen und die Koffer auszuladen, bringt ein kluger Kopf, der

wohl noch nicht durch Panik blockiert war, Licht in die Aufregung. Aus Versehen war nämlich der Name einer Leiche, die ruhig im Laderaum schlummerte, auf der Liste der Passagiere aufgeführt worden. Man hatte vermutet, dass ein Flüchtling die Insel verlassen wollte ...
Der unwirsche Aufmarsch des Militärs vermittelte zwangsläufig einen etwas beklemmenden Beigeschmack, doch dadurch sollen die schönen Erinnerungen an diese bezaubernde karibische Insel nicht beeinträchtigt werden und verblassen. Für uns war es eine Reise in die Vergangenheit, verbunden mit der Hoffnung auf eine wunderbare Zukunft für diese lebensfrohen, herzlichen Insulaner.

BORNEO

Alte Köpfe und Dschungelromantik

Wer von uns kennt nicht den Ausspruch: »Geh hin, wo der Pfeffer wächst!«? Erst jetzt weiß ich, wie böse das gemeint sein kann.

Unser Jeep holpert langsam über die staubige, sandige Piste, die durch den unberührten Regenwald führt. Die Sonne brennt erbarmungslos vom Himmel. Der Schweiß rinnt mir in Strömen aus sämtlichen Poren. Jede Faser meiner Kleidung ist so nass, als hätte man mich gerade aus dem Wasser gezogen. Jetzt eine schöne, erfrischende Dusche, was für ein herrlicher Gedanke! Doch das ist leider nur ein Wunschtraum, denn ich befinde mich von Urwaldriesen umgeben auf Borneo, der drittgrößten Insel der Welt, und zwar im nordwestlichen malaysischen Teilstaat Sarawak.

So interessant und fremdartig diese Gegend auch ist, dorthin kann man wirklich nur den wünschen, den man so schnell nicht mehr wiedersehen möchte. Kein Windzug regt sich, die Luft steht drückend schwül unter dem dichten, grünen Dach des Dschungels. Dazwischen immer wieder kleine Plantagen mit Kautschuk, Kokospalmen und –wie schon erwähnt – Pfeffer, Pfeffer, so weit das Auge reicht.

Pfeffer ist ein Kletterstrauch mit dunkelgrünen Blättern und langen Rispen, an denen sich die Früchte befinden. Zu Anfang haben die kleinen Beeren eine grüne, dann rote und später gelbe Schale. Die bei uns in den Geschäften angebotenen Sorten sind darauf zurückzuführen, dass die Beeren desselben Strauches in unterschiedlichen Reifeprozessen geerntet und bearbeitet werden. Bei grünem Pfeffer handelt es sich um unreif geerntete, eingelegte Beeren. Schwarzer Pfeffer entsteht durch unreif geerntete und getrocknete Beeren. Weißer Pfeffer dagegen wird erst geerntet, wenn die Beeren reif sind. Anschließend entfernt man die rote Fruchthaut der Beeren und legt sie mehrere Tage in Wasser. Der übrig gebliebene Samen wird danach getrocknet. Aus Sarawak kommt eine der besten weißen Pfeffersorten.

Unsere Fahrspur wird immer enger und holpriger. Rankende Lianengewächse peitschen gegen meinen Körper. Der Duft fremder, exotischer Blüten steigt in meine Nase, unbekannte Geräusche und Vogelstimmen dringen aus dem Dschungel. Unerwartet, als hätte man plötzlich den grünen Schleier des Dschungelteppichs hochgezogen, tut sich eine Lichtung auf und vor uns liegen die typischen Langhäuser, die ich bisher nur von Fotos aus Abenteuerbüchern kannte. Hier leben die Dayaks, die neben den Kayans zu den bedeutendsten Stämmen Sarawaks gehören. Irgendwie ist es schon ein etwas eigenartiges Gefühl, sich fernab der Zivilisation mitten im Urwald zu befinden (Jahre später allerdings kommen ganze Reisegruppen hierher und wohnen bei den Eingeborenen, doch damals hatten die Eingeborenen noch wenig Kontakt zu Fremden).

Die Begrüßung der Einwohner fällt sehr zurückhaltend, jedoch durchaus freundlich aus. Ein Dayak reicht uns als Willkommensdrink ein Gläschen selbstgebrauten Palmwein. Ein Baumstamm mit eingekerbten Stufen führt als Leiter ca. fünf Meter steil hoch zu diesen ungewöhnlichen Reihenhäusern auf Holzstelzen. Die Plattform, auf der sich die Wohnungen befinden, besteht aus zusammengebundenen Bambusstäben, deren Rundungen ganz schön unter den Fußsohlen drücken. Diese erhöhte Bauweise hat mehrere Vorteile: Man kann damit nicht nur unliebsame Gäste fernhalten, indem man einfach die Baumleiter hochzieht, sondern ebenso unerwünschte Eindringlinge wie Schlangen, Ratten und sonstiges Getier. Auch bekommt man keine nassen Füße, wenn der nahe gelegene Fluss über die Ufer tritt, was nicht selten der Fall ist. Bei Regen können sich unter den Pfosten die Schweine und Hühner tummeln, ohne im Matsch des nassen Urwaldbodens versinken zu müssen. Gleichzeitig können sie sich an dem darunter befindlichen Abfall aus Essensresten oder dem, was aus den Toiletten dort landet, erfreuen. Durch die luftige Höhe kann auch die Luft in den Räumen besser zirkulieren. Das ist »Aircondition natural«, einfach und völlig wartungsfrei. In diesen fast 20 m breiten und oft über 200 m langen Häusern leben häufig mehr als 30 Familien. Es ist eine ganze Dorfgemeinschaft, die hier über Generationen hinweg unter einem Dach lebt. Das erfordert von allen Mitbewohnern, ob jung, ob alt, sehr viel

Anpassungsvermögen. Doch so lernt man schon von Kindesbeinen an, sich in die Gesellschaft einzugliedern, für die anderen da zu sein, ihnen zu helfen, sie zu akzeptieren und zu respektieren, gleich welche Macken sie auch haben mögen.

Ein langes, mit Palmenwedeln gedecktes Dach, überspannt die Anlage, die in zwei Teile gegliedert ist. In einem Teil befindet sich ein lang gezogener, sauberer Gemeinschaftsraum. Auf dem Boden sind geflochtene Matten ausgebreitet, die nach Bedarf schnell zusammengerollt werden können. Hier trifft man sich zu einem Schwätzchen, macht Handarbeiten, hält Zeremonien ab oder bespricht wichtige Angelegenheiten. Ist draußen schlechtes Wetter, haben die Kinder hier Platz zum Spielen und selbst die Hunde finden noch ein ruhiges, trockenes Eckchen, um ein Nickerchen zu machen.

In der anderen Hälfte sind die privaten Wohn- und Schlafräume der einzelnen Großfamilien untergebracht. Dahinter ist oftmals noch eine kleine Küche mit gemauerter Kochstelle angebaut. Den Speicher nutzt man zur Lagerung von Vorräten. Auf der meist überdachten Veranda kann nicht nur Reis, sondern auch die Kleidung getrocknet werden. Außer einem Lendenschurz und einem langen Sarong, den sich die Frauen um die Hüfte schlingen, benötigt man nicht viel für sein Outfit. Bei diesen Temperaturen ist man über jeden Faden froh, den man nicht auf dem Leib spüren muss und sich stattdessen mit freiem Oberkörper bewegen kann. Ansonsten dient die Terrasse, die Allgemeinbesitz ist, noch als eine Art Dorfstraße, Spiel- Versammlungs- und Festplatz, wo viele gemeinsame Aktivitäten stattfinden und man Gäste empfängt.

Unser einheimischer Reisebegleiter und zwei Mitreisende entschließen sich zu einer kleinen Dschungelwanderung aufzubrechen. Da ich nicht nochmals die steile Hühnerleiter hinunterklettern möchte, außerdem heute keine sonderliche Lust mehr auf Schlangen, rote Ameisen und sonstiges Getier verspüre, entschließe ich mich, die Eindrücke dieser Urwaldromantik und die Atmosphäre des Langhauses in aller Ruhe auf mich wirken zu lassen. Ich setze mich in einer Ecke auf den ungemütlichen

Dayaks

Langhäuser in Sarawak

Bambusboden und versuche mir vorzustellen, wie es ist, hier in der Wildnis leben zu müssen. Ab und zu kräht einer der Haushähne und jagt gackernde Hühner durchs Gebüsch. Frösche quaken, Schweine wühlen grunzend im Morast. Rufe exotischer Vögel klingen durch das Dickicht des Urwaldes und ein kleiner, bunter Vogel lässt sich unmittelbar vor mir nieder. Ihn scheinen auch die Kinder nicht zu stören, die gerade laut johlend hinter einem fetten Schwein herjagen.
Später trauen sich einige der Bambinos zaghaft näher zu kommen. Sie schauen mich in einer Mischung aus Angst und Neugierde fragend an. Ganz Mutige berühren meinen Arm, ziehen dann aber ihre Händchen so schnell wieder zurück, als hätte sie ein elektrischer Schlag getroffen. Sie wollten nur testen, ob meine helle Haut echt ist und die Farbe auch wirklich nicht abgeht, wenn man ein wenig daran reibt.
In diesem Moment tauchen vor mir längst vergessene Kindheitserinnerungen auf. Es war kurz nach dem Krieg, als Panzer in unsere kleine bayrische Stadt rollten. Ein für mich damals riesig wirkender Soldat, dunkler als die Nacht, beugte sich zu mir herunter und reichte mir eine grellorangefarbene bonbonähnliche Masse. Ich hatte das Gefühl, bei dem Strahlen in seinen Augen und seinem unvergesslichen Lachen müsste eigentlich die Sonne aufgehen. Diese Freundlichkeit und das Bonbon siegten schnell über meine anfängliche Angst. Doch noch viel neugieriger machte mich seine schwarze Haut. Sie verlor auch nicht die Farbe, wenn ich sie anfasste und daran rieb ... Das war für mich als Kind so unglaublich faszinierend, dass ich es bis heute nicht vergessen habe und immer daran denken muss, wenn mir ähnliches mit meiner weißen Haut widerfährt.
Die älteren Bewohner der Langhäuser strecken gelegentlich ihre Köpfe scheu aus ihren Türen. Fühlen sie sich entdeckt, verschwinden sie sofort wieder in ihren sicheren Räumen.
Ich schaue gerade einem wunderschönen, blau schillernden Schmetterling hinterher, als ich einen dünnen Finger auf meiner Schulter spürte. Erschrocken drehe ich mich um. Meine Blicke wandern langsam an welken, runzligen Beinen, einem schma-

len Lendenschurz nach oben und ich schaue in ein ebenso knittriges von der Sonne gegerbtes Gesicht eines alten, stark tätowierten Eingeborenen, der eigentlich gar nicht so alt sein konnte, wie er aussah. Seine Ohrläppchen haben in der Mitte ein großes Loch und hängen bis auf die Schultern. Sie sehen aus wie kleine Affenschaukeln. Um dieses Kunstwerk zu erreichen, zieht man ein ins Ohrläppchen gebohrtes Loch so lange mit schweren Messingringen nach unten, bis es die gewünschte Länge erreicht hat. Frauen benutzen dazu auch vereinzelt dicke Goldohrringe, ein Zeichen von Reichtum.
Ich stehe auf, sicherlich mehr aus Angst als aus Höflichkeit. Der Dayak tritt einige Schritte zurück, mustert mich mit versteinerter Miene und winkt mir mit seinem spitzen, mageren Finger zu, ihm zu folgen. So ähnlich muss es Hänsel und Gretel ergangen sein ... Ja, was tun? Ihn freundlich anlächeln, wieder hinsetzen und tun, als würde ich ihn nicht verstehen oder ihm folgen, um vielleicht auf Nimmerwiedersehen zu verschwinden, denn kein Mensch wüsste, wo ich geblieben bin. Sein Finger kommt noch näher, sein Blick duldet keinen Widerspruch und erweckt gleichzeitig meine Neugierde. So entschließe ich mich heldenhaft, ihm ins Ungewisse zu folgen, selbst auf die Gefahr hin, als Leckerbissen im Suppentopf zu landen, denn immerhin befinde ich mich bei Menschen, die noch bis zu Anfang des vorigen Jahrhunderts gefürchtete Kopfjäger waren.
Wer weiß, ob sie nicht doch noch mehr, als vielleicht angenommen, ihren alten Traditionen verbunden sind und auch ihr Killerinstinkt ab und zu noch zum Durchbruch kommt? Schließlich wurde früher jeder Kontrahent beim geringsten Widerstand nicht gerade feinfühlend in die ewigen Jagdgründe befördert. Hier zählte nur das Gesetz der Stärke. Aber auch sonst war jeder neue Kopf herzlich willkommen, denn dort, so glaubte man, sitzt die geistige Kraft – Stärke und Seele des Menschen. Diese Kräfte gehen dann in den Besitz des erfolgreichen Jägers über. Der Getötete soll außerdem eine hilfreiche Verbindung zum Jenseits herstellen. Eigentlich ein etwas absurder Gedanke, denn als Fürsprecher wird das Opfer wohl kaum geeignet sein oder gar

seinem Mörder die besten Referenzen ausstellen! Vielleicht hat man aus diesem Grunde gelegentlich das Opfer vor seinem Tode noch einmal die Freuden des Lebens genießen lassen, ihm eine opulente Henkersmahlzeit bereitet und eine Nacht mit einem hübschen, unverheirateten Mädchen des Stammes ermöglicht.
Wie dem auch sei und egal, wie es geschehen sein soll, die Erweiterung der Kopfkollektion war immer ein Zeichen von Tapferkeit und konnte das Ansehen einer ganzen Dorfgemeinschaft heben. So erfreute ein junger Mann seinen künftigen Schwiegervater mit einem selbst abgeschlagenen Haupt als Zeichen seiner Männlichkeit, Heiratsfähigkeit und Liebe zu seiner Tochter. Unsere Redewendungen wie: »den Kopf verlieren« oder jemanden »zum Fressen gerne haben« eröffnen hier ganz neue Perspektiven ...
Man erzählt, dass ein Gast, der einer verheirateten Frau des Stammes zu nahe tritt, auch heute noch mit einem Speer an das Langhaus genagelt wird. Dagegen darf ein durchreisender Gast die Freuden einer Nacht mit einem ledigen Mädchen sorglos genießen. Entdeckt er allerdings unter ihrem Moskitonetz ein Lichtchen, so heißt das, dass er nicht willkommen ist und lieber das Weite suchen soll. Manchmal wird mir aber genau das Gegenteil berichtet, nämlich, dass ein Kerzchen vor der Tür ein Zeichen freudiger Erwartung bedeutet. Nun, ich nehme an, der verliebte Jüngling wird an den Reaktionen schnell des Rätsels Lösung erkennen können.
Ich gestehe, meine Magennerven sind leicht angespannt und könnten einen Cognac gebrauchen, trotzdem gehe ich mit meinem neuen Freund über die federnden Bambusstangen bis zu einem verschlossenen Raum. Bedächtig öffnet er die Tür. Im Inneren ist es düster und stickig. Er fordert mich auf, nach oben zu schauen ... Da baumeln an einem Balken gruselige, mit Schlingpflanzen umschnürte und befestigte Schädel früherer Feinde. Große, kleine, alte und noch etwas frischer aussehende – ganz, wie man möchte.
Seine Augen bekommen plötzlich einen sonderbaren Glanz, er lächelt und streicht mir vorsichtig über meinen Arm. Aha, durchfährt es mich, jetzt fühlt er schon, ob sich mein Fleisch zu einer

kalorienreichen Delikatesse verarbeiten lässt oder ob es sich nur für ein Diätsüppchen eignet. Dort oben soll sicher bei all den anderen auch bald mein Skalp hängen, damit er sich nicht so alleine fühlt. Mein Unbehagen scheint auf ihn keinerlei Eindruck zu machen, sicher ist er weitaus schlimmere Abwehr gewöhnt. Er redet monoton, mal laut, mal leise auf mich ein. Natürlich verstehe ich von alledem kein Wort, aber seine Erzählungen scheinen ihm zu gefallen und ihn anzuregen. Ich nicke vorsichtshalber mal interessiert, lächle ihn an, denn sicherlich sieht ein lächelnder Skalp fröhlicher aus als ein griesgrämiger. Er freut sich anscheinend über so viel Vertrauen und geht mit mir in eine andere dunkle Ecke des Raumes. Dort schauen mich weitere Trophäen aus hohlen Augenhöhlen an. Na ja, auch ein nettes Plätzchen, denke ich, dann fällt wenigstens mein edles Haupt nicht so tief und kullert nicht so weit weg, wenn es runter fällt. Er legt seinen knochigen Arm um mich, zieht mich ein wenig an sich, guckt mich dabei äußerst seltsam an – und geht mit mir zur Tür. Er streichelt mir nochmals über meinen Arm und verschwindet genauso wortlos, wie er gekommen war.
Ich glaube, ich habe mich selten so gefreut, die Sonnenstrahlen wiederzusehen, selbst die Hitze macht mir plötzlich gar nichts mehr aus. Da höre ich, wie eine aufgeregte Stimme meinen Namen ruft. Unser einheimischer Reisebegleiter steht vor mir und meint etwas ungehalten:
»Wo bist du denn gewesen? Wir haben dich überall gesucht.« Ich erzähle ihm von meinem ungewollten Ausflug in das Schädelhaus. Er schaut mich etwas ungläubig an und meint verblüfft, dass noch nicht einmal er bisher diesen Raum betreten durfte. Der Häuptling höchstpersönlich hatte mir diesen Anblick gestattet und damit sei mir eine besondere Ehre zuteil geworden. Es sollte also für mich eine besondere Ehre und Auszeichnung gewesen sein – und ich dachte nur an meinen Skalp. Was habe ich daraus gelernt? Man sollte überall auf der Welt, auch bei einem Besuch bei Kopfjägern, all seine Vorurteile vergessen!

SCHWEDEN

Was macht ein Eis-Hotel im Sommer?

Richtig, es schmilzt. Und genau das war mein Problem. Nachdem ich vor Jahren im Fernsehen einen Bericht über ein neu eröffnetes Eishotel in Schweden gesehen hatte, fand ich diese Idee so originell, dass ich davon träumte, auch einmal eine Nacht in solch einem nordischen Superkühlschrank verbringen zu können. Aber wie es im Leben so ist, verwirklichen sich Träume oft ganz anders, als man sie sich ausgemalt hat.

Es ist kein langer, kalter und dunkler Wintertag, als ich vom Nordkap aus in den nordschwedischen Teil Lapplands nach Jukkasjärvi komme, sondern ein warmer, sonniger Tag im Juli.
Das kleine Dorf, 200 km vom Polarkreis entfernt, liegt an den Ufern des Torne Flusses und bedeutet bei den sämischen Bewohnern so viel wie »Sammelplatz« oder »Treffpunkt«. Doch wer verirrt sich schon in ein verschlafenes Kaff jenseits des Polarkreises mit einem Namen, den man sich kaum merken kann, das monatelang bei Temperaturen von bis zu minus vierzig Grad von einer dicken, weißen Schneeschicht bedeckt ist? Selbst der Fluss, an dem es liegt, ist dann meterdick zugefroren. Was kann man tun, um trotzdem im Winter Menschen in diese Einsamkeit Lapplands zu locken?
Da kam wie so oft der Zufall zur Hilfe. 1989 fand in Jukkasjärvi die außergewöhnliche Eiskunstausstellung »Ice-Art« einer japanischen Gruppe von Eiskünstlern statt. Der Anklang war beachtlich und so gestaltete im darauf folgenden Frühling der französische Künstler Jannot Derid in einem direkt auf dem dicken Eis des Torne erbauten Iglu eine Vernissage. Einige Besucher waren von der 60 qm großen Kunstgalerie »Arctic Hall« so begeistert, dass sie gleich in Schlafsäcken und auf Rentierfellen ihr Nachtlager im Iglu aufschlugen. Am nächsten Morgen fand man nicht, wie vielleicht erwartet, zu Eis erstarrte Kunstbegeisterte vor, deren Knochen beim Aufstehen klirrten und dann in tausend Teile zersplitterten, sondern entspannte, ausgeschlafene Menschen, die voller Begeisterung von einer fantastischen, warmen Nacht berichteten.

So besann man sich darauf, dass ein Iglu aus Eis und Schnee ja schon seit Tausenden von Jahren den Eskimos Schutz vor kalten, dunklen Polarnächten bietet. Warum sollte man also nicht einmal versuchen, anstatt Stein und Beton die natürlichen Elemente des nordischen Winters zu verarbeiten? So war die Idee, ein Eishotel zu errichten, geboren, und die ersten Schritte zur Verwirklichung wurden schnell gemacht.

Nun steht das Hotel bereits seit vielen Jahren und wird ständig erweitert. Schon im Oktober beginnen Bauarbeiter und Künstler aus der Region mit der Errichtung des Hotels. Um genügend Material zur Verfügung zu haben und die Bögen richtig formen zu können, helfen Schneetransporter und Schneekanonen, das weiße Baumaterial auf gewölbte Stahlgerüste zu sprühen. Einige Metallformen haben eine Höhe von über fünf und eine Breite von sechs Metern. Nach zwei Tagen wird das Stützwerk wieder herausgenommen und an anderer Stelle weiterverwendet. Damit die frei stehenden Schneegewölbe eine hohe Stabilität erreichen, werden sie von Eissäulen gestützt. Bereits im März zieht man diese Eisblöcke mit Hilfe von Traktoren und speziell dafür in Jukkasjärvi entwickelten Eissägen und Eiswerkzeugen aus dem zugefrorenen Fluss. Durch das saubere, reine Wasser, kombiniert mit der schnellen, gleichmäßigen Strömung entstehen kristallklare Eisblöcke. In einem Gefrierhaus werden die fast zwei Tonnen schweren Blöcke dann gelagert, um sie zum Bau des nächsten Eishotels zu verwenden oder auch für Event-Ausstattungen in die ganze Welt zu exportieren.

Ist das Hauptgebäude Anfang Dezember fast fertig, beginnen die Arbeiten am Innenausbau und die Feinarbeiten am Innendesign. Wenn draußen die Temperaturen auf minus 40 Grad fallen, sind die Arbeitsbedingungen bei minus 5 Grad sogar recht angenehm. Bis spät am Abend meißeln, sägen und bearbeiten Künstler aus allen Teilen der Erde die Eisblöcke und schaffen so fantasievolle Skulpturen, Türen, Fenster, Säulen, Lampen und die unterschiedlichsten Einrichtungsgegenstände. In jedem Jahr werden andere einheimische und internationale Künstler zu den verschiedenartigsten Gestaltungen einzelner Räume eingeladen.

So entsteht aus 30 000 Kubikmetern Schnee und 4000 Tonnen Eis ein wundervolles, einmaliges Hotel von über 500 qm auf einer Gesamtfläche von 7000 qm. Es hat 50 Zimmer, 10 unterschiedlich gestaltete Suiten, eine Rezeption, Säulenhalle, Eiskunstausstellung, Eiskapelle und zum Aufwärmen in kühlen, dunklen Nächten das Highlight, die »Absolute Ice Bar«, an der schon Naomi Campbell einen Drink genommen hat. In der faszinierenden Eiskapelle finden Gottesdienste, Taufen und Hochzeiten statt. Bekommt also hier der Bräutigam vor dem Jawort kalte Füße, so hat das ganz andere Gründe, als man üblicherweise annimmt.
Kaum sind die Arbeiten beendet, stehen schon die ersten, erwartungsvollen Gäste vor der Tür. In der Wintersaison 2003 hatte man bereits 14 000 Übernachtungen und 45 000 Tagesbesucher zu verbuchen. Die Zahl ist ständig steigend, zumal nun auch noch das »Ice Globe Theatre« eröffnet wurde, an dem Theaterstücke von Shakespeare aufgeführt werden. Doch leider ist dieser Zauber der Natur und all die Schönheit des kühlen Bauwerkes zeitlich begrenzt und schnell vergänglich. Ende April, mit den ersten warmen Sonnenstrahlen, schließt sich der Kreislauf der Natur, denn das kunstvolle Meisterwerk schmilzt dahin und fließt als nichtssagendes Schmelzwasser wieder in den Fluss Torne zurück.
So entsteht jedes Jahr ein neues, einzigartig bleibendes, neu aus Eis und Schnee gestaltetes Hotel. Nie gibt es abgebröckelte Wände, renovierungsbedürftige Zimmer, ramponierte Möbel und miefige Badezimmer. All das, was vielleicht nicht ganz zur vollen Zufriedenheit ausgefallen war, verwandelt sich zu Wasser, verschwindet im Fluss und macht im nächsten Jahr Platz für neue Inspirationen, Formen und Techniken.
Aber, wie schon erwähnt, heute ist keine kalte Polarnacht, keine Nordlichter verändern den Horizont mit ihren magischen Farbenspielen, sondern die Sonne strahlt vom azurblauen Himmel. Vor mir liegt das weitläufige Gelände des Eishotels. Ein paar Holzhäuser, Bänke, umgeben von steinigen Wegen und dem saftigen Grün der Wiesen am Flussufer lassen nicht erahnen,

»Wie wär's mit einer romantischen Nacht im Iglu?«

welches Winterwunderland aus Eis und Schnee hier in den Wintermonaten die Menschen verzaubert. Nur ein einzelnes, verlassenes Stahlgerüst steht noch auf der Wiese, es dient alljährlich als Anhaltspunkt für den Eingang.
Zum Glück aber gibt es seit dem Jahre 2000 auf einer Fläche von 1500 qm das »Icehotel-Kunstzentrum«. Hier kann man sich auch in den Sommermonaten in einer ausgefallenen Eis- und Schneeausstellung einen Eindruck über das »Icehotel« verschaffen. Doch auch wenn sechs Iglus zur Übernachtung einladen, bleibt mir leider diesmal keine Zeit dazu. Trotzdem möchte ich

ein wenig von dieser einzigartigen Stimmung und dem verzaubernden Wintermärchen-Feeling mit nach Hause nehmen.

Zunächst soll man sich in einem Umkleideraum in warme Thermoanzüge hüllen, damit bei den angesagten Minusgraden in den auch im Sommer errichteten Kühlräumen nicht irgendein kostbarer Körperteil verkühlt wird. Nette Idee, nur an welch stattliche Germanen hat man wohl bei diesen Anzügen gedacht? Ich hätte mich darin problemlos verstecken, die Knopflöcher im Brustbereich als Sehschlitze zweckentfremden oder dieses ganze Gebilde gleich als Einmannzelt benutzen können. Passend dazu stehen Thermo-Gummistiefel in der Größe eines kleinen Kahns bereit.

»Was tun?«, sprach Zeus. »Soll ich sie anziehen und mir die Beine brechen oder etwa reinsetzen und damit auf dem Fluss paddeln?«

Da alle Ideen kein gutes Ende ahnen lassen, entscheide ich mich heldenhaft, es ohne eine derartige Maskierung mit der grimmigen Kälte aufzunehmen. Habe ich doch schon die eisigen Winde am südlichen Ende Feuerlands überstanden, so wird mich sicher hier das bisschen Frost auch nicht gleich umhauen. Und das ist auch nicht der Grund, weshalb es mich kurz darauf ohne Vorwarnung aus den Schuhen haut, sondern die Tatsache, dass sich beim Betreten des Kunstzentrums unter dem harmlos aussehenden Schnee eine spiegelglatte Eisschicht verbirgt (wie der Name Eis-Hotel schon sagt). Meine Beine entwickeln ein nicht zu bremsendes Eigenleben und ich lande schneller als ich denken kann auf meinem Allerwertesten. Unauffällig blicke ich nach oben und schaue in die kalten, glitzernden Augen eines riesigen Elches aus Eis. Daneben steht ein Eis-Eskimo mit Schlitten, der mich ebenfalls nur mit seinen eisigen Blicken mustert. Um nicht selbst zur Eisskulptur zu werden, erhebe ich mich vorsichtig und setze mich auf einen gemütlichen Eissessel, auf dem ebenso wie auf dem gegenüberstehendem Sofa ein wunderschönes Rentierfell ausgebreitet ist.

Dann schliddere ich hinüber zu der berühmten »Absolute-Ice-Bar« und hole mir, zunächst zum Auftauen meiner unterküh-

lten Lebensgeister, einen temperierten Preiselbeer-Drink in einem Designer-Eisglas, das ich vor mir auf einem runden Tisch aus dickem, glasklarem Eis abstelle. Ihm folgt noch ein schwedischer Wodka on the rocks, dessen Wirkung mich dann wesentlich schwungvoller über den glatten Untergrund gleiten lässt. Selbst die Eistiere scheinen plötzlich ganz freundlich mit ihren erstarrten, kalten Augen zu zwinkern ...
Obwohl mein Atem wie dampfende, weiße Rauchfahnen aufsteigt, habe ich mich erstaunlich schnell an die Zimmertemperatur von minus fünf Grad gewöhnt. Ich bin fasziniert von dem mich umgebenden Kühlschrankcharme. Über mir an der Decke baumelt ein riesiger, wunderschöner Kronleuchter, dessen funkelnde, aus Eis gemeißelte Kristalle nicht von echten, kostbaren Glaskristallen zu unterscheiden sind. In der Ausstellung befinden sich diesmal, neben riesigen nordischen Eisskulpturen von Seehunden, Rentieren, Eisbären, Zelten mit Lagerfeuer und Adlern auch Fantasieskulpturen und Masken aus Eis von afrikanischen Künstlern. Wie mögen sie fern der gewohnten Äquatorsonne bei ihrer Arbeit gefroren haben?
Am gemütlichsten aber finde ich die Iglus, an denen selbst die Hausnummern nicht fehlen. Das Innere ist mit Ablagen, bunter Beleuchtung mit Kaltlicht und einem riesigen Bett auf Eisblöcken ausgestattet. Auf ihm laden Kissen und traumhaft schöne Rentierfelle, unter denen sich noch Decken, Matten und Polarschlafsäcke verbergen, geradezu zum Kuscheln ein. Schaut man, eingewickelt in die warmen, weichen Felle, zur glatten, glänzenden Eisdecke empor, in der sich der bunte Schein der Leuchten widerspiegelt, wird man von einer unwirklichen, faszinierenden und geheimnisvollen Stimmung verzaubert.
Wie das »Ice-Hotel als Eis aus dem Fluss kommt, als Wasser wieder in den Fluss zurückkehrt und nur die Erinnerungen daran übrig bleiben, so hoffe ich auch eines Tages in diese Märchenwelt aus Eis zurückkehren zu können – allerdings nicht an einem Sommertag, sondern in einer dunklen, kalten Polarnacht, wenn der nächtliche Schein des Mondes und der Sterne dem Schnee und dem Eis einen mystischen Schein verleihen.

MEMPHIS

Graceland und der Mythos Elvis

Ist Elvis wirklich ein Mythos?

Man kann es sicher so nennen, denn er hat es geschafft, was in unserer schnelllebigen Zeit sicher kaum mehr ein Künstler schaffen wird – über Jahrzehnte und selbst über seinen Tod hinaus Jung und Alt zu begeistern. Kein anderer Sänger konnte je einen vergleichbaren Erfolg verzeichnen. War er für die einen eine zum Mensch gewordene Heulboje und Hüften wackelnder Albtraum, war er für die anderen eine einzigartige musikalische Offenbarung. Sicher erinnern sich noch viele Eltern an die Schweißperlen, die ihnen auf der Stirn standen, als die Kids die ersten Elvisplatten nach Hause geschleppt brachten, sie von dieser »Urwaldmusik« völlig aus dem Häuschen gerieten und in eine andere Sphäre eintauchten. Bei seinen Konzerten ließ nicht nur sein Gesangstil, eine Mischung aus Country, Gospel und Blues, sondern auch sein erotischer Hüftschwung seine Fans reihenweise in Ohnmacht fallen. Rund um den Globus griff die Elvis-Manie wie ein Feuer um sich und brachte so manchen Familienfrieden zum Erliegen.
Als jedoch am 16. August 1977 die Nachricht von seinem Tod um die Welt ging, waren Menschen auf allen Kontinenten zu Tränen gerührt. Er wurde nur 42 Jahre alt und sein früher Tod machte ihn endgültig zur Legende. Wer jung stirbt, bleibt in den Gedanken der anderen ewig jung. Wer könnte oder wollte sich Elvis heute schon als Opa vorstellen? Oft hört man: »Elvis lebt«, das glaube ich zwar weniger, aber vielleicht sitzt er schmunzelnd auf einer Wolke und schaut sich aus luftiger Höhe das muntere Treiben auf seinem Herrensitz Graceland an. An diesen Ort konnte er sich früher von all dem Rummel um seine Person zurückziehen, hier konnte er den Markenartikel Elvis abschütteln und wieder der Mensch Elvis werden. Doch gewiss hat er nichts dagegen, wenn er heute sieht, wie die gute Vermarktungsstrategie noch lange nach seinem Tod die Kasse gewaltig zum Klingeln bringt. Bereits 1957 hatte Elvis dieses Anwesen, zwölf Meilen südwestlich von Memphis, gekauft, um damit bei seinen Eltern ein Versprechen einzulösen, das er ihnen als Junge gegeben hatte. Er

wollte ihnen, wenn er einmal reich werden sollte, das prachtvollste und größte Haus von ganz Memphis kaufen. Damals nicht mehr als ein schöner, doch unerfüllbarer Traum ...

Natürlich wollte auch ich mich dem bestens organisierten Mekka für Elvis-Fans nicht entziehen. Zum Glück war jetzt Juni und weder der 8. Januar (sein Geburtstag) noch der 16. August (sein Todestag), denn an diesen Tagen sollte man diese Stätte tunlichst meiden, wenn man sich nicht die Füße in ellenlangen Schlangen platt stehen möchte. Aber auch an normalen Tagen ist Schlange stehen angesagt, bevor man in den Genuss des nicht gerade billigen Tickets (25 $) kommt. Keine schlechte Einnahmequelle, wenn man bedenkt, dass immerhin über 600 000 Menschen jährlich zu seinem Privatanwesen, in dem er bis zu seinem Tode lebte, pilgern. Um bei diesem Ansturm nicht den Überblick zu verlieren, werden die Besucher zunächst in eine Bimmelbahn mit Anhängern verfrachtet. Dann geht die Fahrt durch ein großes, mit Noten geschmücktes, schmiedeeisernes Tor. Nach einigen hundert Metern, vorbei an schönen, gepflegten Rasenanlagen und Blumenbeeten, wird man auf einer kleinen Anhöhe vor seiner weißen Südstaaten-Villa wieder ausgeschüttet.
Hohe Säulen zieren den Eingangsbereich. Der Treppenaufgang wird von zwei weißen Löwen aus Stein bewacht. Daneben stehen zwei gusseiserne weiße Bänke. Eigentlich laden sie dazu ein, sich zu setzen, um diese Umgebung und Stimmung auf sich wirken zu lassen, aber meist sind sie schon von Hamburger, Pommes kauenden und Cola schlürfenden Wesen belagert.
Betritt man das Innere des Hauses, fühlt man sich schnell in die Atmosphäre der 70er-Jahre zurückversetzt und wundert sich, dass der Hausherr nicht »love me tender«-singend um die Ecke biegt.
Die Einrichtung der über 20 Zimmer ist eine Mischung aus Edelkitsch, Luxus und anheimelnder Gemütlichkeit, eigentlich das Gegenteil von dem, wie man sich das Umfeld eines Rock' n' Rollers vorgestellt hat. Glitzernde Kristallleuchter hängen an der Decke. Goldverzierte Stühle stehen um einen mit feinstem Chi-

Graceland

Ein Blick in Elvis' Wohnzimmer

Die Grabstatte des Kings of Rock 'n' Roll

naporzellan, geschliffenen Gläsern und kostbarem Silberbesteck gedeckten, langen Tisch. Rundbögen und Durchgänge, teils eingerahmt von bunten Pfauen aus wunderschöner Tiffanyarbeit, verbinden einzelne Zimmer. Kunstvoll drapierte blaue Vorhänge sorgen für den nötigen Kontrast zu schweren, weißen Clubgarnituren und Couchlandschaften mit unzähligen, fein säuberlich aufgestellten Kissen. Viel Gold, Marmor, Glas, Plüsch und immer wieder – wohin man auch schaut – Spiegel. Spiegel in allen Variationen, groß, klein, zum Aufhängen, mit und ohne Verzierungen und als kunstvoll, raffiniert aussehende Wand- und Deckenverkleidung. Eigentlich erstaunlich, dass er in den letzten Jahren so unförmig werden konnte, denn bei einem Blick in all diese Spiegel müssten ihm vor Schreck alle aufkeimenden Essensgelüste im Hals stecken geblieben sein ...

Eine seiner weiteren Leidenschaften muss wohl die Unterhaltungselektronik gewesen sein. Eine Jukebox für unzählige Platten gehört ebenso zum Inventar wie eine Unmenge von Fernsehern. Ich habe im ganzen Haus keine fernsehfreie Zone entdeckt. Allein in seinem in gelb und dunkelblau gehaltenen TV-Room sind mindestens zehn Stück an der Wand angebracht.

Beeindruckend, wenn auch, wie ich finde, etwas düster, ist das Billardzimmer. Wände und Decken sind mit in Plisseefalten gelegten Stoffen bespannt. Die Mitte des großen Raumes füllt ein riesiger Billardtisch, über dem eine ebenso voluminöse, längliche Tiffanyleuchte baumelt. Hier konnte er sich mit seinen zahlreichen Kumpels die Zeit vertreiben, ohne Angst haben zu müssen, dass einer dem anderen dabei auf die Füße tritt.

Große Bewunderung lösen natürlich sein goldenes Klavier und ein riesiger Raum, voll gestopft mit Erinnerungen und Trophäen aus. An einer langen, blauen Wand hängen Hunderte von Gold- und Platinschallplatten, Sammlungen von Auszeichnungen, Ehrungen, gezeichnete Entwürfe seiner Bühnenkostüme und Fotos. Weiterhin sind unzählige Pokale, Plakate und Plaketten ausgestellt, dazu viele Originale seiner Kleidung. Angefangen von der Uniform, die er 1958 in Deutschland trug, über seine lederne, schwarze Motorradkluft, berühmte glänzende, glit-

zernde Kostüme, die er bei seinen Auftritten getragen hat, bis hin zu dem auffallenden Goldlamé-Bühnenoutfit seiner letzten Hawaii-Show. Ebenfalls nicht zu übersehen sind seine privaten Juwelen, darunter der 16-karätige Diamantring. Neben einem großen und mehreren kleineren Diamanten formen weitere 29 Diamanten die Buchstaben TCB (Taking Care of Business).
Das obere Stockwerk, in dem Elvis tot auf den Fliesen seines Bades aufgefunden wurde, ist für die Besucher nicht zugänglich. Dieser Bereich ist ebenso tabu wie nähere Ausführungen über seinen damaligen Gesundheitszustand, der zu wilden Spekulationen Anlass gegeben hatte.
Nun heißt es im Garten wieder etwas frische Luft atmen. Vorbei an Fitnessräumen, kleinen Häusern für Personal und Gäste, einem Reitstall, einer Pferdekoppel und einem Pool gehen wir weiter entlang schön gepflegter Rasenflächen, durch die viele asphaltierte Wege führen.
Ein weiterer Anziehungspunkt ist der »Meditation Garden«. Vor einem kleinen Teich, in dem ein Springbrunnen beruhigend vor sich hinplätschert, ruhen Elvis, seine Eltern Vernon und Gladys und seine Großmutter Minnie Mae unter schweren Grabplatten. Vor ihnen, getrennt durch ein verziertes Eisengitter, stehen die ergriffenen Fans. Manche weinen hemmungslos. Andere suchen verschämt nach ihren Taschentüchern, in der Hoffnung, dass niemand ihre Tränen bemerkt. Einige wiederum stehen wie versteinert vor dem Grab des *Kings* und man hat das Gefühl, als liefen ihre Gedanken zurück in ihre eigene Jugendzeit. Viele legen Blumen nieder. Trotz der zahlreichen Menschen ist es erstaunlich ruhig. Es herrscht eine Atmosphäre, die sich kaum beschreiben lässt, die aber dennoch berührt und zeigt, dass Elvis, zumindest im Herzen seiner Fans, weiterlebt. Das Grab ist übersät mit großen, auf Ständern festgesteckten Kränzen mit langen Schleifen, frischen Blumenbuketts mit Briefen, Stofftieren und vielen Herzen aus bunten Blumen, an denen beschriebene Karten stecken.
Wer weiß, vielleicht wäre sein Leben als Lastwagenfahrer, ohne Ruhm und viele falsche Freunde, die nur am Kuchen seines

Erfolgs teilhaben wollten, glücklicher verlaufen? Je höher man auf dem Treppchen nach oben steigt, umso dünner wird die Luft und desto größer leider auch meist die Einsamkeit. So erstrebenswert Erfolg, Berühmtheit und Reichtum auch oft sein mögen, ein Garant für das große Glück sind sie nur ganz selten ...
Im Anschluss schauen wir uns natürlich noch die beiden Flugzeuge »Hound Dog II« und die vierstrahlige Convair »Lisa Marie« an, sein »penthouse in the sky«, das den Namen seiner Tochter trägt, und bewundern all seine frisch polierten Traumautos vom Ferrari, Mercedes, Buggy, Jeep, mehreren Trikes, Golfcarts bis hin zu seinem berühmten pinkfarbenen Cadillac und dem weißen Rolls-Royce Silver Cloud III, den ihm Michael Landon (Little-Joe aus Bonanza) verkauft hatte.
Es ist sonderbar, aber all das vermittelt das Gefühl, als würde man ein Stück durch sein Leben laufen. Erwartungsgemäß landet man am Ende der Tour, wie überall, so auch hier, in einem Souvenirshop. Hier kann man alles erstehen, was die Herzen echter Elvis-Fans höher schlagen lässt – Platten, Videos, Fotos, Wanduhren, Nummernschilder, Salzstreuer, Poster, Wackelfiguren, Elvis-Perücken, Gitarren und vieles mehr. Der Laden ist voll, die Kassen ebenfalls.
Elvis scheint allgegenwärtig. Selbst wenn man durch Memphis schlendert, setzt sich die Elvis-Gedächtnistour fort. Hier verbrachte er die meiste Zeit seines Lebens und von hier aus konnte seine einzigartige Karriere ihren Lauf nehmen. Durch ihn wurde die Stadt am Mississippi zu einem Publikumsmagneten, der mit den vielen zusätzlichen Dollars der Besucher die Stadtkasse füllt. Biegt man vom Elvis-Presley-Blvd. rechts in die Union-Ave. ein, findet man das kleine, aber bedeutende »Sun-Studio«. Hier hat Elvis 1953 für seine Mutter »My Happiness« und 1954, nachdem der Besitzer Sam Phillips sein Talent erkannt hatte, seine erste Platte »That's alright Mama« aufgenommen.
Die Stelle, an der er damals stand, ist markiert und bei dem großen, auf Hochglanz polierten Mikrophon soll es sich noch um das Original von damals handeln. Hier steht also die Wiege des Rock'n'Roll! Auf diesem Boden, der Musikgeschichte schrieb,

wurden auch »Great Balls of Fire«, »Blue Suede Shoes« aufgenommen, und Größen wie B. B. King, Jerry Lee Lewis, Roy Orbison, Paul Simon, Jonny Cash und U 2 gaben und geben sich dort noch heute die Klinke in die Hand.

Da für uns in diesen heiligen Hallen wohl keine Chance besteht, entdeckt zu werden, bummeln wir lieber gemütlich über die Musikmeile von Memphis, die Beale Street. Die Komposition des schwarzen Musikers W. C. Handy »Beale Street Blues« hat sie unsterblich gemacht.

Plötzlich stehen wir vor einer großen Bronzestatue. Und, wer könnte es sein? Natürlich – »the king of rock«. Er steht majestätisch auf einem Sockel, das linke Bein lässig etwas nach vorn gestellt, in einer Hand die Gitarre, die andere seitlich ein wenig abgestreckt, den Daumen nach oben zeigend, als wolle er stolz sagen: »Seht her, durch meine Musik ist es mir gelungen, von dem kleinen, unbedeutenden Lastwagenfahrer zum berühmtesten Sohn dieser Stadt zu werden.«

Die Musikmeile Beagle Street, einst Heimat von mittellosen Baumwollpflückern, Freudenmädchen und anderen fragwürdigen Gestalten, die dort Saloons, Pfandhäuser, Bars und Kneipen bevölkerten, drohte, nachdem die Begründer des Blues abgewandert waren, zu zerfallen. Heute ist sie wieder voller Leben und gut restauriert. Straßenmusikanten spielen alte Songs von populären schwarzen und weißen Musikern. Viele kleine Bars und Clubs laden ein, den Bands, die wunderschöne Blues-, Rock-, Soul-, Dixie- und Jazzmelodien spielen, zu lauschen. In einer kleinen, gemütlichen Kneipe am Ufer des Mississippi lassen wir den Abend mit Jazz- und Elvissongs ausklingen.

DALLAS/WASHINGTON

Auf den Spuren von J.R. und J.F.K.

Auf unserer Reise quer durch die USA erreichen wir an einem sonnigen Nachmittag im Juni die moderne Millionenstadt Dallas, die Finanz- und Wirtschaftsmetropole von Texas. Wo einst kleine Siedlungen der Pioniere standen, regieren heute große Öldynastien, Banken, Geschäftsgiganten und Geldimperien in verspiegelten, gläsernen und supermodernen Hochhäusern. Man sagt, hier erkenne man einen armen Schlucker daran, dass er seine Luxuslimousinen noch selbst putzen muss – wer wäre da nicht gerne arm?
Nähert man sich über die breiten, vierspurigen Highways der Stadt, bietet Downtown mit all seinen Wolkenkratzern, in deren Glasfassaden sich die Sonnenstrahlen widerspiegeln, ein beeindruckendes Bild. Ein Bild, das einem durch die bekannte Fernsehserie »Dallas«, die jahrelang über unsere Bildschirme flimmerte, so vertraut erscheint, als kehre man an seinen Zweitwohnsitz zurück.

J.R.

»Dallas« und die »Southfork Ranch« – der wohl berühmteste Schauplatz von Liebe, Luxus, Macht, Öl und Intrigen. Wer erinnert sich nicht an diese Mutter aller Soaps, die Millionen von Zuschauern vor den Fernsehapparat lockte. Man wollte möglichst keine Folge versäumen und war gespannt, wie es im Hause Ewing weiterging. Bleibt Bobby bei Pamela? Welche neuen Probleme kommen auf das Familienoberhaupt Jock Ewing und seine Frau Miss Elli zu? Wer war Vorarbeiter Ray Krebbs wirklich? Und vor allem: Welche neuen Hinterhältigkeiten denkt sich der Oberfiesling J. R. weiter für seine Frau Sue Ellen und die restliche Familie aus?
Es war eine Art Fernstudium in Sachen Mobbing, Intrigen und eine Anleitung, wie man eine ganze Familie in den Wahnsinn treiben kann. Man litt und freute sich mit ihnen, lehnte sich ent-

spannt zurück und stellte mit Genugtuung fest, dass Luxus und alles Geld der Welt auch nicht glücklich machen können. Welch beruhigender Gedanke! Mit jeder weiteren Story kam man sich Woche für Woche näher, und bald glaubte man die Ewings so gut zu kennen wie die eigenen Nachbarn von nebenan.

Drei Jahre, nachdem die »Dallas-Manie« bereits Amerika fest im Griff hatte, schwappte sie (in 30 Sprachen übersetzt) in 95 Länder der Welt über, bis sie am 30. Juni 1981 nach der Erstausstrahlung auch bei uns ausbrach. So wurde durch die langjährige Fernsehserie »Dallas« die Southfork Ranch zu einer der größten Attraktionen von Texas. Auch wenn die Ewings hier nie gewohnt haben, zieht die Kulisse der Öldynastie jährlich Millionen von Besuchern an.

Dabei hatte die Geschichte der Ranch ganz unspektakulär begonnen. Mister Duncan, der ehemalige Besitzer, hatte die 16 Hektar große Ranch 1970 für sich und seine Familie als Refugium gekauft und ein Haus bauen lassen. Dass diese Ruhe nicht lange anhalten und ausgerechnet seine Ranch als Kulisse für »Dallas« entdeckt werden würde, konnte er damals nicht ahnen, denn die ersten fünf Folgen waren bereits auf einer anderen Ranch gedreht worden. Er wollte hier nur in Ruhe als Rancher leben und sich damit einen Traum erfüllen.

Aus diesem Grund war er zunächst alles andere als begeistert, als ein Filmproduzent ihm seine Idee unterbreitete. Letztendlich war es sicherlich der dafür gebotene, recht stattliche Dollarbetrag, der ihn umstimmte und ihm seine Entscheidung erleichterte. So stellte er sein Anwesen in den Sommermonaten für Dreharbeiten zur Verfügung, allerdings mit der Bedingung, dass seine Privaträume für die Öffentlichkeit auch weiterhin tabu bleiben. Die Innenszenen mussten deshalb ausschließlich in den Filmstudios von Los Angeles gedreht werden. So wurde die Ranch zu J. R.'s neuer Heimat und zur wohl berühmtesten Farm der Fernsehgeschichte. In den nächsten 13 Jahren wurden hier 356 Episoden gedreht. Je bekannter die Serie wurde, umso mehr Touristen umkreisten auch in der drehfreien Zeit das Anwesen, um der Welt ihrer Helden einmal etwas näher sein zu können. Genervt von diesem unerwartet über ihn hereingebrochenen Rummel entschloss sich Mister Duncan 1984 dazu, seine Ranch zu verkaufen.

Obwohl die Southfork Ranch von 1985 an auch für Touristen geöffnet wurde, was viele Dollar einbrachte, kreiste dank sehr schlechter Geschäftsführung bald der Pleitegeier über dem Anwesen. Allein die Instandhaltung verschlang immense Summen. Als nach dreizehn Jahren zunächst keine weiteren Folgen der Serie mehr gedreht wurden, blieben auch die Touristen aus und die Ranch wurde vernachlässigt. Zwei Jahre blieb das Haus geschlossen, bis ein erfolgreicher Geschäftsmann 1992 die Ranch für fast 3 Millionen Dollar ersteigerte. Heute erstrahlt sie mit einem Museum, Besucherzentrum und Konferenzräumen wieder in neuem Glanz und wird wohl weiterhin unsterblich bleiben.

So gehörte es natürlich auch bei unserem Besuch in Dallas zum Pflichtprogramm, einen Abstecher zur Southfork Ranch zu machen. Wir verlassen Downtown Dallas über den Central Express way, Richtung Norden und stehen nach einer guten halben Stunde Fahrt vor einer großen Einfahrt, über der auf einem Torbogen groß die Buchstaben »Southfork Ranch« prangen. Ein Ölturm überragt stolz das Gelände, das mir jedoch viel weniger gigantisch als im Film erscheint. Wir schauen kurz in den Souvenirshop, allerdings ohne etwas zu kaufen. Die Preise sind so saftig, dass man dazu wohl besser stolzer Ölbaron sein sollte. In einem Museum kann man diverse Filmrequisiten bewundern und anschließend in J.R.'s riesigem Wohnmobil, in dem er sich zwischen den einzelnen Filmszenen entspannte, selbst ein wenig ausruhen.

Bei strahlendem Sonnenschein laufen wir ein Stück über das Anwesen und lassen uns dann von einem Bimmelbähnchen mit vorgespanntem Traktor über das Gelände bringen, vorbei an Koppeln mit teuren Pferden, Weiden mit Langhornrindern und kleinen Häusern zu dem weißen Wohnhaus der »Ewings«. Es ist umgeben von gepflegtem Rasen, Blumen und säuberlich geschnittenen Hecken und Bäumen. Gelb-weiße Markisen und

Die berühmte Southfork Ranch

ein hübscher Balkon auf weißen Säulen über dem Ausgang, der zum Pool führt, geben dem Haus ein sehr gemütliches Aussehen.

Zunächst bestaunen wir die Innenräume des Hauses, die nicht als Filmkulisse genutzt werden durften. Sie geben einen Einblick in das normale, luxuriöse Leben des eigentlichen Farmbesitzers. Die Schlafräume sind in unterschiedlichen Stilrichtungen eingerichtet. Man sieht Polsterbetten mit dicken Blümchenkissen, Blümchentapeten und allen dazu passenden Accessoires wie Bettdecken und romantische Vorhänge. Aber ebenso ist rustikaler Countrystil mit Karomustern angesagt bis hin zum Luxusschlafzimmer mit Mahagonibett, Seidendecken und mehrstöckigem Kristallleuchter. Viele Spiegel und goldene Armaturen schmücken die Marmorbäder. Die Speise- und Wohnräume sind mit dunklen Möbeln, eleganten Polstergarnituren, Glasvitrinen und chinesischen Kostbarkeiten ausgestattet. An den Decken hängen feinste Kristallkronleuchter, und ein schwarzes Klavier lädt zur Hausmusik ein. Alles wirkt sehr elegant, dennoch lassen wun-

derschöne Blumengestecke, Kerzenleuchter und Lampen eine sehr gemütliche Atmosphäre aufkommen.
Von dem Balkon im ersten Stock hat man einen schönen Blick auf die Pferdekoppel, die Anwesen der Nachbarrancher, die auch nicht gerade ärmlich wohnen, und den Swimmingpool, an dem sich im Film so manche Champagnerparty mit im Wasser planschenden Bikinischönheiten abgespielt hat. Allerdings, wenn ich so herabschaue, überlege ich mir ernsthaft, wie geschickt wohl die ganzen Menschen in und um den Pool herum geschichtet gewesen sein müssen, damit sie sich in den Filmszenen nicht totgetreten haben. Denn unter mir liegt keine gigantische Poollandschaft, sondern ein kleiner blauer Pool, wie ihn so manches Einfamilienhaus in südlichen Regionen sein Eigen nennt. Die Weitwinkelobjektive der Filmkameras haben wirklich ausgezeichnete Arbeit geleistet!
Mit einem kühlen, erfrischenden Drink setze ich mich auf einen der weißen Stühle an den Poolrand, wo schon vor mir all die Dollarcowboys und Filmschönen gesessen haben. Ich schließe die Augen und überlege mir, ob ich jetzt lieber die Gesellschaft von Jock, Bobby oder vielleicht doch die von J.R. genießen möchte, um mich von ihm in all die Gehässigkeiten dieser Welt einweihen zu lassen. Aber wer weiß, vielleicht würde ich dann auch, wie Sue Ellen, dem Alkohol verfallen und nur noch mit dem Whiskyglas in der Hand am Poolrand entlang wanken, reinfallen und ertrinken. Das wäre kein sehr glanzvoller und romantischer Abgang aus diesem Leben. Verlassen wir also lieber die Tücken und Träume der Glamourwelt und tauchen wieder ins wahre Leben ein. Zurück in Dallas, wenden wir uns nun keiner Traumkulisse mehr zu, sondern dem Zeugnis eines eher traumatischen Ereignisses.

J.F.K.

Es war der 22. November 1963, als die Welt den Atem anhielt und der zum schwärzesten Tag in der Geschichte der Stadt wurde. Der Novembertag war angenehm warm, die Sonne strahlte vom Himmel, als um 12.30 Uhr die offene Limousine des 35. amerikanischen Präsidenten John F. Kennedy in die Elm Street in der Innenstadt von Dallas einbog. Es war Wahlkampf, und auch wenn der Präsident im konservativen Texas nicht sehr beliebt war, so wusste er doch, dass jede Stimme zählt. Es hatten sich viele Menschen am Straßenrand eingefunden, um den Präsidenten zu begrüßen. Seine Limousine fuhr langsam durch die jubelnde Menge. Er strahlte, winkte und schüttelte die vielen Hände, die sich ihm entgegenstreckten.

Plötzlich peitschten Schüsse durch die sonst so friedliche Stadt. Bestürzung, Entsetzen und Angst breiteten sich aus. John F. Kennedy sank von den Kugeln getroffen zur Seite, seine Frau Jackie warf sich über ihn und versuchte dann in Panik, das Auto zu verlassen. Ein Bild, das um die Welt ging und wohl für immer unvergessen bleiben wird.

Auch Gouverneur Connally, der ebenfalls mit im Wagen saß, wurde von den Kugeln getroffen. Die Sicherheitsbeamten rasten mit den Schwerverletzten zum nahe gelegenen Krankenhaus. Der Präsident hatte keine Überlebenschance. Um 13.00 Uhr wurde er für tot erklärt. Menschen in aller Welt, gleich welcher Nationalität und Hautfarbe, schämten sich ihrer Tränen nicht, als sie die Nachricht von seinem Tod hörten. Auch wenn seine politischen Erfolge eher bescheiden waren, wurde er wegen seiner Ideale, die er repräsentierte und sicherlich auch ein wenig wegen seines guten Aussehens geliebt.

Sofort nachdem Zeugen berichtet hatten, dass die Schüsse aus dem Eckfenster des sechsten Stockes eines Schulbuchlagers abgegeben worden waren, stürmte man das Gebäude. Man fand Patronenhülsen und ein Gewehr mit Zielfernrohr. Kurz darauf verhaftete man den Lagerangestellten Lee Harvey

Oswald, obwohl er den Mord an Kennedy bestritt. Zwei Tage später wurde er bei der Überführung in das Staatsgefängnis von dem Nachtclubbesitzer Jack Ruby erschossen. Ruby soll dafür bekannt gewesen sein, dass er nicht nur gute Verbindungen zu der Polizei von Dallas, sondern auch zur Unterwelt hatte. Nach seiner Verhaftung versuchte er eine Verlegung in einen anderen Bundesstaat zu erreichen. Er gab an, dass er erst dort, um seine eigene Sicherheit nicht zu gefährden, die ganze Wahrheit sagen könne. Bevor es jedoch dazu kam, starb er überraschend an Krebs.

Durch Zeugenaussagen, die von Schüssen von einem kleinen Hügel an der Elm Street berichteten und durch Obduktionsbefunde über den Einschusswinkel der Schädelverletzungen des Präsidenten, die Ungereimtheiten aufwiesen, wurden die Spekulationen über die wahren Hintergründe des Attentats immer größer. Sie sind bis heute weder verstummt noch wurden sie endgültig entkräftet. Die Mutmaßung, es handle sich um eine Verschwörung hoher politischer Kreise, dem Geheimdienst und der Mafia, bekommt immer wieder neue Nahrung. Eine Möglichkeit, die selbst von einem Untersuchungsausschuss nicht bestritten wurde. Die Ermittlungsakten jedoch, die vielleicht etwas mehr Licht in den Fall bringen könnten, sollen frühestens in 25 Jahren freigegeben werden.

Heute stehe ich nun vor dem Lagerhaus aus rotem Backstein, von dem aus die tödlichen Schüsse abgegeben wurden. 1989 wurde es unter dem Namen »6th Floor Museum« zu einer Gedenkstätte umfunktioniert. Filme, Fotografien und verschiedene Dokumente informieren über die politischen Hintergründe dieser Zeit, über das Leben und Schaffen John F. Kennedys und beleuchten aus verschiedenen Perspektiven die spektakulären Ereignisse des Attentats vom 22. November 1963.

An der Market Street befindet sich das John-F.-Kennedy-Denkmal. Es ist ein einfaches, hohes, aus mehreren Blöcken zusammengesetztes Betonquadrat. Im Inneren befindet sich lediglich ein Block aus Marmor mit seinem Namen. Philip Johnson, der Künstler, der dieses Denkmal entworfen hat, wollte es als einen

Platz der Meditation verstanden wissen. Schalldichte Wände sollen dazu die nötige Ruhe geben und die Öffnung zum Himmel sollte einen spirituellen Kontakt mit höheren Mächten ermöglichen. Mir selbst erscheint es als Erinnerungsstätte für einen Präsidenten, der für Hoffnung und Zukunft stand, eigentlich etwas zu kühl.

Wenige Tage später stehe ich in Washington an seinem Grab auf dem bekannten Arlington Cemetery. Der Nationalfriedhof befindet sich auf einem hügeligen, sehr weitläufigen Gelände und ich muss gestehen, dass man auf den ständig ansteigenden Wegen

Grabstätte von John F. Kennedy auf dem Arlington Cemetery in Washington

ganz schön ins Schwitzen kommt. Auch wenn die Zeit knapp ist, möchten wir möglichst viel sehen, denn hier liegen US-Präsidenten, berühmte Generäle, Indianerhäuptlinge, Robert und Jackie Kennedy und Tausende von Soldaten begraben. Ein Meer von unzähligen weißen Steinkreuzen leuchtet auf dem grünen, kurz geschnittenen Rasen. Auf der höchsten Stelle erhebt sich die Vorkriegsresidenz von General Robert E. Lee (1807 bis 1870), der einst auf der Seite der Südstaatler kämpfte, obwohl er ein Gegner der Sklaverei war.

Das Grab von John F. Kennedy ist sicher, neben der Grabstätte des unbekannten Soldaten, der am meist besuchte Ort des Nationalfriedhofes. Auch hier trägt nur eine schlichte Steinplatte die Inschrift »John Fitzgerald Kennedy 1917 – 1963«. Dahinter brennt die ewige Flamme, die von seiner Frau Jackie angezündet wurde. Schweigend, in Gedanken versunken und andächtig stehen die Menschen an seinem Grab. Es herrscht eine Atmosphäre der Verbundenheit und Wärme, die unter die Haut geht und die auch mich sehr berührt hat.

JAVA

Surabaya, Warane, Orang-Utans
und weitere Überraschungen

Endlich wieder festen Boden unter den Füßen!

Die letzten Tage auf See waren alles andere als erquickend. Die See war so stürmisch und aufgewühlt, dass unser Schiff wie eine Kokosnussschale hin und her geworfen wurde. Die Wellen schlugen gegen den Schiffsrumpf. Es ging rauf, runter, rauf, runter, bis man sich nicht mehr sicher war – rotierte das Hirn wirklich noch im Kopf oder klebte es schon unter den Schuhsohlen? Dazu schien sich der Magen immer genau in entgegengesetzter Richtung wie der eigene Körper zu bewegen. Die Stabilisatoren unseres Liners hatten schon ihren Geist aufgegeben, jetzt waren wir dran ...
Der größte Teil der Passagiere hing ermattet, gelblichgrün im Gesicht, über der Reling, um ihren Gefühlen besser freien Lauf lassen zu können. Seekrankheit soll ja durch asynchrone Steinchen, aus kristallinem Kalziumkarbonat, im Ohr entstehen. Auch Fische können seekrank werden, doch diese aufschlussreichen Erkenntnisse machen den Zustand auch nicht angenehmer.
Kein Wunder also, dass man auf Kreuzfahrten von morgens bis abends mit Leckerbissen aller Art voll gestopft wird. Entweder ist es, damit man wenigstens etwas im Magen behält und nicht ganz vom Fleisch fällt oder die Reedereien haben ein Abkommen mit der Fischindustrie, damit die Tierchen in ihren Fanggründen durch ein abwechslungsreiches Nahrungsangebot zu glücklichen Fischen werden.
Selbst Werner verspürte kein Verlangen mehr nach den Köstlichkeiten des Büfetts. Er blieb so lange standhaft, bis er merkte, dass die Suppe in seinem Magen genauso rhythmisch schwappte wie vorher auf seinem Teller.
Irgendwie erinnerte mich das an einen alten Charlie Chaplin-Film. Trotz hohen Seegangs saßen mehrere Personen am Tisch und aßen Suppe. Charlie, der immer Hunger hatte, hielt seinen Teller fest und löffelte ihn hastig aus. Doch jedes Mal, wenn sich das Schiff zur Seite neigte, rutschte der Teller seines Gegenübers zu ihm herüber, also nahm er schnell auch davon noch einen

Löffel voll und wartete schon darauf, bis der nächste Teller angerutscht kam. Doch diesmal hätte bestimmt auch Charlie keinen Hunger mehr verspürt – im Speiseraum war kein Mensch mehr, dort gähnte nur noch die Leere.

Wie sagte schon Lord Nelson: »Das sicherste Mittel, nicht seekrank zu werden, ist, sich unter einen Apfelbaum zu legen.« Doch das dürfte in Indonesien wohl etwas schwierig werden. Ich hätte es wissen müssen, denn es ist nicht das erste Mal, dass der Wettergott etwas gegen mich zu haben scheint. Egal, wo ich auf dieser Welt die Planken eines Schiffes betrete – es bricht urplötzlich ein Sturm los. Dabei habe ich bei der Überquerung des Äquators alles versucht, um mich mit Neptun, dem Beherrscher aller Meere, Seen, Flüsse, Badewannen, Tümpel und Swimmingpools, gut zu stellen. Bei der Äquatortaufe übernimmt er mit seinem Gefolge das Kommando an Bord, und alle Staubgeborenen werden auf der Linie des Äquators vom Schmutz der nördlichen Regionen gereinigt, rasiert, eingehend auf den Gesundheitszustand untersucht und mit dem Kielwasser des Schiffes getauft.

Vielleicht hat dieses Ritual ja doch ein wenig geholfen, denn eigentlich grenzt es schon an ein kleines Wunder, dass wir ungeschoren von Manila bis zu den indonesischen Inseln gekommen sind. Allein das hätte mich vielleicht stutzig machen müssen! Jedoch, anstatt nach diesen Erfahrungen Schiffe wie die Pest zu meiden, wird man immer wieder von den Verlockungen einer Seereise angezogen, die ja so schön gemütlich, erholsam und abwechslungsreich sein soll. Letzteres entspricht, wie ich feststellen muss, der Wahrheit und der Rest sicher auch, wenn man seetaugliche Magennerven besitzt und das Glück hat, dass einem nur eine frische Meeresbrise um die Nase weht und nicht ein Taifun, der den Magen bis unter die Ohrläppchen drückt. Sämtliche Glückshormone sind versiegt. Man möchte nur noch sterben, doch selbst dieser Wunsch geht nicht in Erfüllung.

Inzwischen sind wir im nächsten Hafen eingelaufen und ich hoffe, dass ich mit festem Boden unter den Füßen meine Sinne langsam wieder in die richtige Reihenfolge bringen kann. Ich

Der erste Blick auf das Inselpanorama

atme tief durch, doch auch als ich den Asphalt des Kalimas Harbours von Surabaya unter meinen Füßen spüre, habe ich noch das Gefühl, wie ein demolierter Engel zu schweben. Na ja, das ist immer noch besser, als schon einer zu sein.
Surabaya, ein Name, der wie Schokolade auf der Zunge zergeht (oh, allein bei dem Gedanken an Leckereien geraten meine Magennerven gleich wieder in Wallungen)! Surabaya, die zweitgrößte Stadt Indonesiens, liegt an der Nordostküste der Insel Java an der Mündung des Flusses Mas. Unser Schiff geht im Hafen Tanjung Perak vor Anker, der zu den wichtigsten Seehäfen Indonesiens zählt.
Obwohl es noch früh am Morgen ist, herrscht am Pier schon reges Treiben. Ausgemergelte Arbeiter schleppen riesige Säcke auf ihren knochigen Schultern. Kräne beladen große Schiffe mit Gütern wie Gewürzen, Tee, Tabak, Kaffee, Kautschuk, Holz und Zucker, einem der Hauptexportgüter der Inseln. Ein paar alte Holzschoner dümpeln im trüben Wasser des alten Hafenteils ruhig vor sich hin.
Wir betreten eine große, düstere Halle. Die Luft, ein Gemisch aus Schweißfüßen, Zigarettenqualm und Schnaps, ist zum Schneiden. Ausgelaugt von der harten Arbeit liegen unzählige dunkle

Gestalten mit Lendenschurz oder zerschlissener Kleidung auf dem blanken Boden. Andere sitzen stumpfsinnig in einer Ecke oder bestaunen mit ihren zahnlosen Mündern neugierig uns Eindringlinge. Immer wieder hören wir die erstaunte Frage: »kamu dari mana?« (woher kommst du?) Auf meine Antwort: »saya dari Jerman« (ich komme aus Deutschland) nehmen sie mich wie einen Außerirdischen in Augenschein. Hierher verirren sich nicht viele Touristen und schon gar nicht in diese Lagerhallen. Wir halten Ausschau nach einem Ausgang.

Kaum haben wir all die erschöpft dreinblickenden Hafenarbeiter hinter uns gelassen, treten wir durch ein Tor und stehen, vom plötzlichen Sonnenlicht geblendet, auf einer breiteren Durchgangsstraße. Andere Passagiere des Schiffes waren schon dabei, sich in die wenigen dort stehenden Fahrradrikschas (becak) zu werfen. Bei dem Anblick der nicht ganz schlanken Europäer, die sich dazu meist noch zu zweit in eine Rikscha zu pressen versuchen, tun uns die tapfer in die Pedale tretenden Rikschafahrer von Herzen leid. Mit ihren dünnen Beinchen gelingt es ihnen kaum, ihre Räder mit der gewichtigen Fracht in Schwung zu bekommen. Da die Gefährte oft nur noch vom Rost zusammengehalten werden, kann man nur hoffen, dass sie nicht unter der ungewohnten Last zusammenbrechen. Das Bild war so komisch, dass wir fast unser Vorhaben vergaßen, selbst eine kleine Stadtrundfahrt unternehmen zu wollen. Da Surabaya kein Anziehungspunkt für Touristen ist und nicht viele Sehenswürdigkeiten aufzuweisen hat, werden auch keine Stadttouren angeboten.

So stehen wir plötzlich wieder alleine zwischen Einheimischen, die uns neugierig anschauen. Einem jungen Mann, der sich zu uns gesellt, versuchen wir zu erklären, dass wir gerne ein Taxi oder eine Rikscha hätten. Er nickt liebenswürdig und entschwindet im Gewühl. Wir warten, warten – doch nichts geschieht. Wir versuchen nochmals unseren Wunsch an den Mann zu bringen. Wieder ein äußerst nettes Nicken – und weg war auch der Nächste. Wieder Warten, nichts geschieht. Da auch das dritte, vierte Mal nicht viel Erfolg versprechender verläuft, wenden wir uns letztlich an einen Polizisten, der uns freundlich anstrahlt. Er hört sich unser Anliegen geduldig an, seine strahlend dunklen Augen blitzen, er nickt zuvorkommend, schüttelt unsere Hände – und entschwindet wie auch unsere Hoffnung. Sicher wird dieser letzte Versuch genauso aussichtslos im Sande verlaufen wie die vergangenen. Wir schauen weiter dem lebhaften, lauten Treiben auf der Straße zu und gewöhnen uns langsam an die erstaunten Blicke der Passanten, wenn sie uns entdecken.

Plötzlich hält eine riesige Luxuslimousine vor uns. Na, denken wir, der Glückspilz der damit abgeholt wird, hat gut lachen. Er braucht wenigstens nicht in der inzwischen brütenden Hitze auf einen fahrbaren Untersatz zu warten. Die Karosse ist gewienert, als wäre sie gerade dem Schaufenster eines Autosalons entsprungen. Die Chromteile blinken und blitzen mit der Sonne um die Wette. Ein hübscher junger Mann in schicker Uniform und weißen Handschuhen steigt aus, kommt freundlich lächelnd auf uns zu und sagt etwas, das wir nicht verstehen können. Gewiss möchte er nur mit einem kleinen Gespräch seine Wartezeit bis zum Eintreffen des hohen Gastes überbrücken. Nur das Wörtchen »waiting« bleibt in unseren Ohren hängen.

»Ja«, erwidern wir, »wir warten auf ein Taxi.«

»Oh yes«, meint er, reißt die hintere Autotür auf und gibt uns zu verstehen, dass wir einsteigen sollen. Wir halten es für ein totales Missverständnis und wehren dankend ab. Inzwischen hat sich eine ganze Menschentraube um uns herum versammelt, die uns noch eigenartiger als zuvor anschaut. Verblüfft versuchen wir ihm klarzumachen, dass wir auf ein Taxi warten. Wieder verneigt er sich leicht, sagt: »Oh yes.« Nur, diesmal schiebt er mich mit sanfter Gewalt auf den Rücksitz des Straßenkreuzers. Erst jetzt fällt uns auf, dass auf dem Kotflügel des Wagens eine große Standarte befestigt ist.

Fassungslos sitzen wir in den weichen Polstern. Die Klimaanlage surrt leise vor sich hin, die Menge weicht ehrfurchtsvoll zur Seite und unser Chauffeur lächelt uns erleichtert an, als hätte er gerade eine erfolgreiche Schlacht geschlagen. Wir schauen uns an und wissen weiß Gott nicht mehr, was wir davon halten sollen. Sollen wir uns nun freuen oder handelt es sich vielleicht

um Kidnapping auf javanisch? Nur, warum so edel, mit Staatskarosse und behandschuhtem Chauffeur?
Langsam fahren wir durch die quirlige Stadt. Überall bleiben die Einheimischen verwundert stehen und schauen uns hinterher. Unser Wagen rollt durch die überfüllten, lauten, nach Abgasen riechenden Straßen. Dieser Anblick, wie auch der desolate Zustand der Altstadt, vertreibt ein wenig die Romantik, die der Namen Surabaya verspricht. Wir kommen in die arabischen und chinesischen Teile der Stadt mit engen, winkligen Gässchen. Weiter geht es, wie uns unser Fahrer erklärt, zum Gouverneurspalast und zum Hotel Majapahit, einem der ältesten Hotels der Stadt. Es wurde bereits 1910 von Lucas Martin Sarkies erbaut, dessen Familie auch das exklusive Raffles Hotel in Singapur besaß.
Vor einem luxuriös aussehendem Geschäft hält unser Fahrer an, reißt den Wagenschlag auf und bittet uns gestenreich auszusteigen. Die Geschäftsbesitzerin hat uns bereits entdeckt, verbeugt sich leicht vor unserem Begleiter, führt uns in ihren Laden und bietet uns ein eisgekühltes, exotisches Erfrischungsgetränk an. Nun stehen wir mit unserer schon genug strapazierten Urlaubskasse in einem Luxusladen, in dem die tollsten Juwelen, Accessoires und Edelklamotten ausgebreitet sind. Obwohl ich so diskret wie möglich versuche, ein Preisschildchen rumzudrehen, das Personal sieht alles! Ihre Augen machen jeder Überwachungskamera Konkurrenz. Sie kommen näher und meinen diskret lächelnd: »That is not the price for you.« Na fein, schießt es mir durch den Sinn, sicherlich kommt bei Touristen noch 50 % Aufschlag dazu!
Um diese Edelboutique trotzdem nicht ganz mit leeren Händen zu verlassen, entscheide ich mich für eine wunderschöne Batikbluse, die mir gleich zu Anfang ins Auge gesprungen war. Auf Java werden Batikarbeiten bereits in Schriften aus dem 16. Jahrhundert erwähnt. Man vermutet, dass diese traditionelle Kunst von Indien aus nach Indonesien gekommen ist.
An der Kasse erwartet mich die nächste Überraschung. Ich muss nicht *mehr* als angegeben, sondern einen wesentlich *geringeren* Preis bezahlen. Eine Ermäßigung für Diplomaten ... Uns wun-

dert allmählich schon gar nichts mehr, aber ganz geheuer ist es uns trotzdem nicht.
Unser Fahrer, er heißt John, wie wir erfahren, freut sich, dass ich etwas Schönes für mich erstanden habe und schon geht die Fahrt weiter zum Kayoon Blumenmarkt. Die Blütenpracht ist überwältigend. Der ganze Markt ist ein gut duftendes Blumenmeer. An einigen Ständen stehen darüber hinaus noch Aquarien, in denen traumhafte, leuchtendbunte Fische schwimmen.
Der nächste Stopp ist am Tierpark (Kebun Binatang) von Surabaya, der zu einem der bedeutendsten Südostasiens zählt. Inzwischen werden wir von einem äußerst schlechten Gewissen geplagt und bitten John doch mitzukommen oder wenigstens die Zwischenzeit mit einem Drink auf unsere Kosten zu überbrücken. Beides lehnt er freundlich ab und gibt uns zu verstehen, dass wir in zwei Stunden wieder am Ausgang sein sollen.
Mittlerweile brennt die Sonne unbarmherzig auf uns herunter. Kein Wölkchen ist weit und breit am Himmel zu sehen. Bei fast 40° C und einer Luftfeuchtigkeit von über 90 % sehnen wir uns erst einmal nach einer kalten Cola. Anschließend schlendern wir über das große Tierparkgelände, setzen uns ab und zu auf eine Bank unter Schatten spendenden Bäumen und entdecken immer wieder Tierarten, die wir vorher noch nirgendwo gesehen haben.
Besonders imponierend ist mit seinen drei Metern Länge der stämmige Komodo-Waran. Heute lebt der »Ora«, wie man ihn in Indonesien nennt, nur noch auf Gila Mota, Flores, Pador, Rinca, Oewada Sami und Komodo. All diese sechs kleinen Sunda-Insel sind hügelig, zerklüftet und vulkanischen Ursprungs. Hier bevorzugt diese größte lebende Echse die Graslandschaften der Küstegebiete und dicht bewachsenen Hänge. Erst 1910 wurde er von westlichen Forschern entdeckt und bereits fünf Jahre später unter Schutz gestellt. Die totale Isolation auf den Inseln hat es ermöglicht, dass sich diese urzeitliche Reptilienart bis in unser Zeitalter hinüber retten konnte. Einige Exemplare davon können wir nun im Zoo von Surabaya bewundern.
Und, was geschieht ausgerechnet jetzt? Mein Fotoapparat gibt seinen Geist auf. Komisch, dass so etwas immer nur dann pas-

siert, wenn man es absolut nicht gebrauchen kann! Nun, ich denke, die sengende Hitze wird es auch ohne Film schaffen, die verbleibenden Eindrücke des Zoobesuches für immer in mein Gedächtnis einzubrennen.

Zum Glück sind Warane tagaktive Tiere, die sich nur nachts in ihre Höhlen zurückziehen. So können wir sie in ihrer ganzen Schönheit bewundern. Besonders die Jungtiere mit ihrem rot-gelb-grün-bräunlich gezeichneten Schuppenkleid wirken wie Farbkleckse auf dem staubigen Boden. Noch ist ihr Schwanz länger als ihr Körper; werden sie älter, ist es umgekehrt. Leider verschwindet mit zunehmendem Alter und Wachstum auch ihre bunte Zeichnung.

Einer der stattlichen dunkelgrau-grüngeschuppten Komodo-Warane schaut uns frohlockend an. Endlich weißes Fleisch, welch willkommene Beute und schöne Abwechslung bei meiner tristen Zookost, denkt er sicherlich. Langsam kommt er auf seinen kräftigen Beinen und stark gebogenen Zehen immer näher. Blitzschnell lässt er seine Zunge, ohne dabei sein abgerundetes Maul aufzumachen, durch eine Öffnung unter dem Schnauzenschild in unsere Richtung schießen. Seine Zunge ist im Unterschied zu anderen Waranarten, die einen schwarzen Waschlappen besitzen, quittegelb und in der Mitte gespalten. Mit der Zungenspitze gelingt es ihm, Gerüche noch in mehren Kilometern Entfernung wahrzunehmen. So ist es für ihn ein Kinderspiel, seine Beute aufzuspüren und sich die Leckerste davon rauszusuchen. Die Fähigkeit, differenzierte Gerüche registrieren zu können, ist durch ein Zusammenspiel der gespaltenen Zunge und des Jacobson'schen Organs möglich. Durch sein Züngeln kann er die verschiedenartigsten Geruchsstoffe aus der Luft aufnehmen. Beim Einziehen der Zunge führt er sie dann in das Geruchsorgan am Gaumendach ein.

Mein Deo scheint seinem Sinnesorgan nicht gefallen zu haben, und als Beutetier bin ich ihm sicher zu mager, so wendet er sich wieder gelangweilt von mir ab. Ich muss gestehen, würde ich ihm in Gottes freier Natur begegnen, ich würde ganz schön rennen! Es ist erstaunlich, wie schnell er sich trotz seines wuch-

tigen Körpers bewegen kann. Außerdem ist er ein guter Schwimmer und es gelingt ihm sogar auf Bäume zu klettern. Immer wieder schlägt das Riesentier mit seinem kräftigen Schwanz tiefe Furchen in die Erde. Ein Zeichen dafür, dass mit seinen Artgenossen sicher schon vor Urzeiten nicht zu spaßen war. Gehen die Warane auf Beutezug, landet alles in ihrem Magen, was sich nicht rechtzeitig in Sicherheit bringen kann. Heimtückisch versteckt er sich zunächst hinter einem Gebüsch, wartet gelassen, bis sich ein Opfer blicken lässt, um sich dann blitzschnell darauf zu stürzen. Schlangen, Affen, Vögel, Ratten, aber auch Hirsche, Wildschweine und selbst die eigenen Jungtiere werden zur willkommenen Beute. Aus diesem Grund halten sich die kleinen Warane meist auf Bäumen auf, ernähren sich dort lieber von kleinen Kriech- und Krabbeltieren, um auf dem Boden nicht dem Appetit ihrer Verwandtschaft zum Opfer zu fallen.
Dabei hatte Mutter Waran sich so angestrengt, eine ca. 40 cm tiefe Grube zu graben, um darin ihre 20 bis 30 Eier hineinlegen zu können. Anschließend hat sie das Loch wieder zugescharrt und nach 8 bis 9 Monaten schlüpfen die kleinen, ca. 40 cm großen Drachenbabys unbeholfen aus den Eiern. Da sie ziemlich langsam wachsen und erst nach ca. 5 Jahren eine Länge von 1,50 m erreichen, können sie ziemlich lange als Leckerbissen auf der Speisekarte ihrer älteren Artgenossen stehen.
Kleine Beutetiere packt der ausgewachsene Waran am Nacken und schüttelt sie so lange in seinem Maul hin und her, bis sie keinen Mucks mehr von sich geben und ihr Rückgrat gebrochen ist. Danach werden sie, unzerkaut, im Ganzen hinuntergeschluckt. Bei unhandlicheren, großen Tieren reißt er mit seinen 60 gezackten Zähnen, die scharf wie Rasierklingen sind, die Bauchdecke auf und frisst zunächst genüsslich die Eingeweide. Dann hält er mit den Vorderbeinen sein Opfer fest und fetzt große Fleischstücke heraus. Es dauert nur wenige Minuten, bis der ganze Rest unzerkleinert hinuntergewürgt ist. Ist das Beutetier etwas sperriger, kann er seinen kräftigen Kiefer noch etwas weiter auseinander biegen. Man will schon beobachtet haben, wie ein fast 20 kg schweres Wildschwein im Schlund ver-

schwunden ist. Solch eine Delikatesse füllt seinen Magen dann wieder für mehrere Wochen.
Es soll auch vorgekommen sein, dass Warane Menschen getötet und verschlungen haben. Meist jedoch wollen sie mit uns Zweibeinern nicht viel zu tun haben, suchen sich lieber Aas oder lebende Gaumenfreuden ihrer Heimat, die sie selbst gefangen haben. Der Anblick dieser ein wenig Furcht erregend wirkenden Überbleibsel urweltlicher Dinos, die einst unsere Erde bevölkerten, versetzt uns zurück in längst vergangene Zeiten und in die fast vergessene Märchenwelt der unbesiegbaren Drachen.
Doch am unterhaltsamsten sind – wie wohl in jedem Zoo der Welt – die Affen. Das lässt vermuten, dass der verwandtschaftliche Grad zu uns Menschen doch größer ist als man denkt. Heute jedoch möchten wir nicht unbedingt von unseren Urahnen die Hand geschüttelt bekommen. Das liegt nicht an den süßen, kleinen Äffchen, die uns aus ihren Einfriedungen fast so neugierig beäugen wie die einheimischen Zoobesucher uns (manchmal glaubt man schon auf der falschen Seite des Gitters zu stehen), sondern an den Orang-Utans.
Ein kleiner »Waldmensch« hangelt sich vergnügt von Ast zu Ast und wirft mit irgendwelchen Dreckklumpen nach uns. Dabei stößt er durch Mark und Bein gehende Schreie aus, die einen das Fürchten lehren können. Ein Männchen mit wuchtigem Körperbau, vermutlich zwei Meter groß und 100 kg schwer, sitzt auf einer dicken Astgabel eines Baumes. Das lange Fell leuchtet kupferfarbig in der Sonne. Er schaut uns mit unbewegter Miene und bebenden Nasenflügeln äußerst unfreundlich an. Leider sind diese Menschenaffen inzwischen sehr rar geworden. Viele Wälder, die ihnen als Rückzugsgebiet gedient haben, wurden abgeholzt. Wilderer fingen sie ein und verkauften sie an gewissenlose Tierhändler. Viele von ihnen starben auf den Transporten oder später in Gefangenschaft.
Ab und zu gibt unser Oberboss glucksende Laute von sich, zeigt seine starken Eckzähne und fuchtelt mit seinen langen, behaarten Armen bedrohlich in der Luft herum, als wolle er

unmissverständlich zum Ausdruck bringen: Guckt nicht so blöd, verschwindet endlich!

Das tun wir dann auch, denn erst jetzt merken wir, wie spät es schon geworden ist. Die Stunden sind wie im Fluge vergangen. Kaum kommen wir am Ausgang an, winkt uns schon unser netter Chauffeur freundlich lächelnd zu. Doch nun bleibt nicht mehr viel Zeit, wir müssen wieder an Bord. Wir versuchen John zu erklären, wie unser Schiff heißt und wo es liegt. Diese Bemühungen hätten wir uns sparen können, denn er ist bereits bestens informiert, woher auch immer, das wird wohl ein Geheimnis bleiben.

Das Hafengelände wird strengstens bewacht. Jedes Auto wird sorgfältig kontrolliert. Doch, wie könnte es auch anders sein, das gilt nicht für uns. Wir fahren an der Autoschlange vorbei, der Schlagbaum geht hoch, die Wachposten schlagen ihre Hacken zusammen, salutieren und John fährt unmittelbar bis an unser Schiff. Allmählich plagen uns neben aller Verwunderung auch noch die Bedenken, ob wir diesen Luxusausflug überhaupt bezahlen können ...

John steigt aus, reißt wie immer gekonnt die Türen auf, damit wir problemlos aussteigen können. Auf unsere Frage, was er für seine Bemühungen und den schönen Tag bekommt, lächelt er nur und schüttelt den Kopf. Es wäre schon okay, es wäre schön für ihn gewesen, uns fahren zu dürfen. Nicht einmal Trinkgeld war er gewillt anzunehmen. Von unserer Fassungslosigkeit unbeirrt, verabschiedet er sich herzlich und verschwindet genauso lautlos, wie er am Morgen gekommen war.

Die Schiffsbesatzung guckt uns ebenso irritiert an wie ein Reisebegleiter, der im Eilschritt auf uns zugestürmt kommt:

»Wo kommt ihr denn her? Ist etwas passiert?«

»Nein, uns geht es super. John hat uns mit dieser Nobelkarosse nur zu einer Stadtrundfahrt abgeholt«, erwidere ich möglichst gelassen.

Seine Blicke werden immer ungläubiger. Vermutlich denkt er, die glühende Sonne hätte wichtige Teile unseres Gehirns ausgetrocknet oder wir wollten ihn auf den Arm nehmen. »Das war der

Wagen des Militär- und Polizeigouverneurs! Er oder sein Fahrer machen doch keine Stadtrundfahrten!?!«

Wir schauen uns verdutzt an und müssen lachen. Ja, wer hätte das gedacht, am wenigsten wir, denn auf unsere Frage, was für eine Standarte am Wagen war, hatte John (falls er wirklich so hieß) uns keine Antwort gegeben.

Eine winkende Menge verabschiedet uns am Kai, unser russisches Orchester spielt, von eigentümlichen Tönen durchsetzt: »Muss' i denn zum Städtele hinaus«, und es beginnt die Fahrt in ein neues Abenteuer – hoffentlich ohne weitere Seekrankheit. Auf jeden Fall werden wir John und unser Surabaya-Märchen nie vergessen.

MONGOLEI

Aufregungen im Land der endlosen Weiten

Ruhig gleitet das nicht sehr Vertrauen erweckende Flugzeug der Air China auf seinem Wege von Beijing in die Mongolei über die endlos wirkende, graugrüne Weite sanfter Hügelketten, Steppen und Wüstenlandschaften, unterbrochen von Berggipfeln, kleinen Siedlungen und Flussläufen, die sich durch das Gelände schlängeln. Alles an diesem Land, das sich zwischen Russland und China erstreckt, erscheint gewaltig und unendlich. Einen Eindruck dieser Dimension bekommt man erst, wenn man diese grenzenlos erscheinende Landschaft, viereinhalb Mal so groß wie Deutschland und von nur etwa 2,6 Millionen Menschen bewohnt, unter sich vorbeiziehen sieht. Unter uns dehnt sich eines der letzten unberührten Gebiete dieser Erde aus, ein Land, das über Jahrtausende hinweg eine bewegte Geschichte hinter sich hat. 1924 wurde die Mongolische Volksrepublik nach sowjetischem Vorbild ausgerufen, 1990 die Einparteienherrschaft aufgehoben. 1992 erhielt die Mongolische Republik eine demokratische Verfassung.

Plötzlich, eingebettet zwischen den Ausläufern des Chentij-Gebirges und dem Fluss Tuul taucht in einem länglichen Talkessel Ulaan Batar, die Hauptstadt der Mongolei, auf. Eine Dunstglocke liegt über der Stadt. Doch je niedriger die Flughöhe wird, umso deutlicher lassen sich in der ocker-grünlichen Landschaft Häuseransammlungen, triste Plattenbausiedlungen und Fernheizwerke, deren rußige Rauchfahnen in den Himmel steigen, erkennen. Dazwischen immer wieder – wie kleine weiße Tütchen – die traditionellen Jurten.

Obwohl Ulaan Baatar (roter Recke) auf einer Meereshöhe von 1367 m liegt, schlägt uns beim Verlassen des Flughafengebäudes eine für Juli ungewöhnliche Hitze entgegen. Die Fahrt zu unserem Hotel führt über breite Straßen, vorbei an sozialistischen Prunkbauten, Regierungsgebäuden, riesigen Plätzen, kommunistischen Denkmälern, Klosteranlagen, trostlosen 10- bis 12-stöckigen Wohnblocks und modernen Kaufhäusern. An einer Kreuzung erhebt sich auf einem großen, weißen Podest ein Panzer, der angeblich im zweiten Weltkrieg bis nach Berlin gerollt sein soll. In der Peace-Avenue stehen wir im ersten Stau.

Hier pulsiert das Leben. Chaotisches Verkehrsgetümmel, Betrunkene, viele junge Leute, Lärm, überfüllte Busse gehören ebenso zum Stadtbild wie Pferde, Kamele oder auf dem Mittelstreifen friedlich grasende Kühe. Wir biegen in eine kleine von Schlaglöchern übersäte Straße ein. Obwohl sich hier einige Botschaften befinden, ist die Gegend nicht besonders ansprechend.
Umso größer ist die Überraschung, als wir unser hübsches Hotel mit dem sehr mongolisch klingenden Namen »Edelweiß« entdecken. Die Zimmer sind urgemütlich, das Personal sehr freundlich und auch das Essen im Restaurant lässt keine Wünsche offen. Von unserem Balkon aus haben wir einen schönen Blick auf einen Fluss und einige Jurten, vor denen ein munteres Treiben herrscht. Wie könnte man die Abende in einem Hotel namens Edelweiß besser ausklingen lassen als bei einem von deutschen Braumeistern hergestellten, gekühlten Bier der Khan-Brauerei? Dem Biergenuss soll nun der Kulturgenuss folgen, obwohl man bei über 30° C im Schatten manchmal nicht so recht weiß, was einem von beidem lieber wäre.
Der nächste Tag beginnt voller Tatendrang mit dem Besuch des Gandan-Klosters, eines der wenigen Klöster, das die kommunistischen Säuberungen in den Dreißiger Jahren überstanden hat. 1838 gegründet, wurde es zu einem der größten Zentren des Buddhismus in der Mongolei. Dem Kloster angegliedert waren verschiedene Fakultäten wie Medizin und Astrologie.
Der erste Gadan-Tempel wurde durch die Entscheidung des fünften mongolischen Erleuchteten mit dem sehr leicht zu behaltenden Namen Taranatha Tschultemdsigmid-dambidsanzan und der tatkräftigen Mithilfe des Volkes erbaut. Mit viel Liebe bemalten Künstler Holz und Ton mit bunten, nationalen Ornamenten. Im Tempel werden seltene Bücher, Statuen und andere wertvolle Kunstschätze aufbewahrt, wie z. B. ein auf schwarzem Papier in Gold geschriebenes 108-bändiges Gandshur aus dem 19. Jahrhundert und eine 15 kg schwere, gegossene Statue aus dem 16. Jahrhundert, die Tsonkapas, den Begründer des Lamaismus, darstellt. Gandsir, das vergoldete Symbol des Buddhismus, glitzert auf dem Tempel des Vajradare in der Sonne, umgeben von einem

ringsherum verzierten Keramikdach, dessen Enden nach oben geschwungen auslaufen.

Zusammen mit einheimischen Gläubigen betreten wir das Innere des Tempels. Ich werfe eine kleine Geldspende in ein Plastikkästchen, das vor einer Buddhastatue angebracht ist. Langsam gehen wir im Uhrzeigersinn an den Wänden der Tempelhalle entlang. Den Innenraum schmücken wundervolle Schnitzereien, bestickte Tücher, farbenfrohe Malereien, silberne und goldene Becher, Karaffen, Schalen und die unterschiedlichsten Buddhastatuen. Von der Decke hängen bunt bedruckte Stoffbahnen mit Applikationen und langen Quasten. Mönche in orangeroten Gewändern sitzen auf niedrigen, gepolsterten Holzbänken vor ihren Gebetbüchern und murmeln mit monotoner Stimme Gebete. Ab und zu werden sie von Hörnerklängen und einem lauten Gong unterbrochen. Flackernde Butterlämpchen verbreiten einen leicht ranzigen Duft, der sich mit dem der zahllosen Räucherstäbchen vermischt.

Der Geruch vernebelt langsam meine Sinne, und das Verlangen nach frischer Luft verstärkt sich zusehends. Bevor ich in andere Sphären abhebe, gehe ich hinaus, setze mich auf einen kleinen Mauervorsprung und schaue dem bunten Treiben im Klosterhof zu. Mönche und die, die es einmal werden wollen, laufen vorbei, pulen sich den Sand des Vorplatzes aus ihren Sandalen und Zehen, halten mal hier, mal dort ein Schwätzchen und lächeln mich recht weltlich an. Um meine Füße laufen und über meinem Kopf herum schwirren unzählige gurrende Tauben, die eine beneidenswert gute Verdauung zu haben scheinen. Wäre man nicht von Stupas, Buddha-Statuen und Tempeln umgeben, könnte man fast annehmen, man sei in Venedig.

Um etwas für meine Reinkarnation zu tun, setze ich die großen und kleinen Trommeln der Gebetsmühlen in Bewegung. In jeder der bronzenen und hölzernen Trommeln befindet sich ein heiliges Buch, das bei jeder Umdrehung weitergeblättert wird. So entspricht jede Drehung dem Aussprechen eines Gebetes.

Gleich außerhalb der Klosteranlage befindet sich eine Jurtensiedlung. Neugierig versuche ich einen Blick durch einen der hohen Bretterzäune zu werfen, von denen fast alle Jurten umgeben sind und ziehe damit den Unwillen unzähliger Hunde auf mich, die erbost knurrend und Zähne fletschend ihr Reich verteidigen. Im Anschluss daran geht es in das naturkundliche Museum, wo uns neben Ausstellungen von Edelsteinen, Meteoriten, vielen Tier- und Pflanzenarten eine großartige Dinosaurierausstellung erwartet. Vor über 200 Millionen Jahren tauchten die Dinos in unserer Erdgeschichte auf. 75 Millionen Jahre später verschwanden sie wieder von der Bildfläche, zurück blieben nur ihre Knochen. Unzählige präparierte Skelett- und Schädelfunde vermitteln ein faszinierendes Bild dieser ausgestorbenen Echsenart. Von ihnen lässt sich vieles aus ihrer Geschichte ablesen. Bestimme Arten starben nicht aus, sondern entwickelten sich weiter. So gibt es verblüffende Übereinstimmungen einiger Dinoarten mit unserer heutigen Vogelwelt, die gemeinsame Vorfahren vermuten lassen. Vor den riesigen, vollständig erhaltenen Skeletten dieser Urtiere, die schon als Babys eine stattliche Länge von 10 m erreichen konnten, kommt man sich plötzlich wie ein ganz winziges Rädchen in der Weltgeschichte vor.

Bei brütender Hitze, die einen kaum glauben lässt, dass hier im Winter auch Werte von weit unter minus 40° C herrschen können, wird ein weiterer Besichtigungspunkt, der Bogd Khan Palast, ziemlich quälend. Auch der Gedanke, dass es sich hierbei um den Winterpalast des letzten Bogd Khan, seine Heiligkeit Dshebdsundumba VIII handelt, bringt keine mentale Kühlung. Ich widme mich deshalb nur kurz der Sammlung prunkvoller Gewänder, Porzellan, Möbel, lamaistischen Kultgegenständen sowie der Sammelleidenschaft seiner Heiligkeit: ausgestopften Tieren aus aller Herren Länder.

Wesentlich angenehmer ist es da schon, unter strahlend blauem Himmel die Architektur der sieben Haupt- und Nebengebäude, 20 Tore und kleinen Gärten auf sich wirken zu lassen. Doch leider nagt der Zahn der Zeit auch an dieser Anlage. Die Farbe bröckelt von den Wänden, Dachziegel und Gemälde verblassen langsam und die Gärten verwildern. Es wird viel Geld und große

Mühe erforderlich sein, diese einst so wunderschöne Palastanlage wieder in altem Glanz erstrahlen zu lassen.

Von einer kleinen Anhöhe des Bergmassives Bogd Uul, auf der sich auch ein Kriegerdenkmal befindet, genießen wir von einer Aussichtsplattform aus einen letzten Blick auf die sich unter uns ausdehnende Stadt. Der sanfte Schleier der Abenddämmerung taucht den Fluss, die Berge, das Häusermeer und selbst die Rauchfahnen der Fernheizwerke in ein friedliches, rot-orangefarbenes Licht.

Ein besonderes Highlight dieser Mongoleireise ist jedoch der Besuch des Naadam-Festes. Naadam ist das Nationalfest der Mongolen. Vom 11. bis 13. Juli jedes Jahres kommen Einheimische aus allen Provinzen des Landes in das Nationalstadion von Ulaan Baatar, um mit viel Fröhlichkeit und Begeisterung dieses Volksfest zu feiern. Bei dieser »Olympiade« messen sich die besten Athleten im Ringen, Bogenschießen und Reiten.

Kleine Mädchen haben ihre schönsten Kleider angezogen und riesige, bunte Schleifen ins Haar gebunden. Männer und Frauen kommen in ihrem traditionellen, farbigen Deel, ein für Männer und Frauen gleich geschnittenes Mantelkleid mit Stehkragen. Es besteht entweder aus Stoff, Lammfell oder für festliche Anlässe auch aus dunkelgrüner, blauer und schwarzer Seide. Einen dekorativen Kontrast bildet dazu eine meterlange Schärpe in leuchtenden Farben, die nicht nur sehr schön aussieht, sondern auch bei langen Ritten die Wirbelsäule stützt. Das Vorderteil wird übereinander geschlagen und rechts geknöpft. Die Knöpfe sind aus kunstvoll verschlungenen Bändern gearbeitet.

Es ist ein beeindruckendes, farbenfrohes Bild, wenn Musikkapellen, Mädchen in farbenprächtigen Folklorekleidern und die Mannschaften der Ringer, Reiter und Bogenschützen in das mit unzähligen Fahnen und Spruchbändern geschmückte Stadion einziehen. Aus Lautsprechern dröhnende Musik wird abgelöst von Blasorchestern, Musikern mit traditionellen Pferdegeigen und Chorgruppen. Mädchen in langen, leuchtendbunten Kleidern tanzen mit im Wind wehenden Bändern über den Rasen. Die Teilnehmer laufen um ein rundes Podest und berühren

eine Silberschale. Anschließend eröffnet der Staatspräsident unter Fanfarenklängen das Fest mit einer feierlichen Zeremonie. Dazu schweben Fallschirmspringer mit farbenprächtigen, großen Schirmen vom Himmel und landen inmitten der Arena. Zuerst betreten die Ringer das Stadion. Ihre muskulösen, sehnigen Körper stecken in einem kleinen Jäckchen (zodog), das nur Arme und Rücken bedeckt, einem knappen orange- oder blaufarbenen Slip (suudag) und bis zur Wade reichenden Lederstiefeln mit nach oben gebogenen Spitzen. Mit federnden Schritten, ausgebreiteten Armen, den Oberkörper auf und ab, vor- und rückwärts bewegend, deuten sie den Flug eines Geiers an.
Neben jedem Ringerpaar stehen zwei Sekundanten als Schiedsrichter, die den ausschließlich den Männern vorbehalten Kampf beobachten. Man kämpft ohne Zeitbegrenzung und Gewichtsklassen. Während des Kampfes darf jeder Körperteil angefasst werden. Damit geht man auch nicht zimperlich um, sondern nützt diese Gelegenheit in voller Bandbreite. Vielleicht hat man ja auch gerade seinen ungeliebten Nachbarn zwischen den Fingern und kann ihm endlich alles heimzahlen ...
Verloren hat der, dessen Kopf, Knie, Rücken oder Ellbogen den Boden berührt. Es ist erstaunlich zu sehen, wie schnell oftmals kleine, schmächtig wirkende Männer, denen man nicht allzu viel zugetraut hätte, weitaus wuchtigere Muskelpakete aufs Kreuz legen. Nach einer Niederlage läuft derjenige, der besiegt wurde, unter dem ausgestreckten Arm des Siegers hindurch. Ein Symbol dafür, dass der Stärkere den Schwächeren unter seine Fittiche nehmen soll. Der Gewinner dreht zum Abschluss schaukelnd und flatternd eine Ehrenrunde um die Nationalfahne. Nach Anzahl der errungenen Siege werden die Sieger mit wohlklingende Namen wie »Falke« (natschin), »Elefant« (zaan), »Löwe« (arslan), »Riese« (awraga) bedacht. Ein bekannter, siegreicher Ringer trug den klangvollen Namen »der das Auge ergötzende, landesweit berühmte, gewaltige, nicht besiegbare Riese«.
Wir gehen weiter in die nahe gelegene Arena der Bogenschützen. Dort treffen sich männliche und weibliche Wettkampfteilnehmer aller Altersklassen. Voll konzentriert, in einer Reihe aufgestellt,

versuchen sie mit wunderschön geschnitzten Bögen und Pfeilen aus Weidenholz, dessen Ende eine Habicht- oder Milanfeder ziert, ihr Ziel zu treffen. Die Entfernung zum Ziel, das entweder aus mit Lederbändern umwickelten Filzbällen oder wie heute aus Blechdosen besteht, erhöht sich mit jeder Runde, bis auf etwa 75 m. Wird eine Dose getroffen, schwenken die Schiedsrichter ihre Arme und singen in seltsamer Tonlage: »Uuchail, uuchail, uuchail« (Stierauge). Der Sieger erwirbt den Titel: »der Treffsichere« (mergen). Mit der Treffsicherheit scheint es heute nicht ganz so weit her zu sein, denn ein leichter Seitenwind macht den Pfeilen zu schaffen.
Noch vor Ende der Veranstaltung fahren wir weiter in Richtung Flughafen, wo sich zwischen sanften Hügeln das Gelände für die Pferderennen befindet. Schon die Zufahrtsstraßen sind hoffnungslos von Autos, Motorrädern, Pferden und Menschenmassen verstopft. Wir ergattern noch eine kleine Parklücke und gehen das letzte Stück lieber zu Fuß, obwohl inzwischen ein heftiger Regenschauer den Boden weich und glitschig gemacht hat. Das scheint hier aber niemanden zu stören, es herrscht weiter ungetrübte, fröhliche Volksfeststimmung. Wodkaduft liegt über den unzähligen Zelten und Jurten, die extra für das Rennen aufgebaut wurden. Stramme Burschen jagen ihre Pferde im Galopp durch die Menge. Da Pferde bekanntlich keine Bremse haben, zucke ich schon beim geringsten Schnaufen, das ich unvermittelt hinter mir höre, zusammen. Gerade den Strampelhosen entwachsen, sitzen Kinder wie festgenagelt auf den Rücken der Pferde. Ohne Schuhe und ohne Sattel, dafür aber mit einem Krönchen auf dem Kopf. Oftmals fragt man sich, ob sie überhaupt schon laufen können? Familien und Freunde der Teilnehmer warten in lauter, ausgelassener und feucht-fröhlicher Stimmung auf das Ankommen des Siegers.
An diesem Pferderennen nehmen Jungen und Mädchen zwischen 5 und 13 Jahren teil. Schon Monate vorher haben sie mit dem Training begonnen. Der Wettkampf wird in verschiedene Gruppen unterteilt, je nach Alter der Pferde und der Jockeys. Die zu bewältigende Distanz liegt zwischen 15 und 30 Kilometern.

Bei so viel Vergnügen hat selbst der Wettergott ein Einsehen und lässt die letzten Regentropfen schnell wieder von der Sonne trocknen. Die Stimmung und Erwartung steigen. Einige Zuschauer singen laut, andere haben sich schon Mut angetrunken, denn Naadam bedeutet für sie nicht nur Wettkampf, sondern auch Vergnügen und Abwechslung.

Zwischendurch scheinen wir für manche kleinen Kinder und ältere Leute interessanter und fremder zu sein als das für sie schon bekannte Getümmel. Sie kommen, bieten uns Essen und Getränke an und reden angeregt mit Händen und Füßen auf uns ein. Auch wenn die Verständigung etwas schwieriger ist, werden wir äußerst liebenswürdig und gastfreundlich in ihrer Runde aufgenommen.

Plötzlich sieht man in der Ferne immer größer werdende, aufgewirbelte Staubwolken, hört das Getrampel unzähliger Hufe und erkennt eine Horde wilder Reiter, die über die Steppe preschen. Vermutlich gleichen diese Bilder denen, als Dschingis Khans bei seinen Eroberungszügen mit seinen Mannen über die endlose Graslandschaft fegte ...

Diesmal aber sind es die ersten jungen Reiter des Wettkampfes, die, die Peitsche knallend, im gestreckten Galopp, dem Ziel entgegenfiebern, um dort voller Begeisterung gefeiert und geehrt zu werden. Die kleinen Gewinner, die durch ihren Sieg viel für die Familienehre getan haben, bekommen als Dank Geschenke und einen Schluck *Airag* (gegorene Stutenmilch). Der Rest wird nach alter Tradition als Weihe über das Siegerpferd gesprengt, das den klangvollen Namen »Sieger der Zehntausend« erhält. Ist ein kleiner Reiter schon vor der Ziellinie aus dem Sattel gefallen, kann sein Pferd auch alleine zum Sieger gekürt werden.

Sicherlich ist das Fest noch in vollem Gange, als wir schon erschöpft in den Federn liegen und nochmals all die außergewöhnlichen Eindrücke des Tages an uns vorbeiziehen lassen. Gut, dass wir noch nicht ahnen, dass uns noch viel aufregendere Erlebnisse bevorstehen ...

Der strahlend blaue Himmel täuscht nicht darüber hinweg, dass mir der Kopf brummt und meine Nase wie ein alter, undichter

Wasserhahn tropft. Anscheinend ist meine Erdverbundenheit und Abhärtung doch noch nicht so groß wie die der Einheimischen. Zumindest scheine ich das Sitzen auf dem feuchten Boden nicht ganz so schadlos überstanden zu haben. Dennoch – heute steht ein Flug in die Wüste Gobi auf dem Plan. *Gobi*, ein faszinierender, magischer Name, der soviel wie: »große Wanne« oder: »flaches Becken« bedeutet. Vier Buchstaben, die nach Abenteuer riechen ...

Der Flughafen ist überfüllt. Angeblich konnten einige Maschinen nicht planmäßig starten – wegen schlechten Wetters, sagt man. Nur, draußen strahlt die Sonne vom wolkenlosen, blauen Himmel. Schaue ich mir allerdings den Zustand der auf dem Flugfeld stehenden Flieger vom Jet bis hin zum alten Doppeldecker näher an, liegen sicher viele andere Möglichkeiten näher als das Wetter, warum Flüge ausfallen können! Besonders bei Flugzeugen russischer Bauart beschlich mich schon oftmals der unheilvolle Gedanke, ob nicht vielleicht ein One-Way-Ticket genügen würde ...
Der Abflug zögert sich immer weiter hinaus. Zwischendurch stopft mich eine nette Japanerin aus Kyoto vor Freude darüber, dass ich ihre Heimatstadt kenne, mit fernöstlichen Wundermitteln gegen Schnupfen voll. Irgendwann aber heißt es einsteigen und erstaunlich schnell hebt unser vorsintflutlicher Leukoplastbomber ab. Die Federn der Sitze drücken sich etwas störend ins Fleisch, aber wenigstens scheint sich der Motor noch ohne Aussetzer zu drehen. Hübsche, freundliche Stewardessen sind um unser Wohlergehen bemüht. Nach ähnlichen Flugerlebnissen in der Südsee, Afrika, Cuba und Vietnam immerhin schon recht erfreuliche Aspekte.
Ein Blick aus dem Fenster vermittelt einen unbeschreiblichen Eindruck von der grenzenlosen Weite dieses Landes. Schattenspiele von Sonne und Wolken tauchen die Steppen, Wüsten und Berghänge in sich immer ändernde Farbnuancen. Dazwischen in Riesenabständen verstreute trostlos wirkende Siedlungen.
Als Tourist stellt man sich unter der Wüste Gobi meist eine uner-

träglich heiße Gegend ohne Pflanzen, dafür aber mit viel, viel Sand vor. In Wirklichkeit jedoch gehören nur 3 % davon zu einer Sanddünenwüste. Stattdessen verfügt sie über weite Ebenen, eine Vielzahl von Bergen, Wasserquellen und eine ungewöhnlich schöne Fauna und Flora. Es leben dort ebenso Wildschafe, Steinböcke, Luchse, Wildesel, Kamele, Füchse, Wölfe, Gazellen, Antilopen wie auch Steppenhühner, Geier und viele andere Vogelarten. Man findet Wacholder, Thymian, Schnittlauch, Zwiebeln, Gelbmohn, Tamarisken-, Saxaulgebüsche und – so unglaublich es auch klingen mag – weite, weißschimmernde Edelweißfelder.

Jetzt wird mir auch klar, woher der Name unseres Hotels »Edelweiß« stammt, also doch nicht, wie vielleicht vermutet werden konnte, von einem verirrten Touristen aus Bayern. In seiner Heimat müsste er Kopf und Kragen riskieren, um an steilen Felshängen das Glück zu haben, ein Blümchen davon zu finden. Hier dagegen könnte er für seine Angebetete auf einem kleinen Spaziergang, munter vor sich hin pfeifend und ohne jegliche Gefahren, dicke Sträuße pflücken.

Nach der Landung auf dem kleinen Flughafen von Dalandzadgad, der größten Oasenstadt des mongolischen Teils der Gobi, holpert unser Wagen durch das endlose Nichts von Gras- und Steinwüste. Am fernen Firmament ziehen sich blassgrüne Hügelketten entlang. Man spürt, hier beginnt eine andere Welt. An kleinen Bachläufen weiden Pferde, Yak-, Kuh- und Ziegenherden. Ab und zu verfolgen Reiter, in den Steigbügeln stehend, in vollem Galopp unseren Bus. Ein junger Mongole tritt das Gaspedal seines klapprigen, russischen Kleinlasters bis zum Anschlag durch, um sich mit uns ein Rennen zu liefern. Die altersschwachen Achsen und Stoßdämpfer krachen, quietschen und ächzen bei jedem Schlagloch. Durch den welligen Boden hüpft sein Körper auf dem Sitz hoch und runter, als säße er auf einem wilden Gaul. Man wartet nur darauf, dass sein Kopf durch das Autodach donnert, ihm der frische Steppenwind um die Nase weht und seinen schmerzenden Kopf kühlt.

Einsam auf weiter Flur stehen wilde, zweihöckrige Kamele in der Landschaft und kauen an den frischen Trieben der harten

Gras- und Dornenbüschel. Sie schauen uns mit stumpfsinnigen, gelangweilten Blicken hinterher, als wollten sie sagen: »Wie kann man nur freiwillig in diese Einöde kommen und dafür noch viel Geld bezahlen?« Wilde Kamele sind selten geworden (deshalb kommen nun die Touristen!). Viele der gutmütig dreinschauenden Tiere wurden eingefangen und gezähmt. Man erkannte schnell, dass sie geduldig, genügsam und in der Lage sind, große Strapazen bei Hitze und Kälte zu bewältigen. Ohne große Probleme können sie schwere Lasten über weite Distanzen durch den glühendheißen Wüstensand transportieren.

Ein kurzer Abstecher führt uns in das Tal der Adler. Ich lasse mich auf einem kleinen Hügel nieder und atme tief den frischen Duft der verschiedensten Moose, Sträucher und Steppengräser ein. Es ist der Geruch purer Natur, der uns immer fremder wird. Plötzlich ertönt durch die himmlische Stille direkt neben mir ein schriller Pfiff. Ich zucke wie von einer Tarantel gestochen zusammen und schaue in die verwunderten Augen eines dicken, fetten Murmeltieres, das neugierig den Kopf aus seinem Bau streckt. Wer mag sich in diesem Moment wohl mehr erschrocken haben, das arme Murmeltier oder ich? Zunächst bleibt es völlig erstarrt, mit groß aufgerissenen, dunklen Kulleraugen, stehen, aber dann – nichts wie zurück in den Bau. Sicher erzählt es dort seinen Murmeltierkindern von einer großen, hässlichen Gestalt ohne Fell, vor der sie sich in Acht nehmen müssen.

An den Schotterhängen des über 2500 m hohen Gurvan-Sajchan-Gebirges leben aber nicht nur Murmeltiere, sondern auch Antilopen und Büffel in den Felswänden, wenige Kilometer weiter Argali-Wildschafe mit großen, gedrehten Hörnern, Falken und Bussarde. Adler ziehen unter strahlendblauem Himmel unentwegt ihre Kreise.

Weiter geht die Fahrt in nordöstlicher Richtung. Ein Einheimischer mit einem Fahrrad, an das ein vor sich hin mümmelndes Kamel gebunden ist, winkt uns freundlich zu. Der harte, durch die Hitze ausgetrocknete Boden ist mit ockergelben Sand und nicht gerade saftig aussehenden Büschelgräsern bedeckt.

Doch plötzlich erhebt sich vor uns eine riesige, orangegelbe

Wanderdüne. Es sieht aus, als hätte der liebe Gott ein wenig Abwechslung in die Trostlosigkeit bringen wollen und deshalb einige Eimer Sand ausgeschüttet. Natürlich lassen wir es uns nicht nehmen, diesen lang gestreckten Sandhügel zu erklimmen und auf der Wanderdüne, wie der Name schon sagt, zu wandern. Der Wind treibt uns den feinen Sand in Augen, Ohren und durch jedes Knopfloch. Es ist also nicht immer Sand aus Hawai, den man noch nach Tagen in den Schuhen findet ...

Zurück auf festem Steppenboden begegnen uns junge Männer auf stämmigen, kleinen, mongolischen Pferdchen. Sie laden uns ein, sie zu ihrer Familie zu begleiten. Selbstverständlich nehmen wir diese Einladung gerne an. Vor den Jurten grasen Ziegen, Pferde und zwei Kamele. Diese Tiere sind die Existenzgrundlage und der Reichtum jeder Nomadenfamilie. Tier und Mensch bilden eine Schicksalsgemeinschaft.

Zwei Kinder der Familie, die uns schon von weitem entdeckt haben, kommen uns ohne Sattel, auf ihren Pferden stehend, entgegen geritten. Der Wachhund flitzt wedelnd hinterher. Ein einsames Trampeltier mit Bändchen an den Ohren schaut uns mürrisch kauend an, bevor es gelangweilt beschließt, sich zur Ruhe zu begeben. Laut schnaufend und genüsslich sabbernd lässt es sich mit knackenden Gelenken zuerst auf den vorderen Knien nieder, dann knicken langsam die hinteren Beine ein. Das Geräusch der knackenden Gelenke erinnert mich ein wenig an meine Fitnessübungen, nur sabbere ich noch nicht dabei.

Dem Wüstenschiff sei diese Ruhepause gegönnt, denn in einer Gegend, wo extreme Temperaturschwankungen von 80° C möglich sind und beißende Kälte im Winter, Wassermangel und Hitze im Sommer zum Alltag gehören, ist es unersetzlich und muss pfleglich behandelt werden. Durch seine großen Sohlen sinkt es selbst im weichen Wüstenboden nicht ein und kann vierzig Prozent seines Körpergewichts an Wasser verlieren, ohne in Lebensgefahr zu geraten. Erst wenn seine Körpertemperatur auf 42° C steigt, fängt es an zu schwitzen. Ein Beweis dafür, dass wir, auch wenn es böse Zungen manchmal behaupten, doch keine Kamele sind.

Die ganze Nomadenfamilie von Oma, Opa bis hin zum jüngsten Spross wartet schon gespannt auf ihre fremden Gäste. Wir sind eine unterhaltsame, willkommene Abwechslung in ihrem eintönigen Alltag. Man empfängt uns mit großer Herzlichkeit, denn Gastfreundschaft wird bei den Nomadenstämmen groß geschrieben. Hier leben keine Menschen großer Worte, man sagt und fragt nicht viel, es ist ganz einfach selbstverständlich, dass man das Wenige, das man hat, mit seinen Gästen teilt. Die Härte der Natur hat diese Menschen geprägt. Ihre Lebensumstände und Lebensweise hat sie gelehrt, dass jeder Mensch auf den anderen angewiesen ist. Deshalb hilft man sich gegenseitig und ist füreinander da.

Die Familienmitglieder schauen uns mit ihren dunklen, mandelförmigen Augen neugierig an. Ihre wetterbraunen Gesichter, die selten Gefühlsregungen zeigen, sind von tiefen Falten durchzogen, ihre Haut ist von der Luft gegerbt. Ihre Wangen sind von einem frischen Rot überzogen, ihre Körper drahtig, das glänzende Haar ist rabenschwarz. Die großen Kulleraugen der beiden jüngsten Mädchen blicken noch etwas skeptisch auf uns fremde Eindringlinge, aber als wir Luftballons aus der Tasche zaubern, ist das Eis schnell gebrochen.

Ein leichter Geruch von nassem Ziegenkäse, der auf dem Filz des Jurtendaches zum Trocknen liegt und von dem die Familie bis zum nächsten Frühjahr leben wird, umweht meine Nase. Die Jurte oder »Ger«, wie man das runde, weiße Filzzelt nennt, ist das mobile Heim der Nomaden, mit dem sie ein Leben lang unterwegs sind. In ihm spielt sich das Leben der ganzen Familie ab. Hier wird gegessen, gekocht, geschlafen und geliebt. Letzteres kann ich mir, mit vielleicht zehn weiteren Personen unter einem Dach, nicht gerade prickelnd vorstellen, jedoch die vielen um mich herum hüpfenden Kinder scheinen mir wohl das Gegenteil beweisen zu wollen.

Das Zelt besteht aus einem zu einem Kreis auseinander gezogenen Scherengitter aus Holz, einer Dachkuppel aus fächerförmig aneinander gelegten Stangen, einem Dachkranz und einem Rahmen mit Tür. Verkleidet wird es, wie es die jeweilige Tempe-

ratur erfordert, mit mehren Schichten aus Filzbahnen. Darüber wird ein mit dicken Kamelhaarseilen umwickeltes, weißes Leinentuch gespannt. So ist man bestens gegen Sandstürme, Wind und Wetter geschützt. Im Sommer können die untersten Zentimeter der Abdeckung nach oben gerollt werden, um so die Luftzirkulation zu verbessern.
Durch diese stabile Holzkonstruktion kann die bis 300 kg schwere Jurte von einer Familie in kurzer Zeit zerlegt, auf Kamelrücken verschnürt, zum nächsten Lagerplatz transportiert und dort wieder aufgebaut werden. Hier scheint die Zeit vor Jahrhunderten stehen und seither unverändert geblieben zu sein. Doch langsam beginnt auch die moderne Technik Einzug zu halten. Vor mancher Jurte sieht man riesige Satellitenschüsseln und neben den Pferden Motorräder stehen.
Die Tür der Jurte weist immer in südliche Richtung. Wir werden gebeten einzutreten. Den ersten Härtetest besteht unsere Schädeldecke, als wir prompt gegen den ungewohnt niedrigen Türrahmen prallen. Leicht benommen versuchen wir trotzdem darauf zu achten, dass wir nicht die Türschwelle mit dem Fuß berühren. Das wäre ein schlechtes Omen, denn sie beschützt die Bewohner vor bösen Geistern und wendet Unglück von der Familie ab. Zu Zeiten Dschingis-Khans konnte ein Verstoß dagegen sogar dazu führen, dass der Missetäter einen Kopf kürzer gemacht wurde.
Das Innere der Jurten ist überall gleich. Sieht man von manchen fremden Gerüchen mal ab, wirken sie sehr gemütlich. Der größte Nachteil im Vergleich zu anderen Unterkünften besteht sicherlich allein darin, dass sie nur aus einem Raum besteht, was so gut wie keine Privatsphäre zulässt. Der westliche Teil der Jurte ist immer den Männern und den Besuchern vorbehalten, der östliche den Frauen. Um einen Kanonenofen mit einem langen Rohr, das sich durch die Dachöffnung schiebt, stehen kleine Hocker und ein Korb mit getrocknetem Kuhdung, den man zum Heizen, als Feuerholzersatz, gesammelt hat. In einer Ecke befindet sich ein kleiner Küchenteil für Geschirr und Milchkannen. Entlang der Filzwände stehen Betten, hängen Arbeitsgeräte, Sattelzeug

für die Pferde, ein Lederbehälter für die Stutenmilch und sonstige Gegenstände für den alltäglichen Gebrauch. Auf einer Truhe, gegenüber der Tür, steht ein Kofferradio. Daneben befinden sich in einem großen Rahmen viele Familienfotos, die uns der Hausherr stolz erklärt. Teile des Bodens sind mit Teppichen bedeckt, ebenso die Sitzgelegenheiten und Wände.
Obwohl die Natur noch vieles mehr zu bieten hätte wie z. B. Pilze, Gewürze, Lauch, Beeren, und Fische, leben die Nomaden hauptsächlich von Fleisch, Milchprodukten, Mehlspeisen und Reis. Sie sind, auch was ihren Speiseplan betrifft, anspruchslos und begnügen sich meist mit zwei Mahlzeiten am Tag.
So bietet uns die Hausherrin zunächst Buttertee mit Salz, Quark aus Ziegen- und Schafsmilch (Eeesgij), getrockneten Quark (Arold) und leicht säuerliche, gegorene Stutenmilch (Airag) an. Der Alkoholgehalt der gegorenen Stutenmilch kann bis zu fünf Prozent betragen, dazu ist sie sehr kalziumreich und – für Rundreisen weniger reizvoll – äußerst verdauungsfördernd. Sie schmeckt wie Joghurt, prickelt aber angenehm wie Champagner auf der Zunge. Die Herstellung ist mühsam, denn erst nachdem man die Milch gut 600 Mal gestampft hat, fängt sie an zu gären. Auch in einer Zentrifuge kann sie zu Butter und Sahne verwandelt werden. In den Sommermonaten, wenn Ziegen, Kühe, Stuten und Schafe mehrmals am Tage gemolken werden müssen, sind die Nomadenfrauen von morgens bis abends auf den Beinen. Anschließend beginnt die mühevolle Verarbeitung zu haltbaren Vorräten für die langen Wintermonate.
Da mich Joghurt und Käse schon daheim nicht vom Hocker reißen können, trifft es auch hier nicht unbedingt meine Geschmacksrichtung. Eine Ablehnung aber käme einer Beleidigung gleich, so probiere ich von allem ein wenig. Ich hoffe, mein Magen verzeiht es mir, denn Toiletten sind in der Steppe Mangelware. Für dieses natürliche Bedürfnis des Lebens haben die Nomaden ihren vielseitig verwendbaren Deel. Sie hocken sich in Gottes freie Natur, ziehen den langen Mantel wie einen Paravent um sich herum und schon ist alles vor unliebsamen Blicken verdeckt.

Mehr Anklang findet da schon eine Schale mit einem ebenfalls aus Milch gewonnenen Schnaps (Archi). Die angebotene Schale sollte man immer mit der rechten Hand annehmen, denn die linke gilt als unrein und es würde als Unhöflichkeit ausgelegt. Nach diesem klaren Feuertrunk besonderer Güte verabschieden wir uns äußerst beschwingt und neu belebt von unserer freundlichen Nomadenfamilie. Diese Landbevölkerung mag für unsere Vorstellungen ein sehr bescheidenes, hartes Leben führen, dennoch ist sie stolz, glücklich und wahrscheinlich viel zufriedener als wir mit all unseren technischen Errungenschaften, Wohlstandssymbolen, dem damit verbundenen Stress und dem Kampf um Macht. Sie brauchen auch keine moderne Wettervorhersage von Kachelmann, sondern besitzen die Fähigkeit, an Erde und Himmel abzulesen, welche Wetterkapriolen sie in den nächsten Stunden zu erwarten haben. Während wir oft glauben, dass sich die Natur unseren Vorstellungen anpassen muss, bis uns Naturkatastrophen eines Besseren belehren, haben die Nomadenvölker begriffen, dass nur ein Leben mit und nicht gegen die Natur möglich ist.
Die Sonne versinkt flammendrot hinter den sanft ansteigenden Hügeln, als wir das Gobicamp erreichen. Uns erwartet eine urgemütliche Vierbett-Jurte mit wunderschön bemalten, roten Lackmöbeln, Teppichen und einem großen Kanonenofen in der Mitte des Raumes. Besonderes Interesse finden unsere Kopfkissen. Sie sind so hart, dass man damit problemlos jeden Widersacher erschlagen könnte. Keine Ahnung, was sich in ihrem Inneren befindet – Sand, versteinerter Reis ... Auf jeden Fall dient der Inhalt wohl den kleinen schwarzen Käferchen als Heimat, die sich am nächsten Morgen an unserem Hals festgebissen haben. Diese Nacht werden wir die Jurte mit unseren Freunden, Hannelore und Peter aus München, teilen. Nach dem Abendessen und einem kleinen »Desinfektionstrunk« genießen wir die unsagbare Stille der Natur, die nur ab und zu durch das Bellen eines Wachhundes gestört wird. Über uns spannt sich der Himmel mit Tausenden von Sternen, funkelnd wie unzählige Diamanten, groß und nah, als könne man sie anfassen. In dieser übermäch-

tigen Urnatur, in der man nicht mehr weiß, wo die Erde aufhört und der Horizont anfängt, die weit wie ein Meer vor uns liegt, eingehüllt in paradiesischer Stille, breitet sich in mir ein Gefühl von unendlicher Ruhe aus ...

Kaum macht die Dunkelheit der Nacht den ersten Sonnenstrahlen Platz, werden wir durch lautes Klopfen aus unseren Träumen gerissen. Draußen stehen Einheimische und aufgeregte Mitglieder unserer Reisegruppe. Ein Mitreisender ist spurlos verschwunden. Schnell springen wir in unsere Kleidung und durchkämmen mit dem Suchtrupp jede Jurte des Camps in der Hoffnung, dass er sich vielleicht nur in der Jurte vertan hat, denn sie gleichen einander wie ein Ei dem anderen. Auch das Umfeld des Camps wird weitläufig abgesucht. Hätte er nur Lust auf einen Morgenspaziergang verspürt, hätte man ihn selbst noch in kilometerweiter Entfernung entdecken können. In einer Gegend, die so flach ist, dass man bereits am Morgen sieht, wer Tage später zu Besuch kommt, kann kaum jemand übersehen werden. Doch alle Bemühungen bleiben ohne Erfolg. Der Vermisste ist wie vom Erdboden verschluckt. Ein Teil des Suchtrupps geht nochmals in die Jurte des Vermissten, um dort eventuell doch noch einen Hinweis über seinen Verbleib zu finden. Sein Reisegepäck ist unberührt, seine Schuhe stehen vor dem Bett, es gibt keinerlei Anzeichen für sein Verschwinden, doch dann stockt ihnen der Atem – zwischen Bett und Filzplane liegt ein Toter!

Trauer und Entsetzen machen sich im Camp breit. Schnell schließt das Personal die Dachöffnung der Jurte wieder, die wir gerade geöffnet hatten, damit die Seele des Verstorbenen nicht im Camp herumirrt und somit keine Ruhe finden kann. Die Bevölkerung hat hier nicht nur zur Natur eine ganz andere Beziehung, sondern auch zum Tod. Sie sehen den Tod nicht als Ende, sondern nur als einen Wechsel in einen anderen Zustand an. Nur der Körper ist vergänglich, die Seele aber wird eines Tages in einen anderen Körper übergehen.

Polizei und Arzt werden per Funk informiert. Sie sagen ihr Kommen zuerst zu, dann wieder ab, dann wieder zu, dann war plötzlich der Weg zu weit und kein Jeep griffbereit. Ein daraufhin vom Camp losgeschickter Jeep hat sich vermutlich auf seiner Fahrt in der Unendlichkeit des Nirgendwo in Wohlgefallen aufgelöst, auf jeden Fall ward er nie mehr gesehen. Man scheint völlig hilflos und überfordert bei diesem angeblich ersten Todesfall eines Touristen im Gobicamp. Die Nachrichten werden immer kurioser und das Warten zu einer nicht enden wollenden Tortur. Werner und Peter versuchen, sich durch Spaziergänge in die endlose Weite der Steppe abzulenken. Ohne dass sie sich in dieser Weitwinkellandschaft zu bewegen scheinen, werden sie in der Ferne immer kleiner und kleiner. Wir hoffen nur, dass sie wenigstens auf die Uhr schauen, um zu wissen, wann sie umkehren müssen. Es lässt sich kaum in Worten ausdrücken, aber in dieser berauschenden Endlosigkeit der Natur, in der man wie von einer mysteriösen Macht immer weiter vorwärts getrieben wird und in der, je länger man läuft, die Hügel am Horizont immer weiter wegzurücken scheinen, verliert man völlig das Gefühl für Zeit und Raum.

Pastellfarbene, zerfurchte Samthügel ziehen sich am Horizont entlang, zum Greifen nah und doch so unendlich fern. Unter einem Himmel, der ohne Anfang und Ende zu sein scheint, könnte man pausenlos geradeaus laufen ohne Hindernisse, Unterbrechungen oder Einschränkungen, nur umgeben von Hunderten Kilometern Einsamkeit. Es ist ein unbeschreibliches, die Seele entspannendes Empfinden – ein Gefühl von grenzenloser Freiheit und Unendlichkeit.

Stunden vergehen – und auf dem Flughafen wartet seit morgens unser Flieger, der uns nach Ulaan Baatar zurückbringen soll. Nachdem sich weiterhin absolut nichts tut, entschließen wir uns letztendlich, zum Flughafen zu fahren. Außer ein paar Reitern, Yak- und Ziegenherden begegnet uns niemand.

Doch kaum nähern wir uns dem Flughafen, springen Polizisten mit Gewehren aus ihren Fahrzeugen, umstellen unsere Gruppe und nehmen uns erst einmal alle fest. Na super! Wir kommen uns vor wie Laiendarsteller in dem Krimi »Tod in der Gobi« –frei nach Agatha Christie. Die Polizisten spielen ihre bestimmt noch aus früheren Zeiten gewohnte Autorität voll aus. Sie sind äußerst

unfreundlich, bestimmend und geben uns in Wildwestmanier zu verstehen, dass wir den Mitreisenden ja auch abgemurkst haben könnten. Am liebsten hätten sie sicher noch unsere Koffer nach weiteren Leichen durchsucht!
Nach langen Debatten darüber, dass für diese Unterstellungen wohl eine Tatortbesichtigung nötig gewesen wäre, zu der aber weder ein Arzt noch ein Polizeibeamter gewillt war, zu erscheinen, entschließt man sich, nur mit dem deutschen und dem einheimischen Reisebegleiter sowie einem Anwalt aus unserer Gruppe ins Camp zurück zu fahren. Uns entlässt man unter zähneknirschendem Murren in die Freiheit. Inzwischen ist viel Zeit vergangen und unser Flieger steht nun schon seit vielen Stunden bei brütender Hitze auf dem Rollfeld. Eine kleine französische Reisegruppe, die auf uns warten musste, erscheint schon leicht gegrillt und ausgetrocknet, um uns zu empfangen. Also, schnell ins Flugzeug, Gepäck verstauen, anschnallen und los!
Die Maschine setzt sich in Bewegung, wird schneller, versucht an Höhe zu gewinnen – doch vergeblich! Angst, über die Landebahn hinauszuschießen, macht sich ebenso breit wie die Schweißperlen auf unserer Stirn. Das Flugzeug schlägt unsanft auf dem Rollfeld auf, hüpft, schlenkert und kommt, nachdem der Pilot wie ein Verrückter bremst, wenige Meter vor dem Begrenzungszaun des Flugfeldes zum Stehen.
Die Flugzeugbesatzung murmelt Unverständliches still vor sich hin. Nach wenigen Minuten steigen Pilot und Copilot mitsamt den Flugbegleitern aus und entschwinden völlig wortlos. Gleichzeitig erklingt irgendwo ein penetrantes Piepsen. Eine Bombe? Haben sie deshalb so unvermittelt das Flugzeug verlassen? Das wäre das i-Tüpfelchen, das noch gefehlt hätte! Jeder schaut fragend in die Runde, auch ich. Doch es ist kein Zeitzünder, sondern ausgerechnet mein Wecker, der wohl im tiefsten Inneren des Koffers seinen Geist aufgegeben hat und sich mit dem letzten Weckruf verabschieden möchte. Eigentlich kein Wunder nach den Aufregungen dieses Tages!
Es vergehen zehn, zwanzig, dreißig Minuten. Kein Mensch der Besatzung lässt sich wieder blicken. Das Flugzeug heizt sich auf

wie ein Backofen, die Luft wird stickig, die Hitze immer unerträglicher – und wir langsam auch. Irgendwann haben wir die Nase voll und steigen mit all den anderen Passagieren aus. Wir begeben uns zum Flughafengebäude, das wohl solch einen unerwarteten Ansturm noch nie erlebt hat. Die wenigen alten Ventilatoren bringen keinerlei Kühlung, sondern pusten die Hitze nur von einer Ecke in die andere. Es gibt kaum Sitzgelegenheiten, und die Getränke, die man uns nur unwillig verkauft, sind lauwarm, dafür aber doppelt so teuer. Fragen nach unserem Weiterflug überhört man äußerst diskret. Erst nach längerem Bohren meint man etwas ungehalten, man müsse auf Regen und Abkühlung warten.

Na, dann Prost! Ein Mitreisender hat das Zeitliche gesegnet, unsere Reisebegleiter sind verhaftet und wir sitzen in der Wüste und warten auf Regen! Was bleibt uns also anderes übrig, als es uns auf dem Boden der kleinen Flughalle bequem zu machen und der Dinge zu harren, die da kommen sollen – oder auch nicht. Stunden vergehen, wir stumpfen langsam ab. Plötzlich ruft ein Passagier beglückt aus:

»Ein Regentropfen, ich sehe einen Regentropfen!« Na ja, denke ich, Halluzinationen sollen in solchen Extremsituationen ja vorkommen und drehe meine Augen weiter auf Null. Aber, es war tatsächlich keine Fata Morgana! Dicke Tropfen fallen vom Himmel, werden immer dichter und verdampfen auf dem heißen Asphalt der Start- und Landebahn. Ich kann mich nicht erinnern, mich jemals so über Regen gefreut zu habe! »I'm singing in the rain«, diese Melodie kommt einem unwillkürlich in den Sinn. Verhaltene Hoffnung keimt auf, dass die durch die Hitze entstandenen Thermikprobleme unseres Superfliegers so doch noch gelöst werden können.

Aber, die Zeit vergeht, es tut sich nichts. Auf einmal erscheinen, wie von Copperfield aus dem Nichts gezaubert, der Pilot, der Copilot samt Crew auf der Bildfläche. Genauso wortlos, wie sie entschwunden waren, steuern sie ohne uns eines Blickes zu würdigen wieder auf ihr Flugzeug zu. Inzwischen klüger geworden, warten wir diesmal nicht länger, sondern laufen ihnen quer über

das Flugfeld hinterher. Ob sie auch ohne uns los geflogen wären, sei dahingestellt. Jedenfalls scheint unsere Eingebung wohl richtig gewesen zu sein, denn bald darauf startet der Pilot in der Tat einen erneuten Versuch, die Maschine in die Lüfte zu bekommen. Wir halten den Atem an, doch dann,- ganz, ganz langsam gewinnen wir an Höhe. Der Rückflug nach Ulaan Bataar ist gerettet! Bereits am Flughafen werden wir von einem Vertreter der örtlichen Reiseagentur mit schwarzem Schlips empfangen, der uns sehr feinfühlend sein Mitgefühl zu dem Todesfall und sein Bedauern über die dadurch entstandenen Unbequemlichkeiten ausspricht. Weniger sensibel ist später ein Angehöriger der deutschen Botschaft, der locker-flockig in Badeschlappen, kurzer Hose und buntem Hemd auf der Bildfläche erscheint, um weitere erforderliche Formalitäten zu besprechen. Es besteht nicht nur keine Möglichkeit, den Verstorbenen in der Mongolei zu beerdigen, sondern man hat auch keinen Zinksarg für den Weitertransport zur Verfügung. Der Zinksarg muss erst aus Peking eingeflogen werden, bevor man mit den Angehörigen weitere Entscheidungen über den Ort der Beisetzung – Peking oder Deutschland – treffen kann.
Doch, wie es meist im Leben ist, ein Unglück kommt selten alleine. Ausgerechnet an diesem Abend haben wir eine Verabredung mit einem befreundeten Schriftsteller, der natürlich nichts von alledem ahnt und sich nur wundert, warum wir nicht zur abgesprochenen Zeit im Hotel sind. Nähere Auskünfte konnte man ihm nicht geben, nur, dass es einen Todesfall in der Gobi gegeben haben soll. Diese Feststellung lässt Platz für viele Gedanken und Möglichkeiten, zumindest wirkte sie nicht gerade beruhigend. Umso erlöster ist er, als wir endlich doch noch wohlbehalten im Hotel eintreffen. Er lädt uns zu sich nach Hause ein und so findet auch dieser Tag, trotz aller unliebsamen Überraschungen, doch noch einen harmonischen und sehr angenehmen Abschluss.
Am nächsten Tag entdecken wir unsere Reisebegleiter beim Frühstück. Sie sind noch arg mitgenommen und das Entsetzen über das dort Erlebte steht ihnen immer noch in den Gesichtern

geschrieben. Sie erzählen, dass man sie in regelrechten Verhören in einer unbeschreiblichen Art und Weise wie Verbrecher behandelt habe und dass sie hoffen, so etwas nie mehr irgendwo auf der Welt erleben zu müssen.
Zum Abschluss unseres Aufenthaltes liegt nochmals ein langer Fahrtag durch die Weite der äußeren Mongolei nach Karakorum vor uns. Zunächst sind die Straßen noch asphaltiert, dann werden sie zu steinigen, festen Lehm- und Schotterpisten. Am Straßenrand stehen immer wieder kleine Häuser und Gers, umgeben von Bretterzäunen. Reiter treiben Ziegenherden über die grenzenlose Steppenlandschaft. Kuh- und Pferdeherden stehen unerwartet mitten auf der Straße und wundern sich sichtlich darüber, dass plötzlich so ein vierrädriges Vehikel vor ihnen steht, das trotz des großen Platzangebotes ausgerechnet dort fahren möchte, wo sie sich gerade wohlfühlen. Daran gewöhnt, dass alles ihnen alleine gehört, springen sie unvermittelt vor den Kühler, was zu gefährlichen Manövern führen kann.
Um solche Situationen zu mildern, trifft man zum Glück immer wieder auf einen Owoo, an dem man die Schutzgeister der Erde, Berge und des Himmels um eine gute Reise bitten kann. Sie sind ebenfalls ein Zeichen der tiefen Verwurzelung mit der Natur. Mutter Erde und Vater Himmel sind die Grundelemente der Glaubenswelt. An diesem Owoo, einem großen Steinhaufen, in dessen Mitte ein Stock steckt, an dem ein blaues Tuch weht, steigt man aus und umrundet ihn dreimal in Uhrzeigerrichtung. Dabei wirft man jeweils einen weiteren Stein auf den Haufen. Oft findet man darauf auch andere Opfergaben wie Geld, Süßigkeiten, Autoteile, Tierknochen, Zigaretten, Wodkaflaschen oder was die Götter sonst noch erfreuen könnte. Mit dieser symbolischen Handlung, die auf schamanistischer Tradition basiert, denkt man an die Zurückgebliebenen und das wiederum bringt Glück für die eigene Reise.
Vielleicht haben wir unser Leben noch Tage später in der Inneren Mongolei (China) auch diesen Schutzgeistern zu verdanken. Ein Kohlelaster, die in dieser Gegend anscheinend immer nur überholen, wenn ihnen ein anderer Wagen entgegenkommt,

Ein stolzer Reiter auf dem Weg zum Naadam-Fest

Junge Mönche in einem Kloster

Jurtenromantik mit Hannelore und Peter

Nomadenkinder

fährt frontal auf uns zu. Es gibt keinerlei Ausweichmöglichkeit. Die Gegenspur ist von bis zum Umkippen überladenen Lkws verstopft. Neben uns tut sich ein tiefer Abgrund auf. Erschrocken und geistesgegenwärtig reißt unser Fahrer das Lenkrad nach rechts. Der Bus rutscht und neigt sich im Zeitlupentempo, nur noch auf zwei Rädern stehend, Richtung Abgrund. Kein Schrei, kein Laut. Im Bus herrscht Totenstille. In diesem Moment reißt der Busfahrer das Steuer nach links. Der Bus schlingert, findet völlig unerwartet wieder mit allen vier Rädern Halt, schießt nach vorne und kommt wie durch ein Wunder Zentimeter vor dem Abgrund zum Stehen. Der kleine Held ist durch den Schock völlig außer Gefecht gesetzt, er zittert am ganzen Körper. Wir steigen leichenblass aus, froh und dankbar, noch zu leben.
Erst wenige Kilometer zuvor hatten wir auf der Fahrt von Datong zu den »Hängenden Klöstern« einen völlig demolierten Kleinbus am Straßenrand stehen sehen, der ebenfalls Opfer eines Kohlelasters geworden war. Bei brütender Hitze hingen mehrere Leichen blutverschmiert aus den Fenstern. Wie man uns erzählte, dürfen sie erst geborgen werden, wenn Kommissare aus der Provinzstadt die Unfallstelle begutachtet haben – und das kann in China dauern! Bis dahin darf nichts verändert werden, selbst dann nicht, wenn dadurch eventuell noch Menschenleben gerettet werden könnten.
Von alledem ahnten wir auf unserer Fahrt durch das unendliche Grasland der Äußeren Mongolei nach Bayangobi zum Glück noch nichts. An der einzigen kleinen Tankstelle weit und breit, mit zwei alten Zapfsäulen bestückt, tanken wir nochmals voll. Dann führt unser Weg weiter durch flaches Steppenland, vorbei an sanften, später felsigen Hügeln, Flussläufen mit kristallklarem Wasser und idyllisch gelegenen Jurtensiedlungen.
Nach vielen Stunden Fahrt erreichen wir Charchorin. Der Ort liegt in einem Sumpfgebiet zwischen den Flüssen Orchon und Chögschijn Orchon. Hier, in diesem fruchtbaren Tal am Rande des Changai-Gebirges, befand sich schon vor Dschingis-Khan das historische Zentrum der Mongolei. In der Nähe der heutigen Ortschaft lag von 1235 bis 1380 die Hauptstadt der Mon-

golen-Khane, das legendäre Karakorum (schwarze Steine). Von hier aus schickten die Khane ihre berüchtigten Reiterheere westwärts bis an die Donau.
Ein einflussreicher Fürst aus der Khalkha-Mongolei, Abatai-Sain-Khan, ließ 1586 neben der Hauptstadt des mongolischen Reiches Karakorum, die erste lamaistische Klosteranlage Erdene Zuu (kostbarer Herr) erbauen. Für den Bau, der sich über Jahrhunderte hinzog, verwendete man auch Ziegelsteine und Reste der Ruinen des alten Karakorum. Der Klosterbau weist mongolische, tibetanische und chinesische Stilelemente auf. Das Besondere aber ist, dass man dabei nicht einen einzigen Nagel verwendet hat. Die Anlage ist umgeben von einer 400 x 400 Meter hohen Festungsmauer, aus der sich in regelmäßigen Abständen 108 Stupas erheben. Man kann sich heute kaum vorstellen, dass innerhalb dieser Mauern 10000 Lama (nicht die spukenden, sondern Mönche!) in 60 Tempeln gelebt haben.
Nur drei der 60 Tempel sind heute noch erhalten. In diesen Zuu-Tempeln schauen meterhohe Standbilder verschiedener Gottheiten und Schutzgöttern auf uns herab. Darunter sind einige Dutzend vergoldete Kupfergottheitsstatuen. An den Decken und Wänden entdeckt man wertvolle Applikationen mit Darstellungen von Bergen, Wäldern und Höhlen, in denen die Götter-Eremiten ihr Leben verbracht haben sollen. Wertvoll Werke mongolischer Maler und Handwerker des 16. Jahrhunderts, Kunstschätze, ebenso herrliche Schnitzereien, Fresken, Gussarbeiten und Weihrauchgefäße ziehen mich in ihren Bann.
Im nördlichen Teil des Klosters steht die 10 m hohe, tibetische Hauptstupa aus dem Jahre 1799, »goldene Gebetsstupa« genannt, die vom einstigen Glanz und Reichtum zeugt. Der zentrale Platz des Klosters, der »Platz der Glückseligkeit«, hat einen Durchmesser von 45 Metern. Die Legende sagt, dass auf ihm die Jurte Abatai-Khans gestanden habe und dort auch die jährlichen Versammlungen der mongolischen Fürsten stattgefunden haben sollen. Leider wurden die Tempel von Erdene-Zuu Ende des 17. und Anfang des 18. Jahrhunderts bei Kämpfen gegen mandschurische Eindringlinge stark zerstört. Bereits

1760 bis 1796 und 1808 bis 1814 versuchte man dieses historische Architekturdenkmal wieder aufzubauen. 1937 wurde die Anlage von mongolischen Truppen fast völlig verwüstet. Fast alle Tempel wurden dem Erdboden gleich gemacht und die Mönche ermordet.

Nur noch wenig erinnert an die große Vergangenheit dieses großen Steppenreiches. Der Erhaltungszustand der restlichen Tempel lässt sehr zu wünschen übrig. Hohes Gras wuchert in den Innenhöfen, die von Vogelgezwitscher erfüllt sind. Trotz aller Bemühungen werden noch sehr viel Unterstützung und Zeit nötig sein, bis dieses einzigartige Kulturdenkmal vor dem weiteren Verfall gerettet ist.

Von dem alten Karakorum, dem Zentrum des einst größten Weltreiches, blieben lediglich zwei große Granitschildkröten übrig, das Symbol für ein langes Leben. Vermutlich waren sie ehemals als Tempelwächter gedacht. Eine von ihnen befindet sich außerhalb auf einer kleinen, grünen Anhöhe, von der man den Blick weit über die Klosteranlage schweifen lassen kann. In der Nähe entdeckt man einen riesigen, umgefallenen Steinphallus. Da er das Sinnbild für Fruchtbarkeit charakterisiert, pilgern viele junge Paare mit Kinderwunsch zu diesem Symbol und setzen sich drauf. Damit die Abnutzungserscheinungen nicht zu groß werden, hat man ihn vorsichtshalber durch ein Gitter geschützt, das sich allerdings ohne große Mühe weg heben lässt. Wir tun das jedoch nur, um ein Foto ohne Gitterstäbe schießen zu können. Der Staub der Steppe verbirgt noch viele Geheimnisse Karakorums – manche vielleicht für immer.

Weiter führt unser Weg über holprige Schotter- und Sandpisten, vorbei an gelben, mit Gras bewachsenen Sanddünen. Inmitten grenzenloser Weideflächen stehen malerisch zwei Jurten, vor denen Pferde, Kühe und Ziegen grasen. Schnell werden wir von der Nomadenfamilie entdeckt und in ihre Jurte eingeladen. Die ganze Familie versammelt sich um uns und heißt uns mit frischer Milch, getrockneten Keksen, ungesalzenem Käse (bjaslag) und einer Schale Airag willkommen. Oma hat es sich gemütlich gemacht und packt ihr Pfeifchen aus. Auf einer Leine in der

Nähe des Kanonenofens baumelt Ziegenfleisch mit Pfoten zum Trocknen.
Vor den Jurten zeigen uns die kleinen Töchter der Familie ihre Reitkunststücke. Sie preschen im flotten Galopp über Stock und Stein, ohne Sattel, oft zu Dritt auf einem Pferd an uns vorbei, als wären sie auf den Pferden festgeklebt. Man merkt, wie sehr sie von Kindesbeinen an mit den Tieren und der Natur verbunden sind. Auch wenn die Moderne hier bereits mit einem Motorrad Einzug gehalten hat, bleibt das Pferd doch weiterhin ein unerlässliches Transportmittel. Wir schauen beim Melken der Stuten und Ziegen zu, lassen uns zeigen, wie man mit dem Stangenlasso (Urga) umgeht und spielen mit dem Hirtenhund. Der fletscht nicht die Zähne, was passieren kann, wenn sich ein Fremder nähert, sondern legt sich gottergeben auf den Rücken, streckt alle Viere von sich und wartet darauf, dass ich sein borstiges Fell kraule. Gerne wären wir noch länger geblieben, aber die Zeit rief.
Über abenteuerliche Pisten biegen wir in ein kleines Seitental ein, das von steinigen Gebirgshängen umrahmt ist. Auf einer Anhöhe steht vor einer Felswand, gesäumt von schönen, grünen Bäumen, ein kleines, weißgetünchtes Kloster, nicht größer als ein Einfamilienhaus. Vier Stufen führen in einen mit bunten Wand- und Deckenbehängen ausgestatteten Raum. Hinter rot lackierten, mit Ornamenten bemalten, niedrigen Tischen sitzen junge Mönche, kaum älter als zehn Jahre, in glänzend roten und goldenen Gewändern. Ihre Gebete verstummen augenblicklich, als wir den Raum betreten. Dunkle Mandelaugen schauen uns interessiert, fragend und freundlich an.
Vor dem Kloster rollt in ihrer Jurte eine junge Mongolin Teig für Mehlspeisen aus. Zum Backen entfacht ihr Mann Feuer in einem kleinen Ofen, der im Freien steht. Himmlische Ruhe umgibt dieses idyllische Fleckchen Erde, die höchstens durch das Zwitschern der Vögel, das Beten der Mönche oder das Bimmeln eines Glöckchens unterbrochen wird.
Mit einem tiefen Gefühl der Verbundenheit mit der Natur dieses geheimnisvollen, rauen, wilden Landes klingt auch unser letz-

ter Abend in einem Jurtencamp aus, umgeben von der atemberaubenden Schönheit und endlosen Weite der Landschaft, dem leisen Rauschen des Windes und einem mit Tausenden von Sternen funkelnden, fernen Horizont.

BRASILIEN

Nasenbären und
die tosenden Wasserfälle von Iguaçu

Nachdem man überall auf der Welt Kunstgalerien, alte Kulturdenkmäler und Museen besucht hat, entdeckt man immer mehr die Schönheiten der Natur, freut sich über beeindruckende Landschaften, aber auch lustige Begegnungen mit Tieren, die man sonst nur aus zoologischen Gärten kennt.

Auf einer Reise von Buenos Aires nach Feuerland führt uns ein Abstecher zu den Iguaçu- Wasserfällen, die für mich eines der beeindruckendsten Naturwunder dieser Welt sind. Wandert man durch den wunderschönen, wildromantischen Nationalpark, der zum Teil zu Argentinien und zum anderen zu Brasilien gehört, glaubt man ein kleines Paradies gefunden zu haben. Man ist auch jetzt im Oktober noch umgeben von feuchter Hitze und tropischem Dschungel mit all seinen Geräuschen und exotischen Düften. Wohin das Auge auch reicht, sieht man unzählige Arten von Orchideen, Mimosen, Farnen und Palmen. Über unseren Köpfen schwingen Lianen, um die unzählige Arten von bunt schillernden Schmetterlingen flattern. In den dicht belaubten Bäumen schaukeln die verschiedensten Vogelarten, von Kolibris bis hin zum Tukan, der mit seinem großen, orangefarbenen Schnabel majestätisch, aber neugierig flatternd auf uns herabschaut.
Eine noch bessere Sicht auf die Naturschönheit der Wasserfälle hat man von der brasilianischen Seite aus. Schon aus der Ferne vernimmt man das pausenlos donnernde, grollende Getöse der gigantischen Wasserfälle. Immer wieder erreicht man Winkel, die den überwältigenden Blick auf die ins Tal stürzenden Wassermassen freigeben.
Mit Donnergetöse stürzt der Rio Iguaçu, der sich in viele kleine Flussläufe verzweigt hat, in einem riesigen Halbkreis von 2700 m Länge und 1200 m Breite über 70 m in die Tiefe, vorbei an steilen, schroffen Felswänden. Über den 275 großen und kleinen Fällen bilden sich durch die Sonne und die Gischtwolken ständig neue, farbenprächtige Regenbogen. Hinter jedem Aussichtspunkt verbirgt sich ein neues, beeindruckendes Naturschauspiel – man kann es nur voller Verwunderung genießen und in aller Ruhe auf sich wirken lassen.

Vor über 100 000 Jahren begann die Entstehung dieses Naturwunders durch eine Erdverschiebung. Seine Form hat sich jedoch durch Verwitterung, den ständigen Druck des Wassers, das Abschleifen durch Schlamm, Sand und Geröll im Laufe der Jahrhunderte immer wieder verändert.
Viel poetischer dagegen ist eine von den Indianern überlieferte Legende. Sie erzählt, dass Naipi, die wunderschöne Tochter eines Häuptlings, einst am Ufer des damals gemächlich dahin fließenden Flusses lebte. Obwohl sie bereits dem Gott M'boi versprochen war, verliebte sie sich in einen mutigen Krieger ihres Stammes. In tiefer Verzweiflung versuchte sie mit ihrem Geliebten in einem kleinen Boot zu fliehen. Als jedoch M'boi ihr Verschwinden bemerkte, schlug er mit solcher Gewalt auf das Flussbett, dass dieses zerbrach und das Wasser in einen tiefen Abgrund stürzte. Als Strafe verwandelte er den Krieger in einen Felsblock, der unentwegt von den herabstürzenden, tobenden Wassermassen gepeitscht wird und Naipi in eine majestätische Palme am Rande des Wasserfalles, deren Wedel sich bei jedem Windzug nach dem Felsen ausstrecken, ihn aber nie mehr berühren können.

In dieser traumhaften Landschaft begegnet man häufig Nasenbären, die gemächlich neben einem hertrotten, manche in sicherem Abstand, andere ganz nah, verspielt und zutraulich in der Hoffnung, etwas Fressbares zu bekommen. Sie sehen recht putzig aus mit ihren langen Rüsseln, wie zum Leben erweckte Plüschtiere aus dem Spielzeugladen. Allerdings ist ihr Fell nicht so kuschelig weich, wie es vielleicht den Anschein hat, sondern borstig und hart wie ein alter Schrubber. Es sind sehr anpassungsfähige Überlebenskünstler, die sehr schnell gelernt haben, auf welche Art man die Touristen umgarnen muss, um ihre Sympathie zu erobern und ihnen dadurch ohne viel Mühe das Futter aus der Tasche ziehen zu können. Haben sie erst einmal etwas Essbares gerochen, ist man blitzschnell von 20 bis 30 habgierigen Nasenbären umringt. Sie sehen zwar nicht sehr gut, aber dafür ist ihr Geruchssinn umso besser ausgeprägt. Eine Gruppe

besteht nur aus weiblichen Tieren, denn die männlichen Kleinbären werden im Alter von zwei Jahren vertrieben. Sie leben dann alleine und werden erst wieder zur Paarungszeit von ihrer Sippe aufgenommen.
Durch die üppige Vegetation in Iguaçu leben die Nasenbären dort wie in einem kleinen Schlaraffenland, das ihnen ein Rundum-Sorglospaket beschert. Früchte aller Art, Spinnen, Frösche, Würmer, Eidechsen und sonstiges schmackhaftes Ungeziefer erleichtern die Nahrungssuche. Viele hohe Bäume, auf denen sie sich satt gefressen haben, laden dazu ein, sich darauf genüsslich auszuruhen oder zu schlafen, ohne in luftiger Höhe Angst vor Feinden haben zu müssen. Um ihr Bettchen in den Astgabeln mit Blättern schön auspolstern zu können, halten sie sich mit den harten Krallen ihrer Hinterpfoten am Baumstamm fest und laufen flink kopfüber die Stämme runter, um erneut Blattnachschub zu holen. Nach getaner Arbeit kuscheln sie sich zusammen und lassen sich von dem Rauschen der Wasserfälle in den Schlaf wiegen.
Auch Panter und Ozelots wollen sich den sorglosen Lebensunterhalt nicht entgehen lassen und dringen deshalb immer häufiger aus dem Regenwald in belebtere Gebiete vor. Da in Argentinien schon einige Menschen angegriffen wurden, hat man dort das Füttern der Nasenbären strengstens verboten. In Brasilien dagegen betrachtet man es noch als unterhaltsame Touristenattraktion und natürlich auch als gute Einnahmequelle.
Am Morgen der Weiterreise nach Rio möchte ich zum Abschied nochmals einen letzten Blick auf die faszinierenden Wasserfälle werfen. Ich stehe gedankenverloren an einem Aussichtspunkt, als sich plötzlich von der Seite her ein solch possierliches Kuscheltier anschleicht, zum Sprung ansetzt und bevor ich mich wehren kann, seine scharfen, langen Krallen in meine Haut gräbt. Er klettert genüsslich die Beine, den Rücken hoch, schlingt seine Vorderpfoten, um besseren Halt zu finden, um meine Hüften und beginnt mit seiner rüsselartig verlängerten Nase, in der er eine unbeschreibliche Kraft hat, den Reißverschluss meiner Umhängetasche aufzuschieben. In dieser Tasche befinden sich nicht

Die beeindruckenden Wasserfälle von Iguacu

»... ist hier mein Frühstück versteckt?«

nur unsere Papiere, Geld und sonstiger Krimskrams, den man auf Reisen so bei sich hat, sondern auch ein kleines Lunchpaket, das wir vom Hotelpersonal als Mittagsration mitbekommen haben. Mit all seiner Kraft gräbt er seinen Rüssel immer tiefer in die Tasche und durch seine ständig fordernder werdenden Bewegungen seine harten Krallen immer tiefer in mein Fleisch. Alle Versuche, mich von ihm zu befreien, schlagen fehl, ich habe keine Chance gegen dieses kleine Monster. Im Gegenteil: Aus dem Augenwinkel sehe ich, wie sich weitere seiner Genossen nähern, um von dem erhofften Mahl auch etwas abzubekommen und sich frohen Mutes ebenfalls an meine Beine zu hängen.

Aber nicht nur Nasenbären, sondern auch unzählige Touristen fühlen sich von diesem kostenlosen Schauspiel besonderer Art angezogen. Sie nähern sich, mit Fotoapparaten und Videokameras bewaffnet, um auch wirklich alles ganz hautnah auf die Platte bannen zu können. Auf die Idee, dass diese »Kampfszenen« für mich gar nicht so witzig, sondern äußerst schmerzhaft sind, kommt dabei niemand. Ich bin froh, als der habgierige Wegelagerer endlich die Tüte mit unserem Mittagessen im Rüssel hält und damit, samt seinen Artgenossen im Schlepptau, frohlockend entschwindet. Glücklicherweise haben sie an unseren Reiseunterlagen und dem Geld keinen Gefallen gefunden, sonst wäre sicher noch größere Freude aufgekommen.

Da sich dieser Essenskampf auf dem vorwiegend roten Lehmboden abspielte, sehen ich und meine Kleidung wie nach einem misslungenen Tennismatch mit Boris Becker aus, allerdings fallen bei diesem Farbton die blutigen Kampfspuren auch weniger auf ...

KASCHMIR

Zwischen Lotosblumen und Rebellen

Erschöpft und erleichtert komme ich von einem Ausflug aus der Himalajaregion zurück, der auch ein anderes Ende hätte nehmen können.

Alles fängt ganz friedlich an. Strahlend blauer Himmel begleitet uns die letzten 83 km von Sonamarg (goldene Wiese) zurück nach Srinagar. Die steinige, staubige Straße schlängelt sich, umgeben von hohen Berggipfeln, Gletschern, Tannen- und Föhrenwäldern, von 2636 Metern Höhe wieder langsam hinab ins Kaschmirtal. In einem kleinen Dorf wird unser Taxi von einer ungewohnt großen Menschenmenge umringt.
Die Einheimischen strahlen und lachen meinen Fahrer und mich an, nicken uns freundlich zu und versuchen uns immer wieder durch das offene Fenster zu berühren. Das Ganze sieht zunächst nach einer herzlichen Begrüßung aus, wie wir sie schon so oft erlebt haben, denn die Kaschmiris sind ein intelligentes, offenherziges und sehr gastfreundliches Volk. Ungewöhnlich ist diesmal jedoch, dass einige von ihnen immer wieder zwei Finger zum bekannten Victory-Zeichen empor strecken.
Ich kann nicht erklären, warum, aber die Situation erscheint mir mit einem Mal trotz aller entgegengebrachter Liebenswürdigkeit nicht ganz geheuer. Irgendetwas warnt mich davor auszusteigen, wie es die Gäste der beiden nachfolgenden Taxis tun. Stattdessen kurbele ich vorsichtshalber die Autoscheibe hoch. Wie richtig diese Eingebung war, zeigt sich schon wenige Minuten später.
Die Stimmung der Menschen schlägt schlagartig um. Alle Herzlichkeit ist urplötzlich aus den schwarzen Augen der sonst so netten Bewohner verschwunden. Ohne jegliche Vorwarnung bekommen ihre Gesichter einen äußerst aggressiven Ausdruck. Einige beginnen uns zu bespucken, trommeln mit ihren Fäusten gegen die Scheibe, schlagen auf den Wagen und treten mit voller Wucht gegen die Karosserie. Eine Weiterfahrt ist unmöglich. Die Menge keilt uns immer mehr ein, mehrere Männer setzen sich auf die Kotflügel unseres Taxis. Auf meine Frage, was diesen Unmut ausgelöst haben könnte, kommt von meinem Taxifahrer nur ein ängstliches Schulterzucken. Stattdessen sinkt er immer

tiefer auf seinem Sitz in sich zusammen. Nach einer großen Hilfe sieht er so wahrlich nicht aus!
Einige jüngere Burschen beginnen inzwischen unseren Wagen mit Schwung hin und her zu schaukeln. Hatte ich schon auf den steilen Bergstraßen befürchtet, dass dieses etwas altersschwache Vehikel bald seinen Geist aufgeben wird, kann ich nun nur noch beten, dass es sich nicht gerade jetzt bei diesen ruckartigen Bewegungen in seine Einzelteile auflösen möge.
Meinem kleinen Fahrer stehen die Schweißperlen auf seiner immer blasser werdenden Stirn. Er gibt keinen Mucks mehr von sich, sondern starrt, an das Lenkrad geklammert wie ein hypnotisiertes Kaninchen, durch die Windschutzscheibe. Und ich muss gestehen, auch mein Blut fällt langsam auf Gefrierschranktemperatur. Die anderen beiden Wagen stehen verlassen hinter uns, von den Fahrgästen keine Spur.
In solch einer Situation verliert man jegliches Zeitempfinden, aber der Spuk dauert sicher fast eine halbe Stunde. Die Lage wird immer unübersichtlicher und ist nicht mehr einzuschätzen. Womöglich würde man uns bald aus dem Auto zerren. Ich sehe mich im Geiste schon irgendwo als Geisel im unwegsamen Himalaja sitzen, weil jegliche Lösegeldforderungen für mich abgelehnt werden ...
Doch plötzlich wird die Meute durch irgendetwas, was nicht erkennbar ist, abgelenkt. Man lässt uns für wenige Sekunden aus den Augen und schaut in eine andere Richtung. Diese Sekunde nutzt mein total verschreckter Fahrer, um den Gang rein zu hauen, Vollgas zu geben und loszufahren. Ein Wunder, dass dabei niemand mit seinem langen weißen Gewand am Kotflügel hängen bleibt. Ein junger Mann kann sich gerade noch mit einem olympiaverdächtigen Sprung zur Seite retten. Unser Taxi schlittert über den sandigen Weg wie auf Schmierseife von einer Seite auf die andere. Im Rückspiegel sehe ich noch die erschrockenen Gesichter und das Fäusteschwingen der rebellierenden Menge.
Wir aber sind in Sicherheit! Das Hemd meines tapferen Fahrers klebt an seinem Körper, als hätte er gerade einen Fluss durch-

schwommen. Nach einigen Kilometern halten wir an und atmen erst einmal ganz, ganz tief durch. Später erfahre ich, dass wir in eine Wahlveranstaltung geraten waren, die plötzlich eskalierte und viele Verletzte gefordert hat.

Kaschmir ist noch immer ein Brennpunkt zwischen Indien und Pakistan und weckte schon immer auf Grund seiner Schönheit, Fruchtbarkeit und seines angenehmen Klimas das Begehren so mancher Herrscher. Viele Kämpfe ließen Frieden und Freiheit zu einem Fremdwort werden.

250 v. Chr. gehörte Kaschmir zum Reich Ashokas. Schon damals wurde Srinagar das erste Mal erwähnt. Buddhisten und Hinduisten lebten friedlich zusammen. Unter Lalitaditya (699 bis 736) wurde Srinagar zur Hauptstadt eines mächtigen Hindureiches. Im 14. Jahrhundert übernahmen islamische Herrscher das Land, 1586 wurde es von Akbar, dem Großmogul von Indien, erobert. 1756 folgten afghanische Dynastien. 1819 übernahmen die Sikhs das Regiment. 1846 erhielt Raja Gulab Sigh von Jammu von den englischen Kolonialherren unter ihrer Oberhoheit die Herrschaft. Seine Nachfolger regierten bis zur Unabhängigkeit Indiens 1947. Danach wurde es zum Zankapfel zwischen Indien und Pakistan. Die Folge war die Teilung des Landes. Pakistan beherrschte Azad Kashmir und Indien Jammu und Kaschmir. Unruhen und kriegerische Auseinandersetzungen nahmen immer mehr zu und erschütterten das Land. Als 1989 viele kaschmirische Kämpfer aus dem Afghanistankrieg zurückkehrten und einen Guerillakrieg entfachten, spitzte sich die Situation erneut zu.

Eine endgültige Lösung der Kaschmirfrage ist bis heute noch nicht gefunden. Einheimische erzählen mir immer wieder von dem Zwiespalt ihrer Gefühle; sie fühlen sich weder als Inder noch als Pakistanis, sie seien Kaschmiris mit einer völlig anderen Mentalität. Mit dem Gefangennehmen von Ausländern sehen Rebellen eine Möglichkeit, ihren Forderungen mehr Ausdruck zu verleihen und weltweites Aufsehen zu erregen. Einige Rucksacktouristen wurden von Rebellen verschleppt und sogar getötet.

Nochmals Glück gehabt! Auch die Gäste der beiden anderen Taxis werden nach vielen Stunden der Ungewissheit unbeschadet wieder frei gelassen. Dieses Erlebnis ist für mich völlig neu, denn ich habe bisher nirgendwo auf der Welt solch ein aggressives Verhalten zu spüren bekommen, außer vielleicht bei den Straßenkindern in Rio, die versuchten, die Scheiben unseres Wagens mit Steinen einzuschlagen, um uns auszurauben. Ansonsten aber wurde ich überall, selbst in den entlegensten Winkeln der Erde, mit großer Herzlichkeit aufgenommen und habe keinerlei schlechte Erfahrungen gemacht. Vielleicht liegt es auch daran, dass ich in den vielen Ländern, die ich bereist habe, ähnlich aussah wie die Einheimischen. Ich bin keine blond gelockte, stattliche Walküre, sondern klein, mit langen, schwarzen Haaren. So bin ich meist auf Augenhöhe und schaue nicht aus luftiger Höhe auf sie herab. Vielleicht nimmt das in Gebieten, in denen man noch nicht so viel Kontakt mit Fremden hat, doch ein wenig die Berührungsängste.

Aber auch dieser Zwischenfall soll die Faszination eines bezaubernden Landes nicht schmälern. Die Schönheit des Kaschmir-Tales, das sich in einer Höhe von 1610 m ausdehnt, eingerahmt von den Bergketten des Himalaja, strahlt eine einmalige Faszination aus. Nicht umsonst gab man ihm so schmückende Namen wie »Traumgarten der Mogulkaiser«, »das glückliche Tal«, »Smaragd unter den weißen Perlen des Himalaja« und »das Paradies auf Erden«. Die einheimische Bevölkerung dieses einzigartigen Fleckchens Erde glaubt fest daran, dass hier Moses beerdigt wurde und auch Jesus in Srinagar, unter dem Namen Yuz Asaf, seine letzte Ruhe gefunden hat.

Langsam fahren wir durch Srinagar. Die Sommerhauptstadt ist von Kanälen durchzogen und wird deshalb auch »Venedig des Himalaja« genannt. Kaschmir ist stolzer Besitzer zweier Hauptstädte: Die nur 300 m hoch gelegene Stadt Jammu für den Winter – dort hatten schon die Maharadschas ihre Winterresidenzen – und das hochgelegene, kühlere Srinagar für die Sommermonate.

Das tiefe Blau des 8 km langen und 4 km breiten Dal-Sees leuchtet durch die am Ufer stehenden Pappeln. Dort möchte ich noch ein paar erholsame Tage verbringen, und zwar auf einem Hausboot. Im ersten Moment denkt man dabei an kleine, einfach ausgestattete Schiffchen, die irgendwo am Uferrand vor sich hin dümpeln. Umso größer werden meine Augen, als ich sehe, welche Traumbehausung ich für die nächsten Tage mein Eigen nennen kann. Am Ufer des Sees steige ich in ein kleines Boot, das mich auf die andere Seite des Sees zu meinem Wohnboot bringen soll.

Sanft gleiten wir über das blau schimmernde Wasser und legen an einem über 30 m langen, 6 m breiten und mit feinsten Schnitzereien verzierten Luxusboot aus Zedernholz an. Das Hausboot, das ich mit zwei reiselustigen netten, älteren Damen teile, hat vier Schlafzimmer mit marmorverkleideten Bädern, ein großes Wohnzimmer, Esszimmer und eine kleine Küche. Sie wird allerdings nicht benutzt, denn gekocht wird von den Dienern auf einem Küchenboot. An Deck befindet sich eine große Sonnenterrasse. Ist es dort zu heiß, kann man neben dem Boot auf einem schmalen Damm unter knorrigen Weiden Schatten suchen.

Der Boden des Salons ist mit edlen Orientteppichen bedeckt, die Wände sind holzvertäfelt, die Möbel eleganter englischer Kolonialstil, und an der Decke baumelt ein großer, glitzernder Kristallleuchter. Der Besitzer des Bootes heißt mich sehr herzlich willkommen. Kaum habe ich meinen Koffer abgestellt, ruft schon unser Boy zum Essen, das er im Speisezimmer serviert hat. Gleich, ob einheimische oder europäische Gerichte, sie sind Firstclass. Zum Nachtisch gibt es ein von ihm selbst zubereitetes Mousse – das beste, das ich je gegessen habe. Ein uns rund um die Uhr zur Verfügung stehender Diener vermittelt ein fast herrschaftliches Gefühl vergangener Zeiten.

Den Abend lassen wir auf der großen, ringsherum offenen, überdachten Terrasse, die den Blick auf diese verträumte Landschaft freigibt, bei einer Tasse grünen Tee ausklingen. Er wird uns stilgerecht in feinstem, chinesischem Porzellan und auf einem schweren, echten Silbertablett serviert.

Die letzten Sonnenstrahlen dieses Juniabends spiegeln sich goldgelb im See, ein Duft von exotischen Blüten liegt in der Luft. Das Geräusch der Wellen, die langsam gegen das Boot schlagen, hat eine unglaublich beruhigende Wirkung. Als die Dunkelheit hereinbricht, spiegeln sich unzählige Lämpchen im Wasser. Kann es noch einen romantischeren Platz zum Entspannen und Träumen geben? Dabei sind diese schwimmenden Paläste nur ein Überbleibsel aus der englischen Kolonialzeit und waren einst als Notlösung gedacht. Da sich zu viele Briten in dieser herrlichen Gegend ansiedeln wollten, verboten ihnen die Maharadschas, denen das Fürstentum Kaschmir 1846 von den englischen Kolonialherren verkauft wurde, Grundbesitz zu erwerben. So suchten sie nach einer anderen Lösung. Animiert von den schlichten Booten der Einwohner, bauten sie sich diese schwimmenden Luxusunterkünfte, statteten sie mit allem nur erdenklichen Luxus aus und verankerten sie am Dal-See. Durch diesen Trick erhielten sie ihre Sommerresidenzen, ohne Grund und Boden kaufen zu müssen.

Kaum ist am Morgen die Sonne aufgegangen, erwacht auch schon das Leben auf dem See. Unzählige Händler nähern sich mit ihren bunten Shikaras, um ihre Waren anzubieten. Allerdings hofft man vergeblich auf das Angebot von Kaschmirpullis, denn diese berühmte Wolle der langhaarigen Ziegen wird allein im Ausland verstrickt.

Zu dem Nachbarhausboot kommt ein Arzt mit seinem Boot gepaddelt, um einen jungen Mann von schrecklichen Magenkrämpfen und Durchfall zu befreien, die ihn schon seit Tagen plagen und immer schlimmer werden. Sehr Vertrauen erweckend sieht der Mediziner in seinem etwas schmuddeligen Gewand und mit seinem zotteligen, langen Bart nicht gerade aus, aber in der Not frisst der Teufel bekanntlich auch Fliegen. Die hat er ihm zwar nicht verordnet, dafür aber trockenen Reis mit Quark und dazu eiskaltes Cola. So merkwürdig diese Zusammenstellung auch klang und wohl auch geschmeckt hat, sie hat tatsächlich schnell geholfen.

Nach einem ausgiebigen Frühstück beschließe ich, mich mit der Shikara, die samt Ruderer jedem Hausbootgast zur Verfügung steht, ins bunte Getümmel zu stürzen. Die langen, schmalen Wassergefährte, ähnlich den Gondeln in Venedig, nutzt man als Wassertaxi und zum Transport von Obst, Gewürzen, Gemüse, Blumen und sonstigen Waren. Meine Shikara ist mit einem Schatten spendenden Dach überspannt. Auf dem Boden und auf den Sitzen sind weiche Teppiche und bunte Kissen ausgebreitet.

Langsam gleiten wir über den spiegelglatten See, in dem sich die ersten Sonnenstrahlen wie kleine Kristalle reflektieren. Die herzförmigen Paddel tauchen rhythmisch ins Wasser ein. Wir nähern uns einem schwimmenden Markt, der aus einer Ansammlung vieler kleiner Boote besteht. Sie sind beladen mit dunkelvioletten Auberginen, Ölfrüchten, großen, dunkelroten Tomaten, Reis, Lauchstangen, Gewürzen, grüngoldenen Melonen, Kartoffeln, Zwiebeln, orangegelbem Safran und mit vielem mehr. Safran ist eines der teuersten Gewürze der Welt. Um ein Kilo Safran zu erhalten, müssen 80 000 Blüten geerntet und getrocknet werden. Blumenkohlköpfe, die größten, die ich je sah, und rotbackige Äpfel lachen mich geradezu an. Blumenhändler bieten ein Potpourri der schönsten und buntesten Blumen feil. Ein Boot, so hoch mit duftendem Heu beladen, dass man keinen Steuermann mehr entdecken kann, schippert gemächlich und fast lautlos an uns vorüber.

Immer wieder tauchen kleine schwimmende Gärten auf, auf denen Bäumchen und verschiedene Gemüsearten, Tomaten, Wassermelonen, Radieschen, Bohnen, Gurken, Kürbisse angepflanzt waren. Diese kaum 2 m x 3 m großen und ca. 1 m hohen, fruchtbaren künstlichen Inselchen entstehen aus einem Wurzel- und Schilfgeflecht, das man mit Schlamm, Schweinemist und Algen aufgeschüttet hat, woraus dann fruchtbarer Humusboden wird. Bis sich Wurzeln gebildet haben, die sich mit denen der am Ufer wachsenden Bäumen und Sträuchern verankern, werden die kleinen Gärten an Pfähle gebunden. Zwischen dem Inselgewirr sind schmale Kanäle frei gelassen, damit die Minigärten vom Boot aus gepflegt und die Früchte geerntet werden können.

Das Gewirr der unzähligen, oft angenehm schattigen Kanäle ähnelt einem Irrgarten, aus dem man nie mehr herauszufinden glaubt. Oft bahnt sich mein Ruderer den Weg durch einen fast

Srinagar – das Venedig des Himalajas

Romantische Shikara-Fahrt auf dem Dal-See

zugewachsen scheinenden See und durch einen Tunnel dichter Blätter. Nur ab und zu entdeckt man hinter dem hohen Grün noch die bläulichgrüne Silhouette des Hari Parbat und Takht-i-Sulaiman-Gebirges. Danach kann man sich, bevor man ganz die Richtung verliert, ein wenig orientieren. Reiher schauen uns gelangweilt hinterher. Dicke knorrige Weiden spiegeln sich im Wasser. Riesige schillernde Libellen und große bunte Schmetterlinge schwirren um mich herum. Das sanfte Licht lässt das Wasser wie einen Smaragd in allen Grün- und Blautönen schillern.

Das Gezwitscher unzähliger Vogelarten durchdringt die Stille. Auf langen, über dem Wasser hängenden Zweigen sitzen in ihrem blau-türkis-orange-schillernden Gefieder Eisvögel. Entdecken sie einen kleinen Fisch, stürzen sie sich fast senkrecht ins Wasser. Haben sie das Opfer mit ihrem roten Schnabel gepackt, tauchen sie Flügel schlagend wieder an der Wasseroberfläche auf und fliegen auf ihren Aussichtspunkt zurück. Damit das Frühstück nicht lebend im Magen landet, schlagen sie den Fisch erst gegen einen Ast und schlingen ihn dann genüsslich in einem Rutsch hinunter.

Das immer dichter werdende Feld mit rot, weiß und gelb blühenden Lotosblumen, deren Blüten und Blätter teilweise aus dem Wasser emporragen, spiegelt sich im See. Die Farben und Düfte dieser Blume, die im Buddhismus das Sinnbild allen Lebens und der Vollkommenheit ist, verzaubern auch mich. Ein kleines Mädchen schenkt mir zwei schöne, pastellgelbe Blüten. Ihre Mutter ist damit beschäftigt, mit langen Stangen die großen, grünen Blätter der Wasserpflanzen aus dem Wasser zu fischen. Sie dienen als nährstoffreiches Futter für ihr Vieh. Manchmal werden darin auch kleine in Öl gebratene Kartoffeln eingehüllt und auf dem Markt verkauft.

Zum Abschluss besuche ich noch die berühmten, von den Großmoguln angelegten Gärten mit den klangvollen Namen »Chisma Shahi« (Garten der Königlichen Quellen), »Nishat Bagh« (Garten der Freude) und »Shalimar« (Garten der Liebe). Zwischen angelegten Terrassen, Zedern, Zypressen, Maulbeerbäumen und

Chinar-Bäumen stürzen Wasserläufe stufenförmig herab. Inmitten eines Blumenmeeres von Rosen, Astern, Jasmin und blauen Mohnblumen sprudeln zahlreiche Fontänen beruhigend vor sich hin. Diese friedliche, paradiesische Stimmung muss ganz einfach jeden Besucher gefangen nehmen. So geht wieder ein herrlicher Tag zu Ende.
Nach all diesen wunderschönen Eindrücken kehre ich müde auf mein Boot zurück, schaue träumend auf den See hinaus, genieße den Sonnenuntergang und wünsche mir von Herzen, dass dieses Zauberland bald in Frieden und Freiheit leben kann!

OMAN

Grüne Meeresschildkröten
und ein Märchen aus 1001 Nacht

Auf einer phantastischen Reise durch den Oman erfahren wir, dass mit ein wenig Glück die Möglichkeit besteht, ein einzigartiges Naturschauspiel erleben zu können: die Eiablage der grünen Meeresschildkröte. Gerade diese Schildkrötenart wird überall auf der Welt gejagt, um sie als Delikatess-Suppe in Dosen und die Suppenterrinen der ganzen Welt wandern zu lassen. Deshalb bemüht sich besonders der Oman darum, diese seltene Art vor dem Aussterben zu bewahren. Von den sieben noch bekannten Schildkrötenarten kommen fünf zur Eiablage an die wunderschöne, einsame Ostküste des Omans, die zu den weltweit wichtigsten Brutplätzen gehört. Angestellte der Regierung wachen darüber, dass sie auf einem 50 km langen, feinsandigen Küstenstreifen ungestört ihre Eier ablegen können.
So machen wir uns an einem warmen Novemberabend, als die Dämmerung schon hereingebrochen ist, mit einem Jeep auf nach Ras-Al-Junayz. Der Weg führt durch eine staubige, holprige und unübersichtliche Mondlandschaft. Schlagloch an Schlagloch prüft die Belastungsfähigkeit unserer Bandscheiben. Durch die vielen Abzweigungen, deren Beschilderung man in der inzwischen stockdunklen Nacht nicht mehr erkennen kann, hat man schnell das Gefühl, die Orientierung total verloren zu haben. Ein Pfad ähnelt dem anderen.
Nach einer gut eineinhalbstündigen Fahrt erkennen wir den schwachen Lichtschein einer Hütte, besetzt mit diensteifrigen Beamten, die sofort munter werden, als sich unser Auto nähert. Sie stellen uns mit hoheitsvollen Mienen einen Besucherpass aus, ohne den man dieses Naturschutzgebiet nicht betreten darf. Zusätzlich wird uns ein Informationsblatt mit zahlreichen Verhaltensmaßregeln in die Hand gedrückt.
Vor uns warten schon geduldig einige Besucher. Dann wird der Schlagbaum geöffnet und wir dürfen in den ersten Teil des weitläufigen Geländes fahren. Jetzt beginnt das schier endlos erscheinende Warten auf den Schildkrötenwärter, ohne den man sich nicht weiter in die nahe liegenden Sanddünen begeben darf. Die Spannung steigt – was wird uns erwarten? Werden wir Schildkröten sehen?

Um die Zeit zu verkürzen, setzen wir uns in den feinen von der Hitze des Tages erwärmten Sand und betrachten fasziniert den unglaublich schönen Sternenhimmel. Das endlos scheinende Firmament funkelt und glitzert von unzähligen kleinen und großen Sternen, fast unwirklich, wie in einem Märchen. Es ist, als wäre ein Netz mit Abertausenden von Lichtern und Kristallen um die Erde gespannt. Am liebsten würden wir im Sand sitzen bleiben, um diesen traumhaften Anblick für den Rest der Nacht zu genießen. Unter mir der warme Sand, über mir das funkelnde Sternenzelt, da beginnen plötzlich in meinen Gedanken die Erlebnisse der vergangenen Tage an mir vorbeizuziehen.
Der Oman – ein Märchen aus 1001 Nacht. Ein Land mit atemberaubend schönen Landschaften, mit gigantischen Gebirgszügen, endlos weißen Sandstränden, wilden Wadis zwischen schroffen Felswänden, Oasen, Feigen-, Papaya-, Zitrus-, Bananen-, Mango-, Dattelplantagen, Palmenhainen und Sandwüsten. Dazwischen die traditionellen Falaj-Systeme – Kanäle, die seit Jahrhunderten mit einem unterirdischen Wassernetz die zahllosen Oasen und Gärten des Landes mit klarem Wasser versorgen und so in grüne, fruchtbare Landstriche verwandeln. Neben luxuriösen Hotelanlagen, elegante Villen und Einkaufspassagen Moscheen, deren Minarette in den blauen Himmel ragen, alte Festungen, Lehmbauten und Beduinensiedlungen.
In nur 35 Jahren schaffte der Oman den Sprung vom Mittelalter in die Neuzeit und moderne Businesswelt. Zu verdanken sind diese außergewöhnlichen Errungenschaften des Fortschritts der Weitsicht, Zukunftsvision und dem Engagement seiner Majestät Sultan Qaboos bin Said al Said. Das Porträt des sehr gut aussehenden Sultans lächelt einem überall auf großen und kleinen Bildern entgegen. Es ist also keine Strafe, sie anschauen zu müssen.
Nachdem er seinen Vater 1970 ins Exil geschickt hatte, gelang es ihm, aus einem rückständigen vom Rest der Welt abgeschotteten Land voller Stammeskämpfe, in dem fast alles verboten war, einen fortschrittlichen Musterstaat der islamischen Welt mit Wohlstand und einem fortschrittlichen Erziehungs- und

Gesundheitswesen zu schaffen. Er baute Schulen, Universitäten, autobahnbreite Straßen und förderte die moderne Technologie genauso wie den Erhalt der alten Handwerkskünste. Er lehrte Glaubensfreiheit und Toleranz, sorgte für Sicherheit und Sauberkeit. Der Schleierzwang für Frauen wurde ebenso aufgehoben wie das Verbot, Auto zu fahren. Gastarbeiter, die sich nicht an seine Gesetze halten, werden umgehend des Landes verwiesen. Einwohnern, die nicht auf Sauberkeit achten, sondern Zigarettenkippen und Abfall wegwerfen oder mit einem total verschmutzen Auto durch die Straßen kurven, drohen Strafen.

Wir besuchten eine Beduinenfamilie, den Fischmarkt in Sur – der weißen Stadt am Meer –, die alten Lehmforts von Bahla, Jabrin und Nizwa. Auch bei 40° C im Schatten lohnt es sich noch, den gewaltigen, runden Turm der Festung von Nizwa zu erklimmen, der alleine einen Durchmesser von 35 m hat. Von dort, aus 25 m Höhe, wird man mit einem fantastischen Blick über die Oasenstadt entschädigt. Zu unseren Füßen breiten sich weiße, orientalisch verspielte Häuser, umgeben von einem grünen Palmenmeer, aus. Blaue Kuppeln der Moscheen, hohe Minarette und die dunklen Ausläufer des Jabal-Akhdar-Gebirges zeichnen sich vor einem strahlend blauen Himmel ab.

Frühere Eindringlinge hatten es noch schwerer als wir, die Festung zu erobern. Sie mussten nicht nur schweißtreibende Hitze und die verwinkelte Treppe zum Kanonenturm bewältigen, sondern zusätzlich irreführende Abzweigungen, Scheintüren und Sturzbäche mit heißem Dattelhonig hinter sich bringen.

Neben dem Fort besitzt Nizwa eine bezaubernde Altstadt mit verwinkelten Gassen, Geschäften, in denen es wunderschönen alte Khanjars (Krummdolche) und andere traditionelle Silberarbeiten zu kaufen gibt und einen faszinierenden Souq (Basar), wo sich alle Düfte des Orients zu vereinigen scheinen. Weihrauchschwaden, gemischt mit den unterschiedlichsten Gerüchen der Gewürze, durchziehen die Hallen, Wasserpfeifen blubbern gemütlich vor sich hin. In den verschiedenen Bereichen kann man alles erstehen, was das Herz begehrt – Gold- und Silberschmuck, Öle, bunte Stoffe, feine Stickereien, Souvenirs ebenso

wie Obst, Gemüse, Süßwaren, Fleisch, Fisch oder meckernde Ziegen. Außerdem entdeckten wir eine kleine Poststelle. Ich ging hinein und erklärte dem freundlichen Beamten, dass ich gerne 80 Briefmarken hätte. Betretenes Schweigen! Er starrte mich mit großen Augen fassungslos an, um mir kurz darauf seine Hände vor die Nase zu halten und bedächtig damit zu beginnen, mir acht Finger abzuzählen. Nein, sagte ich, ich wolle nicht 8, sondern 80 Briefmarken. Er betrachtete mich, als wäre ich gerade einer Nervenheilanstalt entflohen. Seine Blicke wanderten Hilfe suchend zu unserem örtlichen Reisebegleiter, der ihm die Zahl nochmals bestätigte. Langsam entgleisten seine Gesichtszüge und die Augen verrieten deutlich seine Gedanken: Oh Gott, zwei Irre, tu lieber was sie wollen, bevor sie vielleicht noch bösartig werden!
Er schlurfte durch seine Postfiliale, kramte schweigend in allen Ecken und legte mir dann ganz vorsichtig die Briefmarken, mit immer noch fragendem Blick, auf den Tresen. Nachdem wir bezahlt und seine gastliche Stätte verlassen hatten, spürte ich noch lange seine Blicke im Rücken. Sicherlich hatte ich mit dieser Menge die Post gesprengt und den guten Mann um die Briefmarkenration eines Jahres (oder mehr?) gebracht. Vermutlich wird er von diesem Geschäft noch seinen Enkeln erzählen.
Ein weiteres unvergessliches Erlebnis taucht vor meinen Augen auf. Eine Fahrt durch die Sandwüste Wahiba-Sands. Flimmernde Hitze, gigantische goldfarbene Dünen unter azurblauem Himmel, eine Landschaft wie von einem fernen Planeten. Zunächst ließ unser Fahrer Luft aus den Reifen des Jeeps, um damit eine breitere und griffigere Auflagefläche zu schaffen, gab Vollgas und schoss die Düne empor. Oder besser, er versuchte es. Kurz vor dem Ziel verließen den Motor die Kräfte und wir mussten die ganze Strecke rückwärts wieder herunterrutschen. Ich vermied jeglichen Blick in die Tiefe und verdrängte den Gedanken, jeden Moment seitwärts abrutschen und umkippen zu können. Nach dem dritten Versuche landeten wir endlich schweißgebadet auf dem Kamm der Düne.
Der überwältigende Blick über die weite Dünenlandschaft entschädigte für vieles. Wäre da nicht der etwas beunruhigende

Gedanke gewesen, da auch wieder runter zu müssen! Aber was nützt es, was uns nicht umwirft macht uns stark. Unter brennender Sonne im heißen Sand zu verdursten und als Gerippe wieder gefunden zu werden, wäre ja auch nicht unbedingt ein erstrebenswerteres Lebensende gewesen. Dazu noch auf einer Wanderdüne, wo man noch nicht einmal im Tod seine Ruhe gefunden hätte.

Todesmutig stiegen wir in unseren Jeep. Doch das Schicksal war uns gnädig und gönnte uns noch eine Verschnaufpause, denn schon nach wenigen Sekunden hatten sich die Räder hoffnungslos in den Sand gegraben. Alle Versuche, den Jeep wieder freizubekommen, waren vergebens. Wir hatten Sand in den Haaren, Kleidern, Augen, zwischen den Zähnen und in den Schuhen, aber das Auto bewegte sich keinen Millimeter. Der aufwirbelnde Sand grub sich wie Stecknadelspitzen in jede Pore. Bei über 40° C Hitze ist das wie eine Einbrennlackierung mit anschließender Sandstrahlreinigung, zumindest ersetzt es jede Peelingmaske.

Irgendwann entdeckten wir in der Ferne einen weiteren Jeep, den wir durch Winken auf unsere missliche Lage aufmerksam machten. Er kam zur Hilfe – und fuhr sich ebenfalls fest. Einen dritten ereilte das gleiche Schicksal. Ein tolles Bild! Drei Jeeps, bis zu den Türen im Sand, Touristen kurz vor dem Hitzschlag und ein paar Fahrer in knöchellangen, Persil weißen Dishdashas, bewaffnet mit Schaufeln, Brettern und Seilen, aber ohne Funk, im goldgelben Sand. Wüstenromantik pur!

Nach endlos scheinenden Bemühungen gelang es schließlich mit Hilfe eines Seiles, den vordersten Jeep bis an die Kante der Düne zu ziehen. Bevor er wieder im feinen Sand zu versinken drohte, hieß es schnell einsteigen und los!

Der Jeep rutschte über die Kante, als schwebe er in einen luftleeren Raum über dem Abgrund. Man sah keinerlei Boden mehr. Plötzlich kippte seine Schnauze fast senkrecht nach vorne und grub sich in den sandigen Untergrund. Wir »schwammen« langsam durch die weichen Sandmassen, immer weiter den Hang der Düne hinunter. Erst jetzt wurde uns richtig bewusst, wie hoch die hübschen Sandhaufen wirklich sind. Zwar wollte ich dieses Supererlebnis nicht missen, aber ich gestehe, eigentlich war ich doch recht froh, als ich wieder festen Untergrund unter den Reifen spürte.

Weniger aufregend, aber deshalb nicht weniger faszinierend war der Besuch einer Werft, in der seit Generationen prachtvolle, hochseetüchtige Dhaus in alter, traditioneller Bauweise hergestellt werden. Einst waren Dhaus, die früher bis nach China segelten, die größten Handelsschiffe der Meere mit einer Ladekapazität bis zu 400 Tonnen. Wir schlenderten vorbei an den bereits fertigen Booten, die mit ihren hochgezogenen Hecks einen majestätischen Eindruck machten. Zwischen Balken, Brettern und Sägespänen standen hohe Gerippe der unterschiedlichsten Dhautypen, die hier mit sehr viel handwerklichem Geschick gezimmert werden. Der Geruch von Holz, Haifischfett (alte Form der Abdichtung), Harz und Lack setzte sich in meiner Nase fest.

Ein mystisch betörender Duft aus Rosenwasser, Myrrhe, Weihrauch, Sandelholz, Moschus und Jasmin umnebelte dagegen unsere Sinne in einer Parfumfabrik. Hier wird *Amouage*, das kostbarste Parfum der Welt, hergestellt. Die dazu verwendeten Felsrosen stammen von einem Hochplateau des Jebel-Akdhar-Gebirges. In Amouage vereinigen sich insgesamt 120 anspruchsvolle Essenzen und seltene Öle. Es wurde im Auftrag des Sultans von Guy Robert kreiert. Nicht weniger edel ist der Flakon. Den handpolierten Sockel aus Bleikristall ziert ein Deckel in Form einer Moscheekuppel aus Stirlingsilber, überzogen mit 24-karätigem Gold. Leider übersteigt diese Kostbarkeit bei weitem den Inhalt einer normalen Reisekasse.

Musandam, die nördlichste Spitze der arabischen Halbinsel und vom übrigen Oman durch das Territorium der Vereinigten Arabischen Emirate (V.A.E.) abgetrennt, bot uns ein weiteres phantastisches Szenarium. Noch bis vor wenigen Jahren war Musandam schwer zugänglich, erst seit 1981 ist es über eine teilweise gut ausgebaute Teerstraße zu erreichen. Zerklüftete Berge ragen 2000 Meter in den Himmel, um dann steil ins Meer abzufallen.

Mein neuer Beduinenlook

Der Palast von Sultan Qaboos bin Said Al Said in Muscat

Das alte Fort von Nizwa und die moderne Qaboos-Moschee

Die Festung Nakhl vor beeindruckender Gebirgskulisse

Zwischen der Halbinsel und dem Iran befindet sich die bekannte Straße von Hormuz.
Die atemberaubende, schroffe Fjordlandschaft der Shimm-Meeresenge genossen wir auf einer Dhaufahrt. Gemächlich glitten wir vorbei an zerklüfteten Buchten, verträumten Lagunen und kleinen Dörfern, die nur mit einem Boot zu erreichen sind. Im türkisgrünen, kristallklaren Wasser schwimmen wunderschöne, bunte Fische. An den fast kerzengerade aufsteigenden Felswänden ziehen Kormorane und Möwen ihre Kreise. Nicht umsonst wird diese spektakuläre Landschaft »Norwegen des Mittleren Ostens« genannt.
In der Oasenstadt Khasab, eingebettet in Dattelhainen, gibt es außer einem Flughafen auch Geschäfte, Restaurants, Verwaltungsgebäude, einen alten Souq und ein Fort aus dem 15. Jahrhundert, das zur Sicherung des Seeweges durch die Straße von Hormuz diente.
Fesselnd ist das bunte, turbulente, laute Treiben im Hafen. Hier pulsiert das Leben, denn an dieser Stelle boomt der kleine Grenzverkehr mit dem Iran. Schon in den frühen Morgenstunden legen Hunderte von Booten am Kai an. Schnell werden die aus dem Iran mitgebrachten Ziegen, Schafe, Teppiche ausgeladen, die sich auch gut in den V.A.E. verkaufen lassen. Dafür werden Unmengen gut wasserdicht verpackter Zigaretten und Unterhaltungselektronik an Bord geschleppt. Oftmals sind die Kähne so bis an die Grenzen ihrer Belastbarkeit beladen, dass man nur noch auf ein Blubb (wie das des bekannten Spinates) wartet und Mann und Maus in den Tiefen des Meeres versinken sieht. In den Abendstunden müssen die Boote Khasab verlassen. Mit einem schnellen Boot können sie die 70 km entfernte iranische Küste in 1½ Stunden erreichen. Im Schutz der stockdunklen Nacht gelingt es auch besser, der iranischen Küstenwache zu entwischen, denn dieser Handel ist dort illegal.
Ebenfalls unvergessen wird mir unsere Berg-Safari bleiben. Mit Geländefahrzeugen starteten wir zum Djebel-Harim, mit 2087 m der höchste Berg Musandams. Unser Jeep schraubte sich über abenteuerliche, staubige Passstraßen, vorbei an der Bedu-

inensiedlung Sayh, deren Bewohner von der Ziegenwirtschaft leben, in die Höhe. Immer wieder konnten wir den atemberaubenden Blick über das Bergpanorama, die tief unter uns liegenden Fjorde und den türkisblauen Indischen Ozean genießen.
Ein weiterer Höhepunke war natürlich Muskat, die Hauptstadt des Landes und Zentrum des politischen, kulturellen und wirtschaftlichen Lebens. In ihr vereinigen sich Vergangenheit und Zukunft in beeindruckender Weise. Es gibt eine bezaubernde Altstadt, supermoderne Geschäftsviertel, sehenswerte Museen, Hotels mit kaum vorstellbarem Luxus, Souqs, imposante Moscheen und die beiden alten, portugiesischen Festungen Jelali und Merani. Sie flankieren die felsige Bucht, in der die Stadt malerisch eingebettet liegt.
Nicht zu vergessen der prachtvolle Palast *Qasr-al-Ala* des Sultans. Verlässt er mit seinen Nobelkarossen den Palast, erheben sich automatische Straßensperren aus dem Asphalt, die den Bezirk abriegeln und ihm eine freie Fahrt gewährleisten.
Die Hauptstadtregion dehnt sich in einem schmalen Streifen über 60 km aus. Gab es vor 35 Jahren nur eine asphaltierte Straße, so verbinden heute vierspurige, beleuchtete, von exotischen Pflanzen und Palmen eingerahmte Autobahnen die einzelnen Stadtteile. Auf den Grünflächen der Kreisel, um die das gigantische Verkehrsaufkommen fließt, erheben sich fantasievolle, mit viel Liebe zum Detail gestaltete orientalische Skulpturen.
Der Oman ist ein Land, in das man sich unweigerlich Hals über Kopf verliebt. Sei es durch den Zauber und die Pracht des Orients, die Freundlichkeit und Offenheit der Menschen, die Sicherheit, den Respekt vor der Natur oder durch den Reiz seiner Ursprünglichkeit. Vielleicht aber auch ein wenig durch die entspannte orientalische Gelassenheit. Man kennt keine Hektik und ist deshalb höchst verwundert über die Ungeduld der Europäer, denn: »Als Allah die Zeit schuf, schuf er sie reichlich.«
Mit aller Zeit der Welt scheint auch unser Schildkröten-Wärter gesegnet zu sein. Doch nun reißt er mich im unpassendsten Moment aus meinen Träumen und gibt strengste Anweisungen über das Verhalten bei den bevorstehenden Beobachtungen.

Warum sie erst zu so später Stunde beginnen können liegt daran, dass die Schildkrötenmütter erst bei Dunkelheit mit der Flut an den Strand kommen. Um sie nicht zu erschrecken oder zu stören, muss man sich absolut ruhig verhalten, nicht sprechen, möglichst in niedriger Haltung fortbewegen ggf. kriechen, darf keine Fotos mit Blitzlicht machen und keine eigenen Taschenlampen anknipsen.
Der Wärter rennt viel zu schnell durch die für uns ungewohnten Sanddünen. In der Hand hat er eine winzige Taschenlampe, die so gut wie kein Licht auf das unwegsame Gelände wirft. So stolpern wir durch eine abenteuerliche Kraterlandschaft, die übersät ist mit Kriechspuren, alten Brut- und Fallgruben. Entweder fallen wir auf die Nase, weil wir mit den Füßen in festen, lianenähnlichen Grassträngen hängen bleiben oder wir verschwinden in einem zuvor nicht erkennbaren, tiefen Loch. Aus ihm kann man sich höchstens noch wie eine Schildkröte mit schaufelnden Bewegungen befreien, denn der feine Sand rieselt gnadenlos nach. Irgendjemand ist immer verschwunden. Eine Suchaktion löst die andere ab. Gar nicht so einfach, wenn man nach dem Verlorengegangenen nicht laut rufen darf. Vielfach lässt sich auch nicht feststellen, ob die Kriechspuren im Sand nun von Schildkröten oder von geplagten Touristen stammen, die versucht haben, in der Dunkelheit ihrer Gruppe auf allen Vieren hinterher zu robben.
Auch ich bleibe von den Tücken dieses unwegsamen Geländes nicht verschont. Urplötzlich gibt unter mir der Sand nach und ich verschwinde, wie von Geisterhand gezogen, in einem dunklen Loch. Nachdem ich mich vom ersten Schrecken erholt habe, bemerke ich, wie der sandige Boden unter mir anfängt, sich eigentümlich zu bewegen. Im blassen Licht des Mondes schaue ich in zwei irritierte, ängstliche Schildkrötenaugen – kein Wunder, denn ich sitze halb auf dem Panzer des fast 1 m langen Tieres. Ich weiß nicht, wer von uns beiden sich mehr erschrocken hat. Um nicht länger ihren Unmut zu strapazieren, versuche ich mich schnell aus dieser misslichen Lage zu befreien und im unter mir ständig nachgebenden Sand wieder an die

Oberfläche zu paddeln. Zum Glück hat man mich schon vermisst und eine sich mir entgegenstreckende Hand erleichtert mein Vorhaben.
Immer wieder kann man im Mondlicht große, dunkle Flecken erkennen, die sich entweder in Richtung Meer oder Dünen bewegen. Die bis zu 140 kg schweren Tiere kriechen unter lautem Schnaufen vorwärts. Haben sie im Sand einen brauchbaren Platz gefunden, fangen sie an, mit den Vorderflossen eine Grube auszuheben. Mühevoll graben sie so lange, bis nur noch ihr Kopf aus dem Sand ragt. Dann schaufeln sie mit der riesigen Schwanzflosse eine ca. 60 cm tiefe Eierkammer frei und lassen bis zu 110 pingpongballgroße, weiche Eier hineinfallen. Damit das alle Eier unbeschadet überstehen, halten sie geschickt ihre großen Hinterflossen darunter, um damit den freien Fall etwas abzubremsen. Hin und wieder glaubt man Tränen in ihren Augen zu entdecken. Das ist jedoch nicht der Ausdruck von Freude oder Trauer darüber, dass wir sie besuchen, sondern damit scheiden sie nur das überflüssige Salz aus ihrem Körper aus. Nach all den Anstrengungen der Eiablage, die gut zwei Stunden dauern kann, schaufeln sie wieder unter lautem Stöhnen das Brutloch mit Sand zu. Total erschöpft kriechen sie im Zeitlupentempo ins Meer, ihr Lebenselixier, zurück und lassen sich von den Wellen davon treiben. Dort angekommen, warten schon die Männchen auf eine erneute Paarung, die immerhin bis zu 48 Stunden dauert (ohne Viagra!). Ein anstrengendes Leben ...
Nach einigen Tagen sind die Eier wieder zur Ablage reif und das ganze Spiel beginnt von vorne. Erst nachdem die Schildkrötenweibchen bis zu 3 Brutplätze angelegt haben, entschwinden sie wieder in der unendlichen Weite des Meeres. Bis sie zu einer erneuten Eiablage zurückkehren, können bis zu vier Jahre vergehen. Zwischenzeitlich tut die Natur ihr Übriges. In dem durch die Sonne erwärmten, heißen Sand werden die vergrabenen Eier ausgebrütet. Forschungen ergaben, dass bei über 29° C Weibchen, bei geringeren Temperaturen Männchen schlüpfen.
In Gedanken versunken, entdecke ich plötzlich zu meinen Füßen ein kleines, ca. 6 cm großes, unbeholfen schaufelndes

Etwas, dem weitere folgen. Es sind vier bis sechs Wochen alte geschlüpfte Schildkrötenbabys, die schnurstracks Richtung Meer krabbeln. Sie sind noch fast blind und finden den Weg dorthin nur durch die Lichtreflexion im Wasser. Das ist auch der Grund dafür, weshalb man nicht mit einer Taschenlampe oder anderen Lichtquellen diese Reflexion verfälschen darf. Auch wenn diese Schildkröten noch klein und leicht sind, ist die Anstrengung groß. Doch nur Schnelligkeit heißt Feinden zu entgehen und zu überleben.
Erstaunlich ist, dass diese Babys niemals ihren Geburtsort vergessen. Selbst nach vielen Jahren kehren sie aus entfernten Ländern, sogar aus Indien, Pakistan, Somalia zur eigenen Eiablage an diesen Ort zurück.
Leider überleben nur wenige der kleinen Schildkrötenbabys diese Strapazen. Man sagt, von 20.000 Eiern wird eine erwachsene Schildkröte übrig bleiben. Die meisten von ihnen werden von Möwen und Raubfischen gefressen oder kommen durch Umweltverschmutzung ums Leben. Sie verfangen sich in Fischernetzen oder ihre Nistplätze werden zerstört. Haben sie jedoch das Glück, all diese auf sie lauernden Gefahren zu überleben, können sie über hundert Jahre alt werden. Das müssen sie auch, denn ihre Geschlechtsreife erlangen sie erst mit 30 bis 50 Jahren.
Ich hoffe, dass aus dem schwabbeligen kleinen Ei, das mir der Schildkrötenwächter ganz vorsichtig in die Hand gelegt hat, inzwischen eine stattliche Schildkröte geworden ist, die allen Tücken der Weltmeere widerstehen kann und dass ich vielleicht wieder einmal die Möglichkeit haben werde, dieses faszinierende Land nochmals zu besuchen – in sha' allah!

INDIEN

Verbrennungsstätten, heilige Kühe und das Zeugnis einer großen Liebe

Kaum habe ich die klimatisierten Hallen des Flughafens verlassen, schlägt mir nicht nur brütende Juni-Hitze, sondern auch das pralle Leben Indiens entgegen, wie es bunter, lauter und gegensätzlicher nicht sein könnte.
Den sich in Sekundenschnelle wechselnden Eindrücken und exotischen Reizen kann man sich nur schwer entziehen. Sie sind verwirrend, atemberaubend, aber auch fremd, abstoßend und grausam zugleich. Verzauberung und Entsetzen fließen nahtlos ineinander über. Man ist fasziniert von den kunstvoll verschlungenen Turbanen der Sikhs, der Anmut der schlanken Frauen in leuchtenden, farbenprächtigen Saris, ihren schwarz umrandeten ausdrucksvollen Augen, dem goldenen Nasenschmuck, den mit rotem Henna auf die Hände gemalten Motiven und dem Glöckchenschmuck, der um ihre Fußgelenke klimpert. Man wird gefangen genommen von den fremden Gerüchen der sich am Straßenrand aufreihenden Garküchen, dem Anblick von gepflegten Parks, Fontänen, großzügigen Alleen, Hochhäusern, von Engländern erbauten noblen Gebäuden, Villenvierteln, goldenen Tempeln, imposanten Moscheen und unbeschreiblich prunkvollen Maharadscha-Palästen – gleichzeitig jedoch auch abgestoßen von stinkenden Abwasserkanälen und Luftverschmutzung, von zerlumpten Gestalten, die erbärmlich und menschenunwürdig auf der nackten Erde oder auf den Bürgersteigen in Behausungen aus Pappkartons leben, sich dort waschen und ihre Geschäfte verrichten oder von bettelnden Kindern neben Abfallhaufen, über die Geier kreisen.
Kontraste, wie sie nicht widersprüchlicher sein könnten. Für den Reisenden gibt es nur zwei Möglichkeiten: entweder, er dreht sich gleich wieder auf dem Absatz um und ergreift die Flucht oder aber, er freundet sich langsam mit diesem pulsierenden, einen in den Bann ziehenden, fremdartigen Leben an.

Nach einem über siebenstündigen Flug sehne ich mich erst einmal nach ein wenig erholsamem Schlaf. Wenn ich schon in *Njuddeelii* (das ist keine Snack-Bar für Nudel- und Pastagerichte, sondern die etwas verwaschene indische Ausspra-

che für New Delhi) bin, nehme ich diese Herausforderungen auch an.
Schnell bin ich von lauten, an meinen Armen zerrenden, wild gestikulierenden Taxifahrern umringt, die mich allesamt zum Hotel bringen möchten. Bevor ich von der wachsenden Menschentraube erdrückt werde, entscheide ich mich für einen etwas verschlafen aussehenden Fahrer, der wenigstens so freundlich ist und mir nicht seine von Betelnüssen rot gefärbte Spucke vor die Füße befördert. So erhoffe ich mir eine entspannende Fahrt, auf der ich noch etwas von der Stadt sehen und die fremden Eindrücke auf mich wirken lassen kann. Dieser Traum findet allerdings ein jähes Ende, noch bevor er begonnen hat.
Indien und Verkehr, das ist ein Kapitel für sich und weiß Gott nichts für schwache Nerven! Eigentlich herrscht Linksverkehr, aber auf welcher Straßenseite gefahren wird, entscheiden allein die Stärke des Vehikels und der Mut des Fahrers. Meiner wird, kaum sitzt er hinter dem Steuer, zum tollkühnen Superman und entwickelt Nerven wie Drahtseile. Sein schokofarbenes Gesicht ist beseelt von einem milden Lächeln, als er bemerkt, wie sich meine Hände immer fester in seine Autopolster krallen.
Uns umgibt ein chaotisches Gewühl aus Autos, Rikschas, Fahrrädern, Ochsen-Handkarren und Fußgängern. Dazwischen überfüllte Busse und Lastwagen, die ihre Stärke und Knautschzonen ohne Rücksicht auf Verluste ausnutzen. Dazu herrscht ein unbeschreiblicher Lärm. Jeder, der eine Hupe sein Eigen nennen kann, benutzt sie pausenlos voller Freude. Fahrradklingeln schrillen um die Wette, Bremsen quietschen in allen Tonlagen. Die Straße ist teilweise so verstopft, das man glaubt, man befände sich mit dem Auto in einem Kaufhaus beim Sommerschlussverkauf.
Ganz Indien scheint sich gleichzeitig auf der Straße zu bewegen. Dazwischen quiekende Schweine, meckernde Ziegen, streunende Hunde, flatternde Hühner. Bei uns würde man, gemessen an diesem endlosen Durcheinander, die Fußgänger im Radkasten oder auf der Kühlerhaube wieder finden, hier jedoch passiert erstaunlich wenig. Jeder scheint zu wissen, was er in diesem

Gewühl zu tun hat. Wie von Geisterhand gesteuert, weichen die Massen auseinander und geben wenigstens so viel Straße frei, dass ein Durchkommen möglich wird. Und das ohne jegliche sichtbaren Verkehrsregeln. Natürlich existieren ebensolche auch in Indien, nur schert sich kein Mensch darum. Zumindest sind sie mit unserem europäischen Fahrempfinden nicht zu durchschauen. Es scheint, als gäbe es nur ein Ziel, nämlich die ganze Menschheit möglichst schnell auf den Olymp bzw. ins Nirwana zu befördern ...

Die Schweißperlen auf meiner Stirn haben keine Zeit zum Trocknen. Mein Superman fährt pfeifend auf der Gegenfahrbahn auf einen Lastwagen zu, um dann, wenige Zentimeter vor ihm, in allerletzter Sekunde wieder einzuscheren. Bei diesem Manöver weht er fast eine hübsche Inderin vom Motorroller, die nur noch die Chance sieht, sich in den Straßengraben zu retten. Kaum hatte sich mein Bonsai-Nicki-Lauda dem nächsten Geschwindigkeitsrausch hingegeben, tritt er schon wieder unvermittelt mit vollem Elan auf die Bremse. Mein Magen schlingert vor- und rückwärts, als würde er sich in einem luftleeren Raum befinden. Diesmal ist der Grund seiner temperamentvollen Notbremsung eine heilige Kuh, die es sich, ihrer Sonderstellung voll bewusst, genüsslich wiederkäuend mitten auf der Straße bequem gemacht hat.

Eine rote Ampel! Welch ein Vergnügen! Nur schnell Gas geben und nichts wie weg, bevor sie vielleicht noch grün wird! Auf meine vorsichtige Frage: »War die nicht rot?«, erklärt mir mein Fahrer nur lässig beschwingt:

»Verkehrsregeln und Ampeln sind dazu da, um den Verkehr zu regeln, aber hier ist nichts zu regeln.« Wie wahr! Es kommt halt immer darauf an, von welcher Seite man die Dinge betrachtet ...

Zu gern hätte ich fluchtartig diesen fahrenden Untersatz verlassen, aber mein Verstand signalisiert mir unmissverständlich, dass ich hier nie von einer auf die andere Straßenseite gelangen würde, ohne anschließend, mit feinstem indischen Reifenprofil verziert, auf dem Asphalt zu kleben. Diesem Überlebenskampf

will ich mich nun doch lieber nicht stellen, denn ich möchte wenigstens noch das Taj Mahal und die Verbrennungsstätten von Varanasi sehen. So lege ich nach Landesart mein Schicksal in die Hände der Götter. Zum Glück gibt es viele davon und ich hoffte, dass vielleicht wenigstens einer von ihnen Erbarmen mit mir hat. So erreiche ich, wenn auch mit etwas grünlicher Gesichtsfarbe, tatsächlich lebend mein Hotel.
Meine Hoffnung, mich jetzt etwas erholen zu können, scheitert an netten, weißgekleideten Roomboys, die in Minutenabständen an meine Tür klopfen. Einer bringt eine Karaffe, ein anderer das Wasser, der nächste ein Handtuch, gefolgt von weiteren mit einer Blumenvase, den Blumen dazu ... usw., der Phantasie scheinen keine Grenzen gesetzt zu sein. Nur gut, dass wenigstens die Möbelstücke bereits im Zimmer stehen und nicht auch noch einzeln gebracht werden müssen. Sonst hätte meine Urlaubskasse bald Insolvenz anmelden müssen, denn jeder erwartet, freundlich grinsend, eine Rupie für seine Aufmerksamkeiten.
Nur ein kleines Mäuschen, das wohl in den Schlitzen der Heizung eine Heimat gefunden hat, unterhielt mich die restliche Nacht unentgeltlich. Es schaut mich neugierig an, putzt sich genüsslich, verschwindet, um an anderer Stelle wieder aufzutauchen – hoffentlich nicht unter meiner Bettdecke!
Am nächsten Tag steht die Besichtigung der Stadt und ihrer zahlreichen historischen Baudenkmäler auf meinem Plan. New Delhi ist eine reizvolle, lebendige Stadt, ein riesiger Schmelztiegel, in dem sich die Spuren uralter Kulturen mit den Errungenschaften der dynamischen Gegenwart vermischen und bereichern. Es ist ein Kaleidoskop von sagenumwobener Romantik und Wirklichkeit. Moderne, PS-starke Autos überholen alte, knatternde Motorroller; neben stilvollen Restaurants und Kaffeehäusern bieten kleine Imbissbuden ihre scharf gewürzten Gerichte an. Stoffverkäufer, die ihre Ware auf dem Bürgersteig ausgebreitet haben, bilden einen bunten Kontrast zu eleganten Geschäftspassagen und golddurchwirkte Saris zu flotten Miniröcken.
Nicht weniger faszinierend ist der alte Teil Delhis mit seinen engen, sich windenden Gassen und den vielen kleinen Läden,

in denen das traditionelle Handwerk lebendig gehalten wird. Shops mit Silber- und Goldschmuck, glitzernde Edelsteine, goldbestickten Seidenstoff und Schnitzereien aus Elfenbein findet man neben kleinen Garküchen, aus denen eine Mixtur orientalischer Wohlgerüche aufsteigt. Hier bekommt man alle Speisen, die das Herz begehrt – nur oftmals der Magen nicht! – heiß und scharf gewürzt oder mild, geröstet, gebraten, mit Currysauce, Kräutern oder getrockneten Früchten.

Mit ihrer Faszination hat diese Stadt Jahrhunderte lang Eroberer angezogen. Viele Dynastien sind hier aufgestiegen und wieder versunken, jedoch nicht, ohne ihr monumentales Erbe zu hinterlassen. So ist der Qila Rai Pithora das Erbe eines Rajput-Königs, der Qutb Minar die großzügige Geste eines afghanischen Königs, die Rote Festung wurde von Großmogul Shahjahan errichtet und in der alten Festung lebte einst der weise König Sher Shah. Mystische Geheimnisse scheinen die Gräber, Mausoleen und Erinnerungsstätten der Herrscher und Könige zu umhüllen.

Ich laufe über breite Boulevards, vorbei an gepflegten Häusern im Kolonialstil, Gärten und Springbrunnen, durch schattige Alleen und schaue nach Stunden, nachdem meine Füße schon fast platt gelaufen sind, bewundernd durch die prächtigen, schmiedeeisernen Tore des Rashtrapati-Bhavan-Palastes, der ursprünglich für den englischen Vizekönig erbaut wurde und heute die Residenz der indischen Präsidenten ist.

Plötzlich werden meine Gedanken von einem blendend aussehenden jungen Mann in eleganter Pilotenuniform und mit wunderschönen, dunklen Augen unterbrochen. Freundlich fragt er mich, woher ich komme, wie mir Indien gefalle, was ich schon gesehen habe und wohin ich noch möchte. Nach einem längeren, beeindruckenden Gespräch, in dem wir auch Themen über die überall sichtbare Armut, die Probleme der Kasteneinteilung und der Witwenverbrennungen nicht ausklammern, verabschiedet er sich äußerst freundschaftlich und geht Richtung Parlamentseingang weiter. Die Wachposten nehmen Haltung an, schlagen die Hacken zusammen und grüßen ihn zackig. Komisch, denke ich, aber vielleicht ist er ja der Pilot der Präsidentin? Weit gefehlt, denn abends sehe ich ihn im Fernsehen wieder. Es war Rajiv Gandhi, der Sohn Indira Gandhis, Enkel Nehrus und späterer Premierminister Indiens. Er hinterließ bei mir den Eindruck eines feinfühligen, äußerst charismatischen und netten Menschen. Er träumte von technischem Fortschritt, einem modernen Indien, ohne dabei die Bewahrung des kulturellen Erbes zu vergessen. Seine Ermordung war für mich unfassbar und stimmte mich sehr traurig.

Mein nächstes Ziel heißt Varanasi, 820 km östlich von New Delhi gelegen. Das frühere Benares ist einer der heiligsten Orte Indiens, das »Mekka« für den gläubigen Hindu. Einmal im Leben die Möglichkeit zu haben, in den heiligen Strom Ganges einzutauchen und einen Schluck des trüben Wassers zu trinken ist das höchste Ziel eines jeden Hindus.

In Varanasi, der Stadt der tausend Tempel, von den Gläubigen Kashi oder »das Licht« genannt, ist die tiefe Mystik des Hinduismus allgegenwärtig, sei es durch den Klang einer heiligen Glocke, den im Sonnenlicht schimmernden Tempeln, den monotonen Gesang der Priester oder den Duft der Blumenopfer. Wem das große Glück vergönnt ist, an den Ufern der heiligen *Mutter Ganga* zu sterben, dort verbrannt zu werden und dessen Asche in die Fluten gestreut wird, findet Erlösung vom ewigen Kreislauf der Wiedergeburt und landet im Paradies. Bei dem schmutzigen Wasser des Flusses und all den appetitlichen Dingen, die darin herumschwimmen, scheint dieses Ziel auch gar nicht so unerreichbar zu sein ...

Nur mit Mühe kämpfe ich mich durch die engen, schmutzigen, modrig riechenden Gassen der Altstadt, vorbei an alten Häusern und Palästen, Tempeln, Moscheen und kleinen Märkten. Mich umgibt ein Gewirr von Rikschas, knatternden dreirädrigen Tuk-Tuks, Pilgerströmen, abgemagerten Hunden, heiligen Kühen, heiligen *Sadhus* (Bettelmönchen), Schlangenbeschwörern und Leprakranken, auf deren aufgeplatzten Geschwüren und abgestorbenen Körperteilen sich Fliegen tummeln.

Ein paar wilde Affen, die schon lauernd auf einem Mauervorsprung saßen, klauen einem Händler Bananen von seinem rol-

lenden Marktstand und flüchten, wie man es von ihnen erwartet, in affenartiger Geschwindigkeit. Der Händler rennt ihnen laut fluchend mit einem Stock hinterher. Die Affen hüpfen feixend auf einen nicht in seiner Reichweite gelegenen Balkon und verspeisen dort seelenruhig und genüsslich ihre kostbare Beute.
Vor einem verfallenen Haus liegt die Leiche eines Mannes auf dem schmalen schmutzigen Gehsteig. Kein Mensch scheint sich daran zu stören. Straßenkinder, deren Gliedmaßen oftmals absichtlich verstümmelt wurden, hängen sich bettelnd an meinen Arm und flüstern eindringlich: »Money, Misses, money.« So schockierend dieser Anblick für uns auch sein mag, so herzzerreißend die großen, dunklen Kulleraugen auch blicken mögen, man sollte sich nicht dazu hinreißen lassen, ihnen Geld zu geben. Man würde damit nur fördern, dass die Familien diesen schnellen Geldregen ausnutzen und ihre Kinder lieber zum Betteln anstatt in eine Schule schicken würden.
So gelange ich, in der Hoffnung, nicht auf dem überall hin gespuckten roten glitschigen Betelschleim auszurutschen, zum Haupttheiligtum der Stadt. Spucken scheint, wie ich es schon in Sri Lanka erleben konnte, ein Volkssport zu sein. Fast alle Männer haben den Mund voller Paan, einem Gemisch aus Kalk, Opium, Gewürzen und Betel, das in Blätter eingerollt wurde. Dieser Genuss regt nicht nur den Speichelfluss an und dämpft das Hungergefühl, sondern es verschafft auch glasige Augen und hässlich rot verfärbte Stummelzähne.
Der goldene Tempel Vishvanath ist dem Schutzgott der Stadt Varanasi, Shiva, geweiht. Nachdem die alte Kultstätte von mohammedanischen Eroberern zerstört und an ihrer Stelle eine Moschee erbaut wurde, errichtete man nicht weit davon entfernt im Jahre 1750 diesen neuen Tempel. Auf seinen in der Sonne glänzenden, goldenen Türmen sollen mehr als 700 kg Gold verarbeitet worden sein.
Zwischen Moschee und Tempel liegt der Brunnen der Weisheit. Die Legende erzählt, dass ein kluger Priester während einer großen Trockenperiode den Dreizack Shivas in den Boden gerammt haben soll, und plötzlich sprudelte aus dem trocke-

nen Erdreich frisches Quellwasser. Noch heute umlagern Pilger den Brunnen, denn ein Schluck dieses Wassers soll große Weisheit verleihen. So sehr mich dieser Gedanke auch reizt, belasse ich es lieber bei der bloßen Vorstellung, denn schon normales Leitungswasser in den Hotels sollte man nicht trinken, ohne es vorher wenigstens 15 Minuten abgekocht zu haben. Wie gefährlich mag da erst das zweifelhafte Wasser dieses Brunnens für unser mitteleuropäisches Gedärm sein? Also lieber ein wenig dümmer, dafür aber gesund ...

Auf dem Weg zu den berühmten *Ghats* (Badestellen) begegnen mir in weiße Lendentücher gehüllte *Pujaris* (Priester). Um ihren Oberkörper ist als Zeichen ihrer Zugehörigkeit zu der höchsten Kaste der Brahmanen eine Kordel geschlungen. Verkäufer von Opfergaben, Souvenirs, Räucherwerk, Sandelholz, Kupfertöpfen und leuchtend orangeroten Girlanden aus Ringelblumen preisen laut schreiend ihre Waren an. Ein Bettler heftet sich an meine Fersen. Seine Aufdringlichkeit scheint ihm tausend Hände zu verleihen, wovon mich immer eine berührt. Es ist unangenehm, aber der alltägliche Überlebenskampf, der sich in vielen Gesichtern widerspiegelt, ist ebenso hart wie der Kampf um jede Rupie und sicherlich nicht mit zurückhaltender Liebenswürdigkeit zu erreichen. *Chaiwallahs* (Teemacher) verkaufen ein Gemisch aus Zucker, Milch, Kardamon und zerkrümelten Teeblättern. Leider ist es jedoch für Millionen von Indern nicht selbstverständlich, sich wenigstens ein Glas Tee am Tag leisten zu können.

Von alten Tonbändern dröhnt dazu eine für unsere Ohren sehr fremdartige, mystische Hindimusik. Asketen und Sadhus laufen halbnackt oder in grell orangefarbenen Gewändern und mit Aschezeichen bemalten Gesichtern durch die Menge. Viele auch so, wie Gott sie schuf, dafür aber mit lang wallenden verfilzten Haarmähnen und zerzausten Bärten, was sie aber auch nicht begehrenswerter macht. Dennoch leben sie recht gut von der Verehrung und den Almosen der Gläubigen. Selbst Frauen fühlen sich geehrt, wenn sie ihnen zu Diensten sein dürfen.

Ein kleiner bronzener *Ganesha* (ein Gott mit einem Elefanten-

kopf) in einer Kokosnussschale, gefüllt mit bunten Blumen und Bonbons, weckt mein Interesse. Kaum drehe ich mich wieder um, schaue ich in die großen, dunklen Glubschaugen einer heiligen Kuh. Bevor ich überhaupt reagieren kann, leckt sie mit ihrem riesigen rauen Waschlappen quer über mein Gesicht. Ein Mal, zwei Mal ... Ihr warmer, schleimiger Sabber tropft in meinen Ausschnitt. Iiiigitttt! In welchem Dunghaufen mag diese Zunge wohl zuvor gerade gesteckt haben? Ich versuche mich zu wehren, sie sanft weg zu schieben, jedoch die vor Erfurcht erstarrten Gesichter umstehender Zuschauer halten mich von weiteren heftigeren Abwehrmaßnahmen ab. Menschen, die sich plötzlich um mich versammelt haben, murmeln unverständliche Worte. Ich spüre Hände, die mich berühren und streicheln. Ich fühle mich hilflos. Wie weit kann ich gehen, ohne der heiligen Kuh zu nahe zu treten und ohne die Gefühle der Gläubigen zu verletzen?
Meine Erlösung naht in Form eines mit Obst beladenen Karrens, an dessen duftenden Früchten meine heilige Kuh zum Glück schnell Gefallen findet. Schleunigst mache ich mich aus dem Staub und tauche in der Menge unter. Vielleicht war es ja eine besondere Ehre, von einer heiligen Kuh gewaschen zu werden? Doch göttliche Gefühle hat diese feuchte Attacke trotzdem nicht gerade in mir erweckt ...
Immer wieder strampeln Fahrradfahrer, die mal längere, mal kürzere verschnürte Bündel quer auf ihren Gepäckträger gebunden haben, an mir vorbei. Bei näherem Hinschauen wird mir schauernd bewusst, dass es sich hierbei nicht um gekaufte Gebrauchsgegenstände aus dem Supermarkt handelt, sondern um die sterblichen Überreste von Oma und Opa auf ihrem letzten Weg zum heiligen Fluss. Mir stockt jedes Mal der Atem, wenn ich sehe, wie haarscharf Busse und Autos an ihnen vorbeifahren. Es wäre sicher nicht Omas Wunsch gewesen, in Teilen zerlegt ins Nirwana einzugehen.
Am Zugang zu den Ghats sitzen verkrüppelte, ausgemergelte Bettler. Im Vorbeigehen stecken ihnen die Pilger einige Paisemünzen zu. Breite Stufen führen hinunter zum Ganges. Men-

schen beten, nehmen nach altem Ritus Waschungen vor und tauchen in das heilige Wasser des Flusses ein. Andere waschen darin ihre Kleidung und putzen ihre Zähne. Sadhus meditieren in eigentümlich anmutenden Jogastellungen, mit verknoteten Beinen, unter großen stoffbespannten Schirmen. Unzählige Holzbündel werden auf Steinsockeln zu Scheiterhaufen aufgeschichtet. Auf einigen schließt das Feuer bereits knisternd die Körper des Verstorbenen ein. Der Rauch steigt wie Nebelschwaden zum Himmel auf.

Schon kurz vor vier Uhr klingelt am nächsten Morgen mein Wecker. Hundskaputt schäle ich mich aus den Federn, denn eine Bootsfahrt auf dem Ganges bei Sonnenaufgang möchte ich mir nicht entgehen lassen. Selbst zu dieser nachtschlafenden Zeit sind die Ghats voller Leben. Es ist ein unbeschreiblich stimmungsvoller Moment, wenn der Dunst sich langsam auflöst und über dem Fluss die Sonne wie ein riesiger, roter Feuerball aufgeht. Eingetaucht in einen Hauch rötlichen Lichts wirken die Badehäuser, alten Paläste, hohen verschachtelten, verwitterten Häuserfronten, die unzähligen Tempeltürme der Stadt und selbst die Scheiterhaufen wie ein Bild aus einem exotischen, unwirklichen Märchen.

Langsam tuckert unser Boot an den sich endlos dahin ziehenden Ghats, Verbrennungsstätten, Lehmmauern, hinter denen sich vierstöckige alte Häuser und Moscheen erheben, entlang. Mit Pilgern besetzte und mit vielen Lämpchen geschmückte Boote gleiten an uns vorbei. Die ersten Strahlen der Morgensonne tauchen die Seidensaris der Frauen in einen goldenen Glanz. Hunderte von flackernden Ölflämmchen, die dem Ganges als Opfergaben dargebracht wurden, tanzen in Schälchen auf der Wasseroberfläche. Sternen gleich, spiegelt sich ihr heller Schein im Strom wider.

Klänge fremd anmutender, indischer Instrumente dringen zu uns herüber. Die Feuer der Verbrennungsstätten lodern, Rauch steigt empor. Leichen werden in den heiligen Fluss eingetaucht, bevor man sie auf den Scheiterhaufen legt. An anderer Stelle wird die Asche der Verbrannten in den Ganges gekehrt.

Taj Mahal, das Symbol einer großen Liebe

Eine Verbrennungsstätte in Amritsa

Die Reste eines Lebens ...

Langsam härtet man ab. Denn nicht nur Kerzen schwimmen an den Bootsplanken vorbei, sondern auch Knochen, vom Wasser aufgeblähte Leichentücher, in denen sich noch Gliedmaßen befinden, abgenagte Menschenskelette, Kinderleichen und Tierkadaver. Geier ziehen schreiend ihre Kreise und warten auf ihr Frühstück. Ein beeindruckendes, bewegendes und zugleich schockierendes Wechselbad der Gefühle nimmt einen gefangen.

Tage später werde ich in Amritsar hautnah einer Verbrennungszeremonie beiwohnen können. Amritsar ist das geistige Zentrum der Sikhs, einer Religionsgemeinschaft, die von Guru Nanak (1469 bis 1538) gegründet wurde. Seine Anhänger sollen vor Sonnenaufgang aufstehen, nach den Waschungen meditieren, in den Tempel gehen und dem Leben positiv gegenüberstehen. Sie dürfen ihre Haare und Bärte nicht schneiden lassen und erst im Mannesalter einen Turban tragen. Jugendliche laufen deshalb mit zu einem kleinen Dutt zusammengedrehten Haaren, über den ein Haarnetz gespannt ist, herum. Später wird auf diesen Knoten ein Tuch gelegt und aus einer Stoffbahn ein kunstvoller Turban gezaubert. Außerdem soll jeder Sikh um das rechte Handgelenk einen stählernen Armreif (*Kara*) und unter seiner Kleidung eine kurze Unterhose (*Kachha*) tragen. In sein Haar soll er einen Holzkamm (*Kangha*) stecken und immer einen Säbel oder Dolch (*Kirpan*) mit sich führen. Diese vier Symbole werden in unzähligen kleinen Shops verkauft, die sich vor dem Eingang des »goldenen Tempels«, dem Hauptheiligtum, aneinander reihen.

Ich gehe durch einen mit Ornamenten verzierten Torbogen. Vor mir liegt inmitten eines künstlich angelegten Teiches der heilige Tempel. Die große Mittelkuppel und die Mauertürmchen sind mit Gold überzogenen Kupferplatten bedeckt. Leuchtend glitzern sie in der Sonne und spiegeln sich im ruhigen Wasser wider. Der kleine See ist umgeben von Verwaltungsgebäuden, Waschräumen und Pilgerunterkünften. Im Sikh-Tempel Guru Ka Kangar befindet sich eine Gemeinschaftsküche, in der jeder, egal, ob arm oder reich und welcher Religion oder Nationalität er angehört, eine kostenlose Mahlzeit einnehmen kann. Der große, rund um die Uhr geöffnete Essraum kann bis zu 200 Menschen fassen. Die

hungrigen Pilger sitzen um lange Tische herum und essen ihre Suppe aus Blechtellern, dazu frisch gebackenes Fladenbrot.
Der ganze Tempelbezirk ist in leise Musik eingehüllt. Die Pilger machen es sich auf kunstvoll angeordneten schwarz-weißen Marmorplatten bequem, suchen unter den angrenzenden Arkaden angenehme Kühlung oder planschen vergnügt im Wasserbecken. Über einen weißen Marmorsteg gelangt man zu einem der vier Tempeleingänge, von denen sich je einer im Osten, Süden, Westen und Norden des Tempels befindet. Es soll ein Symbol dafür sein, dass der Tempel für jedermann offen ist, gleich welchem Glauben, Geschlecht und welcher Kaste er angehört.
In dem nicht allzu großen Innenraum drängen sich die Gläubigen. In der Mitte sitzt ein alter Mann mit langem, weißem Bart im Schneidersitz und liest laut aus dem heiligen Buch vor. Drei weitere singen und spielen auf fremdartigen Musikinstrumenten religiöse Lieder. Viele Menschen sind schweigend auf die Knie gesunken und meditieren. Diese seltsam entspannte Atmosphäre nimmt auch mich sofort gefangen. Schweren Herzens löse ich mich von diesem Zauber, um noch rechtzeitig zu einer Verbrennungszeremonie zu kommen.
Das Verbrennungsgelände ist von einer Mauer umgeben. Auf der einen Seite befinden sich zwei Verbrennungsstätten für höhergestellte, reichere Persönlichkeiten. Diese Stellen sind abgemauert, fünf Stufen führen hinab zu einer Steinplatte. Auf der obersten Plattform stehen Bänke aus Stein.
Für Normalsterbliche werden die Scheiterhaufen gegenüber auf einem niedrigen Steinsockel aufgeschichtet. Zwei brennen schon lichterloh, der dritte wird gerade angezündet. Auf dem Holzstapel liegt eine in weiße Leinentücher eingewickelte Leiche. Die Angehörigen stehen in weißen *Dhotis* (um die Beine geschlungene Stoffe) und mit darüber getragenen, seitlich geschlitzten langen Hemden (*Kurta*) andächtig daneben. Nachdem die ersten Flammen lodern, brechen die Hinterbliebenen in lautes Wehklagen aus, was allerdings nach wenigen Minuten schlagartig verstummt. Der Gedanke, dass der Verstorbene nun in eine neue, bessere Welt gekommen ist, verleiht ihren Gesichtern einen freu-

digen Gesichtsausdruck. Sie sind vergnügt, lachen und unterhalten sich angeregt.

Das Holz knistert. Es verbreitet sich kein unangenehmer Geruch, wie man vielleicht annehmen könnte. Eher duftet es angenehm nach Sandelholz, das vorher zwischen die Holzscheite gesteckt wurde. Vielleicht auch etwas nach Bratfett, denn damit der Leichnam besser und schneller brennt, hat man ihn vorher mit *ghee* (Butterschmalz aus Büffelmilch) eingerieben.

Ein für die Verbrennung zuständiger heiliger Mann mit langem, schwarzen Bart, rotem Dhothi, weißer Kurta, um die ein orangefarbenes Band gewickelt ist, stochert ab und zu in dem Holzhaufen herum oder schlägt mit einem Stock auf das verkohlte Skelett. Zwischen den flackernden Holzscheiten erkennt man den Kopf, der noch fest auf der Wirbelsäule sitzt. Plötzlich ein leichtes Knacken und er kullert in die glimmende Asche. Nach etwa zwei Stunden ist das Feuer heruntergebrannt. Ein weiterer Mann nimmt einen Reisigbesen und kehrt die übrig gebliebene Asche samt restlicher Knochensplitter und Holzreste in einen großen Eimer. Ein Stückchen vom Nachbarn ist sicher noch mit dabei, aber wen stört das schon?

Diese Begegnung mit der Vergänglichkeit des Lebens stimmt sicher nachdenklich, stößt ab und fasziniert zugleich. Habe ich früher über Verbrennungen gelesen, erfasste mich Gruseln und Unverständnis. Später sah ich in Sri Lanka auf einen Hangar geworfene Leichen, die von Hunden und Geiern gefressen wurden. Geboren werden, sterben, auf ein besseres Leben hoffen – ein Kreislauf, der plötzlich durch den Glauben und die Lebenseinstellung dieser Menschen frei von Schrecken und Gänsehaut ist. Er wird zu einem ganz natürlichen Prozess.

In Amritsar übernachte ich in einem kleinen, recht abenteuerlich wirkenden Hotel. Die Chefin, eine etwas korpulente, in weiße Gewänder gehüllte Inderin, begrüßt weitere Gäste und mich mit großer Herzlichkeit. Von einem riesigen Glasanbau des Haupthauses aus überwacht sie die Geschehnisse des Hotels mit äußerster Strenge. Ihre Kommandos werden schnell und ohne jegliches Murren von ihren Bediensteten ausgeführt. Alles funk-

tioniert wie am Schnürchen.
Die Zimmer befinden sich in einer besseren Baracke mit Wellblechdach im Garten – immerhin aber mit fließend Wasser und Toilette. Die Spülung besteht aus einem alten Wassereimer mit Schöpfkelle. Das ausgediente, harte, aber saubere Feldbett ist sicher noch ein Überbleibsel aus längst vergangenen Kriegszeiten. Geckos laufen an den Wänden entlang und tauschen laut rufend ihre Neuigkeiten mit den Artgenossen im Nachbarzimmer aus.
Das Abendessen wird im Garten serviert. Zwischen uralten Bäumen baumeln bunte Lichterketten, die allerdings nicht viel Licht spenden. Vielleicht ist es ja auch besser, wenn man nicht so genau erkennen kann, was man alles isst ... Ich begnüge mich mit Reis, gebratenem Hähnchen und Unmassen von frischen Lychees, die komischerweise sonst niemand will.
Nach der sengenden Hitze des Tages habe ich das Gefühl, als klebe meine Zunge vertrocknet am Gaumen. Ich sehne mich nach einem schönen, kalten Bier! Der Kellner schaut mich an und meint zuvorkommend:
»Ok, Misses, cold coffee.«
»No, not cold coffee, beer, cold beer!«
»Oh yes, ok, cold coffee.« Der kapiert es nie, denke ich genervt. Soll er doch seinen kalten Kaffee bringen, es ist immerhin noch besser als verdursten. Nach wenigen Minuten erscheint er freudestrahlend grinsend und zaubert zu meiner großen Überraschung aus seinem weißen Gewand eine schöne, gut gekühlte Flasche Bier. Und was stand später auf meiner Rechnung? Natürlich »Cold coffee«, denn Bier durfte, wie ich später erfahre, nicht verkauft werden.
Wie überdimensionale, bunte Filmplakate an den Kinos und eine immer stärker werdende indische Filmindustrie beweisen, spielt nicht nur der Tod, sondern auch die Liebe in Indien eine große Rolle. Sie schafft Vergessen von der oftmals traurigen Realität. Die Inder lieben Love-Storys. Was gibt es also Schöneres als das wohl prachtvollste Monument der Welt, das Zeugnis einer unvergänglichen Liebe, zu besuchen, das Taj Mahal!
Die Sonne brennt gnadenlos vom Himmel, mit fast 50° C. Eigent-

lich ist schon Regenzeit, aber keine Wolke verspricht Hoffnung auf einen Tropfen des kostbaren Nasses. Die Luft flimmert, kein Windzug bewegt sich. Jeder Faden meines T-Shirts klebt am Körper. Mein Taxi, diesmal zum Glück mit Fahrer ohne Formel 1 und Kamikaze-Ambitionen, kämpft sich mit knatterndem Auspuff durch die überfüllten Straßen Agras. Es geht vorbei an eleganten Luxushotels, gepflegten Parkanlagen, abgebröckelten Häuserfassaden, armseligen Hütten und Moscheen. In kleinen Straßenrestaurants werden leckere Currygerichte angeboten. In aneinander gereihten, meist nur wenige Quadratmeter großen Läden türmen sich bunte Stoffballen, glitzernde Goldwaren, Einrichtungsgegenstände aller Art, Lebensmittel und viele exotische Früchte. Durch das geöffnete Fenster des Taxis weht ein Duft von Gewürzen, frischen Backwaren, brennenden Räucherstäbchen, verrottetem Abfall, Kuhfladen und Autoabgasen um meine Nase. Je mehr wir uns dem berühmten Bauwerk nähern, umso unübersichtlicher und lauter wird das Getümmel auf den Straßen.

Hinter Indiens wohl bedeutendstem Kulturgut, dem Taj Mahal, steht eine beeindruckende Liebesgeschichte – die Geschichte von Shah Jahan und seiner bildschönen Lieblingsfrau Mumtaz Mahal. Um ihrem Gatten immer nahe sein zu können, begleitete sie ihn auf vielen seiner Kriegszüge. Mitten im Krieg, 1631, verstarb sie im Alter von 38 Jahren bei der Geburt ihres vierzehnten Kindes. Die Legende erzählt, dass ihr letzter großer Wunsch ein Denkmal gewesen sein soll, dessen Schönheit die sieben Paradiese übertreffen und ihre Liebe für alle Ewigkeit unsterblich machen sollte. Die Trauer und der Schmerz des Herrschers waren so groß, dass er sich entschloss, ihr diesen Wunsch zu erfüllen und als Zeugnis seiner Liebe ein Grabmal von noch nie da gewesener Schönheit und Pracht zu bauen.

20 000 Künstler und Arbeiter aus aller Welt sollen 22 Jahre lang mit seiner Errichtung beschäftigt gewesen sein. Jedes kleinste, kunstvolle Detail sollte zum Ausdruck seiner unsterblichen Liebe werden. Nur die erlesensten Baumaterialien waren ihm dafür gut genug. Der Bau verschlang umgerechnet eine halbe Milli-

arde Euro und ruinierte damit die Finanzen des Großmoguls. Bevor durch seine Bauwut weitere Schuldenberge anwachsen konnten, wurde er von seinem Sohn entmachtet. Er ließ ihn in die Gemächer der roten Festung sperren, von denen aus er durch einen in der Wand eingelassenen Diamanten immer auf das Grabmal seiner Frau blicken konnte.

Erwartungsvoll erreiche ich das aus dunkelrotem Sandstein erbaute, dämmrige, kühle Haupttor. Verzierte Rundbögen geben den Blick auf die märchenhafte Silhouette und den großzügig angelegten Paradiesgarten des Taj Mahals frei. Ich bin überwältigt von so viel Schönheit, Formvollendung und Harmonie! Strahlender Sonnenschein, azurblauer Himmel, farbenprächtige Blumenbeete, grüner Rasen und ein mit Zypressen gesäumter Wassergraben lassen den weißen Marmor der riesigen Kuppel des 75 m hohen Prachtbaus leuchten wie einen wertvollen Kristall. Dieser Anblick ist nicht mit Worten zu beschreiben und auszudrücken, man muss ihn selbst erlebt und gefühlt haben.

Über den Haupttoren prangen große, weithin lesbare, in Marmor gemeißelte, arabische Schriftzüge aus dem Koran. Im ersten Moment übersieht man fast, geblendet durch das leuchtende Weiß des Marmors, die unzähligen Intarsien aus Halbedelsteinen, die die Wände und Säulen schmücken. Verschiedenfarbige Achate, Karneole, Jaspisse, Lapislazuli, Topase, Korallen wurden ebenso zu feinsten Pflanzen und Blumenranken verarbeitet wie Silber glänzende Perlmuttstückchen, Jade, Bernstein und Onyx. Jede einzelne Blüte, oft nicht größer als zwei Zentimeter, besteht aus über 30 geschliffenen Steinchen. Sie sind so fein, dass man sie für ein Gemälde halten könnte.

In einer achteckigen Halle unterhalb der Kuppel stehen die ebenfalls mit Einlegearbeiten verzierten Kenotaphe von Mumtaz Mahal und Shah Jahan. Die Gebeine des legendären Liebespaares liegen in einer Gruft darunter. Über dem Tor, das zum Grabe Mumtaz Mahal führt, kann man das Koranzitat lesen: »Dies sind die Gärten Edens, tretet ein, Menschen reinen Herzens, um ewig hier zu leben«.

Auf der Rückseite des Taj Mahal kann man den Blick auf den

Yamuna-Fluss genießen. Dort, auf der anderer Seite des Flusses, wollte Shah Jahan ursprünglich noch sein eigenes Mausoleum bauen. Es sollte ein aus schwarzem Marmor errichtetes Spiegelbild des Taj Mahals werden.

Die von der Mittagshitze glühend heiß gewordenen Marmorplatten der Wege brennen wie Ofenplatten unter meinen Sohlen. Man hätte Spiegeleier darauf braten können! Müde und von den Eindrücken überwältigt, setze ich mich in der 18 Hektar großen, verschwenderisch gestalteten Gartenanlage unter einen Schatten spendenden Baum. Über mir hüpft ein kleiner Papagei von Ast zu Ast und schaut mich interessiert an. Das wechselnde Licht verändert ständig die Konturen und Farbschattierungen des Denkmals. Alles erscheint wie ein Traum, aus dem man nicht erwachen möchte. Wie schön muss es hier in einer klaren Vollmondnacht sein, wenn der Schein des Mondes einen goldenen Schleier über die märchenhafte Kuppel, die Minarette, legt und sich ihre Konturen im Wasser widerspiegeln!

Leider bleibt mir keine Zeit darauf zu warten, denn meine Reise geht weiter nach Nepal und Kaschmir. Die Erinnerungen jedoch an dieses legendäre, fremdartige und faszinierende Land werden für immer unauslöschlich bleiben.

YUKON/KANADA

Dawson City, ein knutschender Elch und die alte Zehe des Kapitäns

Es ist erstaunlich, wie schnell ein dummer Ausspruch Wahrheit werden kann – ich wurde tatsächlich von einem Elch geknutscht! Und das durchaus nicht nordisch unterkühlt. Ein etwas seltsames Gefühl ist es schon, wenn die feuchte, lange Zunge eines kleinen Elches quer über das Gesicht fährt und fordernd versucht, mit seinem rauen Waschlappen meine Lippen zu öffnen. Ich weiß nicht, was Bobo, so hieß das entzückende Tier, veranlasst hat, mir seine Liebe zu schenken. Vielleicht erschien ihm meine Größe angenehmer als die der anderen Gäste. Bei mir brauchte er sich nicht auf die Hinterbeine stellen, sondern konnte mir ohne weitere Anstrengungen, gewissermaßen Kopf an Kopf, seine Zuneigung kundtun.
Er war noch ein kleines Elchbaby, als er in die Aufzuchtsstation kam, die ich gerade inmitten der unberührten, herrlichen Landschaft des Yukons besuchte. Seine Mutter war gestorben, als man ihn, schwach und abgemagert, am Ufer eines Flusses fand und zu dieser Station brachte.
Inzwischen sind einige Monate vergangen und er hat sich zu einem stattlichen jungen Elch gemausert, mit langen Beinen, die kein Ende nehmen wollen. Immer wenn ich ihm sanft klar zu machen versuche, dass mir seine Küsse nicht so sonderlich gut schmecken, stupst er mich, schaut mich mit seinen großen Augen verständnislos an und beginnt aufs Neue mit seinen Zärtlichkeitsbekundungen, sehr zur Freude der umstehenden Besucher, denen dieser Anblick schöne Fotos beschert.
Zum Glück erkennt die Besitzerin der Station meine missliche Lage und startet den Versuch, Bobo mit frischem Futter von mir zu trennen. Der ist davon aber gar nicht begeistert und nimmt, wenn er schon mein Gesicht nicht bekommen darf, als Trostpflaster meine Hand. Finger können ja auch recht schmackhaft sein und es lässt sich so herrlich daran nuckeln. Genau dazu entschließt er sich nun so voller Inbrunst, dass manchmal meine ganze Hand in seinem Rachen verschwindet. Durch sein starkes Saugen beginnen meine Finger langsam anzuschwellen und eine leicht bläuliche Farbe anzunehmen. Weder Futter noch gute Worte bringen Bobo von diesem genüsslichen Unterfangen ab.

Letztendlich bleibt mir trotz aller Tierliebe keine andere Wahl als in unseren kleinen Bus zu flüchten. Die traurigen Blicke seiner großen, dunklen Augen verfolgen mich noch lange.
Wodurch kann ein Tag im Juli, an dem man so stürmisch von einem Elch geknutscht wird, schon noch getoppt werden? Die Antwort gibt meinem Mann und mir schnell ein bezauberndes Westernstädtchen. Es heißt Dawson City und eroberte im Nu unsere Herzen. Seine Atmosphäre versetzt uns zurück in die Zeiten, in denen der Lockruf des Goldes in den Menschen Visionen und Sehnsüchte weckte.
Schnell hatten sich die Goldfunde vom 17. August 1896 am Rabbit Creek (später in Bonanza Creek – Goldgrube umgetauft) von Skookum Jim, Tagish Charlie und George Carmack herumgesprochen. Aus den entferntesten Provinzen strömten immer mehr Menschen in diese Region und hofften auf den schnellen Reichtum. So nahm der größte Goldrausch der Geschichte seinen Lauf und verwandelte das verträumte Städtchen rasch in eine geschäftige Stadt mit über 30 000 Einwohnern.
Man nannte sie das Paris des Nordens. Schnell entstanden exklusive Hotels, Restaurants, Theater und elegante Geschäfte. Man hatte fließendes Wasser, elektrisches Licht und Telefon. In den Spielhallen traf sich die reiche Gesellschaft, aber auch so mancher Glücksritter, der die Hoffnung hatte, wenigstens dort ein wenig von dem Glück zu finden, das ihm bei seiner Suche nach den begehrten Nuggets verwehrt blieb.
Doch die meisten, denen Fortuna hold war, setzten, um ihren Frust zu ertränken, das gewonnene Geld schnell wieder in irgendeiner Spelunke in Alkohol um oder gaben es in einem der 70 Bordelle mit leichten Mädchen aus. »Women and Whisky« war die Devise. Die Amüsiermeile hatte Hochkonjunktur. Die Marketenderinnen des Goldrausches kamen aus allen Teilen des Landes nach Dawson. Sie erhofften sich, von dem dort ersparten Geld später ein eigenes Etablissement kaufen zu können. Immerhin konnten die Begehrtesten unter ihnen nicht selten in einer Nacht bis zu 100 Dollar verdienen. In dieser Zeit ein nicht zu verachtender Betrag, ganz abgesehen von den Nug-

gets, die den Goldsuchern zusätzlich aus der Tasche gezogen wurden.
Nachdem die Zeit des Goldrausches verflogen und die Stadt nach 1953 auch nicht mehr Verwaltungszentrum und Provinzhauptstadt des Yukon-Territory war, verwandelte sich Dawson City langsam in eine Geisterstadt. Verlassene Spielhallen, leere Kneipen, verfallene Bretterbuden und das Gefühl der Vergessenheit prägten wieder das Stadtbild. Doch dann wurden durch das Einsetzen von riesigen, modernern *Dredges* (Schaufelbaggern) weitere Goldfunde ans Tageslicht befördert. Zusätzlich weckte der in den Sommermonaten einsetzende Tourismus die Stadt wieder zum Leben.
Schnell verfallen wir in der wildromantischen Landschaft dem Zauber dieses Westernstädtchens, das, obwohl es inzwischen wieder fast 2000 Einwohner zählt, nichts von seinem einstmaligen Charme verloren hat. Wir laufen über die hohen Bordsteige, die seine staubigen Straßen begrenzen und bleiben immer wieder fasziniert vor den schönen, größtenteils renovierten, alten Holzhäusern stehen. Wir schauen uns im Harrington-Store alte Fotos an, die die Stadtgeschichte dokumentieren und besuchen das alte im viktorianischen Stil erbaute Postamt von 1901. Kleine Saloons mit Westernstimmung und Goldrausch-Feeling laden zu einem Drink ein. Alles erscheint wie eine Filmkulisse, in der man als Statist mitwirken darf. Es fehlt nur noch eine Bande wild gewordener Cowboys, die mit ihren Gäulen durch den Ort galoppiert.
Am Flussufer liegt der alte Raddampfer »SS Keno«, der 1960 zum letzten Mal von Whitehorse nach Dawson fuhr. Mit diesen Dampfern wurden damals Passagiere, Frachten und alle notwendigen Dinge des täglichen Lebens in die sonst schwierig zu erreichende Region gebracht und somit die nicht vorhandene Eisenbahnlinie ersetzt. Egal, wo man sich befindet, überall sind die Geschichten des einstigen Goldrausches am Klondike und die bekannten Erzählungen von Jack London gegenwärtig. Schaut man vom Midnight Dom, einem Hügel im Norden der Stadt, hinunter ins Tal, entdeckt man nicht nur die Schönheit

der Flusstäler von Klondike und Yukon, sondern erkennt auch die riesige Dimension der Goldfelder. Dredges mit gewaltigen Schaufelketten haben das Erdreich der Landschaft umgepflügt und in Geröllberge unvorstellbaren Ausmaßes verwandelt. Die Halden wirken wie eine gigantische, hässliche Baustelle. Vor der Stadt entdeckt man noch viele kleinere, abgesteckte Claims, auf denen Gold geschürft wird. Oftmals sieht man an einem Mast eine Flagge mit Totenkopf wehen, die zum Ausdruck bringen soll, dass der Pächter im Notfall auch bereit ist, seine teuren Schürfrechte mit Gewalt zu verteidigen. Man sollte das lieber respektieren und vermeiden, solch ein Claim zu betreten, es sei denn, man möchte nach alter Wildwestmanier von um die Ohren pfeifenden Schrotkugeln begrüßt werden.

Auch wir versuchen unser Glück beim Goldwaschen und müssen feststellen, dass es durchaus nicht so einfach ist, wie es vielleicht den Anschein hat, sondern mit erheblicher Anstrengung und vor allem mit Geschick verbunden ist. Schwenkt und rüttelt man das Sieb zu sehr oder taucht es zu tief ins Wasser ein, verschwindet außer dem Wasser nicht nur der überschüssige Sand, sondern der ganze Inhalt mitsamt der erhofften Goldpartikel. Normalerweise sollten sie, da sie schwerer als der Sand sind, in der Pfanne liegen bleiben. Schon das kleinste Glitzern im Schlamm lässt den Adrenalinspiegel steigen, das Blut gerät in Wallung und die Hoffnung steigt. Man fühlt sich wie ein alter Goldgräber, der das Glück hat, gerade hier und jetzt ein wertvolles Nugget zu entdecken. Leider entdecke ich sie nur hinterher in den Geschäften, wo sie für viel Geld zum Verkauf angeboten werden. Der Muskelkater in den Armen steht in keiner Relation zu den gefundenen winzigen Goldklümpchen, die ich aber immerhin in einem Fläschchen wie eine Trophäe stolz mit nach Hause nehmen darf. Wenn ich auch nicht zum Glücksritter wurde, so macht mich dieser Versuch doch um eine Erfahrung reicher.

Abends schauen wir uns mit unseren Freunden Siggi und Jimmy im Palace Grand eine Show an, in der wie in alten Zeiten die hübschen Gaslight-Follies ihre Beine und Röcke zum Cancan wirbeln lassen. In »Gerties Gambling Hall« versuchen wir bei

»Nein, ich will nicht mit dir knutschen ..!«

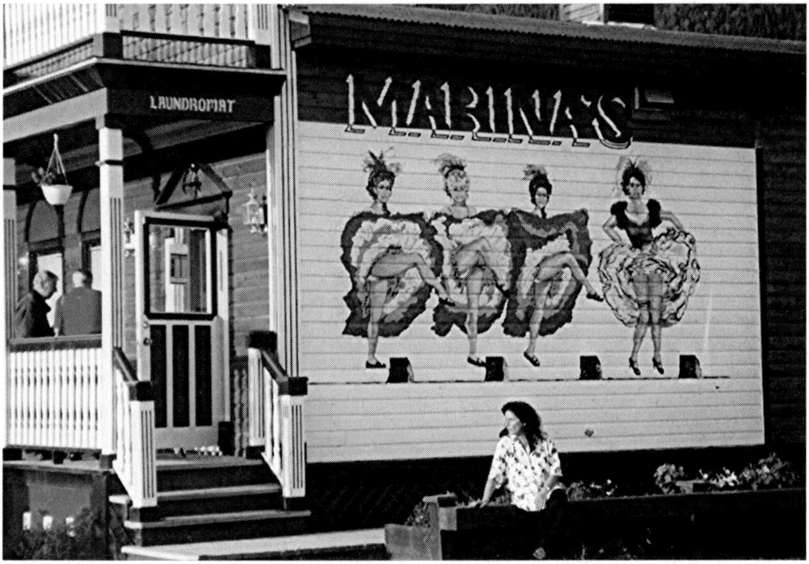

Saloon im Westernstädtchen Dawson City

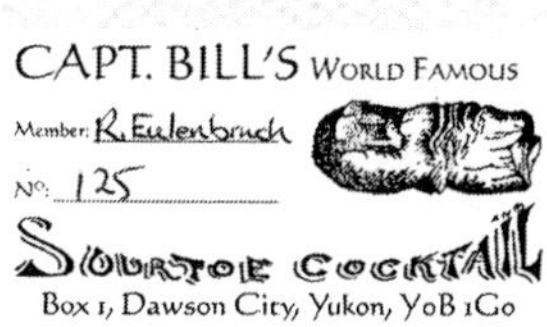

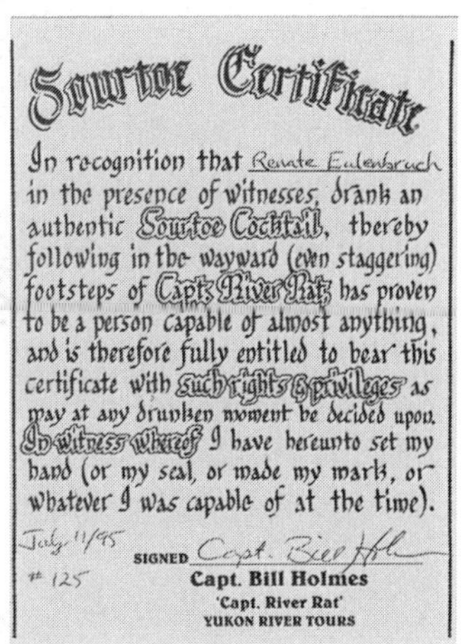

Sourtoe Certificate

In recognition that Renate Eulenbruch in the presence of witnesses, drank an authentic Sourtoe Cocktail, thereby following in the wayward (even staggering) footsteps of Capt's River Rat has proven to be a person capable of almost anything, and is therefore fully entitled to bear this certificate with such rights & privileges as may at any drunken moment be decided upon. In witness whereof I have hereunto set my hand (or my seal, or made my mark, or whatever I was capable of at the time).

July 11/95

#125

SIGNED

Capt. Bill Holmes
'Capt. River Rat'
YUKON RIVER TOURS

Sourtoe-Cocktail mit alter Goldgräberzehe ... .ein einzigartiger Genuss ....

Roulett und Blackjack unser Glück herauszufordern. Leider vergeblich!

Die Mitternachtssonne lässt um diese Jahreszeit kein Tag-Nacht-gefühl aufkommen und so verspüren wir auch zu später Stunde noch keinen Anflug von Müdigkeit. Da erinnere ich mich an eine abenteuerliche Geschichte von einem Drink und der alten Zehe eines Trappers, von der ich einmal gelesen habe. Sie klang so unglaublich makaber, dass wir uns auf die Suche begeben wollen. Und wir hatten Glück! Man erzählt uns, dass gerade heute, nach einer längeren Pause, wieder die Möglichkeit besteht, diesen »Sourtoe-Cocktail« und seine Geschichte näher kennenzulernen. Zum Glück wussten wir nicht, was uns durch diese Schnapsidee noch erwartete ...

Einiges der skurrilen Geschichte von Kapitän Dick Stevenson war mir noch in Erinnerung geblieben: Er hatte von dem in einem Seniorenheim lebenden Otto Lieken eine Hütte, etwa 60 Meilen von Dawson entfernt, gekauft. Lieken und sein Bruder Louie waren früher Fallensteller. Gelegentlich schürften sie nach Bodenschätzen oder schmuggelten während der Prohibition Rum auf Hundeschlitten nach Alaska. Schneestürme verwehten ihre Spuren, schützten sie dadurch zwar vor Verfolgern, erschwerten aber gleichzeitig ihre gefährlichen Unternehmungen.

Eines Tages trat Louie in ein Wasserloch, das mit Schnee überdeckt war. Aus Angst, von der Polizei entdeckt zu werden, verzichtete er lieber darauf, sein Schuhwerk zu trocknen und zog durchnässt weiter. Das Resultat war eine erfrorene, große Zehe, die amputiert werden musste, bevor Wundbrand einsetzte. Wie die meisten der hart gesottenen Burschen hatten auch die Brüder wenig Vertrauen zu Ärzten und Krankenhäusern. Wer oder was konnte jetzt schon helfen? Der nächste Arzt war meilenweit entfernt. So entschloss sich Louie, um die Schmerzen ertragen zu können, bis zur Bewusstlosigkeit große Mengen ihres starken Rums zu trinken. Otto schlug, bevor ihn der Mut verließ, mit einem schnellen Hieb die Zehe mit einer Axt ab. Man legte die Zehe in ein Einweckglas und so fand sie Kapitän Stevenson

Jahre später total vertrocknet und hart wie ein Stein wieder, als er nach dem Kauf die Hütte aufräumte.
Da kam ihm ein Gedicht des berühmten Dichters Robert Service in den Sinn. Darin wurde beschrieben, wie eine Horde hart gesottener Kerle den britischen Jäger John Brown mit einer Mutprobe testen wollte. Man erzählte ihm, dass es auf den Gletschern der Region eine besondere Art von Würmern, Eiswürmer, gäbe. Würde er sich trauen, einen dieser Würmer in einen Drink zu tun, auszutrinken und herunterzuschlucken, würde man ihn als einen von ihnen anerkennen.
Anstatt eines Eiswurms präparierte der Barmixer schnell ein Stück Spaghetti, malte zwei rote Punkte als Augen drauf und warf es in ein Glas. John leerte, ohne zu zögern, das Glas mit dem vermeintlichen seltenen Wurm und wurde so unter Beifall zum »Sourdougt« ernannt. Eigentlich eine gute Idee, dachte Stevenson, als er die Zehe so betrachtete – und damit war der Grundstein zu dem »Sourtoe-Cocktail« gelegt, der bald in der ganzen Welt berühmt werden sollte.
Natürlich existiert heute nicht mehr die alte Zehe von Louie. Sie wurde von Gerry 1980, als sein Stuhl beim Trinken nach hinten kippte, aus Versehen verschluckt. Zum Glück gab es jedoch immer wieder edle Spender, die Ersatz für verschluckte, verloren gegangene und gestohlene Zehen brachten, damit der Erfolg des Sourtoe-Cocktails kein Ende finden musste. Stevenson zog mit der Zehe durch die Lande, um den Cocktail über die Grenzen hinaus bekannt zu machen. Nachdem sich auch Fernseh- und Filmteams für den seltenen Genuss interessiert hatten, kamen Menschen aus allen Ländern nach Dawson-City, um den Drink zu probieren und sich in das berühmte Logbuch einzutragen.
Nach dem Originalrezept musste man die Zehe in ein mit Champagner gefülltes Bierglas fallen lassen, vorsichtig trinken, bis die Zehe die Lippen berührt. Später erlaubte man außerdem alkoholfreie Getränke, damit auch Jugendliche die Möglichkeit hatten, ihn zu probieren und ältere Damen nach einem Riesenglas Champagner nicht gleich vom Stuhl kippten. Voraussetzung

aber bleibt, egal, ob man langsam trinkt oder das Glas in einem Zuge leert, dass die Zehe weiterhin die Lippen berühren muss. In den vergangenen 30 Jahren haben über 15 000 Menschen aus aller Welt diese Prozedur erfolgreich überstanden und wurden somit in den »Sourtoe-Cocktail-Club« aufgenommen. Deshalb bin ich zuversichtlich, dass auch wir es schaffen!

Wir schlendern zum »Downtown Hotel & Saloon« hinüber und warten gemeinsam mit noch mehren anderen Gästen auf Kapitän Bill. Er soll heute, als Vertreter Stevensons, dieses Getränk der besonderen Art anbieten. 10 Dollar kostet der Spaß, eingeschlossen ein Getränk unserer Wahl. Noch ist die Stimmung heldenhaft. Jeder ist überzeugt, dass ihn doch eine kleine, alte Zehe nicht umwerfen kann – bis Kapitän Bill sie aus einem mit Salzlake gefüllten Gefäß nimmt und mit einer weißen Serviette auf den Tisch legt ... Viele Augen beginnen sich entsetzt zu weiten, Gesichter verziehen sich zu einer Iiiii-gitt-Grimasse und einige Helden verlassen, leicht grünlich im Gesicht, fluchtartig das Lokal. Nur wenige Anwesende bleiben an diesem Abend tapfer. Da lacht sie uns nun an: dunkelbraun, verschrumpelt, mit großem, verhornten Zehennagel. Werner und ich schauen uns an. Sehr appetitlich sieht sie ja nun wahrlich nicht aus! Trotzdem, wer A sagt, sollte auch B sagen. Wir waren im aktuellen Logbuch die Nummer 125 und 126, die in den Genuss kommen sollten, dieses Unikat zu küssen ... Vorsichtshalber entscheiden wir uns für ein Glas Coca-Cola, in der Hoffnung, dass darin das dunkle Monster nicht zu sehr auffällt. Ich versuche mir einzubilden, sie sei gar nicht echt, sondern nur eine Plastikattrappe. Mein Magen ist davon wohl nicht so ganz überzeugt, denn er unternimmt leichte Bocksprünge. Wir nehmen allen Mut zusammen, trinken das Glas aus und spüren, wie die Zehe die Lippen berührt. Geschafft! Als Lohn für dieses Abenteuer nehmen wir eine Urkunde entgegen, mit der nun auch wir in den elitären Sourtoe-Cocktail-Club aufgenommen sind. Eines weiß ich jedoch: In den nächsten Tagen esse ich sicher keine Würstchen nach Landjäger-Art mehr, sie würden mich doch zu sehr an das Abenteuer mit der verdorrten Zehe erinnern ...

MEXIKO

Sombrebros, Spinnen und Skelette

Eine leichte Brise weht vom Pazifik herüber und bringt nach der unbarmherzigen Hitze des Tages angenehme Kühlung. Langsam versinkt die Sonne wie ein glutroter Feuerball im azurblauen Meer. Wir sitzen auf der Terrasse unseres Hotels, trinken eine eisgekühlte Margarita und genießen den fantastischen Blick über die Bucht von Acapulco, die sich in ein buntes, glitzerndes Lichtermeer zu verwandeln beginnt. Aus der Ferne klingt eine melancholische Melodie der Mariachis. Palmen rauschen leise im Wind. Der Duft von Jasmin liegt schwer in der Luft. Meine Gedanken schweifen zu meinem ersten Mexikobesuch zurück.

Es war meine allererste Reise in ein fernes, außereuropäisches Land. Freunde, die in Mexiko-City lebten, luden mich kurz nach meiner Amputation dazu ein, meinen Urlaub bei ihnen zu verbringen. Ich freute mich riesig darüber. Die letzten Monate im Krankenhaus hatten mir gezeigt, wie schnell sich eine Lebenssituation verändern kann und es wurde mir bewusst, dass man nie versuchen sollte, seine Träume auf später zu verschieben.
Mexiko mit seinen alten, geheimnisvollen Kulturstätten, tropischen Küstenlandschaften, goldgelben Sandstränden, schneebedeckten Vulkanen, Wäldern und Wüsten hatte mich schon immer fasziniert. So packte ich meinen Koffer und zog völlig unbeschwert los, um die Welt zu erobern.
Zunächst ging es nach New York. Am Kennedy Airport sollte ich einen Herrn Meier unter einer Normaluhr treffen, um von ihm weitere Unterlagen und Tickets zu erhalten. Zum Glück hatte ich damals keinerlei Ahnung, auf welches Abenteuer ich mich damit eingelassen hatte. Einen Herrn mit dem seltenen Namen Meier und dann noch unter einer Uhr, von denen es Hunderte gab, zu finden – der hellste Wahnsinn! Heute würde mir alleine schon bei dem Gedanken der kalte Schweiß ausbrechen, aber damals, völlig arglos und unbeleckt von der großen weiten Welt, hegte ich gar keine Zweifel daran, diesen Menschen zu finden. Dass sich daraus eine etwas längere Suche ergeben könnte, wurde mir schlagartig in New York klar, als die Ausmaße dieses riesigen Flughafens vor meinen Augen auftauchten. Da aber ja bekannt-

lich ein blindes Huhn auch mal ein Korn findet, entdeckte ich tatsächlich – schweißgebadet durch die endlos langen Wege, aber letztendlich glücklich – den inzwischen auch schon leicht gestressten Herrn Meier unter besagter Normaluhr. Er glaubte mich sicher schon irgendwo in der Unterwelt verschollen, denn er umarmte mich so überschwänglich, als wollte er mir auch noch die restliche Luft zum Atmen nehmen. Nun hieß es nur noch den Weiterflug nach Mexiko City zu erwischen. Samt all meinem bleischweren Gepäck zwängte ich mich in einen Flughafenbus, der von Pavillon zu Pavillon der einzelnen Airlines fuhr. Am Steuer saß ein gemütlicher, tiefschwarzer Fahrer, der vor jedem Pavillon in einem fürchterlichen Slang den Namen der Fluggesellschaft durch seine blütendweißen Zähne nuschelte. Für meine Ohren hätte chinesisch rückwärts auch nicht anders geklungen. Draußen war inzwischen stockdunkle Nacht und selbst die Sterne hatten sich hinter Wolken versteckt.
Da ich nicht sehr groß bin und nicht den Hals einer Giraffe besaß, konnte ich in dem voll gepfropften Bus zwischen Armen, Brustkörben und umweht von manchem sich nach einer langen Reise verabschiedeten Deo die Leuchtbuchstaben der Airline-Pavillons kaum entdecken. War mir das Glück hold und ich konnte mich durch die Menschenmassen in das hintere Wagenteil durchkämpfen, um meinen Koffer unter riesigen Gepäckbergen auszugraben, war der Bus schon längst weitergefahren ...
Nachdem ich so den Flughafen mehrmals umrundet hatte und einschätzen konnte, wann ich anfangen musste, meine Startlöcher zu graben, erreichte ich tatsächlich noch vor Abflug mein Gate und landete Stunden später nach einem turbulenten Flug überglücklich in Mexiko-City und somit in einer für mich völlig fremdartigen, bunten Welt. Ich kam mir vor wie ein kleines Kind, das mit leuchtenden Augen in eine Wundertüte schaut. Die Indios, die morgens, in bunte Ponchos gehüllt, mit Reisigbündeln auf dem Rücken am Haus meiner Freunde klingelten, um mit unbeweglicher Miene ihre Waren anzubieten erschienen mir gespenstig und unheimlich. Ebenso das Dienstmädchen, das, wenn das Telefon klingelte, schwungvoll den Hörer abnahm, um

ihn dann laut schreiend mit panischem Gesichtausdruck von sich zu werfen. Irgendwie schien sie wohl mit der modernen Technik noch nicht ganz vertraut gewesen zu sein. Der Grund dafür saß jedoch viel tiefer. Eine fremde Stimme, die aus dem Hörer kommt, kein Gegenüber sichtbar, das konnte nur ein Geist sein!
Als wir das Mädchen eines Tages nach Hause fuhren, wurde ich das erste Mal mit den Slums von Mexiko konfrontiert. Millionen Menschen führten dort ein Leben in Armut, lebten ohne fließendes Wasser, Strom, in armseligen Blechhütten und Bretterverschlägen. Es gab weder Kanalisation noch Müllabfuhr. Man konnte zusehen, wie die Vorstädte wuchsen, doch je mehr Menschen in der Hoffnung auf bessere Lebensbedingungen vom Land in die Stadt zogen, umso schlechter wurden die Versorgungsbedingungen. Die Atmosphäre war bedrückend und beängstigend. Als Fremder sollte man diese Gegenden meiden. Die Kriminalitätsrate ist sehr hoch, denn diese Menschen haben nichts mehr zu verlieren. Viele von ihnen versuchen auf den Straßen der Stadt zwischen mörderischen Abgaswolken und einem Chaos aus Blech etwas von dem Wohlstandskuchen abzubekommen. Sie verkaufen bunte Luftballons, Zeitungen, Kaugummi, Blumen oder putzen für ein paar Cents Autoscheiben und Schuhe.
Die Gastfreundschaft meiner Freunde Lizie, Hedy, Marga und ihrer Familien half mir schnell über meine Anfangschwierigkeiten hinweg, und ich entdeckte hinter der Fremdartigkeit eine bezaubernde, faszinierende Welt, die mein Fernweh für immer wecken sollte.
Schnell hatte ich mich an die Höhenlage von Mexiko-City (2240 m) gewöhnt. Schon heute ist sie die größte Stadt der Welt und ihre Ausdehnung nimmt immer weiter zu. Sie hat den Kampf zwischen Cortés und Moctezuma, Bürgerkriege, Ausbeutung, Fremdherrschaften, Revolutionen und wechselnde Regime überstanden. Sie wurde immer wieder zerstört, jedoch ohne ihre Kraft, Faszination, ihre spanischen und aztekischen Wurzeln zu verlieren.
Selbst »Moctezumas Rache«, ein Durchfall, der unzähligen Touristen frohe Tage auf der Toilette beschert, nahm keinen Scha-

den und ereilte auch mich gleich zu Beginn. Nicht nett von dem Aztekenkaiser, Philosophen, Priester und Dichter Moctezuma, denn schließlich kann ich ja nichts dafür, dass er den spanischen Hauptmann Cortés für die zurückkehrende Gefiederte Schlange, den weißen Gott Quetzalcóatl gehalten hat und diesen Irrtum später mit dem Leben bezahlen musste. Vielleicht hätte er vorher den Optiker seines Vertrauens aufsuchen sollen, denn so gespenstig, wie Quetzalcóatl auf vielen Reliefs dargestellt ist, kann Cortés gar nicht ausgesehen haben.
Eigentlich hieß der Aztekenkönig Mo-tecuh-zoma (zürnender Fürst). Die Spanier nannten ihn Montezuma, wie es auch im Duden steht, Historiker und Archäologen Moctezuma. Allerdings, bekommt man seine Rache zu spüren, ist es einem ziemlich sch... egal, ob sie von Moctezuma I (1440 – 1469) oder Moctezuma II (1502 – 1520) geschickt wurde, ob er nun Moctezuma oder Montezuma heißt. Da quälen Probleme ganz anderer Art. Moctezuma hat inzwischen sein Arbeitsgebiet auf die ganze Welt ausgedehnt, vielleicht um alle künftigen Eroberer mit dieser Bestrafung abzuschrecken. Obwohl ich bisher kein Land mit der Absicht betreten habe, es mit Mann und Maus zu erobern, traf mich seine gnadenlose Rache trotzdem rund um den Globus. Zwar halte ich mich an den Leitsatz: »Cook it, peel it or forget it«, putze meine Zähne mit Mineralwasser, meide rohes Fleisch, Fisch, Leitungswasser und Eiswürfel, aber er scheint sich inzwischen noch andere Hinterhältigkeiten ausgedacht zu haben.
Doch auch die Vergeltung des freundlichen Aztekenkönigs sollte mich nicht daran hindern, Mexico-City zu entdecken. Schon morgens, wenn die Luft noch angenehm kühl war, begann ich die Sehenswürdigkeiten zu erkunden. Ich wusste gar nicht, wo ich anfangen und wo ich aufhören sollte. Der Nationalpalast, die Kathedrale, der Platz der drei Kulturen, der Zocalo, die Denkmäler, Museen und Kunstgalerien, die alten Paläste und Kirchen, die Universität, alles stand auf meinem Besichtigungsplan. Wenn mittags die Sonne unbarmherzig vom Himmel brannte, die Luft heiß und stickig wurde und meine Socken langsam anfingen zu qualmen, erholte ich mich in einem der wunderschönen, schat-

tigen Parks, den grünen Lungen der Stadt, die aber heute kaum noch gegen die verpestete Stadtluft ankämpfen können. Alleine im Anthropologischen Museum mit all seinen einzigartigen Kulturschätzen hätte ich Tage verbringen können.

Sehr beeindruckend fand ich auch die Basilika von Guadalupe, im Norden der Stadt gelegen. Der riesige Vorplatz war von unzähligen Indiofamilien in den unterschiedlichsten, farbenfrohen Trachten belagert. Indios tanzten ihre alten, traditionellen Tänze. Christentum und alte aztekische Tradition schien zu verschmelzen. Früher befand sich an dieser Stelle ein See. Noch heute kann man die Podeste aus der Aztekenzeit bewundern, die einst eine Plattform inmitten des Sees trugen. Hier wurden auch Menschenopfer dargebracht, denn was hätte man den Göttern, um sie gütig zu stimmen, Kostbareres opfern können als Menschenblut und Menschenherzen?

Die Legende erzählt, dass dem zum christlichen Glauben bekehrten Indiojungen Juan Diego am 12. Dezember 1531 eine Jungfrau mit brauner Hautfarbe wie die der Mestizen erschien. Als sichtbares Zeichen der Begegnung befahl sie ihm, alle auf dem Hügel Tepeyac wachsende Rosen zu pflücken, sie in seinem Umhang zu verstecken und dem Bischof zu bringen. Er folgte dieser Weisung, aber als er dem Bischof die Blumen zeigen wollte, sah er voller Verwunderung das Bildnis der Madonna in dem Stoff seines Umhanges. Beeindruckt von dem Geschehen, brachte der Bischof den Mantel mit dem Bildnis in die Kathedrale und verkündete den Gläubigen dieses Wunder. Auf dem Hügel Tepeyac ließ er zu Ehren der Madonna eine Kapelle errichten. Das Geschehen sprach sich schnell herum und bald reichte die kleine Kapelle für die Pilgerscharen nicht mehr aus. Man baute eine Basilika, die jedoch bald anfing auf dem sumpfigen Untergrund abzusacken. Tiefe Risse durchzogen das schiefe, dicke Gemäuer. In den letzten Jahren versuchte man sie mit modernster Technik zu stabilisieren und zu renovieren. Zusätzlich baute man 1976 eine neue, moderne Basilika, die viele Tausende von Menschen fassen kann. Aus dem ganzen Lande kommen die Pilger angereist, um so wenigstes einmal im Leben *La Morena*, die größte

Schutzpatronin Mexikos ehren zu können. Den letzten Kilometer müssen die gläubigen Mexikaner auf den Knien rutschend zurücklegen. Man sieht alte und junge Menschen, Menschen die vor Anstrengung zusammenbrechen oder auf ihren blutenden Knien kaum noch vorwärts kommen. Nur der Glaube scheint ihnen die Kraft zu geben, ihr Ziel dennoch zu erreichen.
Über dem Hauptaltar der wunderschönen Basilika kann man noch heute das Gewebe des Umhanges mit dem farbigen Bildnis der Madonna bewundern. Ihr Bild ist mit einem Strahlenkranz umgeben und man kann es selbst in der ärmsten Hütte, in dem verlassensten und entlegensten Winkel Mexikos entdecken.

An einem Sonntag unternahmen wir bei strahlendem Sonnenschein einen Ausflug zu den »Schwimmenden Gärten« von Xochimilco. In *Trajineras* (blumengeschmückte Boote) fuhren wir durch ein Labyrinth von Kanälen. Hier spielt sich am Wochenende das ganze Leben auf dem Wasser ab. Damit es bei den unzähligen Booten nicht zum Crash kommt und sie nicht am Ufer hängen bleiben, stochern gutgelaunte, meist laut singende Gondoliere, mit großen Sombreros auf dem Kopf, mit langen Stangen im grünlichtrüben Wasser. Buntgekleidete Indiofrauen verkaufen von ihren Booten aus Blumen, Luftballons oder selbst gemachte Taquitos.
Mariachi- und Marimbakapellen geben ihr Bestes. Besonders die Mariachispieler gehören zum mexikanischen Leben wie das Salz in die Suppe. Diese stolzen Caballeros, die Trompete und Gitarre spielen, stammen aus Guadalajara und sind nicht nur durch ihre Lieder, sondern auch durch ihre typische *charro*-Kleidung auf der ganzen Welt bekannt geworden. Hier treffen nun die unterschiedlichsten Musikgruppen aufeinander und versuchen voller Lautstärke und Inbrunst, die Musik des anderen zu übertreffen. Einheimische Familien nutzen den freien Sonntag, um hier abseits des Großstadtgewühls mit Kind und Kegel ein ausgedehntes Picknick zu genießen.
Ein weiterer Ausflug führte mich zu der größten voraztekischen Stadt Teotihuacán. Der Name bedeutet in Nahuatl, der azte-

kischen Sprache des 16. Jahrhunderts: Der Ort, wo man zum Gott wird.
Teotihuacán liegt etwa 50 km von Mexiko-City entfernt auf dem weiten, baumlosen, 2300 m hoch gelegenen Plateau von Anahuác. Die Straßen dorthin sind in der Trockenzeit sehr staubig. Maisfelder, kleine verstreut liegende Häuser mit Gärtchen sind die einzige Abwechslung. Später wird die Landschaft noch karger, nur vertrocknete Büsche, Agaven und unzählige Kakteenarten bestimmten noch die Gegend.
Auf diesem Hochplateau lag einstmals das Kontrollzentrum des vom Staat beherrschten Gebietes. Hier befanden sich religiöse Stätten, Verwaltungs- und Prachtbauten der oberen Schichten. Etwas weiter vom Zentrum entfernt wohnten in nach Branchen unterteilten Vierteln die Handwerker. So fand man bei den Ausgrabungen allein über 500 Obsidian-Werkstätten, in denen Messer und Figuren hergestellt wurden, die damals einen wichtigen Handelszweig gebildet haben müssen. In anderen Stadtteilen lebten die Kaufleute mit ihren Familien.
Man vermutet, dass hier in der Blütezeit zeitweise rund 75 000 bis 200 000 Menschen gelebt haben. Noch heute findet man unter überwucherten Hügeln auf dem über 700 Hektar großen Areal, über das sich die Stadt einst erstreckt hat, unentdeckte Ruinen dieser prunkvollen Tempelstadt. Wie ein Wahrzeichen erhebt sich die gigantische 65 m hohe Sonnenpyramide mit Seitenlängen von 220 m. Auf ihr soll einst Tonacatecuhtl, der Gott des Reichtums und der Sonne, residiert haben. Auch wenn die Pyramide nur halb so hoch ist wie die Cheopspyramide in Ägypten, wird sie trotzdem oft als das mexikanische Gizeh bezeichnet. Während die Pyramiden in Ägypten aus aufeinander gesetzten Steinblöcken gebaut wurden und als Begräbnisstätten dienten, wurden die mexikanischen Pyramiden auf aufgeschütteten, mit luftgetrockneten Lehmziegeln ummantelten Hügeln erbaut und dienten als Sockel für das Heiligtum, den Tempel der Götter. Die heute sichtbare Steinummantelung war früher zusätzlich von einer mit leuchtenden Farben bemalten meterdicken Stuckschicht überzogen.

Spaziert man über die Nord-Süd-Achse der Stadt, die *Calzada de los Muertos* (Straße der Toten), eingerahmt von vielen kleineren Pyramidenstümpfen und Priesterhäusern, erreicht man die nicht weniger beeindruckende 42 m hohe Mondpyramide, die auf einer kleinen Anhöhe erbaut ist und den Quetzalcoatl(gefiederte Schlange)-Tempel. Es ist ein monumentaler Terrassenbau in Form einer sechsstufigen Pyramide, deren Reliefplatten mit gespenstigen Köpfen gefiederter Schlangen und Masken dämonischer Wesen verziert sind. Weiterhin sind Darstellungen von Seetieren, Muscheln und Schlangenleiber zu erkennen. Sehenswert sind auch der Tempel des Regengottes Tlaloc, der Tempel der mythologischen Tiere, in dem man auf einer Wandmalerei noch einen bunten Jaguar erkennt, und der Palast der Quetzal-Schmetterlinge, ebenfalls mit schönen Malereien und Fresken.
Am schönsten war es allerdings zuzuschauen, wie mutige Touristen voller Energie Anlauf nahmen, um die 248 Stufen bis zur obersten Stelle der Sonnenpyramide zu erklimmen. Spätesten auf der Hälfte ließ jedoch der sportliche Elan schon merklich nach. Schaffte man es, vom Ehrgeiz gepackt, dennoch bis zur obersten Plattform, war bei dem Blick in die Schwindel erregende Tiefe auf die vielen unebenen, sehr steilen Treppenstufen und dem Gedanken, da wieder runter zu müssen, schnell jegliches Selbstbewusstsein erloschen. Man konnte nur noch hoffen, dass die aztekischen Götter keinen schlechten Tag hatten und ihnen nicht nach frischen Menschenopfern gelüstete ...
Einen kleinen Eindruck dieser Kletterkünste konnte ich mir schon bei einem Ausflug nach Tula holen. Tula (Tollan) war von 968 bis 1168 n. Chr. die Hauptstadt des Toltekenreiches und bedeutet in Nahuatl-Sprache: »Binsenstadt« oder: »Platz des Schilfrohrs«. Sie wurde von Ce Acatl Topiltzin regiert, der oberster geistlicher und weltlicher Führer war – besser unter seinem zweiten Namen Quetzalcoatl bekannt. Um ihn ranken sich viele Legenden. Eine erzählt, dass er nach Tlillan Tlapallan, in das Land »der schwarzen und roten Farbe« gelangte und dort im Jahr des Morgensterns den Feuertod gestorben sei. Sein Herz habe sich dann in den Morgenstern verwandelt. Aber es gibt

auch die Geschichte, dass er das Land verlassen habe, auf einem *Coatlapechtli* (Schlangenfloß) über das Meer gefahren ist und versprach, in einer späteren Epoche zurückzukehren, was wie erwähnt, später Moctezumas Schicksal wurde.

Auf der fünfstöckigen Pyramide des Morgensterntempels (*Tlahuizcalpantecuhtli* – ein wahrer Zungenbrecher) stehen die bekannten *Atlanten* – Krieger darstellende Säulen, die einst das Dach des Tempels getragen haben. Jeder der aus dunklem Gestein gehauenen toltekischen Krieger trägt ein Schwert, ein verziertes Brustschild, einen Behälter für Räucherholz und einen bemerkenswerten Kopfschmuck. Natürlich möchte man sich diese 4,6 m hohen Figuren aus der Nähe anschauen und klettert deshalb schwungvoll die vielen unterschiedlich hohen, steilen Stufen hinauf. Doch oben angekommen, stockt einem der Atem, wenn man in die Tiefe schaut. Man verspürt den innigen Wunsch nach Flügeln, um dort wieder heil herunter zu kommen. Am besten versucht man sein Glück auf dem Weg in die Tiefe rückwärts oder setzt sich gleich auf den Hosenboden. Aber gleich wie man es anstellt, ein kräftiger Muskelkater ist immer sicher.

Natürlich stand auch ein Besuch des berühmten Indiomarktes von Toluca auf dem Plan. Freitags treffen sich dort die Indios aus den umliegenden Dörfern, um ihre Waren anzubieten. Es ist ein faszinierendes, farbenprächtiges Bild voller exotischer Pracht. Keramik, bunte Webarbeiten, bestickte Blusen, Korbwaren, Malereien auf *Amate* (Feigenblattpapier), Schnitzereien, Heilkräuter, aber auch Gebrauchsgegenstände sowie Gemüse und Obst sind in den vielen Ständen ausgebreitet. Am Boden kauernde Indios schützen sich unter Schatten spendenden, bunten Tüchern vor der brennenden Mittagshitze. Lautes Stimmengewirr und die unterschiedlichsten Melodien aus oft bis zum Anschlag aufgedrehten Radios quälen die Ohren. Doch so sehr man von dieser Atmosphäre auch gefangen genommen sein mag, man sollte nie seine Tasche und Wertgegenstände aus den Augen lassen. Am besten, man nimmt sie gar nicht erst mit, denn hier verschwindet alles, was nicht niet- und nagelfest ist, und zwar schneller, als man denken kann. Gleich, ob man angerempelt

Alter Mexikaner auf müdem Esel

Blumengeschmückte Boote auf den Kanälen von Xochimilco

Kleine Ruhepause vor der Mondpyramide in Teotihuacan

Suchen Sie zu Allerheiligen ein kleines Mitbringsel für Ihre Freunde?

Gaby und Werner vor dem Tempel der »Gefiederten Schlange«

oder in ein Gespräch verwickelt wird oder auch nur fasziniert durch die Menschenmenge schlendert – ehe man sich versieht, wird einem die Tasche (auch Hosentaschen sind nicht sicher, man sollte sie vorsichtshalber von innen mit einer Sicherheitsnadel zustecken!) völlig unbemerkt mit einer Rasierklinge aufgeschlitzt. Ein flinker, fingerfertiger Mittäter hält eine Tüte darunter und bevor man überhaupt reagieren kann, sind alle wieder im dichten Menschengewühl verschwunden. Meist geschieht es so rasend schnell und unauffällig, dass man den Verlust erst sehr viel später feststellt.

Auch bei meinem ersten Besuch endete mein Mexikoaufenthalt in Acapulco. Acapulco, die Perle des Pazifik, ein Sinnbild von Reichtum, Exotik und Schickeria. Das ehemals kleine Fischerdorf wurde innerhalb weniger Jahre zum exklusiven Badeort und Treffpunkt des internationalen Jetsets. Hier gab sich alles die Hand, was Rang und Namen hatte. Traumvillen der Reichen und Schönen in prachtvoll angelegten Palmengärten winden sich an den Berghängen empor. Unter ihnen der tiefblaue Pazifik mit seinen weißen, Palmen bewachsenen Stränden.
Hoch über den Klippen, in einem wunderschönen Anwesen mit einem Leuchtturm, hatte John Wayne über 20 Jahre lang sein Domizil. Die Kennedys bewohnten ein rotes Ferienhaus inmitten eines traumhaften tropischen Gartens mit einer eigenen Bootsanlegestelle. Greta Garbo baute sich bereits in den 40er-Jahren einen 24-Zimmer-Palast, der später von dem Astronauten Neil Armstrong erworben wurde. Auch Frank Sinatra und der Schah von Persien besaßen dort Anwesen, ebenso wie Sylvester Stallone, Harold Robbins, Jonny Weismüller, Liz Taylor, Garry Cooper und viele andere mehr.
Angezogen von der märchenhaften Bucht Acapulcos, wurden hier viele erfolgreiche und weltbekannte Hollywoodfilme gedreht. Jonny Weismüller schwang sich als Tarzan von Baum zu Baum, aber auch Elvis Presley, Humphrey Bogart, Audrey Hepburn waren mit von der Partie. Teile von »Denver« wie auch »Rambo« wurden in dieser wunderschönen Kulisse produziert.

Suchten die Mächtigen und Reichen abends nach Abwechslung, so traf man sich in einem der Luxushotels oder bei Teddy Stauffer, dem »König der Casanovas«. Ob Casanova die richtige Bezeichnung für ihn war, sei dahingestellt. Ich habe ihn bei meinem Besuch in seinem Restaurant »La Perla« als einen äußerst charmanten, liebenswürdigen Mann kennengelernt, der verstand, das Leben zu genießen.
Das erinnert mich an eine Begegnung mit Marcello Mastroianni, den ich einmal ganz unromantisch in einem Steakhaus in Buenos Aires traf. Auch ihm haftet der Ruf eines Frauenhelden an. Umso angenehmer überrascht war ich, als mir ein ganz normaler, freundlicher, sensibler Mann gegenüber stand, der dazu noch ein guter Zuhörer und Gesprächspartner war. Es bedurfte keiner weiteren heldenhaften Anstrengungen, um ein Herz höher schlagen zu lassen. Er hatte ganz einfach nur Charisma.
Nach dem Abendessen bei Teddy Stauffer konnte man den weltberühmten *Clavadistas* zuschauen, die sich mit einer brennenden Fackel in der Hand von dem fast 40 m hohen Felsen La Quebrada in die Tiefe stürzten. Kein Wunder, dass die waghalsigen Todesspringer vor ihrem Sprung erst beteten und sich bekreuzigten, denn der Spalt zwischen den Klippen, den sie in der schäumenden Brandung treffen mussten, ist beängstigend schmal. Verletzungen gehörten zur Tagesordnung.
Meine Freunde und ich wohnten in einer wunderschönen, aus kleineren Bungalows bestehenden Hotelanlage, umgeben von den satten Farbklecksen der Hibiskus-, Bougainvilleen-Sträucher und dem Duft von Jasmin. Eines Abends – ich lag schon im Bett – sah ich aus dem Augenwinkel, wie sich etwas langsam bewegte. Eine riesige, dicke Spinne ließ das Blut in meinen Adern gefrieren. Zottelige braune Haare bedeckten ihren prallen, großen Körper. Mir fiel vor Schreck fast das Buch, in dem ich gerade gelesen hatte, aus der Hand, denn Spinnen gehören nicht gerade zu meinen Lieblingstieren und schon gar nicht solche Luxusexemplare.
Mein Großvater, der einige Jahre in Cuba gelebt hatte, hatte mir oft von solch großen Spinnen erzählt, die, sobald sie sich ange-

griffen fühlen, hoch und weit springen können. Diese Erinnerung trug in diesem Moment auch nicht gerade zu meiner Erheiterung bei. Vorsichtshalber blieb ich wie zur Salzsäule erstarrt liegen, wagte kaum zu atmen und mit den Wimpern zu zucken – nicht, dass sie mein Zwinkern vielleicht noch als Einladung aufgefasst hätte ... Sekunden erschienen mir wie Stunden. Der Windzug des Deckenventilators wehte das Tuch, mit dem ich mich zugedeckt hatte, immer ein kleines Stückchen weiter weg, bis es in hohem Bogen kurz vor meinem angriffslustigen Gegenüber auf dem Boden landete. Mir stockte der Atem. Jetzt – dachte ich – jetzt springt sie. Aber sie zuckte nur kurz – und blieb weiter ruhig, abwartend sitzen ... Keine Ahnung, wer von uns beiden wirklich die größere Angst hatte, aber wir ließen uns nicht mehr aus den Augen. Nach endlosen Stunden voller Grauen bin ich wohl irgendwann, schweißgebadet vor Erschöpfung, eingeschlafen.
Am nächsten Morgens, als die ersten Sonnenstrahlen ins Zimmer fielen, wanderten meine Blicke ganz vorsichtig zu dem Mauervorsprung, wo vorher das Ungetüm gesessen hatte und –es war entschwunden. Ich glaube, der Felsblock, der mir vom Herzen fiel, hätte selbst die alten Azteken wieder zum Leben erwecken können.
Als ich dem Hotelpersonal von meiner abenteuerlichen Begegnung erzählte, brach plötzlich Hektik aus und man erzählte mir, dass das entzückende Tier schon vor mir andere Gäste in Angst und Schrecken versetzt hatte und es sich um eine nicht ganz ungefährliche, giftige Spinnenart gehandelt haben soll. Bei diesem Gedanken lief mir nachträglich nochmals ein kalter Schauer über den Rücken.

Nun hatte ich einige Jahre später auf einem Guatemala-Honduras-Trip wieder das Glück, ein paar Urlaubstage in Acapulco verbringen zu können, in einem wunderschönen Hotel mit Klimaanlage, an der Spinnen hoffentlich keinen so großen Gefallen finden. Diesmal sind mein Mann und auch meine Schwester Gaby mit von der Partie. Sie versetzt mit ihren langen blonden Haaren so manches mexikanisches Männerherz in Schwingungen. Umso

mehr strafende Blicke treffen meinen Mann, den sie aufgrund seines dunklen Aussehens wohl für einen Mexikaner halten und ihn anfunkeln, als hätte er ihnen ihre Beute entrissen.
Inzwischen hat sich manches verändert. In vielen, damals noch menschenleeren Buchten, hat man riesige Hotels und Hochhäuser aus dem Boden gestampft, die Straßen sind mit Autos verstopft, der Touristenstrom hat zugenommen. Doch obwohl die weltberühmte Stadt am Pazifik schon oft totgesagt wurde, ist der Mythos Acapulco immer noch erhalten geblieben. Es ist eine faszinierende Stadt, voller dynamischem, pulsierendem Leben, das einen mitreißt und deren Zauber einen gefangen nimmt.
Wenn die ersten Sonnenstrahlen den Dunst, der über den Hügeln der Sierra Madre liegt, durchbrechen, die Mittagshitze den Asphalt zum Glühen bringt und die Luft flimmern lässt, wenn abends die Sonne in einer Sinfonie aus Gelb- und Rottönen im tiefblauen Pazifik versinkt, die Sterne wie Kristallsplitter am Himmel glitzern und der Mond groß wie eine Weltkugel am Himmel steht, werden diese Bilder für immer im Gedächtnis eingebrannt sein.
Vormittags entschließt sich Werner, seine ersten Paragliding-Erfahrungen zu machen. Unter strahlend blauem Himmel schwebt er in luftiger Höhe über die Dächer der Hotelanlagen, die palmenbewachsenen Strandalleen und über die Köpfe der neugierigen Badegäste, um danach, von einer Windböe gepackt, samt Fotoausrüstung im erfrischenden Pazifik zu landen.

Abends schauen wir den *Voladores* zu, die sich nach einem atemberaubenden Tanz auf einem kleinen Podest, kopfüber an Seile gebunden, von einem über 20 m hohen Baumriesen unter Trommelwirbel und Flötenmelodien in die Tiefe stürzen. Die Seile umwickeln den Stamm und je mehr sie sich vom Stamm abwinden, umso größer werden die gezogenen Kreise. Dreizehn Mal rotieren die vier Totonakensöhne um den Baum, um so zusammen die göttliche Zahl 52 zu erreichen.
Nach diesem Schauspiel lassen wir unsere Seele baumeln und genießen bei einem tropischen Drink, gerührt und geschüttelt,

den letzten Abend auf unserer Hotelterrasse. Am nächsten Morgen, nach einem unwiderstehlichen mexikanischen Frühstücksbüfett mit tropischen Früchten ohne Ende, heißt es Abschied nehmen. Ein letzter Blick auf die traumhafte Küste des Pazifik, und die 400 km lange Rückreise nach Mexico-City beginnt. Das heißt, auch eine Überwindung von 2240 Meter Höhenunterschied. Langsam fahren wir die serpentinenreiche Strecke bis zur Hochebene der Sierra Madre hinauf. Die Straße ist gesäumt von trockenem, kargem Boden, auf dem riesige Kakteen wachsen. Ab und zu kommen wir an kleinen Dörfern vorbei. Kaum hören die Indios das Motorengeräusch unseres Autos, schon beginnt in ihren neben der Straße aufgebauten bunten Marktständen ein geschäftiges Treiben. Vielleicht hält ja doch mal ein Tourist, der Gefallen an den wunderschönen, farbenfrohen Web- und Tonarbeiten oder aber vielleicht an einem alten Topf findet? Hier verkauft man alles, vom Gebrauchsgegenstand bis hin zum Kunstgewerbe. Doch man sollte vorsichtig sein und nicht überall aussteigen, besonders nicht, wenn es dunkel wird, denn auf dieser Strecke gibt es viele Überfälle. Nicht selten sieht man am Straßenrand völlig ausgeschlachtete Autos stehen, deren Besitzer vielleicht anfangs nur wegen einer Panne anhalten mussten.

In Taxco legen wir einen Stopp ein. Schon bei meinem letzten Aufenthalt hatte ich mich in dieses bezaubernde, an einem Hügel gelegene Städtchen aus der Kolonialzeit, das einem Bilderbuch entsprungen zu sein schien, verliebt. Schon Humboldt hatte hier gelebt. Enge, sich den Berg empor schlängelnde Gässchen mit Kopfsteinpflaster, durchziehen diese Märchenbuchstadt. Kleine Plätze, weiße Häuser mit roten Dachziegeln und blumengeschmückten Balkonen und Innenhöfen prägen das Stadtbild. Die ganze Stadt steht unter Landesdenkmalschutz und gelangte durch ihre bekannten Silberminen zu Reichtum. Überall findet man Läden, die wunderschöne Silberarbeiten anbieten. Es fällt immer wieder schwer, diesen Verlockungen zu widerstehen. Nur ein Blick auf die Preisschilder kann den Zauber manchmal schnell verblassen lassen.

Der Mäzen Taxcos, der die Erzader fand, stiftete dem Städtchen die Kirche Santa Prisca. Ihre zwei prunkvollen barocken Glockentürme überragen die Stadt. Im Inneren kann man traumhafte Goldaltäre bewundern. Ähnliches hatte ich vorher nur in der von den Jesuiten erbauten Kirche in Tepotzotlan gesehen. Ich war geblendet von dem Glanz des Altares, der ganz mit Blattgold überzogen ist. Dieser prunkvolle Reichtum in einem kleinen, ärmlichen Dorf schien mir damals sehr gewöhnungsbedürftig.
Langsam fangen unsere Mägen an zu knurren und wir entschließen uns, in einem kleinen verträumten mexikanischen Restaurant eine Pause zu machen. Da ich schon so meine Bekanntschaft mit der feurigen mexikanischen Kochkunst gemacht hatte und oft glaubte, mir brennen die Schuhsohlen durch, versuche ich es diesmal vorsichtshalber mit einem Spiegelei auf Tortillas. Das klingt ziemlich human, auch wenn »pikant« auf der Speisekarte steht. Das Spiegelei, verziert mit Ketchup und bestreut mit einem rot leuchtenden Pulver, lacht mich freundlich an. Jedoch mein Lachen erfror schon nach dem ersten Bissen. Hitzewallungen steigen in mir hoch, Tränen verschleiern meine Augen und ich schnappe nach Luft wie ein Fisch, der an Land gespült wurde. Ich habe das Gefühl, das Chiligewürz brennt mir die Kehle durch und ich verwandle mich langsam, aber sicher in einen Flammenwerfer in Menschengestalt. Selbst nach einer ganzen Flasche Wasser ist kaum eine Linderung zu spüren. Seitdem gehe ich mit dem Wörtchen «pikant« etwas vorsichtiger um ...
Doch allmählich beginnt uns ein anderes Problem zu plagen. Langsam aber sicher neigt sich unser Sprit dem Ende entgegen. Schon seit einigen Kilometern versuchen wir eine Tankstelle zu finden. Zwar gibt es davon einige, aber leider prangen überall nur große Schilder »no Gasolina«. Der Zeiger unserer Benzinuhr sinkt verdächtig auf 0 und unsere Hoffnung auch. Über Schleichwege quer durch die Landschaft versuchen unsere Freunde, schneller die nächste Tankmöglichkeit zu erreichen. Mit dem allerletzten Tropfen erreichen wir tatsächlich noch eine kleine Tankstelle, die uns wenigstens so viel Sprit verkauft, dass wir bis in Hauptstadtnähe kommen.

Wegen dieser Verzögerung erreichen wir Cuernavaca erst viel später als geplant. Diese reizvolle Stadt liegt auf einer Höhe von 1542 m. Aufgrund des angenehmen Klimas, der tropischen Vegetation und der Heilquellen haben viele Reiche sie als Feriendomizil auserkoren. Nach der Besichtigung des Klosters aus der Barockzeit, der prächtigen Kathedrale aus dem ist 16. Jahrhundert und dem Hernan-Cortez–Palast, dessen Fresken von Diego Rivera weltbekannt sind, laden malerisch kleine Plätze mit Brunnen, viele Gärten mit einer üppigen Pracht leuchtender, tropischer Pflanzen zum Ausruhen ein.

Allmählich bricht die Dunkelheit über uns herein und das macht die Weiterfahrt zu einem äußerst spannenden Unternehmen, denn Autos und Licht scheinen in Mexiko in keinerlei Verbindung zu stehen. Man fährt entweder ohne Licht, weil die Lampen eh meist kaputt sind oder nur mit einem Scheinwerfer, damit man wenigstens gesehen wird. Ist man jedoch glücklicher Besitzer von zwei funktionierenden Scheinwerfern, so muss man auch zeigen, was man hat und lässt alle erdenklichen Lichtquellen vor Freude und Dankbarkeit aufleuchten. Dennoch, irgendwo hat man wohl gehört, dass man damit ein entgegenkommendes Auto blenden könnte – so schaltet man das Licht eben voller Rücksichtnahme wieder ganz aus. Kein Wunder also, dass es so viele zerbeulte Autos gibt, denn dieses Spielchen in der Dunkelheit ist wie russisches Roulett.

Nicht selten steht man auch plötzlich vor einem auf der Straße – möglichst in oder hinter einer Kurve – aufgebockten Auto, an dem ein risikofreudiger Mexikaner in tiefschwarzer Nacht gerade einen Reifen wechselt. Auch tagsüber ist das Verkehrschaos oft nur mit artistischen, mutigen Meisterleistungen zu überstehen, will man nicht einem Kamikazefahrer zum Opfer fallen, der gerade wieder alle Verkehrsregeln außer Kraft gesetzt hat. Es ist bemerkenswert, was sich aus den oft alten Schrottkisten noch an Tempo herauskitzeln lässt. Jeder scheint jeden zu jagen. Der wichtigste Teil des Autos ist allerdings die Hupe. Eine in allen Tönen hupende Geräuschglocke gehört wie die einen einnebelnden Abgase zu jedem Stadtbild.

Dass die Mexikaner ein feierfreudiges Völkchen sind, war mir zwischenzeitlich schon bekannt, aber irgendwie fand ich es schon sonderbar, dass mir aus der Dunkelheit immer wieder Mariachiklänge ans Ohr dringen und viele Parks mit unzähligen bunten Lichtern geschmückt waren. Sollten so viele Partys an einem Abend stattfinden? Meine erstaunten Blicke erheitern unsere Freunde sichtlich und sie geben mir schnell eine Erklärung für meine vermeidlichen Partygärten – es sind keine Lustgärten, sondern Friedhöfe. Es ist *Dia de los muertos* (Tag der Toten).
In Mexico gedenkt man an Allerheiligen und Allerseelen nicht wie bei uns wehmütig der Toten, sondern feiert mit ihnen eine große Fiesta. Es sind die wichtigsten und persönlichsten Feiertage, denn für die Indios ist der Tod ein Freund. Er bedeutet nichts Unheilvolles, nichts Feindliches, sondern er begleitet sie durchs Leben. Sie empfinden das Leben als eine Blüte, die sich langsam öffnet, verwelkt und abfällt. Octavio Paz schreibt: »Eine Kultur, die den Tod verleugnet, verleugnet auch das Leben.«
Schon die Azteken hatten ihre besonderen Vorstellungen vom Tod. Besonders bevorzugt waren Krieger, die im Kampf fielen oder Jungfrauen, die auf dem Opferstein starben. Ihr Tod führte sie ostwärts direkt in das Paradies des Sonnengottes, weil er sich durch ihr Blut stärken konnte. Starb jemand durch Unfall oder durch eine schwere Krankheit, kam er im Westen in das Reich des Regengottes Tlaloc und durfte dort ein Leben in Saus und Braus führen. Ebenso erging es den Frauen, die nach der Geburt eines Kindes verstarben, denn sie hatten ihr eigenes Leben geopfert, um einen neuen Krieger zu gebären. Gehörte man zu der Gruppe, die nach unseren Vorstellungen in der Hölle absteigen, so musste man erst neun verschiedene Höllen durchqueren, bevor man nach vierjähriger Probezeit endlich nach Mictlan gelangte. Dort ließ es sich dann aber recht gut leben.
Andere Erzählungen berichten von einer viertägigen Höllenfahrt in die Unterwelt, auf der einige Prüfungen zu bestehen waren. Der Verstorbene musste zwischen zwei Bergen hindurchwandern, die ihn zu zerquetschen drohten, einem schlangenähnlichen Monster und einem Alligator entwischen, acht Wüsten

überwinden und acht Berge erklimmen. Dort wurde er immer wieder von einem stürmischen, eiskalten Wind gegen Felsbrocken und Obsidiangestein, scharf wie Rasierklingen, geschleudert und verletzt. Sein Weg führte ihn weiter bis an die Ufer eines breiten Stromes. Den hieß es auf dem Rücken eines roten Hündchens (sein Bild wurde ihm mit ins Grab gelegt) zu überqueren. War er endlich im Mictlan angekommen, musste er dem Tod Geschenke überreichen. Von ihm wurde dann die Entscheidung gefällt, in welchen der neun Sektoren der Unterwelt der Verstorbene gehen durfte.

Für die Azteken war aber das Leben selbst noch viel problematischer, denn es wurde von dem Schicksalsgott Tezcatipocla bestimmt. Er konnte ihnen, ohne dass sie einen Einfluss darauf hatten, alles geben, aber auch schnell wieder alles nehmen.

Bereits Ende Oktober ist der Tod allgegenwärtig. Die Fenster der Bäckereien sind gefüllt mit kleinen Marzipansärgen, Skeletten aus Zucker oder Schokolade, dem süßen Hefegebäck *pan de muerto* (Brot der Toten) in verschiedenen Größen und verziert mit knochenähnlichen Gebilden und Tränen. Unzählige, bemalte Totenköpfen aus Zuckerguss (*calaveras*) schauen einen aus leeren, mit glitzerndem Flitter beklebten Augenhöhlen oder mit bunten Kandisaugen an, als wollten sie fragen: »Geht es dir wirklich noch gut?« Wird man eingeladen, klemmt man sich einen kleinen Marzipansarg oder einen Totenkopf unter den Arm, lässt darauf den Namen des Gastgebers schreiben und macht sich auf den Weg. Man übergibt freudestrahlend dieses Mitbringsel, denn es verheißt Glück und ein langes Leben. Kinder erfreut man mit einem kleinen Puppensarg, aus dem, wenn man an einer Kordel zieht, ein bewegliches Skelett herausspringt, die restliche Familie vielleicht mit einem kleinen Sarg als Aschenbecher, einem Totenkopf als Anstecknadel oder einem Skelett, das sich bei jedem Windzug im Garten bewegt und mit seinen Plastikknochen klappert. Es gibt keine Tabus und der Phantasie sind keine Grenzen gesetzt.

Auch Warenhäuser sind mit mannshohen Gerippen als Schaufensterpuppen dekoriert und man verkauft alles, was den Sensenmann erfreuen könnte, vom Totenschädel aus allen Materialien bis hin zum Riesenskelett aus Pappmaché. Für Nichtmexikaner wie uns schien dieser Anblick schon etwas seltsam und makaber. Würde man bei uns einem Freund einen Totenkopf oder Sarg mit seinem Namen überreichen, wäre das sicher die letzte Einladung gewesen!

Nachdem die Gräber gesäubert wurden, werden sie am 1. und 2. November, »dem Fest der Toten«, mit vielen orange-gelben *Cempasuchitl* geschmückt. Auch Hausaltäre werden mit ihnen dekoriert, denn sie galten bereits bei den Azteken als Blumen des Todes. Durch ihre intensive Farbe sollen sie bis ins Totenreich leuchten können. Der ganze Friedhof strahlt, als hätte man ihn in einen gelben Farbtopf getaucht. Auf den Gräbern baut man kleine provisorische Altäre auf, um später darauf all das niederzulegen, was die Herzen der Verstorbenen erfreuen könnte. Ebenso gehören *Papel Picado,* Fotos der Verstorbenen, komplizierte Seidenpapierschnitte, farbenfrohe *Coronas,* Girlanden aus künstlichen und frischen Blumen, Kreuze, geweihte Lichter und Kerzen zur Dekoration.

In der Nacht vom 31. Oktober zum 1. November gedenkt man der verstorbenen Kinder, denn man geht davon aus, dass die *Angelitos* schneller laufen als die Älteren und so auch schneller aus dem Reich der Toten nach Hause zurückkehren können. Die darauf folgende Nacht gehört den Erwachsenen. Die mexikanischen Familien gehen zu ihren Friedhöfen, vor deren Eingängen an vielen kleinen Ständen alle Leckereien der mexikanischen Küche angeboten werden, denn die Nacht, die man gemeinsam mit den Verstorbenen feiern möchte, ist lang.

Uns bietet sich ein farbenprächtiges, beeindruckendes Bild. Indios sitzen in ihren farbenfrohen Umhängen vor den Gräbern. Frauen tragen ihre in gewebte Decken gehüllten schlafenden Babys auf dem Rücken. Auf herrlichen, bunt bestickten Tüchern sind Weizentortillas, Obst, Maismehl-Omeletts, mit Bohnen oder Fleisch gefüllt, Süßigkeiten, Zigaretten, Hühnchen, Reis und andere Opfergaben ausgebreitet. Natürlich dürfen auch Körbe mit Kaffee, Bier, Pulque (trüber, nach Arznei schmeckender,

ungebrannter, gegorener Saft aus der Maguey-Agave, auch Agavenbier genannt) und Tequila nicht fehlen, damit man dem Verstorbenen zuprosten kann. Man glaubt, dass der Geist der Verstorbenen an diesem Tage zu Besuch kommt und versucht, ihn so mit genügend Nahrung für die lange Reise zu versorgen. Damit die Seele sich nach ihrem weiten Weg vor der Mahlzeit erfrischen kann, stellt man eine Schüssel mit frischem Wasser auf das Grab und legt ein Handtuch dazu. Es wird nicht getrauert, sondern gefeiert, damit sich der Geist der Ahnen auch wohlfühlt. Bei Beginn der Dämmerung verwandelt sich der mit Menschen überfüllte Friedhof in ein Lichtermeer brennender Kerzen. Die Luft ist erfüllt von Stimmengewirr, Gelächter und Mariachiklängen. Die durchdringenden Düfte von Copal (Weihrauchart) und zubereiteten Speisen steigen in die Nase. Rauchschwaden von Lagerfeuern und Holzkohlengrills steigen zum Himmel auf. Die Stimmung wird immer lauter und fröhlicher wie auf einer Kirmes, woran der Tequila sicher nicht ganz unschuldig ist. Dieses mexikanische Nationalgetränk ist ein Schnaps, der aus der Mazcal-Agave gewonnen wird und der einen ganz schön aus den Schuhen hauen kann. Von einer acht Jahre alten Pflanze werden die stacheligen, großen Blätter abgeschnitten, der Strunk zerkleinert, ausgepresst und eingekocht. Der daraus entstandene Saft wird vergoren und destilliert. Die Länge der Lagerzeit entscheidet über die Qualität. Weißen Tequila trinkt man nach alter Tradition mit Salz und Zitrone. Das beste Aroma hat der goldbraune Tequila, der einige Jahre in Holzfässern geruht haben muss.
Wer sich einen besonderen Leckerbissen nicht entgehen lassen möchte, der sollte es einmal mit Mezcal versuchen, einem Schnaps der ebenfalls aus der Mazcal-Agave gewonnen wird. Der letzte Schluck aus der Flasche ersetzt das Abendbrot, denn man bekommt einen Appetithappen aus der Flasche – eine gut genährte, weiße Schmetterlingsraupe.

In Mexiko-City angekommen, laden uns unsere Freunde zum Ausklang des Tages noch zu einem Abendessen in ein uriges Restaurant ein. Die Eingangstür ist verschlossen. Ein Schild fordert

den Gast auf, an einer sich neben der Tür befindlichen Klingelschnur zu ziehen. Ich nehme zwar die etwas frohlockenden Gesichter meiner Freunde wahr, höre auch die Worte, ich solle nicht erschrecken, aber da ist es schon passiert ... Der Boden gibt unter meinen Füßen nach und ich verschwinde durch eine Falltür in die Tiefe. Als ich mich vom ersten Schreck erholt habe, hoch schaue, winkt mir ein riesiges, gespenstiges Skelett freundlich zu und öffnet lautlos die Tür. Die nächsten Schritte zum Tisch wähle ich vorsichtshalber äußerst bedächtig.
Das Licht im Restaurant ist schummrig und überall stehen Kellner mit gruseligen Totenkopfmasken oder mit schwarzen Anzügen, auf denen leuchtende Skelette prangen. Aber immerhin besteht das Abendessen nicht aus abzunagenden Knochen und Fleischresten, sondern es schmeckt super.
Am nächsten Morgen öffne ich das Fenster und traue meinen Augen nicht. Der Smog, der sonst wie ein dichter Schleier über der Stadt liegt, ist verschwunden. Da die umweltbelastenden Betriebe über die Feiertage geschlossen sind, erscheint die Luft plötzlich rein und klar und gibt einen wunderschönen Blick auf den schneebedeckten Gipfel des noch immer tätigen Vulkans Popokatepetl (5452 m) frei. Daneben der lang gestreckte Nachbarberg Ixtaccihuatl, »die schlafende Frau«, denn er ist bereits erloschen. Die Konturen ihres Kopfes, Busens und Bauches sind mit einer glitzernden Schneeschicht überzogen.
Diesen Anblick wollen wir nicht nur aus der Ferne genießen und so geht unser letzter Ausflug in die majestätischen, luftigen Höhen des Mythos umwobenen »rauchenden Berges« Popokatepetl. Eine gut ausgebaute Straße führt uns vorbei an malerischen Haziendas und verträumten Dörfern. Die kleinen weißgetünchten Häuser sind umgeben von leuchtenden Hibiskus, Bougainvilleen und Jakarandablüten. Indios in bunten Ponchos arbeiten auf riesigen Agavenfeldern oder reiten auf bepackten Eseln vorbei. Die schneebedeckte Kuppe des Vulkanes leuchtet majestätisch vor dem blauen Horizont. Wir fahren bis nahe an die Schneegrenze hinauf und genießen in einem Restaurant mit herrlichem Panoramablick nicht nur einen Tequila, sondern auch die frische,

klare und saubere Luft. In dieser wunderschönen Naturlandschaft, nur eine gute Stunde von Mexico-City entfernt, lassen sich Hektik, Smog und der Lärm der Großstadt schnell vergessen.
Danach aber heißt es endgültig Abschied nehmen von unseren Freunden und einem bezaubernden, facettenreichen Land, das alle Vorstellungen in Erfüllung gehen lassen kann, egal, ob man von weißen Stränden, Palmen und Badefreuden träumt oder in die Geschichte alten Kulturen eintauchen möchte.

USBEKISTAN

Geheimnisvolle Seidenstraße und muntere Amöben

»Us ... was? Wohin fährst du?« Das war wohl die meistgestellte Frage, als ich von meinen neuen Reiseplänen erzähle. Viele Freunde graben ihre Atlanten aus, oder aber wissen bis zu meiner Rückkehr nicht, wo mein neues Abenteuer stattgefunden hat.

Dabei ist Usbekistan kein kleines Land, ca. ein Drittel größer als Deutschland, der größte Teil des Landes sind Wüstengebiete und es hat ca. 22 Millionen Einwohner. Der Flug dorthin dauert nur knapp 6 Stunden, doch nach meinen bisherigen Erlebnissen mit russischen Flugobjekten entscheide ich mich diesmal lieber für eine deutsche Fluggesellschaft. Das schont die Nerven und man soll ja bekanntlich Schutzengel nicht ständig überstrapazieren, damit sie nicht irgendwann flügellahm werden.
1991 entstanden nach dem Zerfall der Sowjetunion fünf selbstständige Staaten: Kasachstan, Kirgistan, Tadschikistan, Turkmenistan und Usbekistan. Der Zerfall dieses Riesenreiches brachte, wie es meistens der Fall ist, auch hier nicht nur Vorteile. Waren dort früher für die Menschen Grenzen ohne Bedeutung, so müssen sie heute, wollen sie z. B. ihre Verwandten in Turkmenistan besuchen, erst einmal viel Geld für ein Visum bezahlen. Bei dem niedrigen Verdienst ist solch eine zusätzliche Ausgabe oft nur schwer aufzubringen. Gelingt es mit Hilfe der Familie trotzdem einmal, so deckt man sich noch schnell, sozusagen als kleines Trostpflaster, in Turkmenistan mit Waschmittel ein, die dort etwas billiger sind als in Usbekistan.
Benutzt man die Hauptverbindungsstraße von Samarkand nach Taschkent, steht man urplötzlich inmitten endloser Weite vor einer Zollschranke, und diensteifrige Zollbeamte verlangen nach den Pässen. Nach anfänglicher Verwunderung wird man mit sehr ernster Miene belehrt, dass die nächsten 30 km über kasachisches Territorium gehen. Zwar ist für diese Grenzüberschreitung noch kein Visum oder eine Durchfahrtsgenehmigung erforderlich, aber ich nehme an, dass man mit der Zeit auch daraus ein lukratives Geschäft machen wird. Unabhängig von Staatsgrenzen sind überall im Lande, mindestens alle 30 bis 40

km, Kontrollstellen (meist mit 4 bis 5 Wachposten besetzt) aufgebaut, an denen alle Fahrzeuge und Personen angehalten und genauestens kontrolliert werden. Einzelreisende sind für solche Aktionen besonders begehrt, denn die Aufenthaltbestimmungen sind streng. Touristenbusse bleiben jedoch meist unbehelligt, es sei denn, ein dienstbeflissener Beamter will seine Macht unter Beweis stellen oder ganz einfach mal eine Abwechslung haben. Viele von ihnen kommen nicht so oft in den Genuss, mal ein europäisches Visum in natura zu sehen. Man argumentiert, dass man durch diese scharfen Kontrollen den Rauschgifthandel unterbinden und das Land vor Angriffen einzelner islamitischer Rebellengruppen schützen wolle. Wohl nicht ganz unbegründet, denn kurz vor unserer Reise kam es ca. 300 km südwestlich von Taschkent zu Zusammenstößen mit Terroristen, sodass das Auswärtige Amt vor Reisen in diese Grenzgebiete warnte. Schon in den vergangenen Jahren hatten islamitische Freischärler versucht, von Tadschikistan über Kirgistan nach Usbekistan vorzudringen. Bisher blieben zum Glück jedoch alle touristischen Sehenswürdigkeiten von Auseinandersetzungen verschont.
In den Städten steht alle paar hundert Meter ein Polizist, der mit äußerst ernster Miene den Verkehr überwacht. Seine Arme wirbeln munter durch die Lüfte, auch wenn es mitunter gar nichts zu regeln gibt. Allein seine Anwesenheit verbreitet Respekt. So meldet sich im Unterbewusstsein der Mitbürger ganz automatisch das schlechte Gewissen mit der Frage: »Habe ich etwas falsch gemacht?«
Da die Staatsdiener kein sehr üppiges Gehalt erhalten, verschaffen sie sich gelegentlich ein kleines zusätzliches Nebeneinkommen durch erfundene Übertretungen (die sich allerdings durch sofortige Zahlung – ohne Beleg versteht sich – schnell bereinigen lassen). Zu widersprechen wagt kaum jemand, denn der jahrelange Respekt und die Angst vor der Obrigkeit stecken noch in den Knochen und lassen sich nicht so schnell aus dem Gedächtnis streichen. Trotzdem versucht man eine neue kulturelle Identität, den Übergang zur Marktwirtschaft und Demokratie zu finden. Man hofft auf mehr Investoren und einen wei-

teren Anstieg im Tourismusgeschäft. Dazu muss man jedoch in manchen Dingen noch etwas umdenken. So hatte man z. B. von einem Autokonzern, der sich dort niederlassen wollte, verlangt, dass er 90 % seines Gewinnes wieder im Lande anlegen müsse, was diesen Plan natürlich schnell platzen ließ. Auch Hotelpreise sind, gemessen am Standard, oftmals überteuert. Aber, wie heißt es so schön: »Gut Ding braucht Weile«. Ich bin sicher, dass dieses bezaubernde Land heute noch bestehende Hindernisse schnell überwindet und aufgrund seiner enormen Bodenschätze für andere Nationen zu einem wichtigen Handelspartner werden wird.

Viele Privatpersonen starten bereits jetzt den Versuch, ihren Teil zur Ankurbelung des Tourismus beizutragen und laden über Agenturen ausländische Gäste zu einem gemütlichen Essen in ihre Privathäuser ein. Die Mahlzeiten werden überaus liebevoll zubereitet und die »Gasteltern« versuchen, jeden nur erdenklichen Wunsch von den Augen abzulesen. Zwar erlangen sie damit auch einen kleinen, willkommenen Nebenverdienst, aber Gastfreundschaft ist in Usbekistan selbstverständlich und allgegenwärtig. Auch uns wird das Erlebnis eines solchen Abends in einem gepflegten Haus mit wunderschönem Rosengarten, urgemütlicher Atmosphäre und bezaubernden Gasteltern immer in Erinnerung bleiben.

Die usbekische Küche ist sehr schmackhaft, gut gewürzt und kräftig. Die appetitlichen Rezepte beruhen oft auf jahrhundertealten Überlieferungen. Grundnahrungsmittel ist das leckere Fladenbrot. Es kommt zu jeder Mahlzeit auf den Tisch. Dazu frische, aromatische Tomaten (nicht solche geschmacklosen, roten Wasserbomben, die bei uns oft angeboten werden!), Gemüse aller Art, Obst, zuckersüße Fingertrauben und Granatäpfel. All diese Köstlichkeiten werden vorher frisch auf dem Basar geholt. Einem Ort, dessen Atmosphäre immer wieder aufs Neue fasziniert. Schon beim Betreten wird man von dem bunten Treiben, orientalischen Stimmengewirr, den fremden Musikklängen und betörenden Düften der Gewürze gefangen genommen. Von Haushaltsartikeln, Stoffen, Bergen an Gemüse, Obst, Käse, Mandeln, Süßigkeiten bis hin zum gerupften Huhn und Hammelfleisch kann man alles bewundern und kaufen.

Das Nationalgericht heißt Plow. Es ist ein Reisgericht mit vielen Variationsmöglichkeiten. Dazu gehören Hammelfleisch, Zwiebeln, Mohrrüben, Erbsen, Rosinen, Quitten und alle Arten von Gewürzen. Traditionell wird vor und nach dem Essen grüner Tee gereicht. Doch man muss aufpassen. Bekommt man die Tasse bis zum Rande vollgefüllt, bedeutet das: »Trink schnell aus und verschwinde.« Einem gern gesehenen Gast dagegen wird man immer nur wenig Tee einschenken, damit er die Tasse leicht halten und sich die Finger nicht daran verbrühen kann.

Äußerst ungewohnt für unsere mitteleuropäischen Mägen ist allerdings, dass fast alle Speisen mit Baumwoll-Öl zubereitet werden. Der Genuss ist, wenn man mal von dem besonderen Eigengeschmack absieht, auch meist noch zusätzlich von einem anderen, enorm durchschlagenden Erfolg gekrönt! Letzteres wiederum kann bei den dort oft an Geruch und vorhandener Substanz sehr gewöhnungsbedürftigen Toiletten (oder besser beschrieben, mit häufig in ungeahnte Tiefen führenden Erdlöchern) zu unangenehmen Folgen führen ...

Da der größte Teil Usbekistans aus Wüstengebieten oder weitläufigen Baumwollfeldern besteht, ist es gar nicht so einfach, für diesen dringenden »Notfall« schnell ein geeignetes, verschwiegenes Plätzchen zu finden.

Auch ich muss leider Bekanntschaft mit solch einem ungewollten Abenteuertrip machen, angeführt von einem willigen, freundlichen Einheimischen. Der schmunzelnde Ausdruck in seinem Gesicht konnte die Freude darüber nicht verbergen, dass die Touristen wohl doch sehr anfällig gegen die einheimischen Essgewohnheiten sein müssen ... Der Weg führt mich über enge, unwegsame, mit Schlaglöchern übersäte Pfade bis hin zu einem stattlichen Lehmtor. Dort überlässt er mich wortlos grinsend, nach links zeigend, meinem Schicksal. Nach wenigen Schritten stehe ich in einer Art gut duftendem Kuhstall. Vor mir ein großer, beängstigender, sabbernder Ochse, der – kaum hatte er mich erspäht – den Schwanz hebt und mir diskret einen Riesenhaufen halb auf meinen Schuh setzt. Wegen der Dringlichkeit des Unterfangens kann ich keine Zeit damit verlieren, länger über diese eigentümliche Begrüßung nachzudenken, aber vielleicht befand sich der armen Kerl ja auch in einer so misslichen Lage wie ich ...

Im Hintergrund blicke ich in die großen Augen einer schnaubenden Kuh und die eines verängstigten Kälbchens. Sicher fühlt sich der Ochse in seinem Familienidyll gestört und wackelt deshalb erneut höchst bedrohlich mit seinem Kopf. Bevor es zu weiteren Revierkämpfen kommen kann, verlasse ich lieber schnell diese gastliche Stätte und begebe mich weiter auf die Suche nach dem für mich geeigneten Örtchen. In einer Ecke entdecke ich einen winzigen, nach außen hin völlig offenen Lehmanbau, zu meiner Überraschung sehr sauber und sogar ohne Gasmaske zu betreten. In der Mitte endlich das herbeigesehnte, sicher 5 m tiefe dunkle Loch – ohne Haltegriffe an den Wänden! Schwindelfreiheit und gutes Stehvermögen also waren mehr als angesagt. Noch sicherer wäre vermutlich gewesen, vor Reiseantritt die Waden durch Gymnastikübungen zu stählen, um bei diesem ungewohnten Stand Wadenkrämpfen vorzubeugen.

Nachdem ich mir, nach vollbrachter Tat, unzählige Lehmkrümel und Stroh (nein, das war nicht aus meinem Kopf!) des niedrigen Raumes aus den Haaren gezupft und wieder menschliche Züge angenommen habe, trete ich mit gemischten Gefühlen den Rückweg an. Der Ochse hat diesmal vorsorglich schon gleich, als er mich wieder erblickt, eine bedrohliche, unfreundliche Position eingenommen. Dennoch, auch seine Kampfstimmung scheint gedämpfter zu sein und so erreiche ich, in jeglicher Beziehung erleichtert, wieder den rettenden Bus.

Unser Busfahrer hat in der Zwischenzeit die kleine ungeplante Pause genutzt, um sich mit Dieseltreibstoff einzudecken. Da er als Privatmann für ein Touristikunternehmen fährt, war sein Kontingent an Diesel begrenzt, denn vorrangig wird der Treibstoff nur an staatliche Fahrzeuge und Maschinen für die Baumwollernte ausgegeben. Der Rest wird dann von den Tankstellen, meist zu total überteuerten Preisen, verkauft. Die Bauern auf

dem Land dagegen können sich für die Baumwollernte immer reichlich mit Treibstoff eindecken. So ist es auch für sie eine willkommene Gelegenheit, etwas davon zu verkaufen und sich damit nebenher ein paar Sum verdienen zu können.
Doch wie kommt der Diesel in den Bus? Schnell und möglichst unauffällig schöpft man ihn mit einem alten, verrosteten Eimer aus einem Blechfass, das auch schon bessere Zeiten gesehen hat, heraus, nimmt dann eine Colaflasche, aus der der Kunststoffboden herausgeschnitten ist, als Trichter und füllt damit das kostbare Nass in den Tank des Busses. Not macht eben erfinderisch!

Baumwolle ist neben Öl, Gas, Edelmetallen und Gold das Hauptexportgut des Landes. Die Ernte ist sehr mühsam, und innerhalb kürzester Zeit sind die Hände der Pflücker von den rauen Fruchtkapseln zerkratzt und aufgerissen – ganz zu schweigen von den jubelnden Bandscheiben, die durch das Bücken zu den niedrigen Pflanzen ständiger Belastung ausgesetzt sind.
Freiwillig werden sich sicher wenige um diese unangenehme, harte Arbeit reißen. Aus diesem Grunde werden Schüler und Studenten in Buskonvois zur Baumwollernte abkommandiert, denn die alte Methode, mit der Hand zu ernten, ist viel sauberer als die von Maschinen ausgeführte. So verlockend die sich dort bietenden Fotomotive auch sein mögen, zur Zeit der Baumwollernte sollte man es tunlichst vermeiden, die Felder zu durchstreifen, denn um die Sträucher zu entlauben, werden die Pflanzen mit Herbiziden besprüht. Dadurch wird eine bessere Erntemöglichkeit der Kapseln durch Erntemaschinen gegeben. Welche Gifte eingesetzt werden, weiß man nicht so genau, aber immer wieder klagen Arbeiter über starke Übelkeit, Ausschlag und Fieber.
Überall vor den Fabriken türmen sich riesige Berge der weißen, watteartigen Baumwolle, die dort verarbeitet werden soll. Doch nicht nur die weißen Fasern, sondern auch die Blätter und Stängel werden verwertet. Man nutzt sie zur Herstellung von Spiritus, Zitronensäure, Papier, Hefe, Möbel und des bereits erwähnten Baumwollsamenöls.

Um die Bewässerung der Baumwollfelder zu gewährleisten, wurde bereits zu Sowjetzeiten der Amu-Darja-Fluss, der Wasser vom Pamirgebirge in den Aralsee brachte, umgeleitet. Heute ist der Aralsee zum Teil ausgetrocknet. Fliegt man von Taschkent nach Urgensch, erkennt man, wie die Baumwolle den Feldern das Wasser entzogen hat – übrig geblieben ist eine dicke Salzkruste. Die Erde ist fast weiß und ähnelt einer endlosen Winterlandschaft. Man scheint allerdings aus den alten Fehlern gelernt zu haben und baut deshalb vermehrt verschiedene Gemüsearten, Getreide und Obstsorten an.

Die alten Städte Usbekistans wurden schon durch die legendäre Seidenstraße, die über 2000 Jahre das Morgenland mit dem Abendland verband, bekannt. Ihre Route führte quer durch das heutige Usbekistan und machte die Städte, die an ihrem Weg lagen, schon damals zu bedeutenden Handelsknotenpunkten. Dadurch entstand nicht nur ein reger Austausch von Waren, sondern es wurde auch der Kontakte zwischen fremden Kulturen, Religionen, Traditionen und Ideen ermöglicht.

Zu jener Zeit gab es auf der Seidenstraße im Abstand eines Tagesmarsches (30 – 40 km) Karawansereien, in denen Mensch und Tier nach der langen beschwerlichen Reise verschnaufen konnten. Einige dieser erhaltenen Ruinen kann man noch besuchen, nur mit dem Unterschied, dass man heute bequem im klimatisierten Bus über die staubigen, holprigen Straßen fahren kann, was sicher nur noch wenig von den damaligen Strapazen langer Kamelritte, von Durst und Verzweiflung ahnen lässt.

Samarkand, die Weltmetropole des Mittelalters, zählt zu den ältesten Städten der Welt. Sie wurde von den Persern, Arabern, Mongolen beherrscht und hat bis heute nichts von ihrer Faszination verloren. Nach altem Vorbild werden die orientalischen Prachtbauten aufwendig restauriert, so z. B. das bekannteste Symbol Usbekistans, der »Registan« (übersetzt: Sandplatz). Einst kreuzten hier sechs Handelsstraßen, die ihn zum Marktplatz für die begehrtesten Waren aus aller Welt werden ließen. Aber es wurde dort auch Gericht gehalten, Militärparaden wurden abgenommen und grausame Hinrichtungen vollzogen. Die Sitten

waren äußerst streng, besonders wenn Religionspflichten verletzt wurden. Selten hatte man mit den Übeltätern Erbarmen, sondern stürzte sie von einem Minarett in die Tiefe.
Der Registan-Platz ist von drei Medresen eingerahmt, deren mächtige fayencengeschmückte Portale mit einmaligen filigranen Mosaiken, Kachelornamenten und blauen, mit Gold geschmückten Kuppeln in der heißen Wüstensonne wie Edelsteine leuchten. Künstler aus Indien, Isfahan, Damaskus, Aserbaidschan und Anatolien haben damals diese Wunderwerke der Architektur geschaffen. Blau ist im Orient die Farbe der Glückseligkeit, des Lichts und des Lebens und soll auch – schenkt man den Erzählungen Glauben – böse Geister fernhalten.
Spannend ist es zuzuschauen, wie die Kachelrohlinge, die zur Restauration gebraucht werden, nach alten Rezepturen zunächst mit einer roten Lasur versehen werden. Kommen sie nach langem Brennen bei über 1000 Grad Hitze aus dem Ofen, erstrahlen sie jedoch in einem wunderschönen blauen Glanz, der durch den Zusatz von verbrannten Wüstengräsern noch verbessert wurde. Wieso, warum oder was man der roten Farbe alles beimischt, um dieses leuchtende Blau zu erreichen, bleibt ein streng gehütetes Geheimnis.
Medresen (nicht Mätressen, wie man vielleicht irrtümlich verstehen könnte) sind muslimische Hochschulen. Ausgewählte Schüler lernen dort nicht etwa die Freizügigkeit des Lebens, sondern die Säulen des Islams. Heute wird allerdings nicht nur der Koran gelehrt. Die Studenten können unter zahlreichen unterschiedlichen Studienfächern auswählen. Durch das prachtvolle Eingangsportal einer Medrese gelangt man in einen schön gestalteten, rechteckigen Innenhof, der von zweistöckigen Gebäuden eingerahmt wird. In der unteren Etage befinden sich die Hörsäle, darüber die kleinen einfachen Wohnräume der Studenten.
Viele der Prachtbauten, vor denen man heute voller Bewunderung steht, wurden schon zu Zeiten Timors im 14. Jahrhundert errichtet. Er wurde als Gewaltherrscher bekannt, der auf seinen Feldzügen Städte verwüstete und nicht davor zurückschreckte, deren Einwohner brutal zu töten. Nur die klügsten und besten

Architekten, Handwerker, Schriftsteller, Mathematiker ließ er am Leben und nahm sie als Kriegsbeute mit in seine damalige Hauptstadt Samarkand. So wurde sie bald zur prunkvollsten Stadt der Welt und zum Mittelpunkt von Kunst und Wissen. Für seine Familie ließ er eine eigene Totenstadt bauen. Kommt man über die 36-stufige »Treppe zum Paradies« in eine enge Gasse, in der sich ein mit Ornamenten und Mosaikverzierungen geschmücktes Mausoleum an das andere reiht, spürt und erkennt man noch heute die Autorität und den Prunk seiner Dynastie. Am Ende dieser Reihe soll Qusam Ibn Abas, ein Neffe des Propheten Mohammeds, beerdigt sein. Er wurde, als er hier den Islam zu verbreiten suchte, von Ungläubigen enthauptet. Man sagt, zwei Wallfahrten dorthin zählen für Gläubige des Islams ebensoviel wie eine Fahrt nach Mekka.
Timors weniger blutrünstiger Enkel dagegen machte die Stadt zum Mittelpunkt der Wissenschaften. Er ließ ein riesiges Observatorium bauen, dessen Reste noch heute zu bewundern sind. Ohne die heutige moderne Technik war es den Wissenschaftlern dort schon damals möglich, astronomische Messungen und Angaben mit einer Genauigkeit zu schaffen, die im Abendland erst viel später erreicht wurden.
Im 16. Jahrhundert wurde Buchara die neue Hauptstadt, und Samarkand verlor dadurch an Bedeutung. Langsam verfielen die wunderschönen Gebäude. Erst im 20. Jahrhundert erinnerte man sich wieder an deren Schönheit und Bedeutung und begann nach alten Vorlagen und Überlieferungen mit ihrer aufwendigen und mühsamen Restauration. Schlendert man durch die engen Gassen der älteren Stadtteile Bucharas, kann man den Seidenwebern zuschauen oder sich in den vielen bunten Basaren ganz einfach vom Charme des Orients gefangen nehmen lassen. Buchara ist eine dicht besiedelte Oase in der Sandwüste Kisilkum (roter Sand). Schon allein ihr Name klingt wie ein orientalisches Märchen. Die vielen noch aus Lehm gebauten einfachen Häuser machen zwar den Eindruck, als wäre die Zeit stehen geblieben, haben aber den großen Vorteil, dass sie bei der oft anhaltenden, brütenden Hitze angenehme Kühlung bringen.

Das älteste Gebäude der Stadt ist das Kalan-Minarett (stolze 47 m hoch). Bereits in vormongolischer Zeit wies es den Karawanen wie ein Leuchtturm den Weg und ist heute nicht weniger beeindruckend als zu Dschingis-Khans Zeiten. Vermutlich blieb dieses Wahrzeichen auch aus diesem Grund als einziges Bauwerk bei der Eroberung Bucharas unzerstört.
Reisende, Abenteurer, Künstler und Schriftsteller gaben Buchara den Namen »die Edle«. Sicher nicht zu Unrecht, denn niemals konnte man sich ihrem Reiz entziehen und die wunderschöne Altstadt lädt auch heute noch zum Ausruhen ein. Wunderschöne Moscheen und Medresen mit atemberaubenden Fayencen faszinieren den Besucher immer wieder aufs Neue.
Damit das alte, überlieferte Kunsthandwerk nicht in Vergessenheit gerät, wird es verstärkt gefördert und gepflegt. Doch werden nicht nur die berühmten Buchara-Teppiche mit den typisch traditionellen Mustern wieder geknüpft, sondern auch Miniaturmaler, Goldsticker, Holzschnitzer, Ziselierer zeigen ihr beeindruckendes Können. Allein damit, ihnen bei der Arbeit zuzuschauen, könnte man unzählige Stunden verbringen. Um den neusten Klatsch und Tratsch auszutauschen trifft man sich in den für Usbekistan typischen Teehäusern oder in kleinen Parks. Man sitzt dabei entspannt mit zum Schneidersitz verknoteten Beinen auf meist unter Maulbeerbäumen stehenden *Tschorpojas* (bettähnliche, gepolsterte Sitzgestelle) und trinkt mit Freunden gemütlich grünen Tee oder ein Glas Bier. Ist der Wissensdurst gestillt, spielt man Domino, Backgammon, Schach oder macht zwischendurch ein Nickerchen.
Werner und ich machen es uns bei einer dampfenden Schale frischen grünen Tees gemütlich (ohne verschlungene Beine, die bei uns höchstens zu Durchblutungsstörungen und Krämpfen geführt hätten) und baten unsere charmante, einheimische Reiseleiterin Svetlana, uns etwas über die Sitten und Gebräuche dieses interessanten Landes zu erzählen, von dem man eigentlich viel zu wenig weiß. Was geschieht zum Beispiel bei der Geburt eines Kindes?
Die Usbeken sagen: »Du bist so viele Male glücklich, wie viele

Kinder du hast.« Deshalb gibt es in den usbekischen Familien traditionell sehr viele Kinder. Familien mit 5 bis 6 Kindern und mehr sind auch heute noch keine Seltenheit. In ländlichen Gebieten können es auch 8 bis 10 sein.
Die Geburt eines Kindes wird immer mit einem großen Fest gefeiert. Allerdings wird dabei sehr darauf geachtet, dass die alten, überlieferte Sitten und Bräuche eingehalten werden. Früher wurden die Kinder zu Hause geboren. Eine Hebamme kam ins Haus, um der Schwangeren bei der Geburt beizustehen. Heute geschieht das in einem Entbindungsheim. Während die junge Mutter noch in der Klinik liegt, ist ihre Familie schon mit all den anstehenden Vorbereitungen beschäftigt.
Am dritten Tag nach der Geburt muss ein von der Familie eingeladener Mulla dem Kind ein Gebet ins Ohr flüstern, wodurch das Neugeborene vor allem Bösen beschützt werden soll. Am fünften Tag werden im Hause des neuen Sprösslings unzählige süße Brötchen gebacken und an alle bekannten und unbekannten Leute verteilt. Dieser Brauch soll dem Baby ein süßes Leben garantieren.
Am siebten Tag wird eine der beliebtesten usbekischen Suppen *Ugro* zubereitet (eine Nudelsuppe mit Fleisch und viel Gemüse) und ebenfalls unter den Leuten verteilt. Das verspricht ein langes Leben.
Am neunten Tag werden Teigtaschen mit Fleischfüllung (usbekisch: *Tschutschwara*, russisch: *Pelmeni*) zubereitet. Auch sie werden verteilt und sollen ein reiches Leben bescheren. An diesem Tag darf der kleine Erdenbürger auch gebadet und in eine Wiege gelegt werden. Bis zu diesem Tag durfte das Neugeborene nur einmal im Entbindungsheim gebadet werden, ansonsten musste es immer bei der Mutter bleiben. Jetzt aber wird der Mutter neben der Wiege ein extra Bett bereitet. Dazu werden vier gesteppte Decken mit vielen Kissen aufeinander gelegt. Doch bevor sie sich hinlegen und ausruhen darf, muss auch sie zunächst ein heißes Bad nehmen.
Generell wird das Baby in den ersten 40 Tagen seines Lebens keinem fremden Menschen gezeigt, damit ihm kein böser Blick

schaden kann. Selbstverständlich bezieht sich das nicht auf die nächsten Verwandten. Nach diesen 40 Tagen kann die Familie eine große Feier zu Ehren des Kindes geben und dazu alle Bekannten und Verwandten einladen. Erblickt das erste Kind einer Familie das Licht der Welt, ist das natürlich besonders wichtig. Zu diesem feierlichen Anlass bestellt der Großvater mütterlicherseits eine neue Wiege, die später an die anderen Kinder weitergegeben wird. Zur Feier des Tages bringen die Gäste viele Geschenke, Kindersachen, Spielzeug und auch Süßigkeiten vorbei, die auf großen Tabletts ausgebreitet werden. Nicht nur die Erwachsenen, sondern auch die Kinder dürfen an der Feier teilnehmen, jedoch an für beide Gruppen getrennt gedeckten Tischen.

Interessant ist es auch zu beobachten, wenn das Baby in die neue Wiege gelegt wird. Eine oder zwei Frauen klopfen sanft gegen das Holz der Wiege und sagen dazu leise folgende Worte: »Wenn laute Musik klingt, habe keine Angst! Wenn jemand Lärm macht, habe keine Angst! Wenn sich deine Eltern streiten, habe keine Angst!«

Um dem Kleinen einen guten Schlaf zu garantieren, legt man unter das Kissen ein Stückchen Fladenbrot. Die Tradition schreibt auch vor, dass derjenige, der das Kind zum ersten Mal sieht, ihm wenigstens eine kleine Münze in die Wiege legen muss, damit es später ein reiches Leben haben wird.

Nach dem 40. Lebenstag darf man mit dem Kind auch Besuche abstatten, bis dahin durfte es das Haus nicht verlassen. Im Laufe des ersten Lebensjahres dürfen dem Kind nur die Nägel geschnitten werden, wenn sie zu lang geworden sind. Nicht dagegen die Haare, das darf erst am Ende des ersten Lebensjahres geschehen. Die abgeschnittenen Haare soll man unter einem Obstbaum eingraben, damit die Haare künftig immer gut wachsen.

Bereits kurz nach der Geburt beginnen sich seine Eltern auf die nächsten wichtigen Ereignisse in seinem Leben vorzubereiten. Für ein Mädchen beginnt man, Sachen für die Mitgift zu sammeln und sie in eine Truhe zu legen. Gewöhnlich sind es teure Gegenstände wie Geschirr, Bettwäsche, Tisch- und Bettdecken

usw. Aber bis zur Hochzeit vergeht noch viel Zeit und deshalb haben es die Eltern damit nicht zu eilig.
Anders dagegen ist es, wenn ein Junge geboren wurde. In Usbekistan wie auch in anderen moslemischen Ländern ist der Brauch der Beschneidung sehr verbreitet, unabhängig davon, ob die Eltern gläubig oder ungläubig sind. Es soll weniger mit der Religion als mit der Gesundheit des Jungen zu tun haben. Früher geschah die Beschneidung oft durch Kurpfuscher, heute überlässt man es doch lieber den Medizinern.
Vorgenommen wird sie gewöhnlich im Alter von 1, 3, 5, spätestens aber mit 7 Jahren. Dieses Ereignis wird mit einem großen Fest und vielen Gästen gefeiert. Geld und zahlreiche Geschenke werden mitgebracht und dem Jungen übergeben. Der Gefeierte wird noch vor dem »Ereignis« festlich angezogen. Er trägt eine im Voraus bestellte, goldbestickte *Tjubeteika* (traditionelle runde oder viereckige Kopfbedeckung) und einen ebenfalls goldbestickten *Tschapan* (Mantel). Dazu muss der Junge weiße Wäsche und ein weißes Hemd tragen. Die Beschneidung wird entweder am Ende desselben Abend oder am nächsten Morgen in Anwesenheit von einigen der nächsten Verwandten (allerdings nur Männer – Vater, Onkel) vorgenommen. Später dürfen ihn auch andere sehen und gratulieren.
In der Zwischenzeit machen es sich die Gäste gemütlich, essen, trinken, tanzen oder gehen, nachdem sie die Erlaubnis bekommen haben, zu dem Jungen. In den nächsten Tagen wird ausführlich, wie überall auf der Welt, über das Ereignis getratscht. Wie viele Gäste waren eingeladen? Was gab es an Geschenken? Wie schön war die Kleidung des Jungen? Was wurde alles zubereitet? usw. usw. Wir hätten Svetlana noch lange bei ihren Erzählungen zuhören können, aber leider hat auch die interessanteste Verschnaufpause einmal ein Ende.
Eine weitere faszinierende Oasenstadt soll nicht unerwähnt bleiben. Chiwa, das »Florenz des Ostens«. Mit über 50 Baudenkmälern gleicht die Altstadt einem sich unter freiem Himmel befindlichen Museum, dem Leben eingehaucht wurde. Überall spürt man den Zauber des Orients und glaubt, gleich müsse Dschingis-

Khan mit seiner Karawane um die Ecke biegen oder Aladin samt Wunderlampe auf einem fliegenden Teppich heranschweben.
Die Altstadt ist von einer riesigen Stadtmauer aus Lehm umgeben. Dahinter, wie eine Fata Morgana, herausragende Paläste, bemalte und gekachelte Minarette, türkis- und blaufarbene Kuppeln, die den Sonnenschein einfangen und prachtvoll glänzen und glitzern. Die unglaubliche Harmonie von Form und Farbe nimmt einen gefangen und raubt fast den Atem. Die engen Schatten spendenden Gassen sind voller Leben. Viele Händler preisen laut und voller Leidenschaft ihre Waren an.
In den engen Gassen bewundern Schulkinder und Touristen nicht nur erstaunt die prächtigen Bauten, sondern auch die unzähligen Brautpaare, die in wunderschönen Kleidern und festlichen Anzügen durch die Gassen schreiten, denn Chiwa ist ein besonderer Ort, um sich trauen zu lassen. Nach der Trauung gehen die Hochzeitsgesellschaften in das Pahlavon-Maxmud-Mausoleum, um dort zu beten und im Innenhof das Wasser des heiligen Brunnens zu trinken. Dieses kostbare Nass soll auch eine verjüngende Wirkung haben. Ich hab es ebenfalls probiert, aber der Spiegel zeigte leider auch Wochen später noch keine erkennbaren Veränderungen ...
Die Hochzeit ist, wie überall auf der Welt, auch in Usbekistan ein besonderer Tag. Im Unterschied zu früheren Zeiten können sich die Jungen und Mädchen heute ihre Partner meist selbst aussuchen. Dennoch kommt es auch jetzt noch vor, dass dem Jungen, will er das von den Eltern ausgewählte Mädchen nicht heiraten, erklärt wird, dass er in diesem Falle kein Auto oder sonstige Unterstützung zu erwarten hat. Ähnliches kann man auch in der Familie eines widerspenstigen Mädchens beobachten.
Sind diese Probleme nicht vorhanden oder beseitigt, beginnen die Hochzeitsvorbereitungen. Zunächst gehen einige Frauen (Vertreterinnen der Familie des Bräutigams) als Brautwerberinnen in das Haus des Mädchens. Als Geschenk werden auf einem großen Tablett Süßigkeiten, Nüsse, Stoffstücke usw. mitgebracht. Die angesehenste Frau dieser Gruppe beginnt das Gespräch und beschreibt mit Hilfe der anderen Frauen all die

positiven Seiten des zukünftigen Bräutigams. Sie bemühen sich, die Eltern des Mädchens davon zu überzeugen, dass sie keinen besseren Bräutigam für ihre Tochter finden können. Selbst wenn die Eltern des Mädchens diese Meinung teilen, dürfen sie nach alter Tradition nie beim ersten Mal ihr Einverständnis, sondern zunächst immer nur eine negative Antwort geben. In diesem Fall bleiben die Geschenke auf dem Tablett liegen und werden von den Brautwerberinnen wieder mitgenommen. Beim zweiten Male wiederholt sich diese Zeremonie.
Nehmen die Verwandten des Mädchens alle Geschenke vom Tablett, so bedeutet das, dass sie mit der Eheschließung einverstanden sind und die jungen Leute heiraten dürfen. Wird nur ein Teil des von den Brautwerberinnen Mitgebrachten angenommen, dann sind die Brautwerberinnen gezwungen, auch noch ein drittes Mal zu kommen. Geben die Eltern des Mädchens jedoch klar zu erkennen, dass sie einverstanden sind, werden die nächsten Schritte auf dem Weg zur Hochzeit gemacht.
Es wird beschlossen, wann Frauen und Männer (getrennt) in das Haus des Bräutigams kommen dürfen, um alles, was mit der Hochzeit verbunden ist, zu besprechen. Die Brautwerberinnen erhalten für ihre Mühe aus den Händen des Brautvaters Geschenke, z. B. Süßigkeiten, Kopftücher und ähnliches mehr. Danach treffen sich Vertreter und Vertreterinnen der beiden Familien (getrennt) und besprechen, wie die Vorbereitungen weiter verlaufen sollen.
Die Männer bestimmen das Datum der Hochzeit, die Zahl der Gäste, stellen die Liste der Lebensmittel und der Gegenstände zusammen, die der Bräutigam zu besorgen hat. Eigentlich muss die Familie des Bräutigams alles besorgen und in das Haus der Braut bringen, mit Ausnahme von Salz und Zwiebeln. Bittere Produkte sollen ebenfalls nicht mitgebracht werden, um damit das glückliche Leben des jungen Paares nicht zu zerstören.
Gewöhnlich werden die Lebensmittel an einem Mittwoch vor der Hochzeit gebracht, denn Mittwoch gilt als der günstigste Tag dafür. Die Frauen diskutieren darüber, was der Bräutigam der Braut und die Braut dem Bräutigam kaufen muss. Erstaunlicher-

weise kauft der Bräutigam in der Regel das Brautkleid, Schleier, Goldschmuck, Stoffe usw. und die Braut den Anzug, die Schuhe und das Hemd. Nach diesem Treffen gelten der Junge und das Mädchen nun endlich als Brautpaar und der Bräutigam darf auch offiziell das Haus seiner Angebeteten betreten.

Vor Beginn der eigentlichen Hochzeitsfeier finden sich die Männer in dem Haus des Bräutigams und die Frauen in dem Haus der Braut ein. Den Männern bereitet man *Plow*, das Lieblingsgericht der Usbeken zu. Da das Treffen meist am frühen Morgen stattfindet, wird noch kein Alkohol angeboten, es sei denn, jemand äußert diese Bitte, dann wird dem Wunsch nach einem extra Gläschen entsprochen. Diese morgendliche Zusammenkunft dauert in der Regel nicht länger als 1 bis 1,5 Stunden.

Frauen, Mädchen, Freundinnen kommen erst zum Mittagessen in das Haus der Braut. Einige Frauen haben die besondere Ehre, Fladenbrote und die Geschenke des Bräutigams, die vorher auf ein großes Tablett gelegt wurden, in das Haus der Braut bringen zu dürfen. Begleitet werden sie von einer Musikergruppe, damit es gleich die ganze Nachbarschaft hört und Bescheid weiß.

Während des Mittagessens bewundert man die Geschenke, die auch für den Vater, die Mutter, die Geschwister mitgebracht wurden. Niemals sollten die Frauen mit leeren Händen kommen, damit auch das Leben des jungen Paares niemals leer sein wird.

Die Vorfeier der Frauen verläuft viel lustiger als die der Männer. Sie dauert drei bis vier Stunden und das Mittagessen wird vom Gesang und Tanz einer extra eingeladenen sogenannten *Susanda* begleitet.

Die eigentlichen Hochzeits-Formalitäten erfolgen nach diesen Zeremonien, entweder am Tage auf dem Standesamt oder am Abend in Anwesenheit aller Gäste. Nach all diesen Feierlichkeiten fahren die Jungverheirateten nach Hause, allerdings nicht, wie vielleicht nach all diesen Strapazen angenommen, zusammen, sondern getrennt. Jeder fährt dorthin, wo er bisher gewohnt hat.

Am frühen Morgen des nächsten Tages schickt der junge Ehemann 2 bis 3 Männer aus der Verwandtschaft in das Haus seiner Frau, um sie mit der Mitgift abzuholen und in sein Haus bringen zu lassen. Auf einem Lastwagen werden Möbel, Teppiche und vieles mehr sorgfältig verladen. Die junge Frau fährt in Begleitung einer anderen Frau in einem Pkw hinterher. Bevor sie jedoch das Haus betreten darf, muss ihr Ehemann sie erst auf den Arm nehmen, um sie zunächst dreimal um ein Feuer, das Verwandte vorher angezündet haben, und anschließend über die Schwelle des Hauses tragen.
In der Zwischenzeit wird im Hof ein Schaf geschlachtet, das Fleisch gebraten und von den Anwesenden gegessen. Die Männer, die die Frau ins Haus ihres Mannes gebracht haben, werden dafür mit Geschenken wie gesteppte Mäntel, Kopfbedeckungen, Tücher und Ähnlichem belohnt. Anschließend wird süßer Milchbrei aus Reis zubereitet und unter den Gästen und Nachbarn verteilt, das soll ein langes, süßes Leben versprechen.
Während die Frau, die die Braut begleitet hat, mit anderen Frauen beginnt, die Teppiche und Vorhänge aus der mitgebrachten Mitgift aufzuhängen, helfen die Männer, die Möbel ins Haus zu tragen.
Steht endlich alles an Ort und Stelle, setzen sich die Gäste erwartungsvoll an den gedeckten Tisch und warten neugierig auf die junge Braut. Sie erscheint in Volkstracht, das Gesicht verschleiert. Nachdem zwei Frauen ihr Gesicht enthüllt haben, begrüßt sie mit einer respektvollen Verbeugung alle Gäste, die ihr weitere Geschenke wie Geld, Stoffe und Schmuck reichen.
Zum Mittagessen werden zwei Hauptgerichte und viele Vorspeisen zubereitet. Das bringt, bei nie weniger als 100 bis 120 Gästen, viel Arbeit mit sich. Im Haus beginnen nun einige der älteren Frauen damit, das Bett für die Jungvermählten zu bereiten, indem sie vier bis fünf gesteppte Decken, Kissen und anderes auf den Fußboden legen. Noch vor Sonnenuntergang sollen die Gäste das Haus verlassen haben, damit einige Verwandte noch helfen können, wieder Ordnung zu schaffen.
Für das junge Paar kann nun endlich das ersehnte Familien-

Altstadt von Chiwa, dem Florenz des Ostens

Registan-Platz in Samarkand

leben beginnen. Drei Tage dürfen sie das Haus nicht verlassen. Eine Verwandte der Frau bringt den beiden jeden Tag das Mittagessen vorbei. Nach Ablauf dieser Frist muss die junge Frau dann selbst ein Mittagessen für die nächsten Verwandten zubereiten. Meist sind es *Pelmeni* (Teigtaschen mit Fleischfüllung). Das Fleisch dazu soll so fett sein, dass es an den Händen kleben bleibt. Danach werden die Hände noch zusätzlich mit Honig bestrichen, was ein reiches und süßes Leben garantieren soll. Nach diesem Mittagessen werden die gesteppten Decken des Hochzeitslagers in einer Zimmerecke gestapelt und das Brautpaar darf ab jetzt in einem normalen Bett schlafen. Damit ist zwar das anstrengende Hochzeitsfest beendet, aber die Tradition verlangt, dass die Jungverheirateten nun noch allen nahen Verwandten einen Besuch abstatten müssen. Auch das wird eine lange Geschichte – es gibt ja sooo viele Verwandte!

Nach Svetlanas anschaulichen Schilderungen dieser aufreibenden Hochzeitsriten kann ich den Besuch des heiligen Brunnens, zwecks Verjüngung, durchaus verstehen! Ist man von den Besichtigungen, den vielen neuen Eindrücken, Erzählungen und der Hitze flügellahm geworden, sollte man sich auf eines der vielen, geschichtsträchtigen Mäuerchen setzen und diese unverfälschte, einmalige Atmosphäre Chiwas auf sich wirken lassen und sich vorzustellen versuchen, dass hier auch der größte Sklavenmarkt Zentralasiens war, auf dem viele grausame Hinrichtungen stattgefunden haben. Die Strafen, besonders bei Zuwiderhandlungen gegen die Religion, waren sehr hart. Schon eine Frau anzuschauen war strafbar, geschweige denn ein Ehebruch. Der Mann wurde erhängt und die Frau bis zur Brust in Sand eingegraben und gesteinigt. Nur gut, dass sich diese Zeiten geändert haben, sonst würde es in unserer heutigen Zeit auf den Marktplätzen hoch her gehen ...

Von Chiwa aus machen wir einen Abstecher nach Kohne-Urgentsch in Turkmenistan. Turkmenistan ist fast 500 000 qkm groß und zählt, da der größte Teil des Territoriums in der Sandwüste Karakum (schwarzer Sand) liegt, nur etwa 4 Mill. Einwohner. Es ist eine unabhängige Republik. Auch hier versucht man die

Entwicklung und Industrialisierung des Landes voranzutreiben, denn man besitzt riesige Erdöl- und Gasvorräte. Neben der Landwirtschaft ist auch die Viehzucht von großer Bedeutung. Aus den Karakul-Fellen werden die bekannten Persianermäntel gefertigt. Nicht weniger berühmt sind auch dort, wie schon in Usbekistan, die Teppichknüpfereien.

Die Fahrt von Chiwa nach Kohne-Urgentsch dauert etwa 3 Stunden. Endlose Schotterpisten führen durch die trockene Landschaft. Am Straßenrand suchen Kamele an dürren Sträuchern nach kärglicher Nahrung. Die Häuser sind überwiegend aus Lehm gebaut und ebenerdig. Da die Felder meist noch ohne Maschinen bestellt werden, sieht man viele Bauern mit Pferden, Ochsen und Eseln bei der Arbeit. Überhaupt habe ich nirgendwo auf der Welt so viele Esel (vierbeinige!) gesehen, allein, beritten oder mit Gespann. Man scheint fast alles, was irgendwie möglich ist, auf ihnen zu transportieren. Sicher liegt es daran, dass man vielen Lastwagen noch weniger zutrauen würde, einen längeren Transport zu überstehen als einem Esel.

Auch die öffentlichen Busse hätten bei uns schon längst ihren letzten Weg zur Schrottpresse gefunden. Hier dagegen wird alles, da das Geld für Neuanschaffungen fehlt, wieder liebevoll mit den einfachsten Mitteln, viel Geschick und gutem Glauben zusammengeflickt. Uns stehen bei diesem abenteuerlichen Anblick meist nur noch die Haare zu Berge!

Nicht weniger verblüffend sind die sogenannten, vierspurigen »Autobahnen«. Aufgrund der Straßenbeschaffenheit darf man – will man keinen Achsenbruch riskieren – höchstens eine Geschwindigkeit von 60 km/h erreichen. Und das auch nur, falls man zwischendurch nicht einen Traktor, Fußgänger, Radfahrer, Esel und sonstige Überraschungen rammt, die ohne jegliche Vorwarnung plötzlich auf der Fahrbahn auftauchen.

An der turkmenischen Grenze muss man den usbekischen Bus verlassen und kann erst nach strengen Grenzkontrollen mit einem turkmenischen Bus die Reise fortsetzen. So weit das Auge reicht, nur trostlose, steinige, mit Gestrüpp bewachsene Wüstenlandschaften. Manchmal entdeckt man in der Ferne Jurten der Nomadenstämme, die mit ihren Kamelen, Ziegen, Pferden, Schafen ein sehr bescheidenes Dasein führen. Sie leben von dem, was sie dem kargen Boden noch abtrotzen können, und das ist nicht gerade viel.

In Kohne-Urgentsch angekommen, schlägt uns die brütende Hitze der Wüste entgegen. Nur mit Wasserflaschen bewaffnet, verspürt man nur wenig Lust, überhaupt den kühlen Bus zu verlassen. Schweißbäche schießen schon nach kürzester Zeit aus allen Poren und selbst die Zunge klebt lustlos am Gaumen. Die Stadt gehörte schon im 1. Jahrhundert n. Chr. zu den bedeutendsten Handelszentren. Man baute prunkvolle Moscheen, Mausoleen, wundervolle Paläste und Karawansereien. Nach einer bewegten Geschichte wurde auch diese Stadt 1388 von Timor zerstört, der dann auf dem riesigen Trümmerfeld Gerstenfelder anlegen ließ. Erst im 19. Jh. wurde sie wieder neu aufgebaut. Heute sind auf einem kaum überschaubaren Areal von den einst einzigartigen Bauwerken nur noch wenige Ruinen zu sehen, die allerdings die vergangene Schönheit und den Reichtum noch erahnen lassen.

Faszinierend ist die Grabmoschee der Sufi-Dynastie, die schon alleine durch ihr 14 m breites und 21 m hohes Eingangsportal großen Eindruck hinterlässt. Das Gebäude selbst, mit prächtig blauem Fliesenmosaik verschönt, wird von einer 20 m hohen Innenkuppel gekrönt. Da ein großer Teil dieses Gebäudes zerstört war, wird auch hier fleißig restauriert. Bis diese aufwendigen Arbeiten abgeschlossen sein werden, muss man allerdings höllisch aufpassen, dass weder die Kamera noch man selbst zur Zielscheibe von durch die Luft wirbelnden Spatzenfäkalien wird. Dieses possierliche Federvieh tummelt sich munter in den Gewölben, baut in den kunstvollen Rundbögen und in den Stalaktitengewölben Nester und freut sich besonders über staunende, nach oben blickende Touristen, die vor Entzücken den Mund offen stehen haben.

»Umwerfend« in jeder Beziehung ist auch das Kutlug-Timor-Minarett. Es ist 62 m hoch und gilt als das höchste Minarett Zentralasiens. Will man es von oben bis unten bewundern oder auf ein Foto bannen und dabei nicht auf die Nase fallen, sollte man sich vorsichtshalber lieber gleich dazu auf einer Mauer niederlassen. An der Außenfront sind mit aneinander gesetzten, geschliffenen Backsteinen einmalig gestaltete, aufwendige Muster zu sehen. Zum Glück wurde auch dieses Minarett gerade restauriert, sodass uns ein Erklimmen der 143 Stufen erspart geblieben ist.

Wir besichtigen noch weitere vormongolische Bauwerke, aber durch die teils großen Entfernungen, die zwischen den einzelnen Kulturdenkmälern liegen und die brütende Hitze von über 40° C ist unsere Kulturbesessenheit etwas gebremst und wir sind heilfroh, als wir wieder den kühlen Bus erreichen.

Interessant ist allerdings noch der kurze Besuch eines Friedhofes. Zunächst dachte ich, Bauarbeiter hätten dort ihre Leitern vergessen oder deponiert – welch ein Irrtum! Man erzählt mir, dass die Toten auf diesen Leitern zur Grabstelle getragen und damit in die ausgehobene Grube gelegt werden. Danach wird die Leiter seitwärts angestellt, damit so den Seelen der Verstorbenen der Weg zu Allah erleichtert wird. Allerdings gilt das nur für die verstorbenen Männer. Daher stehen die Leitern neben den Gräbern und Mausoleen der Männer vertikal. Neben den Gräbern der Frauen sind sie horizontal (ob daher ein bekannter Begriff kommt?) gelegt. Nach den dortigen Vorstellungen werden Frauen vom Teufel und nicht von Gott erschaffen. Später werden die Gräber geschlossen und die Leiter obendrauf gelegt.

Jetzt aber wieder zurück nach Usbekistan. Taschkent ist der wirtschaftliche Mittelpunkt Usbekistans. Ein Schmelztiegel von modernen und orientalischen Eindrücken. Im April 1966 wurde die Stadt durch ein Erdbeben fast völlig dem Erdboden gleichgemacht und danach im typischen sozialistischen, zweckmäßigen Stil wieder aufgebaut. So findet man dort graue, trostlose Betonbauten ebenso wie eindrucksvolle Wolkenkratzer ausländischer Konzerne, breite Straßen und große Parks.

Am beeindruckendsten aber sind die Menschen in Usbekistan. Es ist ein buntes Völkergemisch aus ca. 120 verschiedenen Nationen – Russen, Tadschiken, Kasachen, Wolgadeutsche, Inder, Koreaner und andere. Es sind größtenteils sehr hübsche Menschen in allen Hautschattierungen, von blonden, hellhäutigen und blauäugigen Russen bis hin zu dunkleren, asiatischen, mongolischen Gesichtern. Die Frauen tragen schicke, westliche Kleidung, aber auch die typischen farbenprächtig leuchtenden Samt- oder Seidenkleider, mit mehrfarbigen Kopftüchern und bunten Pluderhosen.

Auch die Männer kleiden sich entweder modisch oder sie tragen lange Kaftans mit den traditionellen flachen, mit weißer und goldener Stickerei verzierten Kappen (*Tjubeteika*) oder aber zum Teil riesigen Pelzmützen. Schon alleine dieser Anblick ruft bei uns Mitteleuropäern Schweißausbrüche hervor. Umso mehr Spaß macht es den Händlern, diese Exemplare anzupreisen und sie bei flimmernder Hitze den Touristen über den Kopf zu stülpen.

Auffallend sind die zahlreichen Goldzähne, die einem aus vielen lachenden Mündern entgegenblinken und mit den dunkel funkelnden Augen um die Wette strahlen. Sie sind in Usbekistan ein Zeichen von Reichtum und so hat man mindestens eines dieser Statussymbole im Mund.

Die Einheimischen sind sehr freundlich, von orientalischer Gelassenheit, aufgeschlossen, kommen auf einen zu und man erlebt immer wieder eine unglaubliche Gastfreundschaft. Diese Gastfreundschaft und Zuneigung bekomme ich besonders zu spüren, als ich dort sehr schwer erkranke.

Zunächst denke ich, »Moctezumas Rache« hätte – trotz aller Vorsichtsmaßnahmen, die man ja auf den vielen Weltreisen zwischenzeitlich gelernt hat – mal wieder zugeschlagen, doch die alten Azteken sind diesmal schuldlos (was sollten sie auch in Usbekistan?). Nach drei Tagen werde ich das ungute Gefühl nicht los, dass ich mich langsam in meine Bestandteile auflöse und verflüssige. Als ich dazu noch beginne, Unmengen an Blut zu verlieren, versuche ich mich wohl oder übel mit dem Gedanken anzufreunden, in Samarkand einen Arzt aufzusuchen. Zuvor ist allerdings noch eine Busfahrt von ca. 6 Stunden zu überstehen. Schon allein der Gedanke daran treibt mir den Schweiß aus den Poren und bringt das noch restliche Blut in Wallung, denn wohin im »Notfall«? Zu den Baumwollpflückern oder lieber in die Wüste? Beides hätte wohl zu einem Menschenauflauf geführt. Zu spät wäre es eh gewesen, denn wenn es im Gedärm »gurrt«, ist es meist schon passiert. Wie, weiß ich selbst nicht mehr, aber irgendwie überstehe ich trotz stark zunehmender Schwäche die Fahrt. Auch das inzwischen aufkeimende Fieber bleibt von dieser Kraftanstrengung unbeeindruckt und klettert weiter in unliebsame Höhen.

Im Hotel in Samarkand angekommen, schickt Svetlana die sehr charmante und liebenswerte Ärztin Ludmila zu mir. Sie betrachtet mich mit besorgter Miene und beginnt, mich rund um die Uhr, mit viel Geduld und der ganzen Liebe ihrer »großen russischen Seele«, zu versorgen. Sie liest mir jeden Wunsch von den Augen ab, versucht mich abzulenken und tut alles, was in ihrer Macht steht, um mich wieder auf die Beine zu bekommen. Kaum verspüre ich einen winzigen Anflug von Hunger, eilt sie flugs selbst in die Hotelküche und erscheint mit einer riesigen Suppenterrine gut duftender Kraftbrühe, in der ein halbes Huhn schwimmt. Aber, so gut die Suppe auch duftet und schmeckt, schon nach einem halben Löffel beginnt sich mein Magen wieder um seine eigene Achse zu drehen.

3 x pro Tag muss ich – hoffentlich schon erprobte – grausam bitter schmeckende Pillen schlucken. Die Einnahme überwacht Ludmilla mit strengen Argusaugen (kein Wunder, wer nimmt schon freiwillig Gift?). Dazu gibt es ein selbst gemischtes Getränk in der aufmunternden Modefarbe PINK. Allein schon die Farbe lässt auf »Domestos für Innen« schließen und ich kann mich des Gefühls nicht erwehren, dass man eigentlich nach dem Trinken in der Dunkelheit anfangen müsste zu leuchten.

Als besonderen Leckerbissen bekomme ich vom ersten Tag an zusätzlich aus einem sorgfältig verschlossen Metallköfferchen eine schön in Silberfolie eingewickelte Kapsel, die mir einen todesähnlichen Schlaf beschert – illustriert mit Bildern von monströsen Fratzen, embryoähnlichen Aliens und sonstigen ermunternden Gestalten – ähnlich, wie es nach Drogeneinnahmen beschrieben wird. Kann man seine kostbare Zeit eh nur

noch im Tiefschlaf oder mit nicht mehr zu zählenden Toilettensitzungen verbringen, ist einem irgendwann alles total schnurzpiepsegal. Die unbeschreibliche Schwäche, die »innere Leere« lassen keine tief greifenden Gedankengänge mehr zu.
Da jedoch, trotz intensivsten Bemühungen, keine anhaltende Besserung eintritt, bleibt nur noch die Wahl, entweder in eine Privatklinik zu gehen oder zu versuchen, doch noch so viele Kräfte zu mobilisieren, dass man es irgendwie schafft, mit den Mitreisenden wieder zurück nach Frankfurt zu gelangen.
Ich entschließe mich für die letztere Variante, denn in einem fremden Land, dessen Sprache ich nicht beherrsche, mit weniger strengen Hygienevorschriften in einer Klinik zu liegen, erscheint mir nicht unbedingt sehr erstrebenswert. Wie ich diesen Kraftakt bewältigt habe, ist völlig aus meinem Gedächtnis gelöscht. Ich lande in einer Art Schwebezustand und auf wackeligen Gummiknien in Koblenz, zwar immer noch mit hohem Fieber, aber wenigstens mit dem Lichtblick einer greifbar nahen Toilette vor Augen und nicht mehr mit dem Anblick abenteuerlicher Plumpsklos.
Zum Glück erkennt mein kompetenter, netter Hausarzt sofort den Ernst der Lage und verabreicht mir ein starkes Antibiotikum/Chemotherapeutikum. Das haut mich zwar zunächst endgültig aus den Schuhen, aber zeigt dann nach weiteren sieben Tagen so viel Erfolg, dass die Toilette nicht mehr mein Lebensmittelpunkt ist. Bevor die Schwäche nachläßt, ich wieder merke, dass es noch so etwas wie Kreislauf gibt und ich langsam wieder menschliche Züge annehme, vergehen allerdings noch viele unerquickliche Tage.
Ein positiver Effekt war, dass Pfunde, die vorher keine Diät zum Schmelzen brachte, wie durch Zauberhand verschwunden waren. Leider aber auch – durch die starken Medikamente – der größte Teil meiner langen Haare, was nicht gerade Glücksgefühle und positive Energie freisetzte. Diese Usbekistan-Diät ist also nicht unbedingt zu empfehlen ...
Welche Viren oder Bakterien ich mir nun letztendlich eingefangen hatte, konnte nicht mehr ganz genau festgestellt werden.

Die guten russischen Medikamente hatten bereits vieles abgetötet, aber die Behandlung und Symptome sprachen für eine Amöbenruhr.

Trotzdem möchte ich die vielen positiven Eindrücke dieser Reise nicht missen. Werner werden die Angst und der Schrecken meiner Erkrankung sicher noch länger verfolgen als mich, denn alle unerfreulichen Auswirkungen, die ich nur noch verschwommen, wie durch einen Schleier wahrnahm, erlebte er bei vollem Bewusstsein.

Sicher wäre dieses Abenteuer ohne die aufopfernde Hilfe von Svetlana und Ludmila tragischer ausgegangen, es hätte vielleicht sogar mein letztes sein können ... Und dennoch – Usbekistan ist ein wunderschönes, sehenswertes Land mit hilfsbereiten, liebenswerten Menschen, die Freunde wurden und die ich tief in mein Herz geschlossen habe. Hinein also auch mit diesen Erlebnissen in die Schatztruhe der Erinnerungen, denn schöne Erinnerungen sind die Wärmflasche fürs Herz, und unschöne verblassen zum Glück sehr schnell von selbst.

PHILIPPINEN

Reisterrassen, Kopfjäger und Geisterheiler

Es ist ein wunderschöner, lauer Februarabend. Die Sonne versinkt wie ein Feuerball im Meer und taucht die weite Bucht und die Uferpromenade Manilas in ein goldenes, sanftes Licht. Langsam schiebt sich unser Jeepney durch den dichten Verkehr der Millionenmetropole. Ich werde das dumme Gefühl nicht los, dass die Fahrer absichtlich die Innenräume ihrer Benzinkutschen mit Spitzengardinen, Heiligenfiguren, Abziehbildchen von Madonnen, frommen Sprüchen, Plastikblumen und Sampaguita-Girlanden (weiß blühende und süß duftende Nationalblume) geschmückt haben, damit sie durch die verbleibenden Gucklöcher von den voll gestopften Straßen und den aufsteigenden Abgasen nicht mehr so viel sehen und riechen.
Dabei kommt der Name Manila von *may nilad,* was so viel bedeutet wie: »der Ort, wo die Wasserlilie blüht« – das muss allerdings schon sehr lange her sein, denn heute gehört Manila mit seiner Mischung aus asiatischen und westlichen Kulturen zu einer der führenden Metropolen des fernen Ostens. Das Gehupe und der Straßenlärm werden nur noch übertönt von den in den Jeepneys eingebauten riesigen Musikboxen, aus denen mit voller Lautstärke Hits aller Musikrichtungen dröhnen. Zusätzlich quält unser Fahrer seine Stimmbänder abwechselnd mit Pop-Arien und dahin schmelzenden Schnulzen. Je nach Rhythmus tritt er lustvoll kräftig auf das Gaspedal. Vermutlich bewahrt ihn dieser Krach davor, in den endlosen Staus einzuschlafen.
Trotzdem kann man sich Manila kaum ohne diese wild dekorierten, buntbemalten Vehikel vorstellen, von denen sich Tausende, registrierte und auch illegale, auf den Straßen bewegen. Der immer frisch polierte Chrom der zahllosen Pferdefiguren, Hupen, Spiegel, Zusatzscheinwerfer, Lämpchen, Wimpel und sonstigem Klimbim blitzt und blinkt im Sonnenlicht. Diese poppigbunten, geschmückten Minibusse entstanden mit viel Geschick und Fantasie aus den zurückgelassenen Jeeps der US-Armee. Man verlängerte die Fahrgestelle und Aufbauten, befestigte an den Längsseiten zwei Sitzbänke und verschönerte sie nach eigenen Vorstellungen. Je kitschiger, glänzender und leuchtender, umso besser. Man nennt sie die Rolls Royces der

Philippinen, denn jedes Teil wird liebevoll von Hand gefertigt. Sie sind das preiswerteste und beliebteste Nahverkehrsmittel. Die Fahrtroute entdeckt man über der Windschutzscheibe. Bis zu 12 Personen finden im Jeepney Platz. Quetscht man sich richtig zusammen – und das ist meist der Fall – auch die doppelte Personenzahl.
Den heutigen Tag nutzen wir, um zunächst ein wenig über die Boulevards Makatis, dem modernsten und reichsten Stadtteil, zu schlendern. Hier findet man supermoderne, glasverkleidete Geschäfts- und Wirtschaftszentren, Hochhäuser großer Banken neben First-Class-Hotels, diplomatischen Vertretungen und dem riesigen *Makati Commercial Center* mit unzähligen Kaufhäusern, Boutiquen, Kinos, Bars, Restaurants und einer Freilichtbühne, in dem alleine man schon Tage verbringen könnte.
Weiter geht es vorbei an der Millionärssiedlung »Forbes Park«, in der abgeschirmt hinter hohen Mauern, Stacheldraht und bewaffnetem Sicherheitspersonal der Geldadel in Luxusvillen residiert. Über die moderne Stadtautobahn kommen wir in den Norden Manilas zum chinesischen Friedhof, der wohl einmalig auf der Welt sein dürfte. Mit dem Auto kann man über gut ausgebaute und beschilderte Straßen fahren und all die feudalen Mausoleen bewundern, die sich reiche Chinesen schon zu Lebzeiten hier errichten lassen. Auf einem riesigen Gelände entstand eine Totenstadt. Wir fahren langsam bis zum »Neubaugebiet«. Die Pracht der Grabstätten verschlägt einem die Sprache. Hier leben die Toten weitaus besser als die Lebenden.
Immerhin hausen über 20 % der Filipinos in Slums und je mehr Menschen sich das Glück in der Stadt erhoffen, umso größer werden auch hier, wie überall auf der Welt, die Armenviertel. Doch auch wenn der Traum vom Glück meist schnell wie eine Seifenblase zerplatzt, die Lebensbedingungen oft schlechter sind als zuvor, ist die magische Anziehungskraft der Großstadt so groß, dass kaum jemand wieder aufs Land zurück möchte.
Auf diesem Friedhof stehen als krasser Gegensatz dazu Marmorvillen mit elektrischem Licht, teilweise klimatisiert, die mehr als eine Millionen Dollar gekostet haben dürften. Ein Betrag, den

eine normale Familie im ganzen Leben nicht verdienen kann. Meist sind die Mausoleen mit Goldschriften verziert, von Gartenzäunen umgeben, mit Hausnummern, Briefkästen und Klingel ausgestattet.

Als wir staunend vor solch einer pompösen Ruhestätte stehen bleiben, öffnet eine freundliche Chinesin die Tür und bittet uns einzutreten, damit wir uns ihre kleine Villa auch von innen anschauen können. Die hohen Wände des großen Innenraums bestehen ganz aus Carrara-Marmor. Marmortische, Stühle und Bänke laden zu einer erholsamen Pause ein. An den Wänden hängen zwei große Bilder der bereits verstorbenen Eltern, daneben sind Freiflächen für die Familienangehörigen, die noch leben und erst später hier »einziehen« werden. Selbst an eine kleine Küche, Toiletten (getrennt, für Damen und Herren) und an einen Aufzug für die obere Etage ist gedacht. So können die Angehörigen viele Stunden gemeinsam mit ihren Ahnen verbringen, sie um Rat fragen, mit ihnen Mahlzeiten einnehmen und weitere Beerdigungen mit ihnen feiern.

Eine Klimaanlage sorgt bei der brütenden, schwülen Hitze, die draußen herrscht, für eine sehr behagliche Temperatur. Gemütlich setzen wir uns zusammen mit der Familie auf die angenehm kühlen Marmorbänke. Aus einem Korb packen sie ihr mitgebrachtes Essen aus – Reis, Hühnchen, Früchte und Getränke. Ein kleines Mädchen der Familie springt schnell zum Kiosk, der sich ebenfalls auf dem Friedhofsgelände befindet, um uns eisgekühlte Cola zu holen. In der Zwischenzeit lassen wir uns die Lebensgeschichten der Verstorbenen erzählen. Anfangs ist das schon eine etwas ungewöhnliche, makabere, wenn auch sehr interessante Situation für uns. Je länger wir jedoch dort sitzen und durch Erzählungen Einblicke in die Lebensgewohnheiten der Menschen bekommen, umso selbstverständlicher scheint diese fremdartige Vorstellung, die Toten zu ehren und sie weiter am Leben teilhaben zu lassen, zu werden. Es besteht die Möglichkeit, an kleinen Ständen Räucherstäbchen, Totengeld, Papiermodelle von Autos oder anderen Luxusgegenständen zu kaufen. Verbrennt man sie, kann sich der Verstorbene damit im Jenseits

weitere Wünsche erfüllen. Gleich neben dem Friedhof wird das soziale Gefälle zwischen der reichen Oberschicht und der armen Bevölkerung schnell wieder sichtbar. Dort beginnen die Slums, in denen auch die Menschen leben, die tagaus, tagein den Friedhof und die prunkvollen Grabmäler pflegen.
Nach so vielen neuen Eindrücken und Empfindungen wollen wir den heutigen Tag mit einem Drink im Manila Hotel ausklingen lassen. Die Atmosphäre in diesem luxuriösen und eleganten Hotel, in dessen Penthaus US-General Mac Arthur jahrelang lebte, Hemingway, Grace Kelly, Bob Hope, Sammy Davis Jr., Tyrone Power und viele andere Hollywoodstars ein und aus gingen, wo Gustav Gründgens aus nie ganz geklärten Gründen das Zeitliche segnete, ist immer wieder faszinierend. Hier wurde ein Stück Kolonialzeit mit viel Liebe zum Detail wieder zu neuem Glanz erweckt.
Ich bin nun zum dritten Male auf den Philippinen. Diesmal möchte ich Werner diese größte Inselgruppe der Welt, das Traumland aus 7107 Inseln zwischen Pazifik und dem Chinesischen Meer zeigen und meine langjährige Freundin Nila und ihre Familie besuchen. Vor vielen Jahren haben wir uns in Manila kennengelernt. Wir betraten beide gerade aufregendes Neuland, denn ich war das erste Mal auf den Philippinen und sie machte ihre erste Reiseleitung in deutscher Sprache. Daraus entwickelte sich eine tiefe Freundschaft, die nun schon über 30 Jahre besteht. Obwohl wir auf verschiedenen Kontinenten geboren wurden, stellen wir immer wieder fest, dass wir uns in unzähligen Dingen wie Zwillinge gleichen, nur leider fehlen mir die schönen Mandelaugen. Schaue ich neidisch auf ihre milchkaffeefarbene Haut, die ich mir höchstens mit vielen Sonnenstunden erkämpfen könnte, sagt sie nur gelassen, das wäre ihre Bürofarbe – na, dafür würde ich gerne ins Büro gehen.
Nachdem ich bereits die Sehenswürdigkeiten von Manila kenne, die 14 Stromschnellen bis zum Wasserfall von Pagsanjan bewältigt, den Taal-Vulkan inmitten des Taal-Sees bewundert und Romblon, Zamboanga auf Mindanao besucht habe, soll diesmal unsere Reise in die Bergprovinzen Nord-Luzons und weiter

nach Cebu gehen. Zunächst fliegen wir in die südlichste Bergprovinz Benguet, 250 km nördlich von Manila, nach Baguio, der Sommerhauptstadt der Philippinen. Baguio bedeutet soviel wie Moos, aber auch Taifun. Auf den Inseln gibt es 19 Taifunarten, fünf davon sind sehr stark, die anderen weniger gefährlich, man nennt sie deshalb »Babytaifune«. Die Stadt liegt über 1500m hoch und es herrscht das ganze Jahr über ein angenehmes Klima. Aus diesem Grund suchen in den Sommermonaten, wenn die Hitze und Luftfeuchtigkeit in den Küstengebieten kaum noch zu ertragen sind, reiche Einheimische, hohe Regierungsbeamte und ausländische Touristen in dieser »kleinen Schweiz« angenehme Kühlung. Die Einwohnerzahl wächst dann schnell bis auf das fünffache an. Finanzkräftige und einflussreiche Filipinos besitzen hier ihre Sommerresidenzen, die US-Armee eine Base als Erholungsort für ihre Soldaten. Auch der Präsident hat hier seinen noblen Sommerpalast. Ein prächtiges schmiedeeisernes Portal, eine Nachbildung des Buckingham-Palast-Tores, versperrt den Eingang zu dem Anwesen.
Die Stadt, umgeben von Pinienwäldern, hügeligen Parkanlagen, weitläufigen Gärten, bepflanzt mit einem subtropischen Blütenmeer, ist zauberhaft. Wir bummeln über den lebhaften, nach fremden Gerüchen und Gewürzen duftenden Markt, der fast mehr Stände als Kunden zu haben scheint. Hier gibt es alles, Korb- und Haushaltswaren, Souvenirs neben frischem Bienenhonig, bunte Webereien neben Würsten, Schuhe neben exotischen Früchten, Eisblöcke neben aufgespießten Hühnerfüßen und vieles mehr. Will man etwas kaufen, ist Handeln ein Muss, das dazugehört und erwartet wird. Ist man müde, kann man sich in einem der kleinen, offenen Cafés ausruhen und dem munteren Markttreiben zuschauen.
In der der St.-Louis-Universität angegliederten Gewerbeschule schauen wir den angehenden Silberschmieden beim Schmelzen, Gießen und Bearbeiten des Silbers zu. Natürlich kommt man nicht umhin, in dem kleinen Laden etwas von den wunderschönen Filigranarbeiten, Ketten, Armreifen und sonstigen in Handarbeit hergestellten Silberarbeiten zu erstehen.

Sehr interessant ist die etwas außerhalb der Stadt gelegene Easter-School, wo wir zusehen können, wie eine Anzahl Frauen auf einfachen, mit einem Gürtel am Körper befestigten Webrahmen bunte, feste Stoffe herstellen. Schon lange bevor die Spanier auf die Philippinen kamen, kannten die Insulaner Webstühle, auf denen sie farbenprächtige Stoffe fertigten. Heute pflegt man diese original überlieferte Webkunst nur noch bei den Bergvölkern in Nordluzon und auf der Insel Mindanao.
Gemütlich bummeln wir an herrschaftlichen Villen und an der großen Halle vorbei, in der 1978 Karpov und Krotschnoi ihre Schachmeisterschaft ausgetragen haben und besuchen die Kathedrale, deren Doppeltürme schon von weitem zu sehen sind. Pilger, die die vielen Steinstufen hinaufklettern, haben eigentlich schon einen Teil ihrer Sünden abgebüßt. Wir haben es uns erspart und genießen lieber die angenehm frische Luft in einem der schönen schattigen Parkanlagen.
Ein besonderes Erlebnis ist auch der Besuch einer der vielen Wunderheiler, die sich in Baguio niedergelassen haben und von denen wir in den Medien schon viel gehört und gesehen hatten. Natürlich packt auch mich die Neugierde, eventuell ergründen zu können, ob es sich dabei nun um übersinnliche Kräfte der Faith Healer, wie man sie nennt oder schlicht und ergreifend um Täuschung handelt. Viele verzweifelte Menschen aus aller Welt, die sich von der Schulmedizin keine Heilung mehr versprechen oder schon aufgegeben wurden, setzen ihre letzte Hoffnung in diese Faith Healer. Sie nehmen dafür nicht nur lange Flüge und große Strapazen auf sich, sondern sind auch bereit, sehr viel Geld dafür zu bezahlen. Der Wunderheiler fordert zwar kein Honorar, bittet allerdings mit gut sichtbar aufgestellten Boxen um eine Spende. Da Kleinvieh bekanntlich auch Mist macht und bei schweren Erkrankungen unzählige Sitzungen nötig sind, kommt immerhin so viel zusammen, dass für ihn davon meist ein recht luxuriöser Lebenswandel mit Villa und teuren Autos herausspringt.
Viele Filipinos, mit denen ich darüber gesprochen habe, würden sich, auch wenn sie es sich leisten könnten, nie in die Hände

eines Heilers begeben. Sie ziehen die Kunst westlicher Ärzte vor und fliegen lieber nach Europa oder Amerika.
Unser »Psychic-Spiritual-Healer« ist ein kleiner Mann, kaum größer als ich, schmächtig, mit Schnauzbart und bartähnlichen Fusseln am Kinn. Er begrüßt uns freundlich und führt uns in einen Raum, in dem ein paar Stuhlreihen, eine Liege und eine große Tafel stehen. Als Erstes zeigt er uns eine Mappe mit Dankesschreiben aus aller Herren Länder. Sie stammen von Personen, die nach seiner Behandlung dauerhaft von Tumoren, Rückgratschäden und Krankheiten innerer Organe befreit worden sein sollen.
Eine Mitreisende, die schon länger über Rückenschmerzen klagt, stellt sich als »Opfer« zur Verfügung und wartet nun auf die heilende Operation ohne Skalpell. Sie legt sich auf eine Liege, der Heiler krempelt seine Ärmel hoch. Er zeigt uns seine Hände, damit wir sehen, dass er nirgendwo etwas versteckt hat. Dann streicht er mehrmals mit kritischer, bedenklicher Miene über ihren Nacken und die oberen Halswirbel. Seine Finger beginnen sich immer tiefer in ihren Nacken zu graben. Er streicht und streicht, und plötzlich färben sich seine Finger blutrot. Er gräbt, tastet weiter und fördert offensichtlich immer weitere rote Klumpen aus der Tiefe des Gewebes – oder woher auch immer – zutage und legt sie in eine Schale. Ein Mitarbeiter hält sie uns zur Begutachtung unter die Nase. Der Inhalt ist, bei allem Misstrauen und kritischen Blicken, von echtem Blut und Gewebestückchen nicht zu unterscheiden. Nach einigen Minuten reinigt der Wunderdoktor die »operierte« Stelle mit einem alkoholgetränktem Tupfer. Und siehe da, es ist nach dieser »tief greifenden« Aktion weder eine Rötung noch eine Wunde zu erkennen.
Ich gestehe, wir sind sprachlos, beeindruckt, aber nicht klüger als zuvor. Gibt es übersinnliche Kräfte, die mit dem Intellekt nicht zu erklären sind oder sind es nur faule Tricks? Wenn ja, dann aber sehr gekonnte! Obwohl wir dem Wunderdoktor aus allernächster Nähe genau auf die Finger geschaut haben, konnten wir absolut nichts entdecken, was an einen Trick erinnerte. Es war ein absolut gelungenes Schauspiel. Manchmal sollen aus den Pati-

enten sogar Hühner- und Schweineteile, verrostete Geldstücke und sonstige Kuriositäten herausgezaubert worden sein ...
Die Geschichte der Wunderheiler ist keine neumodische Erfindung, sondern blickt auf eine lange Entwicklung zurück. Ging es den Menschen in früheren Zeiten nicht gut, heilten sie sich mit Kräutern und Pflanzen, die in ihren Regionen wuchsen. Waren die Erkrankungen schwieriger Natur, glaubte man, böse Geister hätten den Körper des Erkrankten gefangen genommen. Man rief nach einem Schamanen der, in Trance versetzt, mit guten Geistern Kontakt aufnehmen sollte, damit dadurch wieder gute Kräfte in den Körper des Erkrankten fließen könnten. Da man aber kein Geld besaß, bezahlte man ihn mit Naturalien und zollte ihm Ansehen und Dank.
Als später die Spanier die Inseln eroberten, den größten Teil der Menschen missionierten, verloren die Medizinmänner langsam an Bedeutung. Nur durch Handelsgeschäfte reich gewordene Filipinos konnten sich von spanischen Ärzten nach westlichen Methoden behandeln lassen. Doch der größte Teil der Bevölkerung blieb weiterhin arm und konnte sich diesen Luxus nicht leisten. Die Gunst der Stunde nutzten findige Handwerksburschen, Reisbauern oder wer auch immer, aus. Sie imitierten ohne Trance und Anrufung von Geistern die jetzt populären westlichen Heilmethoden – zum Glück jedoch ohne das Messerchen eines Chirurgen, denn einem kleinen Bauern, der bisher nur mit seinem Wasserbüffel über das Feld gelaufen war, fehlten jegliche anatomischen Kenntnisse. Er hätte vielleicht die Galle unter den Schulterblättern und den Magen neben der Hüfte gesucht. Um das zu vertuschen, blieb ihm nur die Möglichkeit, durch einen Trick eine Operation vorzutäuschen. Dazu verhalf ihm ein aus alten Überlieferungen bekanntes Pulver. Der selbsternannte Zauberdoktor rieb es sich unter die Fingernägel und holte es später wieder unauffällig durch Reibung hervor. Dadurch hatte es sich in eine blutrote Flüssigkeit verwandelt. Die Behandlung der Kranken blieb kostenlos. Als Gegenleistung gab man ihm Eier, ein Huhn, Reis oder was man sonst entbehren konnte, was ihm ein leichteres, angenehmeres Leben bescherte.

So lebt die Wunderheilung von der Hoffnung, dass es Dinge zwischen Himmel und Erde gibt, die nicht mit Logik zu erklären sind, bis in die heutige moderne Zeit fort. Doch wenn Glaube und Hoffnung Berge versetzten können und durch diese Methode nur ein Mensch durch erfolgreiche Heilung glücklich geworden ist, wurde schon viel erreicht. Unsere Mitreisende zählte leider nicht dazu ...

Am nächsten Tag haben wir auf der Weiterfahrt immer wieder die Möglichkeit, den fantastischen Blick über die Gebirgsketten der Kordilleren zu genießen. Die kurvenreiche, steinige Bergstraße führt vorbei an verstreut am Berghang klebenden Häuschen, deren Dächer mit Gras oder Wellblech bedeckt sind. Die hier lebenden Benguets haben keine Dörfer, sondern leben in vereinzelt stehenden Hütten, vor denen riesige Halbwildschweine mit Hängebauch und langer Schnauze im Dreck wühlen. Die Einheimischen leben als einfache Bauern vom Anbau von Karotten, Rettich und Kartoffeln. Sechs bis acht Kinder sind hier durchaus keine Seltenheit. Meist laufen sie mit dicker Wollmütze, Pullovern und unten herum nackt durch die Gegend – das erspart Pampers.

In einer kleinen Hütte bietet man uns Hundefleisch an. Von einem Teller schaut ein Kopf mit fletschenden Zähnen zu uns herüber. Um nicht unhöflich zu sein, probieren wir ein kleines Stückchen. Man sagt, es soll den Körper wärmen. Davon habe ich zwar nichts gespürt, aber wenn ich nicht gewusst hätte, was es ist, wäre mir bei dem Geschmack nichts sonderlich Unappetitliches eingefallen. Man verkauft dieses Fleisch auch selten, sondern bereichert damit vorwiegend den privaten Speiseplan.

Auf einem Parkplatz, der als Treffpunkt für einheimische Busse gilt, legen wir einen Stopp ein, kaufen uns ein paar Passionsfrüchte und machen uns auf zu den Mumienhöhlen des Mount Timbac, die in einer Höhe von etwa 1800 m liegen. Der Weg ist ganz schön mühselig und schweißtreibend und dauert etwa 1½ Stunden. Die erste Hälfte ist sehr steil und steinig, später wird er etwas gerader, dafür muss man, als besonderer Leckerbissen, vor dem Ziel ca. 258 unebene Stufen zum Eingang der Höhlen

hinabsteigen. Runter geht es ja noch, aber später muss man sie ja auch wieder rauf ...
Ein Mumienwärter öffnet uns das Gitter, das die in den Fels gehauene Höhle verschließt. Zunächst schenken wir ihm, wie es eine alte Sitte der Benguets erfordert, eine Flasche Gin. Der erste Schluck wird den Toten geopfert, damit die Seelen der Verstorbenen nicht gestört werden. Der Rest der Flasche ist eher etwas für die Seele des Wärters, denn er wird ihn sicher hinterher in fröhlicher Runde austrinken. Er verschwindet im vorderen Teil der Höhle und befördert zwei ausgehöhlte Baumstämme ans Tageslicht, in denen sich je eine Mumie in Hockstellung befindet. Sie sind nicht wie bei den Ägyptern in Tücher gewickelt, sondern unbekleidet. An manchen Stellen entdeckt man noch Hautfetzen mit Resten von Tätowierungen.
Anschließend klettern wir auf allen Vieren in eine enge, niedrige und dunkle Höhle, bis wir gegen größere Holzkisten stoßen. Der Mumienwärter öffnet sie und im blassen Schein einer Taschenlampe schauen uns gespenstisch mit Spinnennetzen umwobene, leere Augenhöhlen weiterer Schädel an. Darunter liegen Knochen aller Art und Sorten, die munter vor sich hin klappern, als er uns einige von ihnen erklärt. Es ist eine unheimliche Atmosphäre und wir sind froh, als wir wieder die Sonne sehen und frische Luft atmen können.
Da die Höhle nicht mehr wie früher mit Steinen verschlossen ist und Luftfeuchtigkeit eindringen kann, sind die Mumien dem Verfall ausgesetzt. Die Regierung erlaubte zu der Zeit, als wir dort waren, nur noch die Besichtigung zweier Höhlen (inzwischen aber sind auch sie geschlossen und die Mumien nur noch im Museum zu sehen). Obwohl diese Mumien 500 bis 1000 Jahre alt sind, wurden sie erst 1964 durch Zufall entdeckt. Zwei Freunde waren auf der Jagd, als sie in der Ferne den Klang eines Gongs vernahmen. Hört man in dieser Gegend einen Gong, so ist das immer ein Zeichen dafür, dass irgendwo ein Fest gefeiert wird. So machten die beiden sich auf, in der Hoffnung irgendwo mitfeiern zu können. Sie kletterten den Berg hinauf, doch zu ihrer großen Enttäuschung war weit und breit kein Mensch zu

sehen. Am Ast eines Baumes entdeckten sie nur einen festgebundenen Gong, der sich im Wind bewegte. Erschöpft und enttäuscht setzten sie sich ins Gras, um sich vor dem Abstieg noch etwas auszuruhen. Sie schauten über die herrliche Landschaft der Berge, der Täler und genossen die Stille. Plötzlich blieb ihr Blick an einer Stelle hängen, die ihre Neugierde weckte. Sie stiegen den Hang hinab und entdeckten den Eingang einer Höhle. Sie öffneten sie und stießen auf vier Särge und neun Mumien, vermutlich ein Familiengrab. Überrascht und erschrocken liefen sie in ihr Dorf zurück und erzählten aufgeregt von ihren Erlebnissen. So erfuhren sie, dass die alten Leute des Dorfes schon immer diesen Gong gehört, doch nie nach der Ursache geforscht hatten.

Es ist durchaus möglich, dass sich im Umfeld noch mehrere unentdeckte Höhlen befinden. Anthropologen sagen, dass die Mumien des Mount Timbac vermutlich zur Urbevölkerung der ältesten Ansiedlung Imbosi gehörten. Doch woher kannten diese Menschen die Praktiken der Mumifizierung? Sie müssen sehr reich gewesen sein, um sie sich leisten zu können, denn sie galt als Statussymbol. Der Tote wurde dazu auf einen Totenstuhl gesetzt und tagelang geräuchert. Um Ungeziefer abzuhalten, wurde Tabakrauch in den Körper geblasen und sein Leib mit Tabaksaft übergossen. Die Haut wurde mit dem grünen, aufgekochten Saft der Blätter der Lima- und Patanibohnen eingerieben. Zum Trocknen der Haut soll Salz benutzt worden sein. Die Mumien wurden dann in Holzsärge gelegt und in Höhlen beigesetzt.

Einheimische und der Mumienwächter dagegen erzählen, dass den Toten Salzwasser in den Mund gegossen wurde. Nach einer Woche soll man die äußere Haut abgezogen haben, damit sie schneller trocknen konnte. Danach hat man sie monatelang in die Sonne gestellt, geräuchert und mit Ölen und einem Saft aus Guava- und Bohnenblätter eingerieben. Als die Leiche anfing auszutrocknen, hat man sie in einer hockenden Stellung zusammengeschnürt und später in dieser Haltung in Särgen in Höhlen beerdigt. Nun, wie auch immer, sehr appetitlich war wohl beides nicht, denn wer hat schon gerne monatelang die tote Tante vor der Hütte sitzen?

Die Zeit vergeht und wir müssen uns wieder auf den langen Rückweg begeben. Zum Abschluss genießen wir nochmals den wundervollen Ausblick über die spektakuläre Gebirgslandschaft und die unzähligen Gemüse- und Reisterrassen.

Erschöpft fallen wir in unseren kleinen Bus und fahren weiter über den Halsema-Highway (der oftmals eher daran erinnert, dass er einmal ein Pfad für die Bergbevölkerung war), bis wir auf eine Nebenstraße Richtung Mount Data abbiegen. Dort übernachten wir in der Mt-Data-Lodge, einem Regierungshotel mit 17 Zimmern. Sie liegt 2000 m hoch und es kann abends recht kühl werden. Nach dem Essen werden unser erschöpfter Geist und unsere müden Glieder am prasselnden Kaminfeuer mit Kopfmassagen und einer Fußmassage mit Holzstöckchen belebt. Ist man in den ersten Minuten nicht an einem Lachkrampf gestorben, tut es sogar recht gut.

Kaum haben sich am nächsten Morgen die ersten Nebelschwaden verzogen, geht es weiter durch die wunderschöne Gegend, vorbei an Hängen voller Reisterrassen und Pinienhainen. Ab und zu begegnen uns Igorots mit Lendenschurz und einem Speer in der Hand. *Golot* bedeutet Gebirge und »i« seine Bewohner.

Es ist der Hauptstamm der Bergregion, der sich in kleinere Provinzstämme untergliedert. Die Benguet, nochmals gegliedert in Kan-Kaney (Gemüsebauer) und Ibaloi (Bergwerker), die Bontocs (Korb- und Webwaren), Apayao (Gemüsebauer), Kalinga (Gemüsebau und Töpferei) und die Ifugao (Holzschnitzer und Landschaftsarchitekten der Reisterassen von Banaue) Man kann sie auch schon an den Waffen erkennen. Bontocs tragen Speere, Kalingas Beilchen (an denen sich schön die Köpfe aufspießen lassen) und Ifugaos Buschmesser. Kopfjäger waren sie alle.

Wir kommen in den kleinen Ort Pingad, bekannt durch seine Steinsärge. Man sieht sie etwas abseits auf kleinen Anhöhen neben der Straße stehen. Die Einwohner bewahren darin ihre Toten so lange auf, bis ihr Fleisch verwest ist, erst dann werden die sauberen Knochen mit einem Lendenschurz bestattet.

Zur Begeisterung der Kinder legen wir in der Dorfschule eine kleine Pause ein. Hier gibt es keine Computer, modernen Schulranzen und Federmäppchen namhafter Hersteller. Die Kinder sitzen auf abgewetzten Holzbänken, haben zerfledderte Hefte vor sich liegen und schauen der Lehrerin ganz gebannt zu, wenn sie etwas an die große Wandtafel schreibt. Die erste und zweite Klasse sind in einem Klassenraum untergebracht. Schulpflicht besteht ab dem siebenten Lebensjahr. Sind die Eltern tagsüber bei der Feldarbeit, müssen die eingeschulten Kinder auch weiterhin auf ihre kleineren Geschwister aufpassen und sie mit in die Schule nehmen. Auf den Philippinen hat man das amerikanische Ausbildungssystem: 6 Jahre Grundschule, 4 Jahre Highschool (Mittelschule) und 4 Jahre College (Gymnasium). Ist man besonders tüchtig, kann man anschließend zur Universität gehen.
Zum Abschied begleitet uns die ganze Kinderschar nach draußen. Musik liegt hier schon den Kleinsten im Blut. Schwungvoll tanzen sie uns zunächst den Pferdetanz vor und bringen uns dann aus voller Kehle ein Abschiedsständchen.
Wir nähern uns Bontoc (Bontoc – der Berg) der Hauptstadt der Mountain Province. Hier fangen Reisterrassen an, sich mit Gemüseterrassen abzuwechseln. Die Reisterrassen werden, im Gegensatz zu Banauc, nicht mit Lehm, sondern mit Steinen befestigt. Damit will man vermeiden, dass in der Regenzeit ganze Anbaugebiete abrutschen, Taifune und Erdbeben zu große Verwüstungen anrichten können.
Obwohl man in dieser Gegend zwei Reisernten im Jahr hat, ist Wasser bei den Igorots eine wichtige Existenzfrage. Leitet jemand ohne Genehmigung Wasser auf sein eigenes Feld um, ist das ein Grund, ihn zu töten. Als Mahnung sieht man überall an den Terrassen leuchtend rote Blumen stehen – Totenblumen, wie man sagt.
Am Straßenrand sieht man ab und zu Leute an einer Bushaltestelle sitzen, die sich mit einem Schwätzchen die Zeit vertreiben. Frauen und auch Männer haben ihre kleinen Kinder in einem Tuch auf den Rücken gebunden, damit sie immer Hautkontakt mit den Eltern haben. Die meisten Bergbewohner jedoch gehen

lieber, wie seit Urzeiten gewohnt, zu Fuß. Sie sagen, der Bus sei zwar schneller, aber bei der Fahrt würde es ihnen immer schlecht und schwindlig. Auf manchen Gemüseterrassen bewässern Bauern ihre Felder mühsam mit zwei Gießkannen. Sie haben sie rechts und links an einer über den Schultern liegenden Stange befestigt. Allein der Anblick reicht, um Rückenschmerzen zu bekommen!

Vor Bontoc windet sich die Straße am Chico River entlang. Ab und zu sieht man Menschen im Wasser stehen. Sie angeln nicht etwa, sondern waschen Gold. Haben sie das Glück, etwas zu finden, ist es eine kleine zusätzliche Einnahmequelle. Der Ort erstreckt sich auf beiden Seiten des Chico-Rivers. Er liegt in einem weitläufigen, fruchtbaren, geschützten Tal, umgeben von einer überwältigenden Gebirgslandschaft. Die Reisterrassen ziehen sich bis zur Mitte der Berge empor. Da die Gegend ein Stück tiefer als Baguio liegt, wachsen hier Bananen, Pampelmusen, Kaffee und hohe Sträucher mit wunderschön rotleuchtenden Weihnachtssternen (Poinsettia).

Wir wohnen im »Pines Inn Kitchenette«, einem kleinen, einfachen, aber gemütlichen Hotel, dem besten am Platze. »Bontoc-Mama«, die Besitzerin und gute Bekannte von Nila, begrüßt uns mit großer Herzlichkeit. Sie zeigt uns das ganze Hotel, auch die riesengroße Küche, die vor Sauberkeit blitzt und blinkt. Man könnte ohne Bedenken vom Fußboden essen. Elektrizität und Wasser gibt es nur morgens und abends, doch wir haben Glück und können uns noch ein wenig frisch machen. Danach mobilisieren wir unsere letzten Energiereserven und machen noch einen kleinen Rundgang durch den Ort, der allerdings nicht viel Aufregendes zu bieten hat. Stroh gedeckte Holzhütten und Steinhäuser mit Wellblechdächern säumen die Straßen. Enge, steile Gässchen mit vielen Stufen winden sich die Hänge empor. Farbkleckse dazwischen bilden die herrlich rot- und lila blühenden Bougainvilleen. Bontoc-Frauen bieten Webereien, Fruchtbarkeits- und Glücksamulette aus Messing in Form einer Gebärmutter oder des Reisgottes Bulol an.

Im Bontoc-Museum, gleich hinter unserem Hotel, sind histo-

rische Fotos, Schmuck, Waffen, Korbwaren und Haushaltsgegenstände der Igorots ausgestellt. Im Garten geben Schlafhäuser für heiratsfähige Mädchen und Jungen, verschiedene Häuser der Kopfjäger und Geräte für Fischerei, Ackerbau oder Zuckerrohrverarbeitung einen Einblick in das Leben der Bontocstämme.
Nach Einbruch der Dunkelheit dürfen wir ein *Ato* (Männerhaus) besuchen. Dort diskutieren die Männer des Ortes ihre täglichen Probleme. Früher gab es auch *Ulogs* (Frauenhäuser), in denen junge Mädchen schlafen und auch ihre Freunde empfangen durften. Es war für die jungen Leute eine Art Probeehe. Doch die Missionare betrachteten intime Beziehungen vor der Ehe als Prostitution und schafften die Ulogs daher wieder ab.
Am nächsten Morgen brechen wir in einer abenteuerlichen Fahrt zu den Bergstämmen auf. Da die Straßen für normale Fahrzeuge unpassierbar sind, steigen wir in einen offenen Jeepney um. Der altersschwache Wagen mit Reifen, die ein irgendwann einmal vorhandenes Profil nur noch erahnen lassen, ächzt über die schmalen, staubigen und steinigen Wege die Berghänge empor. Neben dem Weg tun sich so tiefe Abgründe auf, dass einen bei jedem Blick das Blut in den Adern gefriert. Teilweise sind die Wegränder durch Erdrutsche weg gebrochen. Die Fahrbahn ist so eng, dass keine besonderen Kunststücke notwendig sind, um den Wagen in gefährliche Tiefen stürzen zu lassen. Es gibt keinerlei Befestigungen und Ausweichmöglichkeiten. Da es bei Gegenverkehr zu gefährlichen Situationen kommen kann, wird vor jeder Kurve vorsichtshalber gehupt, sofern die Hupe funktioniert.
Das erste Dorf, das wir besuchen wollen, hat heute Ruhetag und ist geschlossen. Die Bergbewohner haben nicht wie wir einen Sonntag als festen Ruhetag, sondern im Ato wird kurzfristig besprochen, wann der nächste Ruhetag eingelegt wird. An diesem Tag dürfen weder Bekannte aus den Nachbardörfern noch Fremde das Dorf besuchen. Die Bewohner nutzen diesen Tag um zu beten, sich im Ato zu versammeln, sich zu unterhalten, ein Pfeifchen zu rauchen und ihren geliebten Gin zu trinken.
So geht unsere Fahrt über unwegsame Strecken weiter zu den

nächsten sehr abgeschieden gelegenen Dörfern. Auf den Feldern sind die Bauern dabei, Süßkartoffeln, Zuckerrohr, Kaffee, Ananas und Bananen anzubauen oder zu ernten.
Emma ist unsere Kontaktperson zu den Dörfern, man kennt sie und sie kann die Stimmungen der Eingeborenen besser einschätzen. Sie ist meist ein sehr willkommener Gast. Man betrachtet sie als eine Art Weihnachtsmann, denn sie hat immer Gastgeschenke dabei, wie Bonbons oder Streichhölzer, die zum Feuermachen für die Bergbewohner sehr wichtig sind, getrockneten Fisch (*toyo)* und vielleicht auch mal eine Flasche Gin. Auch für ein Foto wird mittlerweile ein Gegengeschenk erwartet.
Obwohl die Bewohner schon mit Touristen Kontakt hatten, sind sie sehr scheu, besonders die Älteren von ihnen. Die Kinder dagegen sind aufgeschlossener, sie umringen uns und betrachten uns voller Neugierde. Wo man hinschaut: Kinder, Kinder, Kinder, denn sie sind Altersversorgung und zugleich kostenlose Arbeitskräfte bei der mühsamen Feldarbeit. Viele Kinder, viele Tiere und eine gute Ernte bedeuten, Glück im Leben zu haben.
Der Häuptling sitzt vor dem Ato und schaut uns mit stummer Miene an. Auf dem Kopf hat er eine kleine Kopftasche, wie sie die Männer auch bei der Feldarbeit tragen. Darin wird all das untergebracht, was sie immer bei sich haben wollen, z. B. eine Süßkartoffel, Streichhölzer und ein Pfeifchen.
Die Männer tragen, wenn sie ihn nicht vergessen haben oder vielleicht gerade »lüften« wollen, einen Lendenschurz (*ba-ag*), Verheiratete einen einfarbigen oder weißen, Junggesellen einen bunten. Viele sind tätowiert. Ein Tatoo auf der Brust ist ein Zeichen von Tapferkeit oder dafür, dass sie in der Jugendzeit einen Menschen enthauptet haben. Noch bis in die 60er-Jahre waren sie Kopfjäger.
Bontoc-Frauen tragen einen Wickelrock (*Tapis*), freuen sich aber über geschenkte Kleidung, die dann so lange angezogen wird, bis sie von alleine vom Körper fällt. Auf dem Kopf tragen sie Perlenketten und dazu Schlangenwirbel, die vor Blitzschlag schützen und bei einer Geburt helfen sollen. Auch sie sind teilweise tätowiert, das entspricht ihrem Schönheitsideal.

Mumien in der Mount-Timbac-Höhle

Angehörige des Bontoc-Stammes

Freund oder Feind?

Die Häuptlinge der Ifugaos heißen Nila und mich willkommen

Ein typisches Ifugao-Haus

»Darf ich vorstellen, meine Großmutter ...«

Die Bontocs leben in größeren Dorfgemeinschaften, abseits der Straße, unter primitiven Bedingungen. Ihre Hütten sind nicht auf Pfähle, sondern direkt auf den Boden gebaut und mit einem pyramidenförmig hochgezogenen Grasdach versehen. Zum Teil bestehen sie auch aus Holzwänden mit einem Wellblechdach. Das bedeutet dann allerdings schon Luxus. In den dunklen, offenen Hütten hängen Kleidungsstücke, Töpfe, Körbe und Decken an den Wänden, dazwischen Geräte für die Feldarbeit. Der Rest liegt wie Kraut und Rüben verstreut zwischen Staub und Aschehaufen auf der Erde herum. Da es auf den Bergen sehr kühl werden kann, steigt in den fensterlosen Hütten fast ständig Qualm von den Feuerstellen auf. Er räuchert alles ein, was sich in der Hütte befindet und überzieht es mit einer braunschwarzen Ascheschicht. Die gesamten Gegenstände machen einen angekohlten Eindruck und selbst die gegerbte Haut der Bewohner scheint schon leicht angeräuchert zu sein. Überhaupt lässt die Sauberkeit im Vergleich zu den Benguets und Ifugaos sehr zu wünschen übrig. Tiere und Menschen leben sehr eng zusammen, und so dient der Schweinestall meist auch als Toilette. Praktisch – so stinkt es wenigstens nur dort!

Überall grunzen Schweine. Meist jedoch nicht sehr lange, denn ihr Leben kann bei den zahlreichen Festen schnell ein jähes Ende finden. Irgendeinen Grund, ein *Canao* (Fest) zu feiern, wird immer gefunden. Dann klingen die Gongs, Trommeln und die Töne der Nasenflöten durch die Weite der Landschaft. Man feiert nicht nur bei fröhlichen Anlässen, sondern auch bei Krankheiten, Totenwachen und bei Trockenheit der Terrassen.

Die Igorots leben fern jeglicher Zivilisation. Die Naturerscheinungen und Einflüsse, die sie umgeben, können sie weder verstehen noch einordnen. Deshalb suchen sie auch heute noch Hilfe bei ihren Ahnen und Geistern, deren Schatten ihr Leben noch immer zu lenken scheinen. Ihre Glaubenswelt ist der Animismus geblieben, in dem es viele *Anitos* (gute und böse Geister) gibt. Ihr Hauptgott ist Kabunyan, der Sohn Gottes Lumawig. Ihre Toten werden entweder in hockender Stellung in aus Felsen gehauenen Steinsärgen beerdigt oder aber in Holzsärgen, die in Felsnischen geschoben werden. Manchmal werden die Verstorbenen durch Räuchern vorher mumifiziert. Man verehrt die Ahnen, geht behutsam mit ihnen um und bringt ihnen vorsichtshalber Opfer, denn man glaubt, dass sie zwar nach ihrem Tode in entfernteren Welten leben, aber von dort aus das Leben der Hinterbliebenen beeinflussen.

So haben ihr Lebensstil und ihre Bräuche fast unbeschadet die Missionierungsbemühungen überstanden. Will ein junger Mann z. B. seiner Liebsten seine Liebe gestehen, schenkt er einen kleinen Korb mit roten Bohnen, eingewickelt in einen Wickelrock. Der Heiratsantrag besteht aus einem Kilo Schweinefleisch. Diese Geschenke gelten auch als »Einladungskarten« für Verwandte und Freunde. Die Hochzeit findet abends statt. Ein Priester segnet das Paar, damit es fruchtbar wird. Egal, ob arm oder reich, jedes Paar ist verpflichtet, ein *Karang* (kleine Hochzeitsfeier) zu machen. Wer es sich leisten kann, macht ein *Lopis* (große Hochzeitsfeier) und alle zwei oder fünf Jahre ein *Tsono* (Jubiläumsfeier).

Als Scheidungsgrund gilt die Unfruchtbarkeit der Frau oder die Unzuverlässigkeit und Brutalität des Mannes. Auch bei einer Schwangerschaft müssen besondere Regeln beachtet werden. Man darf nicht bei Sonnenaufgang baden, sonst bekommt man ein Albinokind. Isst man Hühnermägen, wird das Kind nicht erfolgreich, schläft man neben einem Fenster oder einer Tür, saugt ein Vogel das Blut des Kindes aus. Außerdem soll die Schwangere nicht zwischen 10 und 12 Uhr alleine bei der Feldarbeit sein, denn um diese Zeit gehen die Anitos gerne spazieren.

Bei der Geburt ruft man zuerst den Heidenpriester, erst danach die Hebamme. Die Entbindung verläuft bei diesen Naturvölkern allerdings meist problemlos. Als Talisman bekommt das Baby zwei bis drei Achatperlen von Omas Kopfschmuck oder Kette geschenkt. Anschließend darf die Mutter zwei bis drei Monate nicht zur Arbeit gehen. Sie stillt das Baby, soll es aber nicht zum Trinken zwingen, sondern nur liebevoll dazu überreden.

Seeb heißt die Namensgebungsfeier. Es ist eine teure Feier, denn auch alle Männer des Dorfes werden dazu eingeladen. Der Priester schreibt den Namen des Kindes an vier Stellen und es wird getanzt, geraucht, gegessen und getrunken. Das Baby wird meist nach Oma, Opa oder der Hebamme benannt – oder aber nach dem Ort, wo die Mutter entbunden hat. So kann es durchaus vorkommen, dass das Kind auf den klangvollen Namen *Klinika* hört. Mit zwei bzw. mit acht Jahren finden bei den Jungen die Beschneidung und der Haarschnitt statt. Die Mädchen tragen kurze Haare, bis sie verheiratet sind, danach bleiben die Haare lang.

Drei Bontocfrauen, die alle auf den Namen Maria hören – vielleicht hatten sie dieselbe Hebamme? – haben einen höllischen Spaß an einem Spiegel, den wir ihnen gegeben haben. Sie schauen hinein und lachen sich halb tot. Keine hatte sich zuvor einmal selbst gesehen, außer vielleicht mal verschwommen in einer Wasserpfütze. Sicherlich haben sie bisher immer angenommen, dass die unzähligen schiefen Zähne und Falten im Gesicht nur die anderen haben ...

Die Kinder und Männer dagegen sind von unserer Polaroidkamera fasziniert. Wir haben sie extra mitgenommen, damit sie sich gleich auf den Fotos bewundern können. Wie hypnotisiert schauen sie voller Begeisterung und Erstaunen auf die Bilder, die im Schneckentempo aus der Kamera kommen. Sie klatschen in die Hände und können nicht genug von diesen »schnell gekochten Bildern« bekommen. Sie glauben, alles was fertig rauskommt, sei gekocht.

Doch langsam heißt es wieder von unseren netten Kopfjägern Abschied zu nehmen und die Rückfahrt nach Bontoc anzutreten. Die grünen Reisterrassen leuchten in der langsam sinkenden Abendsonne.

Immer noch stehen Bauern im Wasser der Terrassen und pflanzen Reissetzlinge um. An den steilen Berghängen ist der Reisanbau nur in Terrassenform möglich. Sie müssen mit primitivsten Mitteln bewässert, bearbeitet und erhalten werden. Durch Erdbeben, Taifune oder Erdrutsche werden in der Regenzeit oft ganze Gebiete und Dörfer zerstört. Die Bergstämme haben gelernt, mit diesen Tücken der Natur zu leben, im Zweifelsfall hoffen sie auf eine ihnen gut gesonnene Geisterwelt. Will man

die Stimmungslage der Götter des Donners, Erdbebens, Reises, der Fruchtbarkeit, Jagd und was sonst noch gebraucht wird, verbessern, schlachtet man ihnen zum Opfer ein Huhn.
Nun geht es die gefährliche und unwegsame Schotterstrecke voller Schlaglöcher und Hindernisse wieder zurück. Diesmal sitzen wir auf der Seite, die uns einen direkten Blick auf den beängstigend tiefen Abgrund beschert. Oft trennen die Reifen nur Zentimeter von dem abgebröckelten Abhang. Schaut man aus dem Jeepney, hat man das Gefühl, im Nichts zu schweben. Hier lässt es sich fantastisch testen, was das Nervenkostüm noch hergibt ... Es scheint jedoch schon etwas gelitten zu haben, denn wir sind heilfroh, als wir wohlbehalten Bontoc, umgeben von Bergketten und den Chico-River, vor uns im Tal liegen sehen. Zum Abschied schenkt mir Bontoc-Mama alte Perlen aus Achat, die sie selbst geerbt hat.
Unsere nächste Station heißt Banaue, die wegen ihrer Reisterrassen als eindrucksvollstes Reiseziel gilt. Banaue liegt zwar nur etwa 43 km entfernt, aber auf der kurvenreichen Strecke kommt man nur langsam voran. Sie führt durch die herrlichen, zerklüfteten Gebirgslandschaften des Mount Polis, hinauf bis zu einer Höhe von etwa 2100 m. Überall sieht man die stufenförmig, unregelmäßig gebauten, mit Steinen eingefassten Gemüse- und Reisterrassen. Die Straße ist teilweise nur einspurig zu befahren. Streckenposten teilen jeweils per Sprechfunk mit, in welcher Richtung sie gerade freigegeben ist.
Wir kommen zum letzten Bontocdorf vor der Grenze nach Banaue. Ein alter Angehöriger des Bontocstammes bleibt stehen und begrüßt uns neugierig. Er ist mit zwei für die Bontocs typischen Speeren bewaffnet und trägt eine aus Palmenwedeln geflochtene Tasche auf dem Rücken. Unter seinem Lendenschurz, zu dem er einen dicken, dunkelblauen Wollpullover trägt, schauen seine langen dünnen, nackten Beine heraus, die so faltig sind wie die der Mumien.
1905 wurde das Dorf Bayo, in dem er wohnt, von den Ifugaos überfallen und fast ganz vernichtet. Fünf Familien, die das Massaker überstanden haben und flüchten konnten, kehrten später

wieder zurück und bauten das Dorf neu auf. Gelangweilt sitzen heute an der kleinen Grenzstation zu Banaue ein paar junge Grenzer auf einer Bank. Einer hantiert mit einem Gewehr, der andere spielt Gitarre. Eine merkwürdige Zusammenstellung, aber wohl ein Zeichen dafür, dass es hier kein Misstrauen und keine Übergriffe mehr gibt. Sie drücken uns vertrauensvoll das Gewehr in die Hand, damit Nila ein Foto von ihnen mit uns machen kann. Wir hätten sie problemlos zum Klange der Gitarre in die ewigen Jagdgründe eingehen lassen können, denn das Gewehr war geladen und nicht einmal gesichert ...

Je mehr wir uns Banaue nähern, umso üppiger wird die Vegetation. In dieser Gegend ist Wasser nicht mehr solch eine Mangelware wie in Bontoc. Ein immergrünes Dschungeldach breitet sich über kleine und große Farnbäume, Palmen, Orchideen und auch Fleisch fressende Pflanzen aus. Das Wasser, das sich in den Fleisch fressenden Pflanzen sammelt, ist wie destilliertes Wasser, man kann es trinken oder auch seine Autobatterie damit auffüllen. Aus den Wurzeln der Farnbäume schnitzen die Einheimischen Figuren aller Art.

Kurz vor Banaue kommen wir zu einem Aussichtspunkt, von dem man einen atemberaubenden Blick über das gesamte Tal und die steil aufsteigenden Konturen der weltberühmten Reisterrassen von Banaue hat. Sie zählen zu den ältesten und außergewöhnlichsten Bauwerken der Menschheit und wurden 1995 von der UNESCO zum Weltkulturerbe erklärt.

Angehörige der Ifugaos empfangen uns in ihren typischen, bunten Trachten. Die Männer tragen einen Lendenschurz und einen Kopfschmuck aus Federn, die einen höckerförmigen Nashornvogelschnabel umrahmen. Voller Stolz zeigen sie uns ihre Terrassen, die ihre Ahnen vor über 2000 Jahren von Hand mit den einfachsten Werkzeugen der Natur abgerungen haben. Mit dieser großartigen architektonischen Leistung haben sie, wie sie glauben, eine »Treppe in den Himmel« geschaffen. Erst Anfang des vergangenen Jahrhunderts gestatteten die Ifugaos Fremden, in das von ihnen bis dahin abgeschirmte und heftig verteidigte Gebiet zu kommen.

Der Anblick des »achten Weltwunders«, wie die Reisterrassen oft genannt werden, ist überwältigend. Die aus Lehm geschaffenen Befestigungen klettern wie Pyramiden über vierzig Stufen die steilen Hänge vom Tal bis zu Höhen von 1500 m empor. Die letzten Sonnenstrahlen verleihen den mit Wasser gefüllten Parzellen einen glitzernden, silbernen Schimmer. Es ist eine Landschaft voller Schönheit und Harmonie. Die Terrassen umspannen in gleichmäßigen Bögen sanft die Formen der Berge. Die Lehmwälle sollen, würde man sie aneinander reihen, die halbe Welt umspannen können.
Doch man soll nicht nur die Schönheit dieses einmaligen Werkes bewundern, das oft mit dem Bau der chinesischen Mauer verglichen wird, sondern auch die damit verbundene harte Arbeit zu würdigen wissen. Die Instandhaltung der in Jahrhunderten zu fruchtbaren Reisterrassen verwandelten, langen Schluchten bedeutet auch heute noch Schwerstarbeit. Kompliziert ist die Pflege des ausgeklügelten Bewässerungssystems. In den Bergen entspringende Quellen werden so umgeleitet, dass das Wasser Stufe für Stufe bis ins Tal gelenkt werden kann. Die Verteilung des wertvollen und lebenswichtigen Nasses hat schon zu vielen Kämpfen geführt. Man sagt, jeder der dunkelroten Sträucher, die auf den Wällen der Terrassen blühen, wurde von Hinterbliebenen der Opfer gepflanzt, die bei Streitigkeiten getötet wurden. Man glaubt aber auch, dass in den Büschen Seelen wohnen, die nun die Reisfelder beschützen. Durch Regenwürmer zerstörte oder durch die Regenzeit weggeschwemmte Stellen werden in mühseliger Handarbeit wieder aufgebaut und ausgebessert. Es ist eine Arbeit ohne Ende.

Unser Hotel liegt in einem herrlichen, tropischen Garten mit riesigen in den unterschiedlichsten Farben blühenden Trompetenbäumen und Orchideen. Die Terrasse bietet einen bezaubernden Blick auf die malerische Landschaft. Die gigantischen Reisterrassen, die man von hier aus sieht, sind noch älter und daher ungleichmäßiger als die, die wir vom Aussichtspunkt aus gesehen haben.

Nach dem Abendessen und einigen Tanzvorführungen der Ifugaos gehen wir hinaus auf die Terrasse und genießen die einzigartige Atmosphäre bei einem Gute-Nacht-Drink. Am tiefblauen Nachthimmel funkeln Tausende von Sternen wie unzählige Kristallsplitter. In der Ferne flackert der Lichtschein einer Hütte. Eine unsagbare Stille liegt über dieser Landschaft, die höchstens einmal das Bellen eines Hundes unterbricht.
Am nächsten Morgen strahlt die Sonne vom Himmel. Die Landschaft liegt friedlich vor uns. Kein Knattern von Motorrädern und Automotoren stört die Ruhe, nur das Krähen der Dorfhähne dringt zu uns herüber – Töne, die ich liebe. Es sind vermutlich noch Erinnerungen aus meiner Kindheit, als wir nach unserer Flucht auf einem Bauernhof lebten. Würde in der heutigen Zeit bei uns in aller Herrgottsfrühe ein Hahn krähen, würde man ihm sicher schnell den Hals umdrehen und ihn in den Kochtopf wandern lassen. Mit Autolärm und Abgaswolken hat man sich dagegen angefreundet, sie gehören zum Alltag ...
Gleich nach dem Frühstück entschließen wir uns, ein Dorf der Ifugaos zu besuchen. Zunächst geht es, als kleine Morgengymnastik, erst einmal 240 Stufen den Hang hinunter. In saftigem, kräftigem Grün liegen die Reisterrassen vor uns. Doch so malerisch sie auch aussehen, es ist gar nicht so einfach, über die höchstens 20 cm schmalen, oben gewölbten Dämme zu laufen, ohne dabei abzurutschen und ins Wasser zu fallen. Irgendwie scheinen unsere europäischen Füße dafür nicht geschaffen zu sein, es sei denn, man ist Turnerin und benutzt sie als Schwebebalkentraining. Mit unseren unfreiwilligen Balanceakten und vor Not verbissen wirkenden Gesichtern tragen wir zu äußerster Erheiterung der Einheimischen bei. Sie haben gut lachen! Schon von Kindesbeinen an sind sie daran gewöhnt und haben gelernt, auf den Wällen hoch und runter zu laufen. Ihre Füße haben sich im Laufe der Zeit den Gegebenheiten angepasst. Es ist faszinierend zuzuschauen, wie sie mit Körben auf dem Kopf darüber laufen, als wäre es die bequemste Straße der Welt.
Die Arbeit auf den Feldern ist meist den Frauen vorbehalten, die Männer sorgen für die Wasserverteilung, Instandhaltung und

die Bewässerung der Terrassen. Das ist nicht nur eine mühevolle und schwere Arbeit, sondern oft müssen auch stundenlange Fußmärsche in Kauf genommen werden, um zu den Feldern zu gelangen.
Hier gibt es nur eine Reisernte im Jahr und man baut die traditionellen Reissorten an. Natürlich gibt es auch modernere und ertragsreichere Züchtungen, aber dafür wird teurer Dünger benötigt, den sich hier niemand leisten kann. Daher reicht der Ertrag der Ernte meist nicht einmal für den Eigenbedarf aus, es müssen teurere Sorten aus dem Tiefland dazugekauft werden, um die Familien ernähren zu können. Aus diesem Grund sind heute viele junge Leute nicht mehr bereit, diese schwere und kaum mehr lohnende Arbeit auf sich zu nehmen. Sie wollen nicht mehr im Schlamm der Felder stehen, in Hütten ohne jeglichen Komfort, ohne Licht und Wasser leben. Sie gehen lieber in die Stadt, verdienen ihr Geld im Tourismusgewerbe, in Hotels, als Tricyclefahrer oder mit dem Verkauf von Schnitz-, Flecht- und Webarbeiten.
Doch je größer die Abwanderung wird, umso geringer wird die Chance, die Terrassen weiter zu pflegen und zu bewirtschaften. Es dürfte, wenn keine anderen Lösungen gefunden werden, nur noch eine Frage der Zeit sein, bis dieses großartige Weltkulturerbe verfällt.
Die Ifugaos sind friedlicher, sauberer und intelligenter als die anderen Bergstämme. Ihre kleinen Dörfer mit 20 bis 30 Familien liegen am Rande der Reisterrassen. Die Gegend ist fruchtbar und hat im Vergleich zu den anderen Bergregionen das ganze Jahr über genügend Wasser.
Im Dorf werden wir von Basilio, einem Bekannten meiner Freundin Nila, und den anderen Familien herzlich empfangen. Die Dorfbewohner leben in Pfahlbauten. Die Hütten haben ein tief heruntergezogenes Grasdach und sind fensterlos. Auf einer Leiter klettert man zum Wohnraum empor. Er bietet Platz für die ganze Familie und macht einen sehr sauberen Eindruck. An den Pfählen unterhalb der Bodenplatte entdeckt man Holzscheiben, die verhindern sollen, dass Ratten bis in die Hütte klettern können,

anderes Ungeziefer wird meist schon durch die erhöhte Lage abgehalten. Unter dem Dach befindet sich der Reisspeicher. Auf dem Lehmboden unter der Hütte tummeln sich Schweine und Enten. Die Hühner stecken meist in einem Korb, der nachts mit einem Strick nach oben gezogen wird, damit sie nicht von anderen Tieren gerupft und gefressen werden, bevor man es selbst tun kann. Hunde tollen mit den zahlreichen Kindern herum. Zehn Kinder pro Familie sind keine Seltenheit. Jedes Kind hat seine speziellen Aufgaben bei der Hausarbeit. Die Größeren verarbeiten Kaffeebohnen, stampfen Reis, trennen ihn von den Rispen oder schütteln und werfen ihn auf großen, flachen, geflochtenen Schalen in die Luft, damit sich die restlichen Hüllen von den Körnern trennen. Da die Ifugaos den Reis in Bündeln aufbewahren, geschieht diese Arbeit vor jeder Mahlzeit aufs Neue, und das bedeutet bei der Größe der Familien allerhand Arbeit. Für ein Foto verlangt man hier kein Geschenk, sondern freut sich schon, wenn man vielleicht ein Bonbon dafür bekommt.
Die Männer sind mit einem Lendenschurz bekleidet und tragen dazu meist noch eine kleine bunte Tasche. Mit dem Buschmesser, das sie bei sich tragen, können sie auf den Reisterrassen Schlangen töten und die Felder von Unkraut säubern. Das Unkraut wird dann wieder als Düngemittel verwendet.
Auch wenn die Bewohner bis ins 19. Jahrhundert gefürchtete Kopfjäger waren, braucht man heute bei dem Anblick der Messerchen keine Angst mehr um seinen Skalp zu haben. Hübsche, blank geputzte Unterkiefer hängen nur noch als Zierde an ihren Trommeln. Einen davon habe ich geschenkt bekommen und dankend angenommen. Man weiß ja nie, ob man ihn nicht bei den heutigen Gesundheitsreformen irgendwann einmal als Ersatz gebrauchen kann ...
Wie bei den anderen Bergstämmen leben auch hier die alten Sitten und Gebräuche der Vorfahren fort. Obwohl sie größtenteils dem katholischen Glauben angehören, verehren sie weiterhin viele Götter und Geister. Eine sehr freundliche Geste und Ehre wird uns zuteil, als man uns die Gebeine einer Verstorbenen zeigt. Ein für uns doch etwas fremdartiges Schauspiel! Wir

entrichten freiwillig einen kleinen Geldbetrag, denn wir wissen, dass davon ein Huhn geschlachtet und den Göttern als Opfer dargebracht wird, um die Seele der Verstorbenen nicht zu stören. Ein Angehöriger des Stammes holt ein zusammengeschnürtes Bündel unter dem Dach seiner Hütte hervor und legt es vor uns auf die Erde. Auch die Kinder haben sich versammelt und folgen dem Geschehen ziemlich gelangweilt. Das Tuch wird bedächtig aufgewickelt und die Knochen fein säuberlich ausgebreitet. Das wiederum weckt die Neugierde der Hunde. Sie schnüffeln daran, aber die alte Oma scheint nicht ihre Geschmacksrichtung zu treffen. Nun beginnt für uns der Anatomieunterricht. Der Ifugao zeigt uns genau, was es für Knochen sind und wo sie einmal hingehört haben. Er nimmt den Schädel, hält ihn hoch, dabei rutschen die langen, schwarzen Haare nach unten und der Kiefer bewegt sich, als wolle er etwas sagen. Nach seinen Erläuterungen sammelt er die Knochen der Verstorbenen wieder ein, schnürt das Tuch zusammen und verstaut sie unter dem Dach seiner Hütte. Anschließend erklärt er uns, dass, wenn ein Angehöriger des Stammes stirbt, er zunächst auf dem Dorffriedhof begraben wird. Nach 2 bis 5 Jahren gräbt man ihn wieder aus, säubert und sortiert die Knochen, wickelt sie in ein Tuch (Wickelrock) und bewahrt sie entweder unter dem Fußboden, hinter der Küche oder unter dem Dach auf. Träumt ein Familienmitglied von dem Toten, muss ein Huhn geschlachtet und Reiswein geopfert werden. Im Anschluss werden die Gebeine in ein weiteres, bunt gewebtes Tuch eingeschlagen. Sind fünf Tücher um die Gebeine gewickelt, werden sie für immer beerdigt.
Besonders die älteren Ifugaos lieben den Kaugenuss der stimulierenden Betelnüsse. Dazu wird die Nuss der Areca-Palme zerkleinert, in ein Blatt des Lumboybaumes gewickelt und ein wenig Kalk hinzugefügt. Färbt sich der Speichel durch das Kauen rot, spuckt man ihn in hohem Bogen aus, da sonst eventuell durch die Schärfe die Magennerven rebellieren. Die Jüngeren dagegen haben keine Lust mehr, mit verfärbten Lippen und schwarzen Zähnen herumzulaufen und verzichten deshalb lieber auf diesen Genuss.

Ifugaos sind nicht nur grandiose Landschaftsarchitekten, wie die Reisterrassen beweisen, sondern auch gute Bauern und talentierte Schmiede. Außerdem fertigen sie wunderschöne Holzschnitz- und Webarbeiten an. Ich bekomme einen alten, schön geschnitzten, langen Häuptlingsstab, der mit vielen kleinen und großen Messern, Wildschweinzähnen und Reisgöttern verziert ist. Die schärfsten Messer sind im Inneren des Stabes verborgen. Damit überrascht man sein Gegenüber erst, wenn man ihn einen Kopf kürzer machen möchte. So gegen alle Widrigkeiten des Lebens gewappnet, treten wir den Rückweg ins Hotel an.
Am nächsten Tag steht uns eine lange Busfahrt zurück nach Manila bevor. Doch auch das soll nicht langweilig werden. Beim »Foundation Day« der Aurora Highschool in Bagabag schauen wir bei der Wahl einer bildhübschen Schönheitskönigin zu. Eine gelungene Mischung aus malaiischen, japanischen, chinesischen, spanischen, mongolischen Völkern und Negritos bringt wunderschöne Menschen hervor.
Auf dem Lande besuchen wir eine nette Bauernfamilie, ebenfalls Bekannte von Nila, in ihrer urgemütlichen, sauberen, schön eingerichteten Bambushütte. Sie liegt auf eigenem Land, idyllisch eingebettet zwischen meterhohen Bambusstangen, Palmen und weiten Reisfeldern. Die Tochter der Familie, die gerade aus der Schule nach Hause kommt, freut sich über den seltenen Besuch. Sie trägt eine hübsche Schuluniform. Jede Schule hat ihre eigenen Farben, dadurch sollen Modeschauen verhindert werden und Neid zwischen reicheren und ärmeren Schülern erst gar nicht aufkommen.
Der Carabao, seines Zeichens Wasserbüffel, scheint nicht so sehr von unserem Besuch begeistert zu sein, denn er wackelt bedrohlich mit den Ohren und schnauft gereizt vor sich hin. Vielleicht haben wir ihn auch nur in seiner wohlverdienten Mittagsruhe gestört, denn er muss nicht nur die Reisfelder umpflügen, sondern auch als Lasttier seinen Mann stehen. Dafür gehört er zur Familie, wird gehegt und gepflegt, denn er ist nicht nur teuer, sondern ohne seine Hilfe wären viele der landwirtschaftlichen Arbeiten gar nicht zu bewältigen. Allerdings ist er gar nicht so

kräftig wie er aussieht, sondern braucht seine Ruhepausen und auch genügend Zeit, sich genüsslich im Lehm zu suhlen. Die Schlammschicht schützt seine Haut vor der starken Sonneneinwirkung.
Rechts und links der Straße ziehen sich endlose, saftig-grüne Reisfeldern dahin. Diese Gegend ist die Reiskammer der Philippinen. Da man mehrere Ernten hat, ist man unentwegt damit beschäftigt, umzupflanzen, Unkraut zu entfernen und den Boden aufzulockern. Wasserbüffel drehen ihre Runden, die Bauern stehen bis fast zu den Knien im Wasser. Das ist nicht nur unangenehm, sondern es gibt auch Wasserschlangen und, wie man erzählt, Würmer, die durch die Hautporen bis in die Blutbahnen gelangen. Aufgeweichte und geschwollene Füße sind noch das kleinste Übel. Obwohl die Sonne vom Himmel brennt, verhüllt man sich mit langärmliger Kleidung und breiten Hüten. Das soll nicht nur vor den Strahlen der Tropensonne schützen, sondern auch die Haut nicht zu dunkel werden lassen, denn nur helle Haut gilt auf den Philippinen als vornehm.
Der Reis wird, nachdem er 20 cm höher als die Wasserlilien geworden ist, auf ein anderes Feld umgepflanzt. Die Pflanzen werden dabei wie Soldaten in Reih und Glied in den schlammigen Boden gesteckt. Fängt die Pflanze an, sich gelblich zu färben, schneidet man die Halme über Wasserlilienhöhe ab und drischt sie. Als Platz, den Reis zu trocknen, ist jedes Fleckchen Erde begehrt. Oft sperrt man dafür die halbe Straße, weil man sie als Trockenplatz benutzt. Fährt ein Bus vorbei, fliegen die Körner durch die Lüfte oder sein Reifenprofil dient als kostenlose Schälmaschine. Ist ein Feld abgeerntet, wird es, damit es sich erholen kann, zunächst trockengelegt. Danach wird es wieder gewässert, mit Hilfe der Wasserbüffel umgepflügt, und die Arbeit beginnt von neuem.
Nach über 10 Stunden erreichen wir ziemlich müde, mit Eindrücken voll gestopft, Manila und sehnen uns nur noch nach unserem weichen Bett. Doch kaum schauen am nächsten Morgen die ersten Sonnenstrahlen zum Fenster herein, heißt es schon wieder raus aus den Federn, Koffer packen und auf zum Flug-

hafen. Heute soll uns Philippine Airlines 500 km weiter südlich auf die Visaya Inselgruppe nach Cebu bringen.
Der etwa einstündige Flug verläuft ruhig und angenehm. Unter uns im Meer liegen verstreut viele kleine, grüne, zerklüftete Inseln. Cebu ist etwa 200 km lang, doch an manchen Stellen nicht mehr als 20 km breit. Schon im Anflug sieht man nicht nur die fantastischen Strände sondern auch das saftige Grün der Plantagen, auf denen Mangos, Zuckerrohr, Bananen, Mais und viele andere tropische Früchte angebaut werden. Im Landesinneren erheben sich 1000 m hohe Berge.
Cebu-City, die »Königin des Südens«, 1565 von Miguel Lopez de Legazpi zur Hauptstadt der spanischen Kolonie gemacht, ist heute die zweitgrößte Stadt der Philippinen, eine moderne Wirtschaftsmetropole und bedeutende Hafenstadt. Obwohl wir uns nach all den Erlebnissen eigentlich nur noch nach Sonne, Strand und Meer sehnen, bringen wir unsere letzten Kraftreserven in Schwung und entschließen uns zu einer Fahrt durch die Stadt.
Verträumt in den Lahug-Hügeln eingebettet, liegt das vornehmste und schönste Wohngebiet der Stadt »Beverly Hills«. Hier haben viele chinesische Millionäre aus Manila ihre Urlaubsvillen. Moderne Villen und Luxusvillen im spanischen Stil, teilweise ganz aus Korallenstein gebaut, wechseln sich ab. Von hier, auf 160 m Höhe, hat man einen atemberaubenden Blick über die Stadt, den Kanal von Cebu, den Hafen und die Mactan Inseln.
Weiter geht es zum taoistischen Tempel, dessen große Steindrachen und Löwen uns grimmig anschauen. Eigentlich müssten wir grimmig aussehen, denn bis zum Tempel, der im hügligen Gelände von Bäumen und bunten, exotischen Pflanzen umgeben ist, sind erst einmal 99 Stufen zu überwinden. Viele Gläubige kommen täglich hierher, zünden Räucherstäbchen an oder lassen sich wahrsagen. Im Tempel werden die Lehren von Laotse (600 v. Chr.) aufbewahrt.
Nila zeigt uns das Fort San Pedro, die älteste Festung der Philippinen, 1738 von den Spaniern zum Schutze gegen die Moslems aus dem Süden erbaut, die Kathedrale, umgeben von einem schönen Palmengarten und die San-Carlos-Universität,

die 1599 als College gegründet wurde und an der auch sie studiert hat.
In einem runden Pavillon aus Backstein und Holz, mit bunten Deckengemälden, die die Taufzeremonie zeigen, bewundern wir das Magellankreuz, das als wichtiges Symbol der Christianisierung auf den Philippinen gilt. Augustinermönche bauten um 1740 einen offenen Schrein um dieses historische Kreuz. Eingeborene schälten jedoch immer wieder kleine Stücke davon heraus, denn sie glaubten, dass es wundersame Kräfte besäße. Deshalb errichtete man 1834 diesen Pavillon und fertigte, um das Kreuz besser schützen zu können, zusätzlich ein hohles Kreuz aus Tindalo an, in das man das Originalkreuz versenkte. Magellan soll es am 14. April 1521 zur ersten Messe auf den Philippinen am Strand in den Sand gesteckt haben. Der Mönch Pedro Valderrama taufte darunter Rajah Humabon, Königin Juana und 800 Gefolgsleute und bekehrte sie zum Christentum. Rechts und links vom Pavillon brennen in riesigen, runden Kerzenständern (die je 443 dünne, lange Kerzen fassen sollen, ich habe sie allerdings nicht gezählt) unzählige Kerzen, die von Gläubigen zur Fürbitte angezündet wurden.
Eine alte Frau, die Kerzen und Heiligenamulette verkauft, singt für uns ein Gebet, während sie vor dem Kreuz hin und her hüpft. Das vermittelt eher einen heidnischen als christlichen Eindruck.
Imposant, mit ihren beeindruckenden Kronleuchtern, Gemälden, geschnitzten Bänken und Balkonen, ist die Santo-Nino-Basilika. Am bedeutungsvollsten ist jedoch das ca. 30 cm große, vergoldete Jesuskind, *Santo Nino*. Es steht mit einem mit bunten Juwelen besetzten Umhang und einer Krone neben einem Altar und gilt als das älteste, religiöse Kunstwerk auf den Philippinen und als Schutzpatron der Cebuanos. Man sagt, die Statue sei das Taufgeschenk Magellans an Königin Juana gewesen. Die Filipinos glauben daran, dass es auch heute noch Wunder vollbringen kann. Vorsichtshalber hat man es jetzt, nachdem es schon mehrmals gestohlen wurde, hinter Glas gestellt.
Nach der andächtigen Stimmung in der Kirche schlendern wir

nun durch das bunte, lebhafte Getümmel des Carbon-Marktes. An den vielen Ständen gibt es alles zu kaufen, was das Herz begehrt – Haushaltsartikel, Flechtarbeiten aus Rattan und Bambus, Tonkrüge, Gemüse, Früchte, Blumen, getrockneten Fisch und Schrimps, Fleisch und vor allem die Spezialität von Cebu, die gelben, süßen Mangos. Da sie nicht ewig halten, kann man sie auch getrocknet kaufen.
Durch den Stadtteil Mandaue, einem Industriegebiet mit Muschel-Zementfabriken und einer Niederlassung der San-Miguel-Bierbrauerei, fahren wir weiter auf die Insel Mactan, die durch eine hohe, 860 m lange Brücke mit Cebu verbunden ist. Hier liegt der frühere US-Stützpunkt, der heute zu einem internationalen Flughafen ausgebaut ist.
Der Ort Lapulapu-City stammt von dem Namen des jungen Inselhäuptlings Lapulapu. Ihm gelang es mit seinen halbnackten, bemalten Kriegern, bewaffnet mit primitiven Lanzen aus Bambus und Giftpfeilen, die Insel gegen die mit Schwertern und Musketen bewaffneten Eroberer zu verteidigen. Bei diesem Gemetzel wurde der portugiesische Seefahrer Magellan am 27. April 1521 unrühmlich ins Jenseits befördert.
Magellan, der im Namen der spanischen Krone segelte, hatte als erster Europäer das gefährliche und stürmische Kap Hoorn in Südamerika umsegelt und den Pazifik bis zu den Philippinen überquert. Nach seinem Tode setzte der Rest seiner Flotte die Expedition in westliche Richtung bis nach Spanien fort und vollendete somit die erste Weltumseglung. Das war der endgültige Beweis dafür, dass die Erde wirklich rund ist.
Wir stehen also auf historischem Boden. Das Magellan-Denkmal zeigt die Stelle, an der Magellan gestorben sein soll. Vor dem Rathaus steht der Pavillon von Lapulapu mit Wandgemälden, die seine Heldentaten dokumentieren.
Mactan ist auch für die Herstellung von hervorragenden Gitarren bekannt, die in alle Länder exportiert werden. Wir besuchen ein kleines Familienunternehmen, das Gitarren, Mandolinen, Banjos und kleine Ukulelen mit Klangkörpern aus Kokosnüssen in Handarbeit herstellt. Meist verwendet man dafür Ebenholz

und das weiche Holz des Jack-Fruit-Baumes. Die Instrumente, die für den einheimischen Markt produziert werden, sind nicht so teuer wie die, die mit wesentlich höherem Aufwand für den Export gefertigt werden. Dafür werden für den Klangkörper drei dünne Holzschichten miteinander verleimt und in Spezialöfen getrocknet. Anschließend werden sie bis zu sieben Mal lackiert und mit vielen Einlegearbeiten verziert. Die Herstellung einer Gitarre dauert mindestens eine Woche.

Bevor wir gehen, bringen uns ein paar junge Filipinos noch ein tolles, gefühlvolles Ständchen zum Dahinschmelzen. Sie verzaubern mit dem Klang ihrer Instrumente, ohne es je richtig gelernt zu haben. Es sind eben, wie fast alle Filipinos, Naturtalente mit Rhythmus und Musik im Blut.

An den verbleibenden Tagen lassen wir in unserer wunderschönen von Palmen und exotischen Blumen umsäumten Hotelanlage nur noch unsere Seele baumeln. Wir, Nila und ihr Mann Pio genießen die abwechslungsreiche philippinische Küche und die tropischen Drinks, die herrlichen Strände, Korallenriffe, das Rauschen der Wellen und die verzaubernde Stimmung, wenn die Sonne langsam glutrot im Meer versinkt.

Paalam na po – auf Wiedersehen, ihr wunderschönen philippinischen Inseln!

NEPAL

Eine kleine Göttin und ein kopfloses Huhn

Die ersten Sonnenstrahlen schauen vorsichtig hinter den wenigen noch am Himmel stehenden, kleinen Wölkchen hervor und tauchen »das Dach der Welt« in ein leuchtend orangerosafarbenes, warmes Licht. Der Schnee glitzert, als hätten die hohen Bergspitzen alle Sterne vom Himmel geholt, um sie an ihren majestätischen Hängen wie einen funkelnden Kristallschleier ausbreiten zu können.
Dieses unglaublich faszinierende Erlebnis, das man sicher nie mehr im Leben vergessen wird, erlebe ich auf meinem Flug nach Nepal. Unter mir erheben sich die schneebedeckten Gipfel der gigantischen Sieben- und Achttausender des Himalaja, wie einer unwirklichen, fesselnden Märchenwelt entsprungen.
Der Name Himalaja kommt aus dem Sanskrit (altindische Literatursprache) und bedeutet so viel wie: »Heimat des Schnees«. Selbst der höchste Berg der Welt, der Sagarmatha (Mount Everest, 8848 m), zeigt sich in seiner ganzen Pracht und Einmaligkeit. Oftmals scheinen die majestätischen Gipfel so nahe zu sein, dass man glaubt, sie berühren zu können. Wir fliegen durch lang gestreckte, schmale Täler, eingekesselt von gewaltigen Bergmassiven. Oft beschleicht einen dabei das etwas mulmige Gefühl, dass das Flugzeug sicher nicht über das nächste vor ihm auftauchende Massiv hinüber kommen und an den schroffen, hohen Wänden zerschellen wird. Nun, vielleicht habe ich ja dann das Glück, als Miniatur-Yeti wieder eingefangen zu werden.
Doch alle Sorgen waren umsonst, wir landen sicher auf dem internationalen Flughafen von Kathmandu. Die Sonne lacht vom Himmel, die Luft ist noch angenehm frisch. Als ich das Flughafengebäude verlasse, bietet sich mir ein umwerfender Blick auf die gesamten das Kathmandu-Tal umgebenden Gebirgsketten. Nach der Hitze der letzten Tage in Indien und dem Flug bin ich allerdings zu müde, um meine Kamera auszupacken und diesen hinreißenden Anblick auf einem Foto festzuhalten. Na ja, denke ich, morgen ist auch noch ein Tag ... Doch wie wahr ist der Ausspruch: »Was du heute kannst besorgen, das verschiebe nicht auf morgen«. Wohl böse darüber, dass mir ihr majestätischer Anblick nicht einmal die kleinste Anstrengung wert war, verstecken sich

die höchsten Gipfel nach kurzer Zeit hinter den Wolken und wurden bis zu meiner Abreise nicht mehr gesehen.
Kathmandu liegt in einer Höhe von 1310 Metern in einem herrlichen, verträumten Tal, umrahmt von grünen Hügeln und schneebedeckten, gewaltigen Bergmassiven. Weniger verträumt dagegen ist die Stadt selbst. Der heilige Fluss Bagmati trennt Kathmandu von seiner Schwesterstadt Patan. Das Erste, was ich wahrnehme, ist ein Gewirr von knatternden Autos, quietschenden Mopeds, Motorrollern, Taxis und klingelnden Fahrradrikschas, die sich über die staubigen, mit Schlaglöchern übersäten Straßen wälzen. Dazwischen heilige Männer *(Sadus)* und ebenso heilige, herrenlose Kühe, ein buntes Menschengewirr und Souvenirverkäufer. Obwohl es eine sehr wahnwitzige Idee ist, in diesem Chaos die Straße überqueren zu wollen – ich muss wohl oder übel auf die andere Straßenseite, egal an welchem Reifen ich anschließend kleben werde. Schnell wird mir klar, dass dabei nur allein die Götter helfen können. Um mit diesem Wunsch keinen von ihnen zu überfordern, rufe ich vorsichtshalber alle an, gleich, ob buddhistischer oder hinduistischer Herkunft. Und siehe da, der richtige war wohl dabei und hat seine schützende Hand über mich gehalten. Ohne Blessuren von den an mir vorbeirauschenden, hupenden Blechknäueln und klappernden Schutzblechen erreiche ich die ersehnte andere Straßenseite.
Erleichtert, dem Chaos entkommen zu sein, schlendere ich nun gemütlich durch die engen Gässchen der Altstadt. Staunend betrachte ich die alten Häuser aus Lehm, Ziegelsteinen und Holz. Schmal und teils fünfgeschossig, kleben sie so dicht aneinander, dass man das Gefühl hat, sie würden ohne diesen gegenseitigen Halt umfallen. Angehörige der Bergstämme in bunt gewebter Kleidung, die schwarzen Haare zu dicken, langen Zöpfen geflochten, und Frauen in farbenfrohen Saris schieben sich an mir vorbei. Kinder in ärmlicher Kleidung strecken mir bettelnd ihre Händchen entgegen, um ein wenig Geld, Kulis oder auch Lippenstifte und Lidschatten zu bekommen.
Freundliche Händler bieten in unzähligen, winzigen Geschäftchen ihre Ware an. Säcke, Tüten, Schalen und Kartons sind auf

engstem Raum gestapelt. Auf uralten Waagen mit ebenso antiken, verrosteten Gewichten wiegen sie Obst, Gemüse und Gewürze ab. Daneben werden Gebetsmühlen, bunte Thangkas, Kleidung, verschiedene Haushaltsgegenstände, Kunsthandwerk, aber auch halbe, noch bluttriefende Schweine, und Fleisch verkauft. Süßriechende Blumenkränze und der Duft von Räucherstäbchen vermischen sich mit Abgasen, übel riechendem Müll, Abfällen und Fäkalien aller Art. In Gräben, neben den Gassen und Straßen, steht dreckiges, stinkiges Abwasser, in dem alle Miefrichtungen vereinigt sind – anscheinend sehr zur Freude der Hunde, die darin ein Bad nehmen und der Kinderscharen, die darin lustig mit ihren Händen und Füßen planschen, als wäre es eine frische Bergquelle. Auch den heiligen Kühen scheint es zu schmecken. Ich schaue gerade nach oben, um ein fantastisches Holzfenster zu bewundern, als ich noch aus dem Augenwinkel wahrnehme, wie der Inhalt eines Nachttopfes auf mich herunterschwebt. Ein rettender Sprung zur Seite bewahrte mich davor, diese Köstlichkeit auf den Kopf zu bekommen. Ein sichtbarer Beweis dafür, dass Kanalisation und Hygiene doch noch ihre Schwierigkeiten haben. Alles, was man nicht mehr braucht, wird einfach auf die Straße geschüttet. Dazwischen bimmeln friedlich die Tempelglöckchen, doch auch sie können die Armut dieses Landes nicht vertreiben.
Ansonsten gleichen Kathmandu und Patan einem lebenden Freilichtmuseum. Wunderschöne Häuser mit detailliert geschnitzten Fenstern, die oftmals aus über 3000 Einzelteilen ohne Nägel zusammengesetzt sind. Ohne Nägel deshalb, weil man glaubt, Nägel aus Eisen könnten böse Blicke anziehen. Alte Kultstätten, hohe Pagoden, imposante Stupas, eindrucksvolle, heilige Götterstatuen, unzählige romantische, von einem mystischen Zauber umgebene Paläste und buddhistische, hinduistische Tempelanlagen, geschmückt mit goldenen Dächern und Toren, wechseln sich ab.
Ein ganz besonderer Wunsch von mir war es jedoch, die Kindgöttin *Kumari* (Jungfrau) zu sehen, über die ich schon so viel gelesen und gehört hatte. Deshalb reiße ich mich von all den beeindruckenden Sehenswürdigkeiten los und mache mich zu

ihrem Palast auf, der am Ende des Basantapurplatzes liegt. Dort hat man einmal am Tag für wenige Minuten die Möglichkeit, sie am Fenster zu sehen. Diesen Termin wollte ich nicht verpassen. Die Zeit ist schon sehr knapp, als ich das Eingangstor, eingerahmt von zwei großen, weißen Löwen, erreiche, denn unterwegs werde ich immer wieder von Bettlern, Kindern, Schuhputzern und Souvenirverkäufern aufgehalten.
Den hübschen Innenhof des Palastes darf auch ich, als Nichthindu betreten, das Gebäude selbst bleibt mir verschlossen. Es wurde 1757 von Dschai Prakash Malla, dem letzten Malla, König von Kathmandu, für die lebende Göttin erbaut. Zahlreiche, reich geschnitzte, hölzerne Fenster und Erker schmücken die Fronten des Palastes. Eine große Anzahl von Gläubigen, darunter einige Touristen, schauen gespannt zu dem Fenster im zweiten Stock empor. Die Zeit jedoch verstreicht, ohne dass sich etwas tut. Nur eine Gardine flattert leicht im Wind. Gerüchte machen die Runde, dass sich die Kumari heute nicht zeigen wird. Die Spannung steigt, doch plötzlich geht ein Raunen durch die Menge.
Ich schaue nach oben und sehe am Fenster das kindliche, unschuldige Gesicht eines vielleicht achtjährigen Mädchens. Ihre Augen, mit dicken, schwarzen Kajalstrichen umrandet, die bis zu den Schläfen emporgezogen sind, wirken übermäßig groß in ihrem zierlichen Gesicht. Ihre Blicke schweifen ausdruckslos über die wartende Menge. Ihre Augen wirken auf mich ungemein traurig und abwesend. Das schwarze Haar ist auf dem Kopf zusammengebunden und mit roten Bändern und nepalesischen Schmuckstücken verziert. Um ihren Hals hängen Ketten und rotgelbe Blumenkränze.
Rot ist die göttliche Farbe. Sie trägt ein rotes, golddurchwirktes Gewand, ihre Stirn ist leuchtend karminrot geschminkt und in der Mitte ist das »Dritte Auge der Weisheit« aufgemalt. Gelangweilt nimmt sie die Huldigung der Anwesenden entgegen. Nach wenigen Minuten verschwindet sie genauso lautlos und unauffällig, wie sie gekommen war, wieder in ihren Gemächern. Leider war es nicht erlaubt, Fotos zu machen.
Irgendwie ist es schon verhext: Wirklich interessante Dinge darf

man meist nicht filmen oder wenn doch, dann ist bestimmt gerade der Akku leer oder der Film voll. Auch wenn es für ein nepalesisches Mädchen sicherlich die höchste Ehre ist, als Kumari auserwählt zu werden, verläuft ihr Leben – zumindest nach unseren Vorstellungen – doch sehr trostlos. Von ihren Eltern und Geschwistern getrennt, hat sie außer den Kindern ihrer Dienerinnen keine Spielkameraden, keine Freunde. Nur wenn keine anderen Verpflichtungen auf sie warten, darf sie mit ihren Puppen spielen. Ihr Leben spielt sich hinter Palastmauern ab und ihr Tagesablauf ist streng einzuhaltenden Ritualen unterworfen. Dienerinnen waschen und schminken sie, ziehen sie an und schmücken sie mit goldenem Geschmeide und Edelsteinen. Sie leidet keine Not wie viele Kinder hier, hat alles im Überfluss, trotzdem ist es – jedenfalls nach europäischen Vorstellungen – ein trauriges Dasein.
Kommt der Tag, an dem eine neue Kumari gewählt werden muss, suchen Priester überall im Lande nach einem etwa 4 Jahre alten Mädchen. Das Auswahlverfahren ist schwierig, geheim und streng. Sie muss aus der Newari-Kaste der Shakya (Zunft der Gold- und Silberschmiede) stammen und 32 göttliche Attribute einer zukünftigen Königin besitzen. Dazu gehören unter anderem: ein Körper wie ein Feigenbaum, volle, schwarze Haare, ein sinnlicher Mund, die Wimpern einer Kuh, der Nacken einer Seeschnecke, die feuchte Zunge und Schenkel eines Rehs, die Füße einer Ente, der Oberkörper eines Löwen, weiße, gleichmäßige Zähne und die Stimme eines Vogels.
Ein besonderes Zeugnis ihrer Tapferkeit und Furchtlosigkeit muss sie in der »schwarzen Nacht« zum achten Tag des Dassain-Festes ablegen. In einem dunklen Raum befinden sich 108 (magische Zahl der Hindus) blutige Büffelköpfe und 108 Ziegenköpfe, die zuvor als Opfertiere mit einem nepalesischen Schwert (*Khukri*) geschlachtet wurden. Darunter, so sagt man, seien auch manchmal Menschenköpfe, denn alle zwölf Jahre soll ein Menschenopfer dargebracht werden, damit kein Unheil über das Tal hereinbricht. Ohne jegliches Anzeichen von Furcht muss sie diesen grausamen Anblick ertragen. Zusätzlich versuchen wilde Schreie ausstoßende Tänzer mit schauderhaften Dämonenmasken, ihr

Angst und Schrecken einzujagen. Während der ganzen Zeremonie darf sie keinerlei Panik zeigen, sondern muss ruhig, gelassen und völlig unerschrocken bleiben. Nach solchen Erlebnissen würden kleine Kinder bei uns psychologische Betreuung bekommen, nicht jedoch eine kleine Göttin in Nepal. Gelingt es ihr, diese Bewährungsproben zu bestehen, ist man überzeugt, dass sie ein wahrhaft göttliches Wesen sein muss. Hat sich anschließend noch die Frau des obersten Priesters von ihrer Jungfräulichkeit überzeugt, wird sie mit der Tiara zur »jungfräulichen Göttin« und als Wiedergeburt der Göttin der Stärke, Taleju Bhavani, gekrönt. Kinderträume finden nun ein rasches Ende, denn von nun an beginnt ein Leben im goldenen Käfig. Als Kumari darf sie in der Öffentlichkeit weder lächeln noch weinen, nie alleine ihre Familie empfangen und ihren Palast nur ganz selten im Jahr und nur zu religiösen Anlässen verlassen. Dafür hat sie sehr viele Verpflichtungen zu erfüllen.
Zwar gibt es in verschiedenen Städten Nepals Kindgöttinnen, die ein freieres Leben führen können, jedoch hat auch keine von ihnen so viel Verantwortung zu tragen wie die Royal-Kumari von Kathmandu. Sie wird nicht nur von Priestern und Gläubigen angebetet, sondern gilt als Beschützerin des Königs und seines Volkes. Anlässlich des Indrajatra-Festes pilgert der König in ihren Palast, kniet vor ihr nieder, wird durch ihren Segen für ein weiteres Jahr symbolisch in seiner Macht bestätigt und erhält so die göttliche Legitimation, ein weiteres Jahr regieren zu dürfen. Als Zeichen ihrer Segnung bekommt er das rote, heilige Tika-Emblem auf seine Stirn gemalt. Als Dank dafür überreicht er ihr eine Goldmünze. Die Historie dazu ist eine alte Legende:
»In der Mitte des 18. Jahrhunderts stattete Teleju, die Ehefrau des Gottes Shiva, in Menschengestalt dem damals regierenden König einen Besuch ab. Er verliebte sich so unsterblich in sie, dass er sich nichts sehnlicher wünschte, als ein Kind mit ihr zu zeugen. Darüber war sie so entsetzt, dass sie sich weigerte, ihn weiterhin aufzusuchen. Der König war untröstlich, er wollte nicht mehr ohne sie leben und flehte sie an, doch wieder zu ihm zurückzukehren. Sie bekam Mitleid und versprach ihm, wiederzukommen, allerdings

nur als unberührbare Jungfrau. Vor Freude und Dank baute er ihr einen prachtvollen Palast, in dem sie wohnen und ihn von nun an beschützen sollte.«

Der Tagesablauf der kleinen Göttin ist strengen Regeln unterworfen. Jeden Tag kommen unzählige gläubige Hindus zu ihrer Audienz, um von ihren Sorgen und Nöten zu erzählen und sich von ihr die Zukunft vorhersagen zu lassen. Als Zeichen ihrer Verehrung bringen sie kleine Geschenke und Geld mit. Jede ihrer Gesten und Bewegung wird von den Besuchern als gutes oder schlechtes Omen gewertet. Weint sie, wird er bald sterben, verzieht sie ihr Gesicht, wird ihm ein Unglück widerfahren, hebt sie Opfergaben auf, verliert er sein Vermögen, malt sie ihm einen Punkt auf die Stirn und lächelt, wird er zu Reichtum gelangen und Erfolg haben und, falls er krank ist, gesund werden.

Sobald sie jedoch nur einen Tropen Blut verliert, kann sie Unglück über das Land und den König bringen. Deshalb darf sie, um Verletzungen zu vermeiden, nie mit ihren nackten Füßen die Erde berühren. Im Palast muss sie über ausgebreitete Tücher und Stoffbahnen laufen, bei Prozessionen wird sie in einem Tempelwagen durch die Straßen gefahren. Schon durch die kleinste Verwundung, einen Schnitt, Sturz oder das Ausfallen eines Milchzahnes kann ihre göttliche Regentschaft beenden werden. Zwangsläufig ist das spätestens dann der Fall, wenn sie durch ihre Menstruation als unrein gilt. Dann muss sie ihr göttliches Leben und ihre Privilegien aufgeben, den Palast verlassen, zu ihrer Familie zurückkehren und ein Leben ohne Glanz, Diener und Verehrung weiterführen. Ein Leben, das sie so nie kennengelernt hat. Die meisten Kumaris haben in den wenigen Schulstunden weder richtig lesen noch schreiben gelernt. Folglich gelingt es auch nur ganz wenigen, mit viel Disziplin, Durchhaltevermögen und den Spendengeldern der Besucher, ihren Schulabschluss nachzuholen oder gar ein Hochschulstudium zu beginnen. Die kleine Staatsrente, die es früher einmal gab, wurde inzwischen wegen der schlechten finanziellen Lage des Landes abgeschafft. So bleibt für einige nur noch der verzweifelte Weg in die Prostitution.

Aufwendig geschnitztes Fenster des Kumari-Palastes in Kathmandu

Die Stupa von Bodnath

Auch ihre Heiratschancen sind äußerst begrenzt. Sie gelten als viel zu verwöhnt, um einem Mann dienen zu können. Auch haben sie hinter ihren Palastmauern nie gelernt zu arbeiten, einen Haushalt zu führen oder Alltagsprobleme zu bewältigen. Viele Männer glauben außerdem, dass noch eine göttliche Macht in ihnen wohnt, die Unglück bringt. So zerschlägt sich der Wunsch nach einer eigenen Familie meist sehr schnell. Obendrein besagt ein alter Aberglaube, dass ein Mann, der eine Kumari heiratet, sehr früh stirbt. Na ja, und wer möchte das schon?
Noch spät am Abend, als ich schon in meinem Hotelbett liege, sehe ich die traurigen Augen der kleinen, hübschen Göttin vor mir.

Nachdem mich nun schon seit über einem Tag Moctezumas-Rache voll im Griff hat, habe ich zur Besänftigung der Götter vor, auch eine blutrünstige Furchtlosigkeitsprobe zu bestehen. Vielleicht hilft das ja auch gegen mexikanische Rachegelüste. Dakshin-Kali, im Süden des Kathmandu- Tales scheint mir dazu der richtige Ort zu sein. Kaum haben die ersten Sonnenstrahlen den Weg durch den Dunst gefunden, der in den Morgenstunden über dem Tal liegt, rollt mein Taxi durch die erwachende, zauberhafte Landschaft. Kleine Dörfer liegen inmitten Reis- und Ackerterrassen, Bauern beginnen mit ihrer Feldarbeit. Kleine Kinder stehen noch müde am Straßenrand und schauen uns neugierig hinterher.
Auf einem Bergrücken liegt die sehr alte Stadt Kirtipur, von der man eine traumhafte Aussicht über das fruchtbare Tal genießen kann. In einer idyllischen Schlucht schlängelt sich der Bagmati weiter bei Chobar durch das Tal hindurch. Man kann ihn über eine abenteuerlich halsbrecherisch schwankende Hängebrücke überqueren. Diese Idee verwerfe ich allerdings schnell, nachdem ich entdeckt habe, wie viele Bretter auf der Trittfläche fehlen. Seillaufen habe ich noch nicht gelernt und mich in dieser Höhe wie ein Affe von Holzbrett zu Holzbrett zu schwingen, scheint mir in Anbetracht des unter mir brodelnden Flusses doch etwas zu riskant.
Die Tempelanlage von Dakshin-Kali liegt in einem bewaldeten,

hügeligen Gebiet, nicht weit vom Bagmatifluss entfernt und gehört zu den bedeutendsten heiligen Wallfahrtorten Nepals. Jeden Dienstag und Samstag pilgern Hunderte von Gläubigen hierher, um der Göttin Dakshin-Kali Tieropfer zu bringen. Man erzählt mir, dass diese beiden Wochentage »ungünstige« Tage seien, an denen man durch die Opferung von Tieren die Göttin gütig stimmen und um Schutz bitten muss.

Auch bei besonderen Ereignissen in der Familie und im Beruf hofft man, durch Tieropfer die Göttin gnädig zu stimmen, damit sie das Erwünschte positiv beeinflusst. Die Göttin Kali hat eine schwarze Hautfarbe. Aus einer grässlichen Fratze hängt eine lange, rote Zunge heraus, ihren Hals schmückt eine Kette aus Totenköpfen. Sie ist Parvati in ihrer Form als schreckliche Zerstörerin und Gemahlin Shivas, dem Gott der Zerstörung und des ständigen Neubeginns, Organisator der Seelenwanderung und für viele Hindus die mächtigste aller Götter.

Als mein Taxi den davor liegenden Parkplatz erreicht, herrschte hier schon ein reges Treiben. Und weit und breit keine Toiletten – wer einmal Moctezumas Rache zu spüren bekommen hat, weiß, was das bedeutet ...

Immer mehr Pilger ergießen sich aus den anrollenden Bussen. In unzähligen kleinen Buden, die entlang des Weges aufgebaut sind, gibt es die verschiedenartigsten Opfergaben zu kaufen. Überall hängen leuchtend orangerote Blumenkränze, sind Früchte und Reis ausgebreitet und picken Hühner und Hähne im sandigen Boden. Größere Opfertiere wie Ziegen und Schafe werden von daheim mitgebracht. Diese zeigen sich jedoch nicht sehr davon angetan, sondern wehren sich äußerst störrisch dagegen, als Opfertier zu enden. Nur mit viel Mühe, Drücken, Schieben und gutem Zureden lassen sie sich von den Pilgern widerwillig vorwärts treiben. Den Schreien anderer Tiere entnehmen sie wohl, dass ihnen hier nicht viel Gutes widerfahren wird.

Ich steige die Treppe zur Opferstätte hinunter, die noch tiefer in die Felsschlucht führt und gehe an den Menschenschlangen vorbei, die mit ihren Tieren auf deren Opferung warten. Nur wenige Stufen von der heiligen Tempelmauer entfernt, kann ich das ganze blutige Schauspiel zu Ehren der Göttin Kali überschauen. Der Zutritt zu dem inneren Tempelteil bleibt mir, als Nichthindu, verwehrt.

Von oben bis unten mit Blut besudelte Männer stehen mit ihren Füßen in riesigen Blutlachen, die mit Blüten und anderen Opfergaben vermischt sind. Gegen eine Gebühr schneiden die heiligen Metzger den unzähligen Tieren, die ihnen pausenlos gereicht werden, die Köpfe ab. Das Blut spritzt in alle Himmelsrichtungen und ergießt sich in Strömen aus den Tierleibern auf die Opferwand mit der Kalifigur.

Das enthauptete Tier bekommt der Pilger wieder in die Hand gedrückt, denn geopfert werden nur das Blut und der Kopf. Während mir eine Gänsehaut nach der anderen den Rücken hinunterläuft, bin ich umgeben von einer heiteren Menschenmenge in Festtagsstimmung. Wenn wir auch nach unseren Vorstellungen vielleicht manches nicht begreifen und nachvollziehen können – der starke Glaube dieser Menschen ist zutiefst beeindruckend. Selbst wenn sie noch so arm sind und es ihr letztes Tier ist, das noch im Stall steht, sind sie bereit, es für ihre Göttin zu opfern. Gerade sehe ich, wie eine Ziege ihr Leben aushaucht, als ich ein Rauschen vernehme und einen Luftzug spüre. Mit Entsetzen wird mir klar, dass dem blutrünstigen Priester ein Huhn entwischt ist, das nun kopflos direkt auf mich zugeflattert kommt. Zum Glück war wohl seine letzte Energie verbraucht, bevor es gegen meinen Kopf donnern konnte. Noch leicht zuckend und mit den Flügeln schlagend, landet es direkt vor meinen Füßen. Jetzt ist der Punkt erreicht, wo Schaudern meine Neugierde besiegt. Ich drehe mich um, steige die vielen Stufen wieder hinauf – eine blutige, in der Sonne schillernde Feder, klebt noch an meinem Schuh. Dennoch, durch meinen Besuch und das Blut des Huhnes scheinen auch meine stillen Gebete bei der blutrünstigen Göttin Kali angekommen zu sein und Gehör gefunden zu haben. Moctezuma schien sich nicht der Gefahr aussetzten zu wollen, sich mit ihrer Rache messen zu müssen und trat schlagartig den Rückzug an.

VIETNAM

Ein Land voller Hoffnungen

Es ist eine stürmische Nacht. Regen peitscht im blassen Schein der Laterne vorbei in die unendliche Dunkelheit. Doch all das dringt nicht mehr bis in die Tiefe meiner Gedanken vor. Zu sehr sind sie erfüllt von den Bildern des gerade gesehenen Vietnam-Filmes von Oliver Stone. Bilder von faszinierender, bestechender Schönheit, aber auch Bilder von Krieg, Leid, Hunger, Flucht und Verzweiflung. Jeder Krieg, gleich, wo er auf dieser Welt stattfindet, bedeutet Angst, Verzweiflung, Qualen und Kampf ums Überleben – auf beiden Seiten. Kein Stück erobertes Land kann so bedeutsam sein, dass es die Not der betroffenen Menschen rechtfertigt, denn leider schafft die Realität immer andere Helden als die, die später zu Leinwandmythen verarbeitet werden und die Kinokassen klingeln lassen.

Vor einigen Jahren stand ich zutiefst beeindruckt in Washington vor dem Vietnam-Veterans-Mermorial, in dem auf riesigen Marmorwänden die Namen von 58200 in Vietnam gefallenen US-Soldaten eingraviert sind. Angehörige der gefallenen Soldaten legten Blumen, Teddybären und Briefe nieder. Es war ein erschütternder Anblick und eine Atmosphäre, die tief unter die Haut ging.
Nun möchte ich mir selbst ein Bild von dem lang gestreckten, handtuchschmalen Land machen, dem in langen, sinnlosen Kriegsjahren so viel Leid widerfahren ist und das auch mir bisher so fremd und fern erschien – Vietnam.
Kaum spricht sich in unserem Bekanntenkreis dieser Entschluss herum, schaut man mich an, als wolle ich mit Stahlhelm, Gewehr und Kampfstiefeln in den Krieg ziehen. So sehr haben sich auch noch über 30 Jahren nach Kriegsende die Berichte und Fotos, die damals die Welt aufrüttelten und erschütterten, im Gedächtnis festgesetzt. Doch statt Kampfanzug kann ich heute – Gott sei Dank – meinen Koffer mit luftiger Sommerkleidung, den nötigsten Reiseutensilien und vielen Träumen füllen und es mir, zusammen mit meinem Mann, im nächsten Flieger bequem machen.
Aber was wäre eine Reise ohne die kleinen Abenteuer am Rande. Man kann sie nicht buchen, sie kosten nichts – außer Nerven –, bleiben dafür aber für immer im Gedächtnis haften.

Eigentlich fangen die Überraschungen schon in Frankfurt an. Wegen Nebels steht unser Flugzeug nämlich nicht wie geplant in Frankfurt, sondern in Amsterdam. Mit Stunden Verspätung trudelt es endlich ein und die Reise, zunächst bis nach Singapur, kann endlich weitergehen. Dort angekommen, steckt unsere Maschine, die uns nach Hanoi bringen soll, ebenfalls irgendwo im Nebel fest. Eine Ersatzmaschine hat vor Abflug einen Triebwerkschaden und eine weitere muss ebenfalls erst wieder in Schuss gebracht werden. Fast hat es den Anschein, als wären wir nicht auf dem Singapur-Airport, sondern in einem Flugzeugmuseum mit nur reparaturbedürftigen fliegenden Kisten gelandet ... Um die Wartezeit zu überbrücken, verteilt eine nette Angehörige der Fluglinie Zettel, mit denen wir die nächsten Angehörigen von unserem Debakel verständigen können. Na, ob das wirklich nur eine freundlich gemeinte Meldung über die Verspätung – oder eher ein Abschiedsbrief werden soll?
Wir können es kaum glauben, aber erfreulicherweise schafft es wenigstens die dritte Maschine, uns wohlbehalten nach Hanoi zu bringen. Bei der Passkontrolle müssen noch ellenlange Formulare, Zollbescheinigungen und Einfuhrerklärungen für Foto- und Videogeräte mit 1000 Fragen ausgefüllt werden, aber sonst verläuft die Einreise – trotz genauester Gesichtskontrolle – sehr zuvorkommend, freundlich und ohne jegliche Probleme. Die Hitze des Oktobertages und die hohe Luftfeuchtigkeit, die uns nach dem Verlassen des klimatisierten Flughafengebäudes wie ein Hammer entgegenschlägt, geben uns nun endgültig den Rest. Erschöpft, aber auch erleichtert darüber, es überhaupt bis hierher geschafft zu haben, fallen wir bald in unsere weichen Hotelbetten. Bei dem noch vor uns liegendem Programm ist uns allerdings keine größere Verschnaufpause vergönnt. Bereits der folgende Tag bietet einen kleinen Vorgeschmack auf das, was uns in den nächsten Tagen noch alles bevorsteht.
Gleich am Morgen, zu nachtschlafender Zeit (man muss schon ganz schön verrückt sein, im Urlaub freiwillig jeden Tag zwischen 5 und 6 Uhr aufzustehen und dafür auch noch viel Geld zu bezahlen!) bleiben wir, noch halb verschlafen, auf dem Weg

zum Frühstücksraum mit dem Fahrstuhl stecken. Wahrlich ein toller Trick, um wach zu werden. Der Lift stellt seine Tätigkeit als Beförderungsmittel ohne jegliche Vorankündigung ein, nur die Alarmknöpfe geben anfangs noch quälende, schrille Laute von sich. Es wird stockdunkel, die Klimaanlage fällt aus und innerhalb kürzester Zeit ist die Luft zum Schneiden dick, heiß und stickig. Totenstille erfüllt das enge Gefängnis, nur das Ticken der Uhren lässt erkennen, dass die Zeit dennoch weiter läuft. Ein schmächtiger Boy, der sich auch in selbigem Monstrum befindet, versucht zunächst mit seinen kleinen, dünnen Fingern, bei denen man Angst haben muss, dass sie abbrechen, ein Luftloch in den Türgummi zu bohren, was er aber bald mangels Erfolg wieder aufgibt. Aus der tiefen Dunkelheit erklingt seine helle, ängstlich vibrierende Stimme mit den tröstenden Worten:
»Es ist ein guter Aufzug, er kommt aus Deutschland!«
So gut diese Worte auch gemeint sein mögen, in solchen Momenten kann selbst diese Gewissheit nicht zur Erheiterung beitragen, denn der langsam tropfende Schweiß wird dadurch auch nicht trockener und kühler. Wer bisher noch nie das Gefühl von Platzangst kennengelernt hat, bekommt hier einen kleinen, sehr einprägsamen Vorgeschmack.
Nach endlos lang erscheinender Zeit werden wir quietschend, wie von einer unsichtbaren Geisterhand, hochgekurbelt. Durch einen engen Spalt, irgendwo zwischen den Stockwerken, gelingt es uns, wieder in die Freiheit zu klettern. Wir atmen kräftig durch und entschließen uns, auf diese ungewollte Morgengymnastik künftig lieber zu verzichten und in den nächsten Tagen vorsichtshalber die Treppe zu benutzen ...
Je nachdem, was das Portmonee hergibt, kann man bei den Hotels zwischen einfachen Übernachtungsmöglichkeiten, Luxusresorts und Wellnessoasen wählen. Doch wie man sich auch entscheidet, überall ist es sehr sauber, selbst wenn die Einrichtung manchmal, besonders in staatlichen Hotels, äußerst zweckmäßig erscheint.
Auch bei der Verpflegung besteht kein Grund zur Klage. Die vietnamesische Küche ist vielseitig, schmackhaft und wird immer

äußerst liebevoll zubereitet. Oft sind die Teller so wunderschön und mit so viel Liebe bis ins kleinste Detail dekoriert, dass man kaum wagt, diese kleinen Kunstwerke zu zerstören. Pfauen aus Rettich schlagen auf gefärbtem Reis ihr Rad, Drachen aus Papaya und Ananas fauchen mit orangeroter Zunge aus Möhren über den weißen Tellerrand, kleine Elefanten aus feinen Pasteten scheinen mit erhobenen Rüssel die unzähligen bunten Blüten und dekorierten Früchte zu bestaunen.

Es ist für jeden Geschmack etwas dabei: Suppen, Meerestiere und Meeresfrüchte, Hühnchen, Ente, Fleisch, ungewöhnliche Saucen, Gemüse, Reis, Obst – man braucht also keine Angst zu haben, verhungern zu müssen. Nur eines haben wir bis zum Abreisetag nicht geschafft, nämlich den Bedienungen klarzumachen, dass es für europäische Mägen besser sei, den Reis nicht immer erst am Ende eines mehrgängigen Menüs zu servieren. Man schaut zwar willig, nickt freundlich – und bringt ihn weiterhin zum Abschluss der Mahlzeiten.

In staatlichen Hotels ist der Umgang mit Touristen manchmal noch etwas schwerfällig. Man muss damit rechnen, dass bei Äußerung eines für uns ganz normalen Wunsches das absolute Chaos ausbricht. Schon die Frage eines Gastes nach einer Scheibe Käse zum Frühstück bringt die Gemüter total durcheinander. Dieser Wunsch durchbrach die seit Jahren festgefahrenen Bahnen und widersprach dem planmäßig gewohnten Ablauf. Zunächst weiten sich nur fassungslos die Augen des Kellners, dann bricht ein beunruhigendes, alles übertönendes Geschnatter los. Große Hektik kommt auf. Nach und nach verschwindet das Personal in alle Himmelsrichtungen und erscheint nach längerer Zeit wieder – mit schön verpackten Käseecken! Sicher hat man sie auf die Schnelle auf irgendeinem Markt oder vielleicht auch in dem Haushalt einer Bediensteten ergattert. Herrlich, auch bis dahin »Nichtkäseesser« verfallen plötzlich dem Käsegenuss, um sich dieses Schauspiel nicht entgehen zu lassen ...

In »normalen«, nicht staatlichen Hotels hingegen findet man die feinsten Frühstücksbüfetts vor, die absolut keinen Wunsch offen lassen.

Hanoi hat sich sicherlich seit 1954, dem Jahr der kommunistischen Machtergreifung, nicht wesentlich verändert. Seit 1976 ist Vietnam eine sozialistische Republik und eins der wenigen, noch verbliebenen kommunistischen Regime. Erst in den achtziger Jahren wurden die Grenzen für ausländische Touristen geöffnet, die abgelegenen, ländlichen Gebiete erst Mitte der Neunziger. Spürt man in Hanoi auch nicht so sehr die Unbeschwertheit des Südens, so ist sie doch eine der anziehendsten Metropolen. Die angesetzte Patina vergangener Zeiten verleiht ihr einen besonderen Charme und Zauber.
Die Stadt liegt an den Ufern des Roten Flusses (Song Hong), den man über zwei Brücken überqueren kann und ist in vier Bezirke unterteilt. Es ist eine lebhafte Millionenstadt mit tausend Gesichtern. Hier geht es gemütlicher und erholsamer zu als in Ho-chi-minh-City, es ist ruhiger und die Luftverschmutzung geringer. Herrliche Bauten aus der französischen Kolonialzeit, Pagoden sowie alte Kulturstätten und Museen wechseln sich mit breiten, schattigen Alleen und öffentlichen Parks ab. Kleine, malerische Seen, in denen man die dampfenden Füße und die beim Stadtbummel gelaufenen Blasen kühlen kann, laden zum Ausruhen ein.
Der einstmalige Sitz der französischen Gouverneure ist heute der Palast des Präsidenten. Mitten im Straßengewirr liegt der bezaubernde Hoan-Kiem-See, an dem sich schon in den frühen Morgenstunden viele Einheimische zur Morgengymnastik, zum Schattenboxen oder Joggen treffen.
Eine Sage erzählt, dass hier in der Mitte des 15. Jahrhunderts Kaiser Le Tai To aus dem Himmel ein Schwert erhalten habe, das er zur Vertreibung der Chinesen aus Vietnam genutzt haben soll. Als er nach dem Krieg mit seinem Boot über den See fuhr, begegnete er einer großen, goldenen Schildkröte. Sie entriss ihm das Schwert, verschwand damit in der Tiefe des Sees und brachte es seinem göttlichen Besitzer zurück. Deshalb befindet sich heute auf einem Inselchen mitten im See eine kleine Schildkrötenpagode, gekrönt von einem roten Stern.
Eine besondere Touristenattraktion ist der Bezirk der 36 Gassen,

dessen Geschichte bis ins 15. Jahrhundert zurückreicht. In jeder Gasse hat sich ein anderes Handwerk angesiedelt. Man findet Töpfer, Hutmacher, Antiquitäten und Blechschmiede, Gassen mit Kunsthandwerk, Elektroartikeln, Moped- und Fahrradteilen, Körben, Fischen, Särgen und vielem mehr. Besonders farbenfroh ist Hang Quat, eine Straße voller bunten Fahnen, poppigen Wimpeln, Flitter und in der Sonne glitzernden Festgewändern. Überall herrscht eine Atmosphäre wie auf einem orientalischen Basar. Fremde Gerüche und der süßliche Duft exotischer Blüten liegen schwer in der Luft.

Die Altstadt ist von einem Netz zahlloser kleiner Gässchen durchzogen, die von handtuchschmalen Häuserfassaden und Geschäften gesäumt werden. So klein die Häuser auch wirken mögen, sie bieten Wohnraum für viele Familien, wenn auch für uns von kaum vorstellbarer Enge. Diese Röhrengebäude dehnen sich oft wie ein Tunnel über 50 m in der Tiefe aus. Das erste, an der Straße gelegene Zimmer, wird fast immer als kleines Ladenlokal genutzt, gefolgt von vielen kleinen, fensterlosen Räumen. Damit man nicht nur in der Dunkelheit tappt und im Mief erstickt, werden die dunklen Gemäuer von kleinen, nach oben hin geöffneten Innenhöfen unterbrochen. Doch das Alter und die fehlenden Finanzen nagen leider gnadenlos an den historischen Gebäuden. Es bleibt nicht aus, dass der Zahn der Zeit die schönen, geschwungenen Dächer undicht werden lässt, das Holz langsam verfault, die wunderschönen Stuckfassaden abbröckeln und sich der Schimmel an den Wänden sichtbar ausbreitet. Die Stromversorgung ist veraltet und die Lichtleitungen sind vielfach auf abenteuerliche Art und Weise geflickt. Unseren Elektrikern würden bei diesem Anblick die Haare senkrecht zu Berge stehen, ohne dass sie dafür ein Kabel anfassen müssten. Wasser muss oft mit Eimern von einer Wasserstelle an der Straße bis in die Wohnungen getragen werden.

So träumen viele Einwohner dieser Gegenden davon, auch einmal in Häusern der vornehmeren Wohngegenden leben zu können, in Häusern aus weißem Marmor, mit getönten Fensterscheiben, Rundbögen, Säulen und wunderschönen Balkonen.

Ein hoffnungsvoller Traum, der jedoch leider selten in Erfüllung geht und meist ein Leben lang nur ein schöner Traum bleibt.
Friseure schneiden ihrer Kundschaft auf wackligen Stühlen am Straßenrand die Haare. Halbblinde Spiegel sind an den Ästen der Bäume befestigt, was zu artistischen Verrenkungen führt in dem Bemühen, sich darin entdecken zu können. Altersschwache Fahrräder und Nähmaschinen werden repariert, abgeschabte Kessel, die auch schon wesentlich bessere Zeiten hinter sich haben, geflickt und alte Schuhe besohlt. Auf hohen Bordsteinkanten tippen Mädchen auf vorsintflutlichen Schreibmaschinen Briefe, deren Text der Kunde ihnen ins Ohr schreit. An Zweigen baumeln Vogelkäfige, deren Bewohner mit ihrem Gezwitscher lauthals versuchen, das laute Knattern der Mopeds zu übertönen.
Abends, wenn die Sonne langsam hinter dem Häusermeer versinkt und die Dämmerung hereinbricht, breitet sich eine besondere Atmosphäre über der Stadt aus. Jetzt spielt sich das ganze Leben nur noch auf der Straße ab. Jeder Quadratmeter scheint besetzt zu sein. Man trinkt frisch aufgebrühten Tee, fischt Nudeln aus der dampfenden Suppe, spielt Schach, versucht alle möglichen Dinge des täglichen Gebrauchs an den Mann zu bringen oder beobachtet und belächelt uns Langnasen, die über die ungewohnt hohen Bürgersteige stolpern, um danach im nächsten Schlagloch zu verschwinden. Es ist wie ein riesiger Freilichtsalon, der einem das Gefühl vermittelt, als laufe man durch die Wohnungen der Einheimischen, in denen sich das gesamte private Leben abspielt.
Schon wenige Schritte vom alten Stadtkern entfernt beginnt eine ganz andere, modernere Welt. Junge Leute drücken sich die Nasen am Mercedes-Showroom platt, um die unerschwinglichen Luxuslimousinen zu bestaunen. Auch das ist ein kleiner, selten erreichbarer Traum von Wohlstand. In »Hanoiwood« stehen hinter schattigen Bäumen die extravaganten Villen der dort lebenden Westmanager und Botschafter.
Eine große Anziehungskraft besitzt noch immer die Besichtigung des Ho-Chi-Minh-Mausoleums. Ho-Chi-Minh liegt dort wie Schneewittchen, angestrahlt und gut bewacht, wenn auch nicht

von den sieben Zwergen, sondern von Wächtern in weißen Uniformen, in einem Glassarg. Leider konnte ich ihm nicht die Ehre erweisen, denn Onkel Ho, wie die Vietnamesen ihren Nationalhelden liebevoll nennen, war gerade, wie immer im Herbst, beim »TÜV«. So bleibt uns das stundenlange Anstehen in Zweierreihen zu diesem posthumen Personenkult erspart – ebenso die vielen Regeln und Verbote, die hier beachtet werden müssen. Zunächst muss man sich in der Empfangshalle registrieren lassen. Außerdem sollte man immer seinen Pass bei sich tragen, falls man sich nochmals ausweisen muss. Es ist verboten zu fotografieren. Handtaschen und Kameras müssen abgegeben werden. Untersagt ist, Kopfbedeckungen zu tragen und die Hände in die Taschen zu stecken. Vielleicht, um Onkel Ho nicht nervös zu machen und in seiner Ruhe zu stören, ist auch das Tragen von Shorts und ausgeschnittenen Tops verboten.

Befindet man sich auf Besichtigungstour, wird man gleich mit einem der größten Abenteuer des Landes konfrontiert – dem Überqueren einer Straße, einem echten Survival-Trainig! Auf der anderen Straßenseite ohne Zwischenstopp und Reifenprofil im Gesicht anzukommen ist für unser nach Ordnung rufendes Gemüt ein Horrortrip. Doch will man nicht am Straßenrand Wurzeln schlagen, gibt es nur eine Möglichkeit: Vertrauen auf Buddha, die Beine in die Hand nehmen, Augen zu und durch! Man muss das aufkeimende Kribbeln in der Magengegend ganz einfach ignorieren, sein Ziel immer fest im Auge behalten und sich todesmutig in den nicht enden wollenden Strom von Mofas, Fahrräder, Cyclos, Autos und Wasserbüffelgespanne stürzen. Überall um einen herum klingelt, knattert, quietscht und hupt es in allen Tonlagen. Hält man jedoch seine Gehgeschwindigkeit gleichmäßig ein und bleibt nicht voller Panik leicht verhaltensgestört mitten im Verkehrsgewühl stehen, was anfangs ganz automatisch geschieht, gelingt tatsächlich das Wunder, dass man die andere Straßenseite erreicht, ohne dass man um eine Radspeiche gewickelt sein Leben lassen musste. Also, cool bleiben! Es ist reine Übungssache – oder doch nur Glück? Na, ich denke, man sollte seinen Schutzengel vorher lieber nicht verärgern ...

Bis zu unserer Abreise blieb es uns unverständlich, wie dieses Wagnis selbst Einheimischen mit Garküchen auf den geschulterten Tragestangen gelingt, ohne damit irgendeinen Radfahrer vom Sattel zu fegen oder einen Fußgänger zu köpfen. Bei uns würde dieses Chaos mit hundertprozentiger Sicherheit zu Massenkarambolagen führen. Hier habe ich jedoch in der ganzen Zeit weder einen demolierten Fahrradfahrer noch den kleinsten Unfall gesehen und nicht einmal ein lautes, aggressives Schimpfwort gehört.

Ebenso unbegreiflich erscheint mir, dass die anmutigen, zierlichen Mädchen mit Porzellangesichtern auf ihren alten, klapprigen Fahrrädern zwischen diesem mörderischen Gewühl aus Blech, Menschen und Tieren nie einen Schmutzfleck auf ihren langen weißen Kleidern hatten. Sie sehen nicht nur aus wie Engel, sie müssen wohl auch welche sein, denn sie erwecken immer den Eindruck, als kämen sie frisch gebadet aus einem Modesalon. Ihre Nationaltracht, das *Ao dai,* wirkt zu jedem Anlass sehr elegant. Dieser Zweiteiler besteht aus einer Hose und einem darüber getragenen hochgeschlossenen Kleid, das seitlich zwei lange Schlitze hat. Es prägt das Straßenbild Vietnams und wird als Schuluniform wie auch zu festlichen Anlässen getragen.

Touristen ist das Autofahren verboten – eine äußerst weise Entscheidung, denn selbst als Beifahrer braucht man dazu Nerven wie Drahtseile. Man bewegt sich immer am Rande eines Herzinfarktes, wenn man sieht, wie der Autofahrer den Mopeds, auf denen sich meist 4 bis 5 Personen befinden, fast die Pedale abrasiert oder den Fußgängern haarscharf an den Zehen vorbeisteuert, ohne sie dabei zu amputieren. Verkehrsregeln scheinen völlig außer Kraft gesetzt. Tausende von Verkehrsteilnehmern fahren scheinbar wahllos aufeinander los nach dem Motto: »Mut bedeutet: nicht bremsen!« Mitten im Gewühl steht manchmal ein hilfloser Polizist, der versucht, seine Existenzberechtigung mit einer Trillerpfeife zu beweisen. Vielen der Vehikel, die sich hier hupend durch die Straßen quälen, wäre bei uns ein Ende in der Schrottpresse sicher. Hier tuckern sie vermutlich noch

Jahre und voll beladen bis an den Rand rasant durch die tiefsten Schlaglöcher.
Wie erholsam ist es da doch, sich abends gemütlich in ein Theater zu setzen und dem Spiel der Wasserpuppen zuzuschauen. Einst diente es nur der königlichen Unterhaltung, heute dürfen sich auch Touristen und Einheimische daran erfreuen. Auf der linken Seite der Bühne sorgt ein Orchester mit Trommeln, Flöten und Xylophonen für die musikalische Untermalung. Sänger in farbenfrohen Kostümen trällern in den höchsten Tönen, erzählen Geschichten oder halten Zwiesprache mit den Puppen. Auf der Bühne befindet sich ein mit unzähligen Pflanzen umgebenes Wasserbecken, in dem, versteckt hinter einem Wandschirm, die Puppenspieler bis zum Bauch im Wasser stehen. Sie bewegen auf der vom Publikum sichtbaren Wasserfläche mit Stäben und Fäden die großen, aus leichtem Feigenholz geschnitzten Marionetten. Die bunt lackierten Puppen sind mit den unterschiedlichsten Kostümen geschmückt. Sie werden in Königsgewänder gehüllt, als Fischer und Bauern verkleidet oder mit vielen Orden zum Kriegshelden gemacht. Erzählt werden Geschichten von historischen Schlachten und Heldentaten oder lustigen und traurigen Begebenheiten, die das Alltagsleben widerspiegeln. Die Bühne ist voller im Wasser herumtollender, hüpfender, schwimmender Enten, Drachen, Löwen, Schildkröten, Königen, Prinzessinnen, Dienern, Bauern, Fischern, Eunuchen und diverser Fabelwesen. Es ist ein verzauberndes, farbenprächtiges Bild voller Akrobatik, lauter Knallerei und geheimnisvoll aufsteigenden Rauchschwaden.
Früher gab es auch auf dem Lande viele dieser kleinen Theater, die ihren Ursprung in den Dörfern des Mekong-Deltas haben. Man führte die Stücke zur Unterhaltung der Bevölkerung und großen Belustigung der Kinder an malerisch gelegenen Teichen und Seen auf. Heute ist dieses Vergnügen, meist aus Geldmangel, fast ausgestorben. Nur noch wenige Schauspieltruppen führen die alte Theatertradition fort.
Sicher gibt es auch in Vietnam Korruption. Sichtbar im kleinen Stil, wenn z. B. ein Polizist für ein angebliches Fehlverhalten

Geld verlangt und es dann ganz schnell in der eigenen Tasche verschwinden lässt. Als Tourist bleibt man jedoch weitgehend davon verschont und wird eher wie ein rohes Ei behandelt. Allerdings sollte man es vielleicht lieber unterlassen, den Polizisten bei dieser »Amtshandlung« zu filmen ...

Von den Spuren des grausamen Krieges sehen Touristen – zumindest auf einer zeitlich begrenzten Rundreise – wenig. Alle Spuren scheinen inzwischen verwischt oder von der Natur unkenntlich gemacht worden zu sein. Man entdeckt keine Trümmer, Vertiefungen früherer Schützengräben, Bombenkrater oder verlassene, vor sich hin gammelnde Panzer. Ab und zu erinnert höchstens ein Bunker, eine heute anderen Zwecken dienende Kaserne, ein verlassener Flugplatz, eine manchmal etwas niedriger erscheinende Vegetation ((in Gebieten, in denen giftige Chemikalien (75 Millionen Tonnen) oder das berüchtigte »Agent Orange« eingesetzt wurden)) an das traurigste Kapitel des Landes. Dennoch sollte man es tunlichst vermeiden, Wege abseits der üblichen Straßen zu benutzen, sonst läuft man schnell Gefahr, in einem noch nicht geräumten Minenfeld zu landen.

Vereinzelt begegnet man noch bettelnden Kriegsveteranen, die ihre amputierten oder verstümmelten Gliedmaßen zeigen. Oftmals fällt es jedoch schwer, die echten von den unechten zu unterscheiden. Manch ein Veteran kann, nachdem er einen Dollar ergattern konnte, verdammt schnell ohne seine Krücken laufen. Die echten Kriegsveteranen allerdings müssen versuchen, ihr schweres Schicksal zu bewältigen. Sie bekommen weder von der vietnamesischen Regierung noch von den USA eine Invalidenrente, sondern sind ganz auf die Hilfe ihrer Familien oder Freunde angewiesen.

Am bewundernswertesten sind die Menschen dieses Landes – Menschen, die eigentlich nach so viel Leid, Entbehrung, Unterdrückung und persönlichen Schicksalen verbittert, misstrauisch oder resigniert sein müssten. Jedoch das Gegenteil ist der Fall. Sie strahlen so viel Optimismus, Höflichkeit, Lebensfreude und Herzlichkeit aus, dass man es manchmal kaum fassen kann und es einen fast beschämt. Sie betonen immer wieder:

»Vietnam ist ein Land und kein Krieg. Frieden kann nur in den Seelen wachsen, wenn man allen Groll vergisst, Toleranz übt und seine Identität bewahrt.«

Die Gastfreundschaft ist grenzenlos. Kinder, aber auch ältere Leute kommen angelaufen, wenn sie uns sehen. Nicht, um sich von uns »reichen Touristen« Dollars zu erhoffen, sondern nur um etwas zu erzählen, zu zeigen oder uns nur ganz einfach anzufassen und wortlos anzustrahlen. Manchmal kommt man sich im Bus vor wie die Queen, die winkend durch die staunende Menge fährt. Schüler laufen, ihre Arme durch die Luft wirbelnd und laut rufend, auf den Schulhöfen zusammen. Mütter bringen uns ihre Kinder, die meist gleich auf den Arm wollen, denn aus der Nähe lässt sich mit den Fingerchen viel besser feststellen, ob unsere helle Hautfarbe oder auch die Behaarung der Männerarme wirklich echt ist. Überall wird man gefragt, wie alt man ist, ob man verheiratet ist und Kinder hat. Meist geschieht das jedoch nicht aus Neugierde, sondern danach wird die Anrede des Gastes ausgewählt.

Einige Kinder sind allerdings noch sehr ängstlich und ergreifen vor uns ungewohnten »Langnasen« trotz aller Bemühungen der Eltern laut weinend die Flucht. Besonders ältere Menschen, auf deren faltigen Gesichtern sich ihr ganzes Leben ablesen lässt, lassen sich gerne fotografieren. Dabei kichern und lachen sie vor Freude wie kleine Kinder.

Eine Fahrt über das Land ist voller Abwechslung. Die schlechten Straßenverhältnisse lassen zwar oftmals nur 20 bis 40 km/h zu, doch die Natur hat so viele Schönheiten zu bieten, dass man gar nicht weiß, wo man zuerst hinschauen soll. So weit das Auge reicht, leuchtend grüne Felder mit jungen Reispflanzen, sanfte Täler, Wiesen und schroffe Berge, weite Gummibaum-, Ananas-, Kokospalmen-, Papaya-, Avocadoplantagen und Salzgärten zur Speisesalzgewinnung.

In den ländlichen Gebieten ist noch wenig von der Aufbruchsstimmung des Landes zu spüren. Kleine Tempelstätten spiegeln sich im ruhigen Wasser bezaubernder Lotosteiche wider. Es sind kleine stille Oasen, die in unserer hektischen Welt wie Balsam für die Seele wirken. Einheimische zünden Räucherstäbchen an

und stellen Schalen mit Reis, Früchten und Blumen auf die kleinen, von Buddhastatuen bewachten Altäre. Andächtig knien sie nieder, beten für ihre Familien und ihre Ahnen. Ihre Gesichter wirken entspannt und strahlen eine unglaubliche innere Ruhe und Zufriedenheit aus. Man spürt, sie haben Frieden mit sich selbst geschlossen.
In Vietnam herrscht eine bunte Mischung aus den unterschiedlichsten Religionen. Gleich, ob Taoismus, Konfuzianismus, Buddhismus, Schamanismus, Animismus oder Ahnenverehrung, jeder sucht sich das heraus, was ihm für sein Leben am brauchbarsten erscheint.
Die malerischen Dörfer am Rande der Straßen, eingebettet zwischen Palmen und blühenden Flamboyantbäumen, zu denen schmale Lehmwege führen, bestehen aus kleinen Gehöften, bedeckt mit Palmenwedeln oder geflochtenen Bambusmatten. Bambus ist wasserundurchlässig, wird von Schädlingen gemieden und ist dazu auch noch preisgünstig. Reisbäuerinnen laufen, grazil wie Tänzerinnen, über die schmalen Stege der Reisfelder. Die staubigen, holprigen Gassen sind voller Menschen, die ihre Waren auf Eselskarren, Mopeds oder auf dem Kopf transportieren. Auf alten, klapprigen Fahrrädern sind oft riesige Körbe festgezurrt, voll gestopft mit Hühnern, Schweinen oder riesigen Mengen an Obst und Gemüse.
Mit geflochtenen Hüten aus Bambus und schwarzen Pyjamas gekleidete Bauersfrauen der Vietcongs schleppen ihre Erzeugnisse, die sie nicht selbst zum Leben benötigen, auf Schulterstangen zum Markt. Fast 70 % der Bevölkerung arbeiten in der Landwirtschaft. Bauern laufen im Gänsemarsch, mit über die Schultern gelegten Hacken, auf die Felder. Dazwischen Wasserbüffel, Ochsengespanne, überfüllte, uralte Busse und hoch beladene Lkws. Viele davon aus alten DDR-Beständen, auf denen noch die alte deutsche Aufschrift zu lesen ist. Bei den meisten Lastwagen ist die Motorkühlung defekt. Vor Überhitzung schützt ein mit Wasser gefülltes Fass auf dem Fahrerhaus, von dem ein Plastikschlauch zum Motor führt. Not und der Mangel an Ersatzteilen machen erfinderisch.

Mitunter glauben wir, man hätte extra für uns einen roten Teppich ausgerollt, doch es sind nur rot leuchtende Chilischoten, die am Straßenrand zum Trocknen ausgelegt wurden. Dazwischen immer wieder Hühner, Enten und Gänse – meine Lieblingstiere. Ich weiß auch nicht, woran es liegt, aber dieses Federvieh hatte es schon immer auf mich abgesehen. Schon als kleines Kind, als ich gerade ihre Höhe hatte, rissen sie, kaum hatten sie mich entdeckt, ihre Schnäbel auf, packten meinen Hals und hielten mich so fest.

Nicht mehr Glück habe ich mit Schwänen. Ich erinnere mich an einen wunderschönen, sonnigen Tag am Wolfgangsee. Ich lag gemütlich auf einer Wiese, war in ein spannendes Buch versunken, als ich plötzlich im Augenwinkel das Ungemach nahen sah. Zwei riesige, weiße Schwäne watschelten an allen anderen Leuten vorbei und steuerten, wie von einem Magnet angezogen, zielsicher auf mich zu und ließen sich ganz entspannt direkt neben mir nieder. Doch wehe, ich wagte mich zu bewegen! Schon schossen ihre langen Hälse vor, ihre Augen begannen Feuer zu sprühen und ihr lautes Knurren ließ nichts Gutes ahnen. Vermutlich läge ich, zur Salzsäule erstarrt, noch heute dort, hätte mich nicht ein großer Hund gerettet, vor dem sie wohl mehr Respekt als vor mir hatten. Da ich nun nicht weiß, ob vietnamesische Gänse mir besser gesonnen und sanfteren Gemütes sind, betrachte ich sie lieber aus sicherer Entfernung oder im Suppentopf.

Die Märkte sind erfüllt von Stimmengewirr, vom Gackern der Hühner und Grunzen der Schweine. Überall zu kunstvollen Türmen aufgebaute Mangos, Bananen, grüne Papayas, Jackfrüchte, Durian, Äpfel, Orangen, Miniwasser- und Bittermelonen. Dazu Gewürze aller Art, Wurzeln, Kräuter und frisch zerlegte Fleischstücke, bestens bewacht von ganzen Kolonien dicker, fetter Fliegen. Dazwischen immer wieder mobile Garküchen. Die Vietnamesen sind nicht nur fleißig, sondern auch geschäftstüchtig. Entdeckt man einen Gast, stellt man schnell kleine, wacklige Stühle auf und fertig ist der geruhsame Platz für ein Mittagessen.

Angeboten werden die unterschiedlichsten Getränke und Suppen, auch »Pho«, die beliebteste aller Nudelsuppen. Man isst sie zu jeder Tages- und Nachtzeit. Sie besteht aus Nudeln, die man zusammen mit Petersilie, Blattgemüse, Schalotten und geschnetzeltem Hühner-, Rind- oder Schweinefleisch in eine Schale schüttet. Darüber kommt eine Brühe aus ausgekochten Knochen, Ingwer, Garnelen und natürlich *nuoc mam*. Diese etwas seltsam und streng riechende Fischsauce gehört zu jedem vietnamesischen Gericht. Viele Touristen nehmen einige Flaschen davon mit nach Hause und das sicher nicht, um ihre Schwiegermutter damit zu vergiften, sondern weil sie sich an den Geschmack gewöhnt haben und damit ein wenig Vietnamflair in die eigene Küche bringen möchten.

Nuoc Mam wird hergestellt, indem man in Keramikgefäßen jeweils eine Schicht Fisch, eine Schicht Salz, wieder Fisch usw. übereinander ansetzt. Danach wird es 4 bis 12 Monate fermentiert und in Flaschen abgefüllt. Die übrig gebliebenen Fischreste werden als Schweinefutter verwendet.

Aber man entdeckt auch kuriose Dinge wie in Flaschen eingelegte Schlangen, die ein Allheilmittel gegen Beschwerden aller Art sein sollen. Um die Wirkung zu beschleunigen, kann man aber auch einen Cocktail aus Schnaps, mit Schlangenblut verdünnt, genießen oder gleich ein frisches Schlangenherz verspeisen. In kleinen Spezialitätenrestaurants, die man überall in Vietnam findet, kann man auch »Leckereien« wie Pyton (tran), Kobra (ran ho), Stachelschwein (nhim), Wildschweinfleisch (heo rung), Schildkröten (rua), Ziege (de), Geckos (dong) und Fledermäuse (doi qua) auf der Speisekarte finden.

Die Bekanntschaft mit Letzteren machte ich einmal in einem kleinen thailändischen Lokal. Die Speisekarte war nur in Thaischrift abgefasst. In der Hoffnung, dass man mich schon nicht vergiften wird, zeigte ich ganz einfach auf eine Schriftreihe, die mir am besten gefiel. Nach kurzer Zeit brachte man mir einen schön dekorierten Teller mit einem hühnchenähnlichen Etwas darauf. Ich fand den armen Gockel zwar etwas klein und schmalbrüstig geraten, aber er war trotzdem äußerst schmackhaft. Im Glauben, das läge an einer gelungenen Gewürzmischung, fragte ich nach dem Rezept. Der kleine Thaikellner fing plötzlich an unruhig zu werden, stieß sonderbare Laute aus und begann mit den Armen zu schlagen und zu wedeln. Irgendwann begriff ich, dass er keinem Sonnenstich oder sonstiger Psychose zum Opfer gefallen war, sondern er mir nur anschaulich begreiflich machen wollte, dass ich soeben eine Fledermaus verspeist hatte. Ich schluckte, meine Augen weiteten sich langsam und gleichzeitig begann meine Fledermaus im Magen wieder zum Leben zu erwachen und an die frische Luft zu wollen. Ein kräftiger Reisschnaps konnte sie zum Glück daran hindern ... Seitdem frage ich nicht mehr danach, was ich gegessen habe. Hauptsache, es hat geschmeckt.

Die Hitze und die hohe Luftfeuchtigkeit können in Vietnam oft mörderisch sein. Schon nach der geringsten Anstrengung klebt die Zunge wie ein lebloses Gebilde am Gaumen fest. Man kann kaum mehr schlucken und hat das Gefühl, gleich ersticken zu müssen. Oft beherrscht mich nur noch ein Gedanke: Wo ist die nächste Möglichkeit, neues, kostbares Nass kaufen zu können? Zwar ist jedes Getränk nach wenigen Minuten wieder warm, schmeckt wie abgestandenes Wasser aus einer Biotonne, für mich jedoch ist es kostbarer als Champagner. Ich habe selten in meinem Leben so viel getrunken. Doch wie ich zu meiner Erleichterung feststelle, ist dies nicht nur das Schicksal tropenuntauglicher Touristen, auch die Einheimischen laufen meist mit Wasserflaschen bewaffnet umher. Stände, die Getränke verkaufen, sind immer belagert. Ihre Besitzer können sich sicherlich eine goldene Nase verdienen und brauchen sich bestimmt um ihre Existenz keine Sorgen zu machen. Heute kann ich mir lebhaft vorstellen wie furchtbar es sein muss, in einer Wüste zu verdursten.

Um die Strapazen des Tages zu vergessen, genehmigen wir uns abends in gemütlicher Runde ein gut gekühltes Halida-Bier und ein leckeres Essen. Die ersten Zweifel dieses »Wohlgeschmackes« kommen mir allerdings an einem wunderschönen Abend in einem kleinen Hotel an der Halongbucht. Nachts wache ich mit entsetzlichen, noch nie erlebten Magen- und Darmkrämpfen samt Begleiterscheinungen auf. Zum Glück gibt es in den meisten Hotels die uns vertrauten Toiletten und nicht die üblichen Hock-Klos, die mangels Toilettensitz nicht gerade dazu einladen, dort gemütlich ein Buch zu lesen, denn sie bestehen nur aus einem Loch im Boden und einigen Metern freiem Fall. Damit klarzukommen bedarf es einiger Gleichgewichtsübungen und einem äußerst gutem Zielvermögen. Toiletten – ein unerschöpfliches Thema auf fast jeder Reise. Sie sind oftmals eine solch abenteuerliche Herausforderung, dass sie meist weitaus mehr in Erinnerung bleiben als die interessantesten Kulturdenkmäler. Nur, im Notfall kein Klo zu finden, kann noch einprägsamer sein ...

Minuten später strecke ich alle Viere von mir. Doch kurz bevor mich meine Sinne endgültig verlassen, schießt mir noch ein Gedanke durch den Kopf: Die nächsten Reisen gehen nur noch in den Schwarzwald!

Meine letzten gurrenden Laute reißen auch Werner aus Morpheus Armen. Ich glaube, so schnell ist er noch nie aus dem Bett gesprungen. Irgendwann gelingt es ihm, mich mit nassen, kalten Handtüchern und diversen Medikamenten langsam wieder ins Leben zurückzuholen.

In solchen Momenten fallen einem die sonderbarsten, irgendwann gelesenen oder gehörten Dinge ein. Hat vielleicht jemand seine Essstäbchen senkrecht in der Reisschüssel stecken lassen? Das verstößt nämlich nicht nur gegen die guten Sitten des Landes, sondern beschwört nach Ansicht der Einheimischen auch einen Todesfall herauf, denn senkrecht steckende Stäbchen gleichen Räucherstäbchen, die zu Ehren von Toten abgebrannt werden.

Am nächsten Morgen schwanke ich auf noch reichlich wackeligen Beinen und leicht grünlich im Gesicht in den Frühstücksraum, der mir, obwohl es schon ziemlich spät ist, ziemlich leer erscheint. Ein Mitreisender kommt auf mich zu und erkundigt sich mit gedrückter, sorgenvoller Miene nach meinem Wohlbefinden. Bei dem Gedanken, dass ich wohl noch so schlecht aussehen muss, dass es sogar Fremden nicht entgeht, fängt mein

Magen gleich wieder an, Tango zu tanzen und sich um seine eigene Achse zu drehen. Voller Sympathie schließt sich mein Gedärm dem schwungvollen Treiben gleich an. Schnell stellt sich jedoch heraus, dass die Hälfte der Gruppe, inklusiv Reisebegleiter, mit einer Fischvergiftung gesegnet ist. Und zwar all diejenigen, die am Vorabend einen wirklich köstlich schmeckenden Brathering probiert hatten. Zumindest hielten wir ihn für selbigen, doch der säuerliche Geschmack war wohl nur der eines verdorbenen Fisches. So kann man sich täuschen! Zum Glück ist es nicht erforderlich, Mitreisende nach Singapur oder Hongkong zur ärztlichen Behandlung auszufliegen.

Bedauerlich ist nur, dass ausgerechnet an diesem Tag eine Bootsfahrt samt köstlich zubereitetem Essen durch die zauberhafte Landschaft der Halongbucht gebucht ist. Die betroffenen Mägen sind noch auf alles andere als auf Wasserbewegung und Essensgelüste eingestellt. So hänge ich wie ein Schluck Wasser in der Kurve auf meinem Stuhl und lasse diese traumhafte Kulisse der »Welt der herabsteigenden Drachen«, die anscheinend gerade alle in meinem Magen herumzutoben scheinen, still und staunend wie in einem Film an mir vorbeiziehen.

Die Bucht, die 1994 von der UNESCO zum Weltkulturerbe erklärt wurde, ist eine 1560 Quadratkilometer große smaragdgrüne Wasserfläche. Aus ihr ragen über 3000 Inseln und Tausende bizarr geformter Felsen aus Karst- und Muschelkalkgestein heraus. Sie ist übersät mit vielen, von Wind und Wasser wie Fabelwesen einzigartig geformten Grotten, in denen die Fischer bei Regen und Sturm Schutz suchen können, und einsamen, verträumten Stränden. Die Stille der Landschaft, die wie eine versunkene Märchenwelt wirkt, wird nur ab und zu von vorbeifahrenden Dschunken, die an Piratenschiffe erinnern, unterbrochen, deren Besitzer ihre Waren lauthals schreiend anbieten. Ab und zu stößt man in geschützten Buchten auf schwimmende Dörfer, in denen die Menschen auf Booten mit kleinen geflochtenen Dächern oder auf schwimmenden Hausbooten leben.

Die Schönheit der Bucht beflügelte schon immer die Phantasie der Menschen. So entstanden viele Märchen und Legenden. Eine

Sage erzählt, dass ein riesiger Drache auf dem Weg zum Meer mit seinem Schwanz voller Wucht die Erde und die Felsen zerschlug. Als er wieder in das Meer eintauchte, stieg der Wasserspiegel so an, dass sich die entstandenen Täler mit Wasser füllten und nur noch die hohen Bergspitzen zu sehen waren. Manchmal will man das Ungetüm auch heute noch – wie Nessi – aus dem dunklen Wasser auftauchen gesehen haben.
Genauso vielfältig wie die Unterwasserwelt sind Flora und Fauna. Bunte Papageien schwirren durch die Lüfte, Adler ziehen hoch über den Felsen ihre Kreise. Fasane und Reiher schauen dem munteren Treiben auf dem Wasser zu. Es gibt unzählige Korallenarten und Fischsorten. Fischer ziehen Krebse, Rochen und riesige Garnelen an Bord ihrer Boote.
Kein Wunder also, dass sich viele Maler von dieser wohl größten Naturschönheit Vietnams inspiriert fühlen. Besonders reizvoll ist die Stimmung bei Sonnenaufgang, wenn die aufsteigenden Nebelschwaden, die die Felsen wie einen Schleier umhüllen, von den ersten Sonnenstrahlen durchbrochen werden. Hat man dazu noch wegen einer Fischvergiftung zusätzliche Schleier vor den Augen, verstärkt dies natürlich ungemein die Wirkung ...
Auf der Rückfahrt tuckert unser Schiffchen still und gemütlich vor sich hin, voll auf Kollisionskurs mit einem Fischerboot, das keinerlei Anstalten macht, der Gefahr zu entrinnen. Das Ergebnis bleibt nicht aus. Es kracht, Bretter und Motorteile fliegen durch die Luft. Das Fischerboot ist plötzlich, mit veränderter Knautschzone, ein gutes Stück kleiner geworden. Kein Mensch kümmert sich darum. Der Fischer reibt sich nur seinen von einer Stange getroffenen, brummenden Schädel und tuckert, soweit möglich, friedlich weiter, als wäre nichts geschehen. Wer weiß, vielleicht ist das die vietnamesische Form unseres Spiels »Schiffe versenken«? Die nächsten Stationen verlaufen wider Erwarten verhältnismäßig ruhig. Schließlich soll es ja auch eine erholsame Urlaubsreise sein ...
Unsere nächste Station heißt Hoi An, eine wunderschöne, architektonisch reizvolle, alte Hafenstadt, etwa 30 km südlich von Da Nang. Schon vor 300 Jahren war sie, neben Malacca und

Andächtige Stimmung in einer Pagode

Markttag auf dem Lande

Fahrt durch die geheimnisvolle Märchenwelt der Halong-Bucht

Selbst ist der Mann – Rikschafahrt durch Hoi An

Malerisches Fischerdorf bei Nha Trang

Geschäftiges Treiben auf dem Mekong

Macao, eine bedeutende, internationale Drehscheibe des Seehandels. Schiffe aus aller Welt brachten ihre Waren hierher – gut duftende Gewürze, feines Porzellan, Papier, Lacke und kostbare Seide. Doch nachdem der Thu-Bon-Fluss immer mehr versandete, immer größere Schiffe gebaut wurden, ein neuer Hafen in Da Nang entstanden war, verlor diese hübsche Stadt zunehmend an Bedeutung. Sie versank in einen Dornröschenschlaf, aus dem sie erst wieder die vielen Touristen erweckten, die das schön renovierte, verträumte Städtchen heute besuchen. Die ersten Siedlungen soll es an dieser Stelle allerdings schon vor über 2000 Jahren gegeben haben.
Gemütlich setzen wir uns mit einem erfrischenden Softdrink aus Papayamilch auf die Kaimauer und versuchen uns vorzustellen, welche Atmosphäre wohl diesen Ort umgeben haben muss, als die Schiffe mit Seeleuten aus China, Indien, Indonesien, Europa, Arabien und Japan in den Hafen einliefen, um ihre wertvolle Fracht auszuladen. Die vielen historischen Gebäude, die zum Glück vom Krieg relativ verschont geblieben wurden, sind noch im alten Baustil errichtet. Die Fassaden aus Backstein, die Dächer mit unzähligen roten Yin-Yang-Ziegeln gedeckt. Massive Holzbalken tragen die in fünf Schichten gedeckten Ziegeldächer. Sie sorgen dafür, dass es im Sommer angenehm kühl und im Winter schön warm bleibt. Oft entdeckt man über den Haustüren das Yin-Yang-Symbol. Es soll die Bewohner vor allem Bösen schützen.
Der Wohlstand eines Händlers spiegelt sich schon im reichen Dekor des Eingangs wider. Manche Häuser sind kaum vier Meter breit, dafür aber oft bis zu 30 m lang. Im Inneren der Häuser findet man große, holzvertäfelte Räume und Balustraden. Ein zentraler, lauschiger Innenhof sorgt für Lüftung und Lichteinfall. Die Küche befindet sich meist am Ende eines Hauses. Zunächst aus Sicherheitsgründen, falls einmal ein Feuer ausbrechen sollte, aber auch, damit neue Warenlieferungen gleich durch den Hintereingang hinein getragen werden können. Alles wirkt urgemütlich und beschaulich. Man fühlt sich in Gedanken um einige Jahrhunderte zurückversetzt, spürt förmlich das Flair vergan-

gener Epochen, gleich, ob man nun diese schönen Häuser, die alten Pagoden, Schreine besucht oder aber nur durch die engen Gassen und bunten Märkte schlendert.

Werfen die Füße vom vielen Laufen Blasen, kann man sich auch entspannt mit einer Rikscha fahren lassen. Die tapfer strampelnden Fahrer lassen sich selbst nicht vom Gewicht des korpulentesten Touristen abschrecken, sondern treten, schweißtriefend und energiegeladen, munter in die Pedale.

Sehenswert sind die Phuoc-Kien-Pagode, die 1690 von chinesischen Kaufleuten erbaut wurde, und die japanische Brücke, die sich über einen kleinen Fluss wölbt. Sie wurde 1593 errichtet und stellt die Verbindung zwischen dem japanischen und chinesischen Viertel her. Die eine Seite des Eingangs der überdachten Brücke wird von zwei Affenstatuen, die andere von zwei Hundestatuen bewacht. Vielleicht, weil diese Tiere damals sehr verehrt wurden oder aber die Brücke im Jahre des Affen oder Hundes gebaut bzw. vollendet wurde.

Hat man alles gesehen und will noch etwas Geld ausgeben, hat man die Möglichkeit, einen der vielen Schneider aufsuchen, die zu den besten des Landes zählen sollen. Sie zaubern mit viel Fingerfertigkeit aus wunderschönen Stoffen günstig und über Nacht gut sitzende Anzüge, Hemden, Kleider, Blusen und Kostüme. In kleinen Restaurants werden gefüllte, zu Blumen geformte Teigtaschen und herrlich schmeckende Nudelgerichte angeboten.

Von Hoi An geht es etwa 40 Kilometer über eine mit Schlaglöchern übersäte Schotterpiste nach My Son. Vom 4. bis 12. Jahrhundert Hauptstadt und der wichtigste Ort der Cham in Vietnam und nicht weniger bedeutungsvoll als Angkor (Kambodscha) und Pagan (Myanmar). Um diesen Trip heil zu überstehen, sollte man allerdings über einen guten Fahrer, kein zu altersschwaches Auto und gesunde Bandscheiben verfügen. Wir stoppen an einer wackligen, oft ausgebesserten Hängebrücke, auf der wir auf abenteuerliche Weise einen Fluss überqueren müssen. Die losen und fehlenden Bretter erinnern bei jeden Tritt daran, dass er vielleicht der letzte sein könnte ... Manchmal ist es auch möglich, sie mit dem Auto zu überqueren, doch dabei soll sie oftmals unter der

Last zusammengebrochen sein. Auf ein solches Abenteuer verzichten wir gerne. Nach diesem Test der eigenen Schwindelfreiheit bringt uns ein Jeep mit einem munteren Kamikazefahrer bis zu einem kleinen Weg, auf dem man sich alleine durch wilde Vegetation weiter durchschlagen muss. Man warnt uns davor, den Pfad zu verlassen, da sich in dieser Gegend noch sehr viele Minen befänden.
Plötzlich gibt das dichte grüne Dickicht den Blick frei auf ein märchenhaftes, von grünen Hügeln eingerahmtes, verträumtes Tal mit alten, kunstvoll verzierten, rot leuchtenden Ziegeltempeln aus dem 4. bis 13. Jahrhundert, kleinen Bächen, Urwald und Kaffeeplantagen. Aufsteigende Nebelschwaden erinnern an einen dampfenden Heißwasserkessel. Erst beim Durchwandern des großen Gebietes kann man die Vielfältigkeit, aber leider auch den Zerfall der alten Kulturdenkmäler und Heiligtümer erkennen. Damit die Ziegeltürme besser Wind und Wetter standhalten konnten, wurden sie mit Baumharz lackiert. Doch nach vielen Jahrhunderten ohne Instandhaltung und vielen Plünderungen blieben von ehemals 68 nur noch 25 Bauwerke übrig. Durch amerikanische Bombenangriffe wurden fünf weitere zerstört und viele beschädigt. Man vermutete dort Kommandozentralen der Vietcong, da das unwegsame Gelände ein idealer Unterschlupf für Guerillas gewesen wäre. Heute versucht man, mit ausländischer Hilfe die Spuren des Verfalls zu beseitigen und die Anlage soweit wie möglich zu erhalten oder wieder herzustellen.
Die nächste Überraschung erwartet uns etwa 140 km weiter in der alten Kaiserstadt Hué, die von 1802 – 1945 unter 13 Kaisern die politische Hauptstadt war. Bereits 1687 wurde an dieser Stelle die Zitadellenstadt Phu Xuan erbaut. Hué ist ein wunderschöner Ort mit einer beeindruckenden Zitadelle, prächtigen Gräbern der Nguyen-Kaiser, Pagoden, alten Kolonialbauten, Geschäftsvierteln und gemütlichen Cafés, verträumten Alleen und kleinen Seen mit Inseln, wo sich schon die Kaiser mit ihrem Hofstaat und ihren Konkubinen ausruhten.
Eines der berühmtesten Bauwerke Vietnams ist die auf einem Hügel über dem Fluss gelegene Thien-Mu-Pagode. Sie wurde

1601 von dem Nguyen-Kaiser Nguyen Hoang gegründet. Der 21 m hohe, dunkelgraue, 1844 von Kaiser Thieu Tri errichtete achteckige Turm, dessen sieben Stockwerke die sieben Inkarnationen Buddhas symbolisieren, gilt als Wahrzeichen der Stadt. Hinter dem Hauptheiligtum, das den lachenden Buddha und die drei Statuen der Buddhas der Vergangenheit, der Zukunft und den historischen Buddha beherbergt, steht in einer Garage ein verkohlter Austin. Er ist eine schaurige Reliquie des Aufbegehrens gegen die damaligen Machthaber. Auf den Rücksitzen hat sich 1963 der Mönch Thich Ouang aus Protest gegen den korrupten Präsidenten Diem in Saigon öffentlich verbrannt.

Der Mittelpunkt Hués ist jedoch die Zitadelle, deren Mauern elf Kilometer lang sind und in der, hinter weiteren 6 Meter hohen Mauern und Gräben wie eine Stadt in der Stadt, die alte Kaiserstadt mit ihren Tempeln und Palästen liegt. In die Kaiserstadt führen vier Eingangstore, von denen das Südtor Ngo Mon (Tor der Mittagszeit), das bedeutendste ist. Auf ihm erschien der Kaiser, um Paraden abzunehmen, Urteile zu vollstrecken und um den Mondkalender zu verkünden. An diesem Ort dankte 1945 der letzte Kaiser Boa Dai ab und übergab die Macht an Ho Chi Minh.

Wir schlendern vorbei an hohen Wällen, Gräben, Mauern und Toren, romantischen Lotosteichen, duftenden Frangipanibäumen hinüber zu dem 1803 erbauten Thai Hoa-Palast (Palast der Harmonie). Seine große Audienzhalle ist mit einem verzierten Dach aus riesigen Holzteilen überspannt. Getragen wird es von 80 lackierten Säulen aus Eisenholz. Auf ihnen sind Drachen (das Symboltier des Kaisers) und Wolken als Zeichen seiner himmlischen Legitimation dargestellt. Hier fanden alle wichtigen offiziellen Anlässe des Kaisers statt.

Vorbei an zwei gigantischen Bronzekesseln aus dem 17. Jahrhundert kommen wir in die Halle der Mandarine und zu den neun Urnen der Dynastie. Diese etwa zwei Meter hohen Urnen, die aussehen wie vergessene Suppenschüsseln, sind mit Symbolen von Gestirnen, Tieren, Landschaften verziert und den jeweiligen Nguyen-Herrschern gewidmet. Weite Teile der »Purpurnen Ver-

botenen Stadt«, der einstigen Privatresidenz des Kaisers, wurden leider fast völlig von den schweren US-Bombenangriffen zerstört.
Außerhalb Hués befinden sich in majestätischen Mausoleen, umgeben von einer sehr harmonisch gestalteten Parkanlage mit Lotosteichen und Pavillons, die Kaisergräber. Die Grabanlagen bestehen aus fünf Teilen: einem Pavillon mit einer Stele, auf dem sich ein meist selbst verfasster Nachruf befindet, einem Tempel mit Reliquien und einem Altar zur Verehrung, dem Grab mit den sterblichen Überresten und aus einem Ehrenhof, an dessen Seite Statuen von Elefanten, Pferden und Mandarinen aus Stein und Marmor stehen.
Im ruhigen Wasser vieler Lotosteiche spiegeln sich Jasmin-, Frangipanibäume und Pinien wider. In diesen romantischen Oasen der Stille sollen sich die Seelen der Kaiser auch nach ihrem Tod wohlfühlen können. Man betrachtet das Leben nur als Übergang in eine schönere Welt.
Schnell vergisst man bei diesem beschaulichen Anblick Hués, dass das wunderschöne Fleckchen Erde 1968 während der Tet-Offensive ein Schauplatz der grausamsten Schlachten war. Unmittelbar nach der Eroberung wurden von Nordvietnamesen und Vietcongeinheiten 3000 Zivilisten, katholische Priester, Mönche, Intellektuelle und Personen, die als Sympathisanten des südvietnamesischen Regimes galten, erschossen, enthauptet, zu Tode geprügelt oder gar lebendig begraben. Nach der Zurückeroberung durch die Südvietnamesen und die USA wurden ganze Stadtteile, wie eben auch die alte, wunderschöne Purpurstadt, dem Erdboden gleichgemacht.
Schon bei unserer Ankunft hatte der sonst träge Song-Huong-Fluss (Fluss der Wohlgerüche) bedrohliche Formen angenommen. Er teilt die Stadt in zwei Hälften. Im östlichen Teil findet man viele große Hotelanlagen, im westlichen die Zitadelle. Alle gepriesenen Wohlgerüche des Flusses sind längst verflogen. Nur dem Mut unserer Busfahrer ist es zu verdanken, dass wir nach der Besichtigung der Thin-Mu-Pagode einer neuen Flutwelle entkommen konnten, die zwischenzeitlich die einzige dorthin führende

Straße vollkommen überflutet hatte. Der Versuch, mit dem Boot zum Hotel zu gelangen, scheiterte daran, dass ein größeres Boot wegen des hohen Wasserstands nicht mehr unter den Brücken hindurch gekommen wäre. Ein kleineres wäre von der reißenden Strömung hoffnungslos abgetrieben worden und gekentert.
Besorgt beobachten wir vom Hotelfenster aus, wie das Wasser ständig steigt. Zuerst sieht man noch Palmen am Ufer stehen, doch nach und nach verschwinden sie immer mehr. Nur noch die nassen Wedelspitzen schauen aus den inzwischen braunen, reißenden Fluten. Auch im Hotel wird es immer munterer. Das Personal rennt mit Lampen und Matratzen durch die Gänge und schnattert aufgeregt vor sich hin. Das wars dann aber auch schon. Kein Wort der Besorgnis oder Warnung an die Gäste kommt über ihre Lippen.
Gegen Abend steht das gesamte Erdgeschoss unseres wunderschönen Hotels mit all seinen herrlich geschnitzten, lackierten Säulen und Möbeln unter Wasser. Die Tresore werden auf Tische gestellt, deren Höhe allerdings schnell von dem steigenden Wasserstand eingeholt wird. Vorsichtshalber lassen wir uns unsere Pässe aushändigen, bevor auch sie geflutet werden. Dieses Anliegen bringt uns allerdings nur völlig verständnislose Blicke ein, zum Ertrinken braucht man schließlich keinen Pass ...
Plötzlich bekommen wir eine Eilmeldung, dass wir innerhalb von 10 Minuten die Koffer gepackt und das Hotel verlassen haben müssen. Gesagt, getan: Wir werfen unsere Sachen in Windeseile in unser Reisegepäck und waten mit den Koffern auf dem Kopf und bis zum Bauchnabel im ständig noch steigenden Wasser vom Hotel zum Bus. Vorsichtshalber hat man schon den Auspuff mittels eines Schlauches auf das Busdach verlegt.
Inzwischen breitet sich stockdunkle Nacht über den brodelnden Wassermassen aus. Was nun folgt, ist eine Fahrt ins Ungewisse. Kein Mensch kann uns sagen, welche Straßen überschwemmt oder noch passierbar sind. Durch Anrufe gelingt es uns in manchen Dörfern, über die Poststellen Informationen zu bekommen. Allein der Postbote weiß, ob er seine Post schon schwimmend oder noch trockenen Fußes verteilen kann.

Es ist eine gespenstige Fahrt. Die Straßen versinken im Wasser. In der Dunkelheit man kann nichts mehr erkennen, nur erahnen. Überall nur unheimlich gluckernde, dunkle Wassermassen. Am Straßenrand erkennt man im spiegelnden, blassen Licht des Scheinwerfers halbüberschwemmte Hütten. Die Hängematten sind teils unter die Decke gebunden. Dorthin hat man die kleinen Kinder verfrachtet, damit sie von der nächsten Welle nicht weggespült werden. Vor den Hütten entdeckt man oft ein Lichtchen, daneben einen Einheimischen, der in aller Seelenruhe angelt, umgeben von seinen inzwischen weg schwimmenden Möbelstücken. Aber vielleicht sind es ja auch nur die Möbel seiner Nachbarn? Warum sollte man sich also darüber aufregen! Diese Ruhe und Gelassenheit ist beneidenswert, aber für manche Dinge des Lebens wohl auch dringend notwendig.

Erst nach eineinhalb Stunden der insgesamt dreistündigen Fahrt kann man erahnen, ob man Da Nang noch erreichen kann oder irgendwo in der Geographie im Hochwasser stecken bleibt. Zuvor müssen wir jedoch noch eine kritische Dammstraße bewältigen und die im dichten Nebel liegenden Serpentinen des Hai-van-Passes (Wolkenpass oder Pass der Meereswolken). Unser Bus quält sich schnaufend über die Truong-Son-Gebirgskette (1219 m) bis auf eine Passhöhe von 498 m empor. Diese Strecke ist schon bei gutem Wetter ein Härtetest. Hier befindet sich die Wetterscheide des Landes. Im Süden ist es meist weniger regnerisch und tropischer, im Norden dagegen hat man ein gemäßigteres Klima.

Dank unserer Fahrer (so klein und zäh sie auch sind, auch sie zittern inzwischen beunruhigend samt Lenkrad vor Aufregung und Erschöpfung) haben wir Glück und erreichen nachts Da Nang. Todmüde und durchnässt bekommen wir im Bahnhofshotel noch ein Bett, was gar nicht so selbstverständlich ist, denn es gibt nur vier Hotels, und die sind meist ausgebucht. Später erfahren wir, dass eine Gruppe, die das Hotel in Hué nicht mehr rechtzeitig verlassen konnte, dort noch tagelang im obersten Stockwerk eingeschlossen war, ohne Licht, ohne Klimaanlage. Die Versorgung konnte nur mit Booten durch die Fenster im ersten Stockwerk erfolgen. Die Zimmer durften nicht verlassen werden, es sei denn schwimmend – als kleiner, sportlicher Ausgleich. Wer weiß, vielleicht hat das Schlammwasser ja verjüngende Wirkung gezeigt und kostenloses Wellness-Feeling vermittelt?

Ebenso wurde eine Gruppe US-Kriegsveteranen um ihr Vergnügen gebracht, mit ihren »alten Feinden« nochmals in vertrauter Umgebung »Krieg spielen« zu können. Dazu trifft man sich, wie uns zwei alte Veteranen erzählten, in regelmäßigen Abständen. Abends sitzen sie zunächst mit den ehemaligen Feinden in gemütlicher Runde zusammen, tauschen vergangene Erinnerungen aus, um am kommenden Tag auf einem dafür abgesperrten Gelände den Partisanenkrieg nochmals zu erleben. Die Art der Waffen wird von den Amerikanern bestimmt. Sie werden dann entsprechend der geäußerten Wünsche von den organisierenden Vietnamesen – gegen harte Dollar, versteht sich – besorgt. Gleich, ob Pistolen, Gewehre, MG, Granaten oder was das Kriegsveteranenherz sonst noch höher schlagen lässt, alles darf bei diesen kriegerischen Veranstaltungen benutzt werden. Wenn auch inzwischen keine Personen mehr als Zielscheibe genommen werden dürfen, wie es anfangs noch der Fall war, ist dies doch ein recht derbes, makaberes Vergnügen. Für die Vietnamesen bedeutet es jedoch eine gute zusätzliche Einnahmequelle und wird daher geduldet.

Der Flut nun weitgehend unbeschadet entkommen, steigen wir am folgenden Nachmittag frohen Mutes und um eine Erfahrung reicher in ein Flugzeug, Richtung Nha Trang. Ein gutes Flugzeug, wie man uns versichert (2-motorige Turboprop, kanadisches Nachfolgemodell der Fokker) – vermutlich so gut wie der Fahrstuhl in Hanoi ... Netterweise erzählte man uns erst hinterher, dass vor wenigen Wochen ein Modell dieses Typs mit zwei französischen Touristengruppen an Bord im Dschungel abgestürzt war. Die Flugzeit wird mit etwa 54 Minuten angegeben. Es vergehen 60, 70, 80 Minuten, was uns dann doch langsam zu denken gibt. Na ja, aber besser, man fliegt, als man sitzt irgendwo im Dschungel, umgeben von Flugzeugteilen auf einer Palme. Da erklingt auch schon die Stimme des Piloten:

»Meine Damen und Herren, wir sind leider gezwungen, ein Taifungebiet zu umfliegen, werden aber in etwa 10 Minuten landen.« Weitere 20, 30 Minuten verstreichen und es geschieht – nichts! Der Himmel verdunkelt sich immer mehr. Das Flugzeug rüttelt und schüttelt, wie von Geisterhand getrieben, ein Propellertriebwerk stottert und zeigt bald keinerlei Regung mehr. In solchen Situationen ist es immer aufschlussreich, den Reisebegleiter zu beobachten. Zunächst entspannt und träumend aus dem Fenster schauend, greift er plötzlich nach der vor ihm steckenden Zeitung. Geistesabwesend blättert er darin herum. Zwischendurch wirft er abwechselnd einen irritierten Blick aus dem Fenster, dann auf seine ihm anvertrauten Schäfchen. Haben sie schon etwas bemerkt oder sind sie vielleicht sogar schon abgesprungen? Dann wieder die erlernte Disziplin: gerade sitzen, Angst aus den Augen wischen und nur nichts anmerken lassen, krisenfest bleiben! Weitere zehn unruhige Minuten Flug durch dunkle, teils von Blitzen erhellte Wolken und Dunst liegen noch vor uns, bis plötzlich verschwommen die angebliche Landebahn auftaucht. Diese Bezeichnung dürfte allerdings nicht ganz richtig sein, denn sie ähnelt mehr einem breiten Fluss oder einer Wasserstraße in Venedig, doch wir sind dummerweise kein Schiff, sondern ein Flugzeug.

Dieser Unterschied macht sich auch schneller als gedacht bemerkbar. Es folgt eine ausgesprochen gefährliche »Wasserlandung«. Das Flugzeug schlittert mit rasender Geschwindigkeit unkontrolliert bis an die Begrenzung der Rollbahn. Dampfwolken umhüllen die Reifen. Alles fliegt durcheinander. Man hat plötzlich Flugbegleiter, fremdes Gepäck und Frühlingsrollen mit Fischsauce auf dem Schoß. So gefährlich diese Landung auch war, die Möglichkeit, einen anderen Flughafen anzufliegen, bestand eh nicht mehr. Der Sprit war bis zum allerletzten Tropfen verbraucht. Künstlerpech! Kerosin ist eben teuer – und die Dauer eines Unwetters nicht zu planen.

Nach so viel Abenteuer haben wir nun etwas Ruhe verdient. Nha Trang ist neben seinen Sehenswürdigkeiten hauptsächlich durch seine kilometerlangen Palmen bewachsenen, traumhaften weißen Strände und das glasklare, türkis leuchtende Südchinesische Meer bekannt, das zum Tauchen und Schnorcheln einlädt. Manche nennen die Stadt mit ihren gemütlichen Strandcafés und Restaurants, in denen man fangfrischen Tintenfisch, Hummer, Thunfisch, Barsch und Garnelen essen kann, auch das »Nizza« Vietnams.

Sitzt man abends auf der Strandpromenade, kann man beobachten, wie die Fischer stehend, in runden, etwa zwei Meter breiten Korbbooten (Thung Chai – Tung = Korb, Chai = Harz), von der Küste zu ihren Booten hinaus aufs Meer fahren. Bis zu fünf Personen haben in solchen Booten Platz, die aus Bambusstreifen geflochten und mit Harz beschichtet sind. Bambus ist flexibel und sehr widerstandsfähig. Außerdem lassen sich Korbboote aus diesem Material leichter fahren als die schwereren Holzboote. Um eine Haltbarkeit von rund acht Jahren zu gewährleisten, müssen sie allerdings immer wieder neu geteert und gut gepflegt werden, denn für ein neues Boot wären wieder gut drei Monatsgehälter zu investieren.

Auf dem Weg zu den zwischen dem 7. und 12. Jahrhundert errichteten Po Nagar Cham-Türmen, die auf einem Granithügel stehen, genießen wir von einer Brücke aus den herrlichen Ausblick über die Mündung des Chai-Flusses und das bunte Treiben im Hafen. Viele blau lackierte Fischerboote wirken wie Farbtupfer auf dem in der Sonne wie ausgeschüttetes Silber glitzernden Meer.

Wer seinen Lebensunterhalt nicht durch Fischfang verdient, kann seine Erwerbsquellen mit Agrarprodukten wie dem Anbau von tropischen Früchten, Sesam, Cashew- und Kokosnüssen oder in der Salzgewinnung finden. Des Weiteren ist Vietnam der zweitgrößte Kaffeelieferant der Welt.

Einen kleinen Abstecher in die Marmorberge sollte man sich in Vietnam nicht entgehen lassen. Schon aus der Ferne entdeckt man die fünf sich plötzlich aus der Ebene erhebenden, bizarr geformten und bewachsenen Marmorhügel, die die fünf Elemente symbolisieren: Erde (Tho Son), Metall/Gold (Kim So), Feuer (Hoa Son), Holz (Moc Son) und Wasser (Thuy Son). An diesem beliebten Ausflugsort spucken zahlreiche Busse Unmengen an Touristen aus. Schnell ist man von Bettlern, Souvenir-, Getränkehändlern sowie Kindern umringt. Viele der Kinder, mit Fackeln und Taschenlampen bewaffnet, bieten ihre Dienste als Höhlenführer an und man merkt schnell, dass sie Winkel kennen, in die man alleine nie gelangt wäre. Von oben hat man einen grandiosen Blick über die sanfte Landschaft und die in der Sonne wie Spiegel glänzenden Reisfelder.

Die Erinnerung an den Krieg holt uns wieder ein: Die Hügel sind von unzähligen Höhlen und Tunnelgängen durchzogen. In ihnen stößt man auf Stalaktiten, Buddhastatuen, Reliefs, Schreine, alte Inschriften, aber auch auf Felsen und Tore mit Einschusslöchern. In der Huyen-Khong-Höhle, in die durch eine Öffnung das Tageslicht fällt, befand sich ein vollkommen eingerichtetes Lazarett der Vietcong, denn die Berge waren ein ideales, unübersichtliches Versteck.

Geradezu unglaublich: In Sichtweite, an den unberührten, endlos weißen Stränden des China Beach erholten sich die amerikanischen Soldaten, nichts Böses ahnend, von ihren Einsätzen. Von dort führt uns der Weg durch die wunderschönen Landschaften des Zentralen Hochlandes, nach Da Lat. Eine reizende kleine Stadt, die auch als »Stadt des ewigen Frühlings«, »la petite Paris« oder »Stadt der Künstler« bezeichnet wird. Sie liegt 1475 Meter hoch. Nach der drückenden Hitze der Ebene lädt sie mit ihren angenehm kühlen 25° C, vielen Seen, Wasserfällen, Rosengärten und Parks zur Erholung ein. An der Nordseite des malerisch gelegenen Xuan-Huong-Sees befindet sich ein über 50 Hektar großer Golfplatz, der viele Japaner anzieht und auch für internationale Tuniere geeignet ist. Außerhalb der Stadt erstrecken sich viele Blumen- und Gemüsefelder. Das frische Gemüse, die farbenfrohen und duftenden Schnittblumen wie Orchideen, Fuchsien, Hortensien und Rosen werden später auf dem bunten, 1958 errichteten, teils überdachten Hauptmarkt verkauft. In kleinen Betrieben werden Raupen zur Seidengewinnung gezüchtet. Zum Glück blieb Da Lat weitgehend von den Kriegseinwirkungen verschont, man spricht sogar davon, dass sich dort reiche Vietname-

sen und Vietcongs in ihren Jugendstilvillen erholten, während in anderen Teilen des Landes der Krieg tobte.
So kann man noch heute zahlreiche Sehenswürdigkeiten bewundern: Pagoden, die Kathedrale, die erste, in den 20er-Jahren erbaute christliche Kirche, das Kloster Domaine de Marie, die Residenz des früheren französischen Generalgouverneurs und den Sommerpalast des Kaisers Bao Dais, der von 1926 bis 1945 regierte.
Nach dieser erholsamen Verschnaufpause wirkt Ho-Chi-Minh-City (Saigon) wie ein Hexenkessel und Kulturschock. In der 4-Millionen-Metropole spürt man am besten, wie sehr sich das Land im Aufschwung befindet. Im »Paris des Ostens« regiert der Dollar, hier herrscht Weltstadtatmosphäre. Alles ist in Bewegung, voller Energie, Fröhlichkeit und Fleiß. Die Stadt verändert sich ständig. Straßenmärkte, Cafés, Boutiquen, kleine Läden, Werkstätten und Kneipen wechseln sich ebenso ab wie Armut und Reichtum. Unmengen von Händlern bieten auf den Straßen alles an, was sich irgendwie verkaufen lässt. Niemand fragt danach, ob die Ware geschmuggelt, gefälscht oder kopiert ist. Täglich werden neue Luxushotels, Restaurants, Internet-Cafés, Pubs, Shoppingcenter mit luxuriösen Designerboutiquen und Hochhäuser aus der Erde gestampft. Überall sieht man riesige Leuchtreklametafeln von BMW, Hitachi, Pepsi und anderen weltweit bekannten Konsumgütern. In den Läden kann man alles kaufen, was das Herz begehrt – von Nudelsuppe bis hin zu Hightechgeräten. Doch so groß die westlichen Einflüsse auch sein mögen, das Leben findet auch hier bunt und laut, erfüllt mit dem Duft von Räucherstäbchen, auf der Straße statt. Jede Straße und Gasse ähnelt einem Markt, jede noch so kleine Wohnung einem bunten Warenlager. Ausländer dürfen nur mit vietnamesischen Partnern, die mindestens 51 % Geschäftsanteile haben, ein Unternehmen gründen. Grundstücke können nur von Vietnamesen erworben werden, doch das Wirtschaftswachstum steht dem Chinas kaum mehr nach.
Tagsüber ist die Stadt für Lkws gesperrt. Eine äußerst vernünftige Entscheidung, denn Zehntausende von knatternden Autos,

Dreiradvehikel, Bienenschwärme von Mopeds und über 2 Millionen Fahrräder verstopfen bereits die Straßen. Man hat das Gefühl, als seien alle fahrbaren Untersätze Saigons gleichzeitig unterwegs. Zusätzlich strömen Menschenmassen in die Stadt, um meist schlecht bezahlter Arbeit nachzugehen.
Alle französischen Straßennamen wurden durch vietnamesische ersetzt. An die vergangenen Kolonialzeiten erinnern nur noch die stuckverzierten Fassaden des Rathauses (zwischen 1901 und 1908 erbaut), die Post, das renovierte Hotels Continental (hier spielte ein Teil von Graham Greens Roman: »Der stille Amerikaner«) und elegante Kolonialhäuser. Der Sonnenuntergang lässt sich mit einem tropischen Cocktail auf der wunderschönen Dachterrasse im 5. Stock des eleganten Hotels *Rex* genießen. Umgeben von zwitschernden Vögeln in Käfigen und tropischen Pflanzen hat man von dort einen herrlichen Blick über die Stadt.
Die um 1880 erbaute Kathedrale Notre Dame mit ihren 40 m hohen, quadratischen Türmen, die ebensogut irgendwo an der Loire stehen könnte, die schönen schattigen Parks und breiten Alleen verbreiten das Flair vergangener Zeiten. Ebenso prägen Moscheen, unzählige Tempel und wunderschöne Pagoden das Stadtbild. Besonders reizvoll finde ich die in der Nähe des Zentrums gelegene Phung Son Tu-Pagode. Sie wurde von den Fujian Chinesen in den 40er-Jahren erbaut. Hier verehrt man Ong Bon, den Wächter des Glücks und der Tugend. Seine Statue steht hinter dem Hauptaltar, gleich neben der vielarmigen buddhistischen Göttin der Barmherzigkeit. Doch die ganz besondere Atmosphäre entsteht durch die andächtige Stille und den Duft der unzähligen, riesigen Räucherspiralen, die von der Decke baumeln und deren Enden stundenlang vor sich hinglimmen. Er setzt sich in der Nase fest, benebelt die Gefühle und übt eine verzaubernde Wirkung aus.
Am Nachmittag besuchen wir eine Fabrik, in der wunderschöne Lackarbeiten hergestellt werden. Gleich, ob Möbel, Vasen, Schalen, Bilder, am liebsten hätte man alles mitgenommen. Schon im 15. Jahrhundert gelangte die Kunst der Lackarbeit von China

nach Vietnam und wurde seither immer mehr verfeinert. Die bezaubernden Lackarbeiten haben ihren Preis, sind jedoch, gemessen am Arbeitsaufwand, nicht zu teuer. Der Lack, ein Harz des Son-Baumes, ist ursprünglich milchig weiß. Schwarze Farbe erhält man durch die Beimischung eines weiteren Harzes, braune durch die Flügel von Schaben. Der Holzgegenstand, der lackiert werden soll, muss einen gut vorbereiteten Untergrund haben. Danach werden nacheinander zehn Lackschichten aufgetragen. Jede von ihnen muss eine Woche lang trocknen und danach sorgfältig geschmirgelt werden. Zuletzt kommt eine extrafeine Lackschicht darüber, die mit Kalktünche und Kohlepulver auf Hochglanz gebracht wird. Als Verzierung werden die unterschiedlichsten Muster eingraviert. Es entstehen Bilder aus bunten Farben, veredelt mit aufgemaltem Gold- oder Silberstaub oder aber Intarsienarbeiten mit eingelegtem Perlmutt und zerkleinerten Eierschalenplättchen. All das ist in den kleinen, heißen Räumen eine mühselige Arbeit, bei der einem schon nach kurzer Zeit durch die Gerüche und Ausdünstungen der Lacke die Sinne zu schwinden drohen. Schweißgebadet sehnt man sich schnell nach frischer Luft.

Unsere geplante Weiterfahrt von Ho-Che-Minh-City in das Mekong-Delta bereitete uns noch etwas Sorge. Dort wüteten nämlich gerade die größten Überschwemmungen seit 20 Jahren mit bereits vielen zu beklagenden Todesopfern. Man sagt, dass besonders durch die großen Abholzungen in Kambodscha das Gleichgewicht des großen Stromes empfindlich gestört worden sei. Auf ein weiteres Überlebenstraining im Hochwasser waren wir eigentlich nicht mehr wild, jedoch man versicherte uns, dass die Gegend, die wir bereisen wollten, die am wenigsten betroffene sei, was auch immer man hier darunter verstehen mag ...

Es stimmt, denn in unserem Hotel steht das Wasser noch nicht im Zimmer, der Mekong-Fluss schwappt bei jeder Welle lediglich leicht über den Balkon. Vorsichtshalber beobachten wir aber die Lage, wie in Hué bereits erprobt, jede Stunde, auch nachts, um nicht morgens als Wasserleiche im Bett zu schwimmen.

Das Mekong-Delta gleicht einem nicht endenden See, unterbro-

chen von noch vereinzelt sichtbaren Straßen, halb im Wasser versunkenen Hütten, Dörfer und Palmen. Der Mekong, in Vietnam »Fluss der neun Drachen« (Song Cuu Long) genannt, ist einer der größten Ströme der Erde. Er entspringt im ewigen Eis des tibetischen Hochlands, fließt durch China, bildet die Grenze zu Myanmar und Laos, durchquert Laos, Kambodscha. In Vietnam endet er in einem riesigen Delta, gebildet aus zwei größeren Armen und einem Gewirr aus Tausenden von kleinen Kanälen, im chinesischen Meer.
Hier, am Ende des 4500 km langen Stromes, liegt die Korn- und Reiskammer des Landes. Bis zu drei Reisernten sind jährlich möglich. Die Vegetation ist traumhaft und vielfältig. Wasserbüffel ziehen alte Holzpflüge über die Felder, Kinder treiben gackernde, schnatternde Gänse und quietschende Schweine vor sich her. Die Flussufer werden von Papaya-, Mango-, Bananen-, Drachenfrucht-, Melonen-, Guave- und Orangenplantagen eingerahmt. Dazwischen immer wieder kleine Hütten aus Bambus, wacklige Stege, Palmen und riskant schwingende Hängebrücken. Auf den Wellen schaukeln unzählige Wasserhyazinthen beschaulich vor sich hin. Alles wirkt wie ein kleines Paradies.
Doch wehe, der große Strom tritt über die Ufer! Dann beginnen die Schattenseiten dieses kleinen Schlaraffenlandes und der Überlebenskampf der Einwohner gegen die Fluten, die oft ganze Familienexistenzen vernichten. Jedoch, mit einem zähneknirschenden Lächeln, fügen sie sich ihrem Schicksal und sind schon glücklich, wenn sie nur Hab und Gut und nicht noch ihr Leben dabei verlieren.
Ein großer Teil des pulsierenden Lebens spielt sich auf den Flüssen, Kanälen und Wassergräben ab. Auf ihm transportieren Hunderte von großen und kleinen Schiffen ihre Ware. Auf den schwimmenden Supermärkten erlebt man ein unbeschreiblich faszinierendes, buntes Treiben. Umgeben von unzähligen, oft liebevoll bemalten oder auch renovierungsbedürftigen Booten und Shampas, wird man von exotischen Gerüchen eingenebelt. Laut dröhnende Popmusik, gemischt mit einheimischen Klängen, reißt einen gelegentlich aus den Träumen. Alles, was sich irgendwie

zu einem flusstauglichen Gefährt umfunktionieren lässt, schaukelt in den dunklen Fluten. Kleine Flöße aus Bambusstangen mit puppenhausähnlichen Aufbauten schippern vorbei. Oft liegen die Kapitäne gemütlich, eine Zigarette im Mundwinkel, auf dem Rücken und bewegen die Ruder lässig mit den Füßen. An manchem Schiffsbug entdeckt man ein aufgemaltes Auge. Man sagt, es soll helfen, den Weg besser zu finden – ein billiges Navigationssystem also, man muss nur fest daran glauben!

Mit dem nicht sehr appetitlich aussehenden Flusswasser wird gewaschen, gekocht und geputzt – von den Booten, Kochtöpfen bis hin zu den Füßen, vom Babypo bis zu den Zähnen.

Unsere Urlaubstage neigen sich dem Ende entgegen, und der Abschied von diesem bezaubernden Land, das nie seine Identität aufgegeben, sondern fremde Einflüsse angenommen und genutzt hat, fällt uns schwer. Trotz all der kleinen vermeidbaren und unvermeidlichen Unzulänglichkeiten ist Vietnam eines der faszinierendsten Länder, die wir bisher bereist haben.

Ich kann nur jedem, der an diesem Land interessiert ist, raten hinzufahren, bevor auch hier eines Tages, wie in vielen anderen Ländern dieser Welt, der Zauber und die Ursprünglichkeit ganz verloren gegangen sind. Es ist ein Land im Aufschwung und Aufbruch, voller Gegensätze, jedoch verbunden mit einem einmaligen, optimistischen Lebensgefühl. Ein Land zwischen Kommunismus und Konsumdenken, ein Mix aus traditioneller und neuer, moderner Welt.

Zurückgekehrt mit einem Koffer voller unvergesslicher Erlebnisse, konnte ich hier nur einen kleinen Teil der Reise erzählen. Vielleicht hat es trotzdem ein wenig Spaß gemacht, dieses bezaubernde Märchenland in Gedanken mit mir zu bereisen.

... und haben Sie Ihr Traumziel schon entdeckt?

Wenn ja, dann packen Sie ganz schnell Ihren Koffer und werfen alles hinein, was Sie für eine lange Reise brauchen. Machen Sie sich keine allzu großen Gedanken, denn Sie werden sowie so immer das dabei haben, was Sie gerade nicht benötigen, zum Beispiel:

- eine Mausefalle und Mückentod gegen unliebsame Untermieter,
- einen Höhenmesser, damit Sie wissen, wie lange Sie noch Luft bekommen,
- einen Spazierstock, damit Sie nicht umfallen,
- eine Brieftaube, falls Sie keine Briefmarken für den versprochenen Gruß an Ihre Lieben daheim bekommen,
- Haltegriffe für einen sicheren Stand im Plumpsklo
- oder vielleicht Rizinusöl
- oder das Gegenteil – für entspannende Momente.

Vergessen Sie aber nicht, im Koffer ein kleines Fleckchen frei zu lassen, damit Sie dort später all Ihre unvergesslichen Erinnerungen hineinlegen können!

GUTE REISE!

Printed in Poland
by Amazon Fulfillment
Poland Sp. z o.o., Wrocław

70162943R00148

DAS KOCHBUCH DER NATIONALGERICHTE

Eine kulinarische Weltreise mit traditionellen Rezepten aus aller Welt

Nelson Mané

Bei Anmerkungen und Fragen:

info.buch@gmx.de

Das Kochbuch der Nationalgerichte
Eine kulinarische Weltreise mit traditionellen Rezepten aus aller Welt

1.Auflage Juli 2019

Autor: Nelson Mané
Wenneberg 14, 48653 Coesfeld

Haftungsausschluss – Dieses Rezeptbuch habe ich sorgfältig und umfangreich recherchiert. Dennoch können die in diesem Buch enthaltenen Rezepte fehlerhaft oder unvollständig sein. Ob und wie die Rezepte in diesem Buch umgesetzt werden, liegt daher ganz allein in der Verantwortung und dem Risiko des Lesers. Für Schäden, die aus der Anwendung der Rezepte dieses Buches resultieren, kann daher keine Haftung übernommen werden.

Covergestaltung: Thier/canva.com
Coverfoto: www.cancva.com
Fotos: www.pixabay.com

ISBN: 9781082044250
Imprint: Independently published

*“Reisen macht einen bescheiden.
Man erkennt, welch kleinen Platz man
in der Welt besetzt.“*

Gustave Flaubert

VORWORT

Nationalgerichte sind immer Teil der Landschaft und Kultur, in der sie entstanden sind. Diese Gerichte sind nicht zwangsläufig die raffiniertesten Speisen oder bestehen aus teuren bzw. edelsten Zutaten sondern, werden in der Regel, von allen in der Region lebenden Menschen, auf Grund ihrer Verfügbarkeit und der allgemeinen Beliebtheit wegen, oft und gerne gegessen. Die Entstehung dieser national typischen Gerichte, war immer und ist auch heute noch gebunden an die Einbringung und schnelle Verarbeitung, der in der Region geernteten Feldfrüchte oder anderer landwirtschaftlicher Produkte, welche umgehend haltbar gemacht, zur weiteren Herstellung qualitativ hochwertiger Lebensmittel eingesetzt wurden oder schnellstmöglich verbraucht werden sollten.

In der vorindustriellen Gesellschaft, in welcher die meisten dieser Gerichte entstanden, war die Ernteeinbringung, sowie die damit verbundenen Feierlichkeiten, die einzige Zeit im Jahr, in der allen beteiligten Menschen Arbeit und demzufolge auch frisch verarbeitete bzw. geerntete Lebensmittel in hoher Qualität und oft, in fast unbegrenzten Mengen zur Verfügung standen. Alle wurden satt, alle lagerten Feldfrüchte und weitere Nahrungsmittel für den Winter ein. Durch das nur kurzzeitige Überangebot an Feldfrüchten, Getreide oder tierischen Lebensmitteln entstand ein hoher

Druck, die leicht verderblichen Nahrungsmittel schnell zu verbrauchen oder wenn möglich, langfristig zu konservieren. So entstanden die uns heute wohlbekannten nationalen Gerichte, welche meist von Hausfrauen, aus reiner Sorge um den Verlust der Ernte, erdacht, probiert, verworfen und wieder zusammengestellt wurden. Der Zweck heiligte die Mittel und durch das übergroße Angebot an Nahrung, wurde in den Küchen der Menschen experimentiert, verarbeitet und haltbar gemacht, was sich bearbeiten ließ. Diese Experimentierfreudigkeit unserer weiblichen Vorfahren, ihre Liebe zum guten Essen und die ständige Suche nach den bestmöglichen Methoden der Konservierung erhaltenden Weiterverarbeitung von Lebensmitteln, haben uns einige der besten Gerichte und viele regional sehr beliebte Speisen und außerordentliche Rezeptideen geschenkt, welche sich teilweise schon hunderte von Jahren, nicht nur in Ihren Heimatländern aller größter Beliebtheit erfreuen.

Mit diesem Rezeptbuch möchten wir Sie auf eine Weltreise einladen, die ausgehend von der Karibik, die ganze Welt einmal kulinarisch umrundet und auf Tahiti, im pazifischen Ozean mit einem wohlschmeckenden landestypischen Cocktail endet. Vorstellen werden wir ausschließlich Nationalgerichte der von uns besuchten Länder, welche ständig, überall, regelmäßig und gerne gegessen bzw. zubereitet werden. Die ganz „großen", weltbekannten Küchen, wie Italien, Frankreich, China oder Indien (sowie einige andere), wurden von uns daher bewusst ausgelassen, da der Genuss dieser (feinen) Speisen, in einem Restaurant fast jeder deutschen Kleinstadt, heute leicht möglich ist. Aus diesem Grund haben wir für Sie 75 typische, ausschließlich nationale Gerichte aus 25 verschiedenen Staaten ausgewählt, welche fast immer einfach zuzubereiten sind, keine extravaganten Zutaten benötigen aber in ihren Heimatregionen regelmässig gekocht und täglich, von sehr, sehr vielen Menschen verzehrt werden.

Viele der aufgeführten Speisen, sowie die kulinarische Tradition ihrer Heimatländer sind im deutsch sprachigem Raum so gut wie unbekannt, werden nur selten zubereitet oder in Restaurants angeboten. Mit diesem Rezeptbuch möchten wir Sie anregen, die hier zusammengestellten, köstlichen Nationalgerichte, verschiedenster Nationen, rund um die Welt

auszuprobieren und bei Gefallen, in Ihren persönlichen Speiseplan zu integrieren. Die Unterteilung der jeweiligen Gerichte wurde in Vor-, Haupt- und Nachspeisen gegliedert, sodass Sie, nach Belieben, einen ganzen Tag auf japanisch, polnisch oder marokkanisch, kochen, backen oder speisen können. Im Anhang des Buches finden Sie unter Anmerkungen, die nötigen Erläuterungen bzw. Rezepte, für die im Text oder Rezeptteil markierten, benötigten Gewürze, Gewürzmischungen, Inhaltsangaben oder Lebensmittel. Uns bleibt an dieser Stelle nur noch, ihnen eine wunderschöne und wohlschmeckende Reise um die Welt zu wünschen und uns herzlich für das entgegengebrachte Interesse zu bedanken. Des Weiteren wünschen wir Ihnen einen guten Appetit sowie viel Spass beim nachkochen und geniessen dieser ausgesucht, wohlschmeckenden Nationalgerichte.

Ihr Nelson Mané

AMERIKA

JAMAIKA

Amtssprache	Englisch
Hauptstadt	Kingston
Staatsform	Parlamentarische Monarchie
Staatsoberhaupt	Königin Elisabeth II. vertreten durch Generalgouverneur Patrick Allen
Regierungschef	Premierminister Andrew Holness
Fläche	10.991 km²
Einwohnerzahl	2,9 Mio

Jamaika

-PUMPKINSOUP-

(Kübissuppe)

VORSPEISE

ZUTATEN FÜR 4 PORTIONEN:

✓ 1 kg Kürbis, orange	✓ 500 ml Hühnerbrühe
✓ 1 Knollensellerie	✓ 300 ml Sahne
✓ 1 großen Apfel	✓ 1 EL Butter
✓ 1 Möhre	✓ 2 Lorbeerblätter
✓ 1 Zwiebel	✓ ½ TL Ingwerpulver
✓ 2 Zehen Knoblauch	✓ 1 TL Zucker
✓ 2 rote Chili	✓ 1 TL Tandorri Masala
✓ 1 Zitrone	✓ Salz
✓ 1 Bund Schnittlauch	

ZUBEREITUNG:

1. Den Kürbis halbieren, ggf. teilen, schälen, danach Kerne und das weiche Kerngehäuse restlos entfernen. Danach werden die Kürbisstücke in fingerdicke Würfel geschnitten. Jetzt wird das Kerngehäuse des Apfels restlos entfernt, danach die Frucht gewaschen und anschließend in kleine Würfel zerteilt. Nun die Zwiebel und den Knoblauch schälen, die Zwiebel würfeln, den Knoblauch fein hacken. Den Sellerie und die Möhre ebenfalls putzen, waschen und würfeln. Jetzt die roten Chilischoten putzen, dabei Stielansatz und Kerne entfernen, dann waschen und fein hacken.

2. Die Butter in einem geeigneten Topf auslassen und darin, bei schwacher Hitze, die Chilischoten, sowie das vorbereitete Gemüse (außer den Kürbis & Apfel) leicht anbraten. Nach dem Anbraten wird mit der Brühe abgelöscht und das Ingwerpulver sowie der Lorbeer dazugegeben. Danach die Kürbisstücke und den vorbereiteten Apfel in den Topf geben, dann im geschlossenen Topf, bei schwacher Hitze die Suppe für 20 Minuten leicht köcheln lassen.

3. Nach dem Kochprozess den Lorbeer herausnehmen, die Sahne in die Suppe einrühren und mit dem Pürierstab so lange pürieren, bis eine gleichmäßige, homogene Suppenkonsistenz entstanden ist. schlussendlich wird mit Tandori Masala, Zitronensaft, Zucker und Salz gewürzt, die Suppe abgeschmeckt und auf Tellern angerichtet. Bitte jetzt mit dem gehackten Schnittlauch garnieren und heiß servieren.

Wird auf Jamaika als Vorspeise oder Zwischenmalzeit mit Baguette oder Weißbrot gegessen.

Jamaika

-JERK CHICKEN-

(scharfes Hähnchen)

HAUPTSPEISE

ZUTATEN FÜR 4 PORTIONEN:

✓ 700 g Hähnchenbrustfilet	*Für die Marinade*
✓ 2 Zwiebeln	✓ 1,25 TL Thymian
✓ 4 Chilischoten	✓ ¾ TL Muskatnuss
✓ 50 g Ingwer	✓ 1,25 TL gemahlener Zimt
✓ 4 Zehen Knoblauch	✓ ¾ TL Nelkenpulver
✓ 3 kleine rote Paprika	✓ 1,25 TL Piment
✓ 1,5 TL geriebene Bio-Limettenschale	✓ 3 TL frisch gepresster Limettensaft
✓ 3 TL Öl	

ZUBEREITUNG:

Das Gericht kann auch auf dem Grill zubereitet werden!

1. Die Zwiebeln und den Knoblauch schälen, danach beides in kleine Würfel schneiden. Den Ingwer schälen und fein reiben. Dann den Limettensaft mit dem Knoblauch, Ingwer, den vorbereiteten Zwiebeln, sowie allen, für die Marinade nötigen Gewürze, gründlich vermischen.

2. Die Hähnchenbrustfilets „putzen", waschen, abtrocknen und danach in einem geeigneten Gefäß, in die vorbereitete Marinade legen, dann im Kühlschrank abgedeckt für etwa 24 Stunden durchziehen lassen. Das Fleisch muss vollständig von der Marinade bedeckt sein.

3. Heizen Sie den Backofen auf 180°C vor.

4. Die Paprikaschoten putzen, das Kerngehäuse und evtl. Kerne vollständig entfernen, dann die Frucht der Länge nach in Streifen schneiden. Die Chilischoten gut waschen und abtrocknen.

5. Öl in einer Pfanne erhitzen und darin die marinierten Hähnchenfilets scharf anbraten. Die angebratenen Hähnchenteile werden nun in eine Auflaufform umgefüllt und die vorbereiteten Paprikastreifen sowie die ganzen Chilischoten hinzugegeben. Jetzt für etwa 10 – 15 Minuten bei 180°C im Ofen backen. Vor dem servieren die Hähnchenfilets mit der geriebenen Limettenschale überstreuen.

Wird auf Jamaika traditionell mit Reis und/oder Salat serviert.

Jamaika

-PECA/BANANA CAKE-

(Bananen/Nuss Kuchen)

NACHSPEISE

ZUTATEN FÜR 4 PORTIONEN:

✓ 3 Bananen, überreif	✓ 3 TL Backpulver
✓ 200 g Zucker	✓ 1 TL Speisenatron
✓ 120 g Butter	✓ 1 TL Zimt
✓ 350 ml Milch	✓ ¼ TL Muskatnuss
✓ 2 Eier	✓ 150 g Pekannuss (amerikanische Walnuss)
✓ 500 g Mehl	✓ 1 Prise Salz

ZUBEREITUNG:

1. Vermischen Sie zuerst Mehl, Natron, das Backpulver, Muskat, Zimt und das Salz in einer geeigneten Schüssel.

2. Heizen Sie den Ofen auf 180°C vor und fetten Sie eine Springform (D: 28) gleichmäßig ein.

3. Die Pekannüsse schälen, danach etwa 100g in einem Mörser zermahlen oder fein hacken. Die restlichen geschälten Nüsse zum späteren dekorieren aufbewahren. Die überreifen Bananen schälen und zu Mus zerdrücken.

4. Lassen Sie nun in einem Topf die Butter schmelzen und mischen Sie diese gründlich, mit den zerdrückten Bananen, den Eiern, dem Zucker und der Milch. Geben Sie diese Masse zu den trockenen Zutaten in die Schüssel und verrühren alles gründlich zu einem glatten Teig. Im Anschluss werden die gehackten Pekannüsse untergehoben und der Teig in die eingefettete Springform gegossen.

5. Den Kuchen im vorgeheizten Backofen bei 180°C für 45 Minuten appetitlich braun backen und nach dem Abkühlen mit Pekannuss hälften großzügig dekorieren.

Wird auf Jamaika zum Frühstück, zum nachmittäglichen Kaffee oder als Nachtisch gereicht.

„Enjoy your meal!“

KUBA

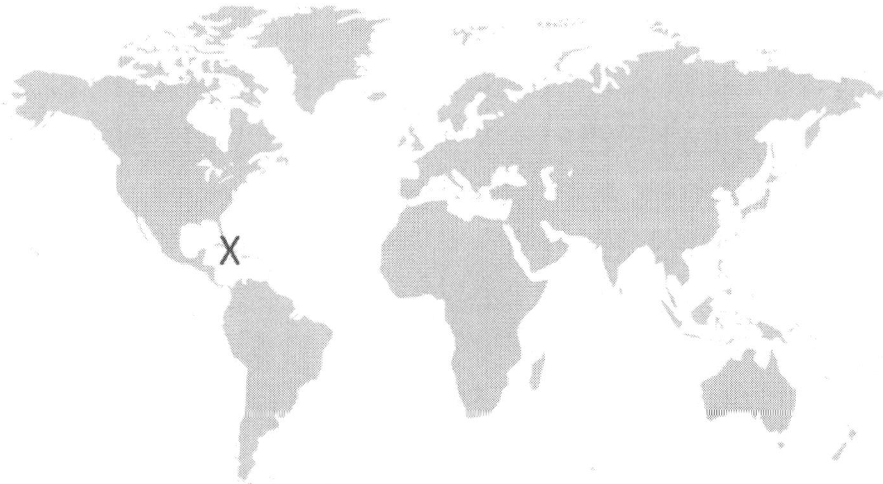

Amtssprache	Spanisch
Hauptstadt	Havanna
Staatsform	Republik
Regierungssystem	sozialistisches, autoritäres Einparteiensystem
Staatsoberhaupt	Präsident des Staatsrates Miguel Díaz-Canel
Regierungschef	Vorsitzender des Ministerrates Miguel Díaz-Canel
Fläche	109.884,01 km^2
Einwohnerzahl	11.239.224

Kuba

-CAMERONES ENCHILADOS-

(Chiligarnelen)

VORSPEISE

<u>ZUTATEN FÜR 4 PORTIONEN:</u>

✓ 500 g Garnelen, frisch oder tiefgefroren	✓ 1 EL Weinessig
✓ 1 grüne Paprika	✓ 1 TL Worcester Soße
✓ 1 Zwiebel	✓ 2 EL Pflanzenöl
✓ 2 Zehen Knoblauch	✓ 125 ml Weißwein
✓ 1 Glas eingelegte Paprikaschoten	✓ 1 Lorbeerblatt
✓ 5 – 6 Tomaten	✓ 1 Prise Chiliflocken
✓ 1 Bund Petersilie	✓ Salz und Pfeffer

ZUBEREITUNG:

1. Die Paprikaschote waschen, abtrocknen, den Stielansatz und die Kerne entfernen, danach die Frucht in feine Würfel schneiden. Die Knoblauchzehen und die Zwiebel schälen. Die Zwiebel ebenfalls in kleine Würfel schneiden, den Knoblauch fein hacken. Die Petersilie waschen, abtrocknen, dann fein hacken. Die eingelegten Paprikaschoten zuerst abtropfen lassen (wobei der Sud aufgefangen werden soll), danach fein würfeln. Die Tomaten waschen, den Stielansatz entfernen, dann schälen, und in kleine Würfel schneiden.

2. Jetzt wird das Öl in einer geeigneten Pfanne erhitzt und die Garnelen darin sehr kurz angebraten. Färben sich die Garnelen zart rosa, werden der Knoblauch, die Paprika- sowie Zwiebelwürfel hinzugefügt und unter gelegentlichem umrühren für 2 – 3 Minuten mitgedünstet.

3. Nun mit dem Weißwein ablöschen und diesen kurz einkochen lassen. Geben Sie dann die eingelegten Paprika einschließlich deren Sud, das Lorbeerblatt die vorbereiten Tomaten, den Essig, Worcester Soße und etwas Chili (nach Geschmack) dazu. Die Shrimps bei schwacher Hitze für etwa 20 Minuten köcheln lassen und anschließend mit Salz und Pfeffer abschmecken. Zum Schluss die gehackte Petersilie unterrühren und die „Camerones enchilados“ auf Tellern anrichten und servieren.

Wird auf Kuba als Vorspeise, Snack oder Zwischenmahlzeit mit Weißbrot oder Reis gereicht.

Kuba

-CHANCHO CARIBEÑO-

(karibischer Schweinebraten)

HAUPTSPEISE

ZUTATEN FÜR 4 PORTIONEN:

✓ 1250 g Schweinebraten	✓ 150 ml trockener Sherry oder Weißwein
✓ 2 Zehen Knoblauch	✓ 1 1/3 TL Kreuzkümmel
✓ 1,5 EL Olivenöl	✓ 2/3 TL Oregano
✓ 150 ml Organgensaft	✓ 2/3 TL ganze Pfefferkörner
✓ 2 EL Zitronensaft	✓ 1 1/3 TL grobes Salz
✓ 2 EL Limettensaft	✓ etwas Küchenschnur zum zusammenbinden

ZUBEREITUNG:

1. Den Knoblauch schälen und fein hacken. Danach mit allen Gewürzen und Salz in einem Mörser zu einer feinen Paste zerreiben. Diese anschließend in eine geeignete Schüssel umfüllen. Jetzt den Cherry, das Olivenöl sowie den Orangen-, Zitronen- und Limettensaft dazu gießen und sehr gut durchmischen.

2. Nun wird das Fleisch in einem großen Gefrierbeutel gegeben, in diesen die vorbereitete Marinade eingefüllt und gut verschlossen für 20-24 Stunden im Kühlschrank zum Marinieren ruhen gelassen. Den Gefrierbeutel gelegentlich wenden.

3. Den Ofen auf 150°C vorheizen.

4. Ist der Braten nicht kompakt genug, sollte er mit einem ausreichend langem Stück Küchenschnur fixiert werden. Füllen Sie jetzt den Braten, einschließlich der Marinade in einen Schmortopf und lassen diesen bei geringer Hitze für etwa 3 Stunden garen. Wenn nötig etwas Brühe nachgießen.

5. Den Braten aus dem Schmortopf nehmen und kurz warm stellen. In der Zwischenzeit gießen Sie den Bratenfond mit Orangensaft auf und lassen diesen jetzt einmal leicht aufkochen.

6. Nun kann der Braten in Scheiben genschnitten werden. Diese auf Tellern anrichten, mit Soße übergießen und servieren.

Wird auf Kuba traditionell werden dazu frittierte Kochbananen, Reis oder Reis mit schwarzen Bohnen gereicht.

-CUBITOS DE COCO Y RON-

(Rum/Kokos Küchlein)

NACHSPEISE

ZUTATEN FÜR 4 PORTIONEN:

✓ 35 g Mehl	✓ 50 g dunkle Schokolade
✓ 35 g Zucker	✓ 1 Ei
✓ 50 g Puderzucker	✓ 1 – 2 EL Rum
✓ 70 g Butter	✓ 2 EL Kokosraspel

ZUBEREITUNG:

1. Den Ofen auf 180°C vorheizen und danach eine Kuchenform (etwa 20 x 20 cm) mit Backpapier auslegen.

2. Mit dem Handrührgerät werden nun das Ei und der Zucker, etwa 5 Minuten lang schaumig gerührt.

3. Jetzt 20 g Butter schmelzen lassen und zusammen mit dem Mehl und Rum gründlich unter die Zucker/Ei Masse rühren, bis ein glatter Teig entstanden ist.

4. Den Teig gleichmäßig in die vorbereitete Kuchenform gießen und dann für etwa 15 Minuten in der Mitte des Ofens backen. anschließend abkühlen lassen und den Kuchen in ca. 4 cm große Würfel schneiden.

5. Hacken Sie nun grob, die Schokolade und lassen diese bei schwacher Hitze, zusammen mit dem Puderzucker und der restlichen Butter, in einem Topf schmelzen. Gießen Sie jetzt die flüssige Schokolade über die Gebäckstücke und bestreuen Sie diese mit den Kokosraspeln. Gut abkühlen lassen und servieren.

„Buen provecho!“

VEREINIGTE STAATEN VON AMERIKA

Amtssprache	Englisch
Hauptstadt	Washington, D.C.
Staatsform	Föderale Republik
Regierungssystem	Präsidialsystem
Staatsoberhaupt, zugleich Regierungschef	Präsident Donald Trump
Fläche	9.826.675 km^2
Einwohnerzahl	327.774.344

Vereinigte Staaten von Amerika

–CORN ON THE COB–

(Gemüsemaiskolben)

VORSPEISE

<u>ZUTATEN FÜR 4 PORTIONEN.</u>

✓ 4 Gemüsemaiskolben, frisch/tiefgefroren	✓ 1 EL Butter
✓ 1 Priese Zucker	✓ Salz

–Corn on the cob-

ZUBEREITUNG:

1. Den Mais putzen und waschen, dann in reichlich kochendes Wasser, gewürzt mit einer Prise Zucker geben und zwischen 20 bis 30 Minuten kochen lassen. Je frischer der Mais, um so kürzer die Kochzeit!

2. Die Maiskolben aus dem Topf nehmen, abtropfen lassen und von allen Seiten mit Salz bestreuen. Danach die Kolben mit Butter bestreichen und heiß servieren.

Vereinigte Staaten von Amerika

-DOUBLE CHEESEBURGER - L.A. STYLE-

(Doppel Cheeseburger Los Angeles Art)

HAUPTSPEISE

ZUTATEN FÜR 4 PORTIONEN:

✓ 4 dunkle Mehrkorn-/	✓ 2 EL Olivenöl
Roggenbrötchen	✓ 8 Scheiben Cheddar
✓ 1 kg Rinderhackfleisch	✓ 1 EL Sesamsamen, geröstet
✓ 2 Tomaten	✓ 2 EL Mayonnaise
✓ 1 Schalotte	✓ 2 EL Ketchup
✓ 1 saure Gurke	✓ 1 Messerspitze Knoblauchgranulat
✓ 8 Blatt Kopfsalat	✓ Salz, Pfeffer & Paprikapulver
✓ ½ Bund Schnittlauch	✓ Optional 1-2 Spritzer Tabasco

ZUBEREITUNG:

1. Das Rinderhackfleisch mit Salz, Pfeffer Paprikapulver, Knoblauchgranulat und optional Tabasco würzen und gut miteinander vermischen. Bitte abdecken und 15 Minuten ziehen lassen.

2. Die Tomaten waschen, den Stielansatz entfernen und in dünne Scheiben schneiden. Die Schalotte schälen und in dünne Ringe schneiden. Der Salat wird gewaschen, abgetrocknet und in seine Blätter geteilt. Anschließend wird die Gewürzgurke ebenfalls in dünne Scheiben geschnitten.

3. Nun wird in einer kleinen Schüssel die Mayonnaise mit dem Ketchup und den Sesamsamen gemischt.

4. Formen Sie dann aus dem vorbereiteten Hackfleisch, 8 gleichmäßig große Hamburgerpatties. Erhitzen Sie danach das Olivenöl in einer Pfanne und braten Sie darin, bei hoher Temperatur und für etwa 2 Minuten je Seite, die Hamburger appetitlich braun.

5. Jetzt die heißen Hamburgerpatties mit dem Cheddar Käse belegen und für eine weitere Minute (bis zum Schmelzen des Käses) bei geringer Hitze weiterbraten lassen.

6. Die Roggenbrötchen halbieren, danach toasten, auf Tellern anrichten und die Unterseite großzügig mit der Mayonnaise-Ketchup Mischung bestreichen. Platzieren Sie auf dem Brötchen nun den Double Cheeseburger, welcher im Anschluss mit den Gewürzgurkenscheiben, danach Tomaten- und letztendlich Zwiebelscheiben belegt wird. Zum Schluss die Brötchenoberseite auflegen und diese mit einem Holzspießchen fixieren.

Wird in den USA mit Pommes Frites, Kartoffelchips oder frischem Salat gegessen.

Vereinigte Staaten von Amerika

-ORANGE CREAM PIE IN A GLASS-

(Orangencremedessert)

NACHSPEISE

ZUTATEN FÜR 4 PORTIONEN:

Für den Boden	*Für die Creme*
✓ 25 g Vollkornbutterkeks	✓ 1 Bio-Orange
✓ 10 g Mandelblättchen	✓ ½ Bio-Zitrone
✓ 8 g Butter	✓ 35 g Zucker
	✓ 200 ml Sahne
	✓ 1/3 Vanilleschote

ZUBEREITUNG:

1. Zuerst werden die Mandeln in einer Pfanne ohne Fett hellbraun geröstet. Diese nach dem Erkalten mit einem Messer fein hacken.

2. Geben Sie die Vollkornkekse in einen kleinen Plastikbeutel und zerkrümeln Sie diese mit Hilfe eines Nudelholzes. Anschließend werden die Kekskrümel mit den gehackten Mandeln und der zerlassenen Butter vermischt und diese Masse auf den Boden von Espressotassen/Gläsern (oder ähnlichen) verteilt. Mit dem Löffelrücken die Masse etwas an den Boden andrücken, danach im Kühlschrank lagern.

3. Reiben Sie nun vorsichtig die Schale (Zesten) einer halben Zitrone sowie einer dreiviertel Orange ab und pressen Sie anschließend den Saft der Früchte aus.

4. 85 ml Fruchtsaft mit den abgeriebenen Zesten und dem Zucker aufkochen. Das Gemisch wird in einem Topf bei mittlerer Hitze für 10 Minuten am Köcheln gehalten, bis sich eine Sirup-ähnliche Flüssigkeit ergibt.

5. Jetzt wird die Sahne hinzugefügt und bei geringer Hitze alles für weitere 10 Minuten köcheln gelassen, bis die gesamte Masse eindickt. Die Masse durch ein Sieb gießen und ohne Zesten gleichmäßig auf die gekühlten Espressotassen verteilen. 4 bis 6 Stunden kühlen. Vor dem Servieren mit Orangenscheiben garnieren.

„Have a nice Meal“

MEXIKO

Amtssprache	Spanisch, seit 2003 sind 62 indigene Sprachen in Mexiko als „Nationalsprachen" anerkannt
Hauptstadt	Mexiko-Stadt
Staatsform	Bundesrepublik
Regierungssystem	Präsidentielle Demokratie
Staatsoberhaupt, zugleich Regierungschef	Präsident Andrés Manuel López Obrador
Fläche	1.972.550 km²
Einwohnerzahl	124.574.795

-TORTILLA CHIPS & GUACAMOLE-

(Tortilla Chips & Guacamole)

VORSPEISE

ZUTATEN FÜR 4 PORTIONEN:

Für die Tortillas	*Für die Guacamole*
✓ 100 g Mehl	✓ 2 Avocado
✓ 120 g Maismehl	✓ 2 Tomate
✓ 150 ml Milch	✓ 1 Zwiebel
✓ 25 g Butter	✓ 1 Knoblauchzehe
✓ ½ TL g Cajun[i] Gewürzmischung	✓ Saft einer ½ Zitrone
	✓ 2 EL Naturjoghurt
	✓ Salz & Pfeffer

ZUBEREITUNG:

1. Die Avocados halbieren, den Kern entfernen und mit einem Löffel das Fruchtfleisch vollständig herauslösen. Danach zu einem groben Mus zerdrücken. Die Zitrone auspressen und den Saft über die Avocado gießen.

2. Die Tomaten waschen, die Kerngehäuse vollständig entfernen, Früchte anschließend würfeln. Den Knoblauch und die Zwiebel schälen, dann fein hacken.

3. Alle Zutaten und den Joghurt in einer Schüssel gleichmäßig miteinander verrühren, danach mit Salz und Pfeffer abschmecken.

4. Das Weizen- und Maismehl in einer geeigneten Schüssel, ggf. mit Hilfe eines Löffels miteinander sowie mit der Cajun Gewürzmischung sehr gut vermischen. In der Mitte der Schüssel wird eine tiefe Mulde geformt.

5. Die Milch (lauwarm) erwärmen und in die Mulde gießen. Anschließend die Butter in kleine Stücke schneiden und um den Muldenrand verteilen.

6. Der Teig wird nun mit Hilfe eines Löffels (auch Knetmaschine) zu einer gleichmäßigen Masse verknetet, welche nicht mehr kleben darf und der, nach Bedarf, mehr Weizenmehl untergemischt werden kann.

7. Danach den Teig ca. 2mm „dünn“ ausrollen und mit Hilfe eines Messers/Pizzaroller gleichmäßig große Dreiecke daraus schneiden. Diese auf ein, mit Backpapier ausgelegtes Backblech legen und mit der Gabel einmal in jedes Dreieck einstechen. Die Tortillas im vorgeheizten Backofen ca. 5 Minuten backen. Vorsicht, Tortilla Chips brennen sehr schnell an!

8. Die Guacamole mit Petersilie garnieren, in kleinen Schüsseln anrichten und mit den Tortilla-Chips servieren.

Mexiko

-MOLE POBLANO-

(Truthahn mit Schokolade)

HAUPTSPEISE

ZUTATEN FÜR 4 PORTIONEN:

✓ 800 g Truthahnfilet	✓ 600 ml Hühnerbrühe
✓ 50 g Chili (z.B.: Pasilla, Mulatos)	✓ 2 EL Butter
✓ 2 Tomaten	✓ 25 g Schokolade (mind. 70%)
✓ 1 Zwiebel	✓ 3 TL Sesam (geröstet)
✓ 2 Zehen Knoblauch	✓ 1 Priese Anissamen
✓ Saft einer halben Limette	✓ 3 Stück Gewürznelken
✓ 20 g Rosinen	✓ 1 TL Zimt
✓ 30 g Erdnüsse	✓ Salz & Pfeffer
✓ 30 g Mandeln	

ZUBEREITUNG:

1. Stellen Sie aus Hühnersuppenwürfeln (gemäß Packungsangabe) mindestens 600 ml Hühnerbrühe her.

2. Die Truthahnfilets werden gewaschen, vollständig geputzt und in der Hühnersuppe für etwa 10 Minuten bei geringer Hitze gekocht. Anschließend die angekochten Truthahnfilets abtropfen lassen und in einer Pfanne mit einem Esslöffel ausgelassener Butter, von allen Seiten kurz anbraten. Die Suppe abdecken und bei Seite stellen.

3. Erhitzen Sie nun wieder einen EL Butter in einer hohen Pfanne. Die Chilischoten waschen, abtrocknen und sehr klein schneiden, evtl. die Kerne entfernen. Bei Kontakt mit Chilischoten bitte immer Handschuhe tragen. Die zerkleinerten Chilischoten werden jetzt in der heißen Butter ganz kurz angeröstet, danach sofort aus der Pfanne genommen und dann in warmen Wasser für ca. 30 Minuten eingeweicht. Im Anschluss im Mixer pürieren.

4. Die Tomaten waschen, schälen, das Kerngehäuse entfernen und die Früchte in kleine Würfel schneiden. Die Zwiebeln und den Knoblauch ebenfalls schälen und fein hacken. Die genannten Zutaten werden jetzt mit dem vorbereiteten Chilimix (Chilies chipotles) vermischt, in einer Pfanne kurz angedünstet und danach im Mixer zu einer gleichmäßigen Masse püriert.

5. Zerstoßen Sie nun in einem Mörser die Pfefferkörner, danach Nelken, Erdnüsse und Mandeln. Vermengen Sie diese Zutaten jetzt mit dem Sesam, Anissamen und dem Zimt. Anschließend werden wenige Tropfen Öl in einer weiteren Pfanne erhitzt und darin die vorbereitete Gewürz-Nuss Mischung etwas angedünstet. Nach dem Abkühlen die Rosinen dazugeben und die Masse im Mixer glatt pürieren.

6. Alle bisher vorbereiteten oder pürierten Zutaten werden nun in einen geeigneten Topf gefüllt, mit Limettensaft übergossen und dann mit der verbliebenen Hühnersuppe aufgefüllt. Die Soße auf kleiner Flamme zum Köcheln bringen. Die Schokolade sehr fein hacken und langsam in die köchelnde Soße geben. Mindestens 5 Minuten unter ständigem Umrühren einkochen lassen, bis die Soße leicht dicklich wird.

7. Den Ofen auf 160°C vorheizen

8. Das Fleisch wird nun in einen Römertopf/Bräter gelegt und mit der Soße übergossen. Bei geringer Hitze und geschlossenem Deckel jetzt für etwa 20 – 30 Minuten leicht köcheln lassen. Von Zeit zu Zeit die Soße etwas umrühren und das Fleisch großzügig mit dieser übergießen.

9. Zum Schluss werden die Truthahnfilets aus dem Bräter genommen, mit Schokoladensoße übergossen, auf Tellern angerichtet und mit Sesamsamen garniert serviert.

Wird in Mexiko mit Reis und /oder frischem Salat/Tomatensalat gereicht.

Mexiko

-MANGO-COCORITAS-

(alkoholisches Mixgetränk)

NACHSPEISE

ZUTATEN FÜR 4 PORTIONEN.

✓ 9 cl Tequila (Blanco)	✓ 1-2 Limetten
✓ 3 cl Orangenlikör, klar	✓ 2 EL Agavensirup
✓ 350 ml Kokoswasser	✓ 1 große reife Mango

ZUBEREITUNG:

1. Das Kokoswasser in eine Eiswürfelform gießen und für etwa 2 Stunden im Gefrierfach vollständig gefrieren lassen.

2. Die Mango schälen, das Fruchtfleisch vom Kern lösen, dieses anschließend in kleine Stücke schneiden und in einen Mixer geben. Die Limette halbieren und den Saft einer Hälfte auspressen, danach über die Mango schütten.

3. Nun den Tequila, Agavensirup und Orangenlikör in den Mixer geben und alle Zutaten zu einer homogenen Masse verrühren. Im Anschluss geben Sie die Kokoswasser Eiswürfel dazu und mixen diese kurz unter das Mango Getränk.

4. In Gläsern anrichten und eiskalt servieren.

„Buen provecho!“

PERU

Amtssprache	Spanisch; *co-offiziell:* Quechua, Aimara
Hauptstadt	Lima
Staatsform	Republik
Regierungssystem	Semipräsidentielles System
Staatsoberhaupt	Staatspräsident Martín Vizcarra
Regierungschef	Premierminister Salvador del Solar
Fläche	1.285.216 km^2
Einwohnerzahl	31.237.385

Peru

-CHOCLO CON QUESO-

(Mais mit Käse)

VORSPEISE

ZUTATEN FÜR 4 PORTIONEN.

✓ 4 frische Gemüsemaiskolben	✓ 250 g Fetakäse /Schafskäse
✓ 4 EL Aji Amarillo Soße[ii] (gelber Chili)	

ZUBEREITUNG:

1. Die Schalen der Maiskolben vorsichtig entfernen und auf Tellern anrichten. Die geputzten Kolben werden mit einer Prise Zucker in reichlich Wasser zum Kochen gebracht. Maiskolben kochen, je nach Alter und Zustand zwischen 20 und 30 Minuten.

2. Den Fetakäse einmal längs halbieren, von jeder Hälfte schmale Streifen herunter schneiden und diese auf den Maiskolbenschalen platzieren.

3. Nun die fertigen Maiskolben in ein Sieb geben, gut abtropfen lassen, salzen und auf den zerkleinerten Fetakäse legen. Die scharfe Aji Amarillo Soße, nach Geschmack, über den Maiskolben gießen und diesen heiß servieren.

Peru

-CEVICHE DE PESCADO-

(Fischsuppe)

HAUPTSPEISE

ZUTATEN FÜR 4 PORTIONEN:

✓ 500 g Fischfilet, frisch/tiefgefroren	✓ 4 Limonen/Limetten
✓ 4 Schalotten	✓ 2 Handvoll Koriandergrün
✓ 2 Chilischoten, rot	✓ 2 Messerspitzen weißer Cayennepfeffer
✓ Salz & Pfeffer	

ZUBEREITUNG:

1. Zuerst muss der frische Fisch von allen Gräten befreit werden. Es eignen sich Goldbarsch, Rotbarsch und andere Weißfische. Tiefkühlware bitte vollständig auftauen lassen. Der entgrätete Fisch wird nun in Fingerglied-große Würfel geschnitten und in eine geeignete Schüssel gelegt.

2. Die Schalotten schälen und sehr klein schneiden. Die Chilischoten waschen, putzen, ggf. Kerne entfernen und ebenfalls sehr klein schneiden.

3. Die Limonen halbieren, den Saft auspressen und gleichmäßig über dem Fisch verteilen. Mit Cayennepfeffer, Pfeffer und Salz würzen, danach den Koriander blattweise auf dem Fisch verteilen. Für 2 Stunden abgedeckt im Kühlschrank durchziehen lassen, gelegentlich umrühren.

   Bei dieser Zubereitung wird der Fisch durch den Limonen-/Limettensaft gegart. Das Gericht wird nicht gekocht oder gebraten, sondern gut durchgezogen serviert! Bitte achten Sie unbedingt auf den Frischegrad des Fisches!

In Peru werden dazu Süß-, Pell- oder Salzkartoffeln gereicht.

Peru

-PASTEL DE PLATANO-

(Bananen-Pfannkuchen)

NACHSPEISE

<u>ZUTATEN FÜR 4 PORTIONEN.</u>

✓ 200 g Mehl	✓ Pflanzenöl
✓ 6 Bananen (sehr reif)	✓ ca. 8 EL Honig

ZUBEREITUNG:

1. Die sehr reifen/überreifen Bananen schälen und zerdrücken, bis eine zähflüssige Masse entsteht. Unter diese wird mit Hilfe einer Gabel möglichst viel Luft geschlagen.

2. Unter ständigem Rühren wird nun löffelweise das Mehl hinzugegeben und alles zu einem glatten, klumpen freien Teig verrührt, welcher eine Konsistenz, ähnlich der von Pfannkuchenteig besitzen soll. Bei Bedarf Mehl oder Banane dem Teig hinzufügen.

3. Erhitzen Sie nun reichlich Öl in einer beschichteten Pfanne und löffeln Sie, mit Hilfe einer Kelle, portionsweise den Teig in diese. Bei geringer Hitze werden die Bananen-Pfannkuchen nun von beiden Seiten goldbraun ausgebacken. Bitte mehrmals wenden!

4. Die Bananen-Pfannkuchen auf Tellern anrichten und traditionell mit Bienenhonig servieren.

„Buen provecho!“

BRASILIEN

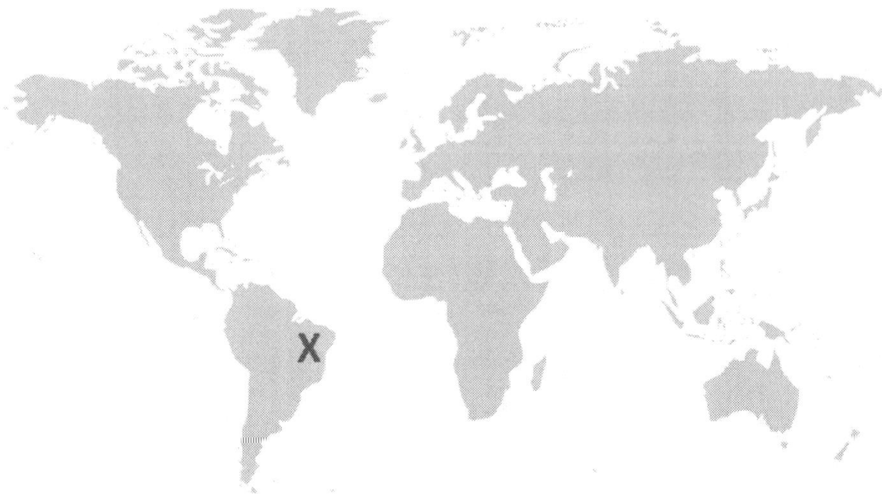

Amtssprache	Portugiesisch, lokal verschiedene Minderheitensprachen
Hauptstadt	Brasília
Staatsform	Bundesrepublik
Regierungssystem	Präsidentielle Demokratie
Staatsoberhaupt, zugleich Regierungschef	Präsident Jair Bolsonaro
Fläche	8.515.770 km^2
Einwohnerzahl	208.360.000

Brasilien

-ENSALADA DE MANGO E MAMÃO-

(Mango-Papaya Salat)

VORSPEISE

ZUTATEN FÜR 4 PORTIONEN:

✓ 400 g Papaya	✓ 1 Limette/Zitrone
✓ 4 Mangos (ca. 1200g)	✓ Honig (optional)

ZUBEREITUNG:

1. Die Früchte schälen und restlos alle Kerne entfernen. Danach wird das Obst in Würfel geschnitten, welche mit dem Zitronensaft übergossen werden. Alles gut vermischen und für etwa 45 Minuten im Kühlschrank durchziehen lassen.

Brasilien

-FEIJOADA-

(schwarze Bohnen Eintopf mit Schweinefleisch und Rauchwurst)

HAUPTSPEISE

ZUTATEN FÜR 4 PORTIONEN:

✓ 300 g schwarze Bohnen	✓ 150 g Schweineohren
✓ 2 Zwiebeln	✓ 1 EL Schweineschmalz
✓ 2 Zehen Knoblauch	✓ 1 scharfe Knackwurst oder Fuet
✓ 1 EL getrocknete Chilischoten	✓ 1 Kabanossi Wurst
✓ 500 g Schweinerippchen	✓ 2 TL klare Rinderbrühe
✓ 300 g Bauchspeck	✓ 3 Lorbeerblätter
✓ 30 g geräucherter Bauchspeck	✓ 2 EL Olivenöl
✓ 200 g Schweinebauch, heiß geräuchert	✓ Salz & Pfeffer

<u>ZUBEREITUNG:</u>

1. Die Bohnen gründlich waschen und über Nacht in reichlich Wasser (ohne Salz) einweichen lassen. Nach etwa 12 Stunden die schwarzen Bohnen im Einweichwasser zum Kochen bringen und bei geschlossenem Topf für ca. 2,5 Stunden langsam köcheln lassen. Nach einer Stunde Kochzeit mit Salz und Pfeffer würzen. Sind die Bohnen gargekocht, das Wasser abgießen.

2. Die verschiedenen Schweinefleischsorten werden nun ggf. etwas zerkleinert und in einem weiteren Topf bei schwacher Hitze sehr langsam gargekocht. Nach etwa einer Stunde werden die in dünne Scheiben zerschnittenen Würste dazu gegeben und solange mitgekocht, bis das Schweinefleisch vollständig durchgegart ist.

3. Das Fleisch wird nun aus dem Topf genommen und abgedeckt, zur späteren Verwendung bei Seite gestellt.

4. Den Fleischsud nun durch ein feines Sieb passieren und diese Flüssigkeit einschließlich der Wurstscheiben mit den schwarzen Bohnen mischen.

5. Die Zwiebeln und den Knoblauch erst schälen, dann fein hacken. Erhitzen Sie das Schmalz in einer Pfanne und geben Sie hintereinander, den Bauchspeck (ggf. zerkleinert), die Zwiebeln, den Knoblauch und den Chili hinzu. Braten Sie das Gargut appetitlich goldbraun an und mischen Sie dieses dann ebenfalls unter die Bohnen. Das vorbereitete Schweinefleisch wird nun grob zerkleinert in den Topf gegeben. Den ganzen Eintopf nun noch einmal langsam zum Kochen bringen, einige Minuten köcheln lassen, abschmecken, Olivenöl hinzufügen und mit gehackter Petersilie bestreut auf Tellern anrichten und servieren.

In Brasilien werden dazu in der Regel Reis, aber auch Maniok oder Kartoffeln gegessen.

Brasilien

-PUDIM DE LEITE-

(Pudding mit Karamell/Flan)

NACHSPEISE

ZUTATEN FÜR 4 PORTIONEN:

✓ 250 ml Milch	✓ Gezuckerte Kondensmilch (Milchmädchen)
✓ 200 g Zucker	✓ 3 Eier
✓ 1/3 Vanilleschoteschote	

ZUBEREITUNG:

1. Den Zucker mir 2 EL Wasser in einem geeigneten Topf, unter ständigem Rühren solange erhitzen, bis dieser goldgelb karamellisiert. Das heiße Karamell sofort gleichmäßig auf den Boden Ihrer Kuchenform (Napfkuchen, Gugelhupf, auch Kastenformen) ausgießen und abgedeckt erkalten lassen.

2. Das Drittel einer herkömmlichen Vanilleschote anritzen, ggf. halbieren und das Mark vollständig aus der Schote kratzen.

3. Heizen Sie Ihren Backofen auf 180°C vor (Umluft).

4. Die Milch etwas erwärmen und in diese das gewonnene Vanillemark einrühren. Anschließend wird die gezuckerte Kondensmilch, vorsichtig in die Vanillemilch eingerührt und danach die Eier hineingegeben. Bitte sehr gründlich alle Zutaten miteinander vermischen!

5. Füllen Sie eine Auflaufform (backofengeeignete Form) zur Hälfte mit Wasser und platzieren Sie die Kuchenform darin mittig. Die beiden Formen in den 180°C heißen Ofen stellen (wenn nötig, etwas Wasser in die Auflaufform nachgießen) und jetzt für 30 Minuten stocken lassen.

6. Den Nachtisch aus dem Ofen nehmen und bei Zimmertemperatur abkühlen lassen. Anschließend sollte der Pudim de leite für mindestens 10 Stunden im Kühlschrank durchziehen.

7. Das Dessert wird (ähnlich wie ein Kuchen) auf einen geeigneten Teller gestürzt, in Scheiben geschnitten, auf Tellern angerichtet und kalt serviert.

„Bom apetite!“

CHILE

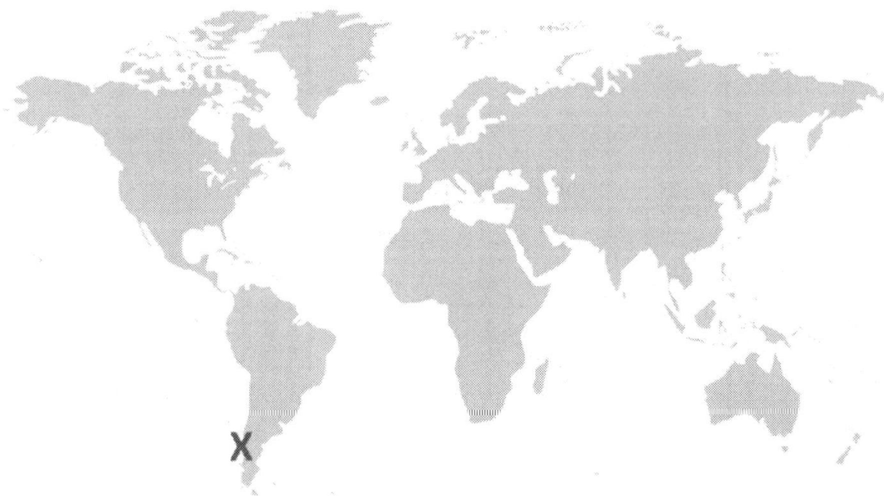

Amtssprache	Spanisch
Hauptstadt	Santiago de Chile
Staatsform	Republik
Regierungssystem	Präsidentielle Demokratie
Staatsoberhaupt, zugleich Regierungschef	Präsident Sebastián Piñera
Fläche	756.102 km^2
Einwohnerzahl	17.574.003

Chile

-EMPANADAS CHILENAS-

(gefüllte Teigtaschen)

VORSPEISE

ZUTATEN FÜR 4 PORTIONEN:

Für den Teig:	*Für die Füllung:*
✓ 400 g Mehl	✓ 350 g Rinderhackfleisch
✓ 80 g Margarine	✓ 4 große Zwiebeln
✓ 2 TL Salz	✓ 100 g Sultaninen
✓ 250 ml Wasser	✓ 10 schwarze Oliven
✓ 1 Eigelb	✓ 3 Eier
✓ 1 EL Milch	✓ 6 EL Sonnenblumenöl
	✓ Cayennepfeffer
	✓ Knoblauchgranulat
	✓ 2/3 TL Zucker
	✓ Salz und Pfeffer

ZUBEREITUNG:

1. Für die Füllung zuerst die Zwiebeln schälen, danach in feine Würfel schneiden und diese in einer Pfanne mit heißem Sonnenblumenöl glasig andünsten. Sind die Zwiebeln glasig, werden sie mit Zucker bestreut, in eine Schüssel gegeben und abgedeckt beiseitegestellt. Nun das Rinderhackfleisch mit Salz, Pfeffer, Cayennepfeffer und Knoblauch würzen und danach mit wenig Öl in der Pfanne dunkel anbraten. Die vorbereiteten Zwiebeln und Sultaninen dazu geben, alles gut vermischen und schließlich abschmecken.

2. Jetzt werden die Eier in einem vorbereiteten Topf nicht zu hart gekocht, dann abgeschreckt, geschält und anschließend grob gehackt. Die Oliven teilen, die Kerne entfernen, dann das Fruchtfleisch fein hacken.

3. Heizen Sie den Backofen auf 180°C vor.

4. Für die Zubereitung des Teiges werden das Mehl, Salz und Fett in eine Schüssel gegeben und gründlich miteinander vermengt. Dann das warme Wasser einrühren und mit Hilfe eines Handrührgerätes alles zu einem glatten Teig verkneten, der leicht dehnbar ist. Bei Bedarf evtl. etwas Mehl hinzufügen.

5. Stäuben Sie nun Ihre Arbeitsfläche mit Mehl ein und formen Sie aus dem Teig 12 – 14 gleichmäßige Teigkugeln. Diese werden im Anschluss zu etwa 3 mm dicken Kreisen ausgerollt und mittig, zuerst mit gehacktem Ei, der Olivenmasse und dann mit etwa 3 EL der vorbereiteten Hackfleischmasse befüllt. Danach werden die Ränder angefeuchtet, diese zusammengeklappt und zum Verschließen fest aufeinandergedrückt.

6. Verquirlen Sie die Milch und das Eigelb und bestreichen Sie damit gleichmäßig die vorbereiteten Empanadas. Im vorgeheizten Backofen werden die Empanadas nun für 15 – 20 Minuten appetitlich goldbraun gebacken.

In Chile werden Empanadas gerne zu leichtem Weißwein gereicht.

Chile

-PASTEL DE CHOCLO-

(Maisauflauf)

HAUPTSPEISE

ZUTATEN FÜR 4 PORTIONEN.

✓ 200 g Rinderhackfleisch	✓ 50 ml Schlagsahne
✓ 4 Zwiebeln	✓ etwas Butter
✓ 1 Zehe Knoblauch	✓ etwas Puderzucker
✓ 2 Chilischoten	✓ etwas Olivenöl
✓ 50 g Oliven, schwarz	✓ etwas Tabasco
✓ 50 g Rosinen	✓ 1 Prise Kreuzkümmel
✓ 2 Eier	✓ 1 Prise Rosenpaprika
✓ 2 Dosen Gemüsemais	✓ Salz & Pfeffer

ZUBEREITUNG:

1. Die Zwiebeln sowie den Knoblauch schälen und fein hacken. Die Chilischoten putzen, waschen, dann halbieren, Kerngehäuse und Kerne restlos entfernen, danach die Chilis in sehr kleine Stücke schneiden. Die Oliven entkernen und fein hacken.

2. Das Rinderhack in Olivenöl nur leicht anbraten (bitte nicht braun braten). Den vorbereiteten Knoblauch und die Zwiebeln dazu geben und diese Masse solange köcheln lassen, bis die Zwiebelstücke vollständig zerkocht sind. Geben Sie nun die Rosinen und Chilischoten in die Pfanne und lassen diese für etwa 10 Minuten mitköcheln. Anschließend die gehackten Oliven hinzufügen und die Masse mit Paprikapulver, Kreuzkümmel, Tabasco, Salz und Pfeffer würzen.

3. Heizen Sie den Backofen auf 200°C vor.

4. Nun werden die Eier hartgekocht, daraufhin in Scheiben geschnitten und anschließend zerkleinert, mit der Hackfleischmasse vermischt. Den Gemüsemais mit einem halben Teelöffel Salz, einschließlich der Sahne und mit Hilfe eines Mixers/Stabmixers fein pürieren.

5. Die Hackfleischmasse wird jetzt in kleine Auflaufformen gefüllt und mit dem vorbereiteten Mais vollständig bedeckt. Die Auflaufformen in den Ofen schieben und für etwa 15 – 20 Minuten bei 200C im Ofen überbacken. Zum Bräunen des Auflaufes wird dieser (nach Ablauf der Backzeit) für weitere 5 Minuten bei 225°C gebacken, bis die Kruste eine appetitlich goldbraune Farbe angenommen hat.

Chile

-PALMERITAS DE HOJALDRE-

(Blätterteiggebäck)

NACHSPEISE

ZUTATEN FÜR 4 PORTIONEN:

✓ 1 Paket Blätterteig, tiefgefroren	✓ Zucker

-Palmeritas de hojaldre-

ZUBEREITUNG:

1. Den tiefgefrorenen Blätterteig bei Zimmertemperatur vollständig auftauen lassen.

2. Den Blätterteig leicht mit Zucker bestreuen, danach mit dem Nudelholz ausrollen. Legen Sie den Teig so vor sich, dass die lange Seite zu Ihnen zeigt. Nun die Mitte markieren und daraufhin den Teig von beiden Seiten, zur Mitte hin einklappen.

3. Den Teig wieder leicht mit Zucker bestreuen und der Länge nach noch einmal ausrollen. Wiederum beide Seiten zur Mitte hin einklappen, anschließend mit Zucker bestreuen und mit dem Nudelholz ausrollen. Den Teig, der Länge nach, zur Hälfte übereinander klappen. Danach werden von der Blätterteigrolle Stücke von etwa 1 cm Dicke heruntergeschnitten.

4. Heizen Sie nun den Backofen auf 200°C vor.

5. Ein Backblech mit ausgelegtem Backpapier vorbereiten.

6. Die Blätterteigrohlinge an der offenen Stelle (tulpenförmig) etwas auseinanderziehen und auf dem vorbereiteten Backblech mit dem nötigen Abstand platzieren. Die Blätterteiggebäckstücke werden dann für etwa 10 Minuten bei 200°C gebacken, danach gewendet und schließlich für 2 – 5 Minuten weiter gebacken, bis sie appetitlich braun sind.

Palmeritas de hojaldre werden in Chile zu Kaffee oder Tee gereicht.

„Qué aproveche!"

AFRIKA

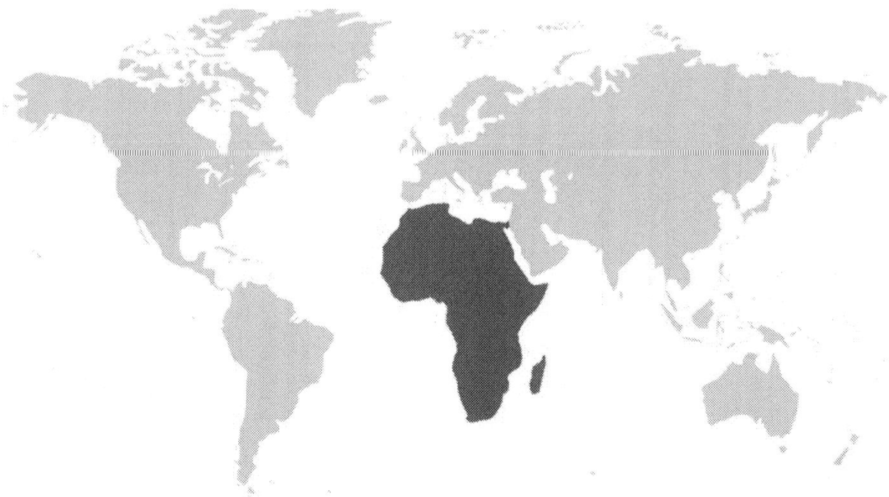

SÜDAFRIKA

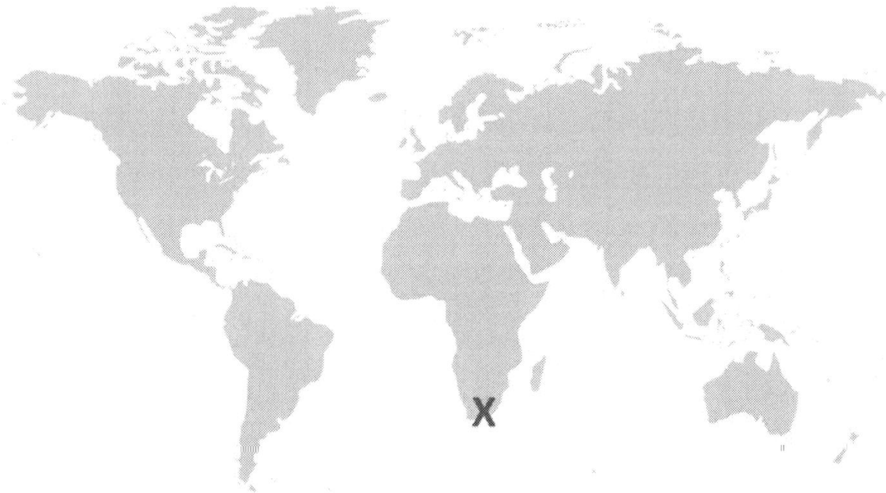

Amtssprache	Afrikaans, Englisch, Süd-Ndebele, isiXhosa, isiZulu, Nord-Sotho, Sesotho, Setswana, Siswati, Tshivenda, Xitsonga
Hauptstadt	Exekutive: Pretoria Legislative: Kapstadt Judikative: Bloemfontein
Regierungssitz	Pretoria
Staatsform	Föderale Republik
Regierungssystem	Parlamentsgebundene Exekutivgewalt
Staatsoberhaupt, zugleich Regierungschef	Präsident Cyril Ramaphosa
Fläche	1.221.037 km²
Einwohnerzahl	57.730.000

Südafrika

-MIELIE PAP & CHAKALAKA-

(Maisbrei mit Bohnen)

VORSPEISE

ZUTATEN FÜR 4 PORTIONEN:

Für den Mielie Pap:	*Für das Chakalaka:*
✓ 1400 ml Wasser	✓ 2 Möhren
✓ 700 g Maismehl	✓ 2 Tomaten
✓ Salz	✓ 1 Zwiebel
	✓ 1 Chilischote
	✓ 400 g gebackene Bohnen in Tomatensoße
	✓ 125 ml Öl
	✓ 1 TL gehackter Ingwer
	✓ ½ TL Curry
	✓ Salz & Pfeffer

ZUBEREITUNG:

1. Die Tomaten und Möhren putzen, waschen, ggf. Stielansätze entfernen, dann die Möhren fein raspeln und die Tomaten würfeln. Die Zwiebeln schälen und fein würfeln. Die Chilischoten waschen, putzen, vollständig das Kerngehäuse/Kerne entfernen und die Früchte in sehr kleine Stückchen schneiden.

2. In einer Pfanne Öl erhitzen und darin nun die Zwiebeln, den Ingwer, Curry und das Chili leicht anrösten. Anschließend werden die gebackenen Bohnen, die vorbereiteten Tomaten und geraspelten Möhren in die Pfanne gegeben, welche jetzt bei geringer Hitze etwa 5 Minuten lang köcheln sollen. Mit Salz, Pfeffer und Curry abschmecken. Chakalaka kann auch mit grünen Erbsen zubereitet/ergänzt werden.

3. Bringen Sie Wasser in einem großen Topf zum Kochen und lassen Sie in dieses langsam das benötigte Maismehl einrieseln. Bitte achten Sie darauf, dass keine Klumpen entstehen. Bei geschlossenem Deckel und schwacher Hitze zwischen 30 und 40 Minuten köcheln lassen, bis der Brei gar/geschmeidig ist. Bitte gelegentlich umrühren.

4. Den fertigen Maisbrei mit der Chakalakasoße auf Tellern anrichten und heiß servieren.

Südafrika

-BOBOTIE-

(gebackenes Hackfleisch scharf/süß)

HAUPTSPEISE

ZUTATEN FÜR 4 PORTIONEN:

✓ 1 kg Hackfleisch	✓ 4 Lorbeerblätter
✓ 2 Zwiebeln	✓ 2 TL Salz
✓ 150 g Rosinen	✓ 1 EL Curry (Marsala)
✓ 6 Mandeln	✓ ½ TL Pfeffer
✓ 1 Zitrone	✓ ½ TL Kurkuma
✓ 1 Scheibe Weißbrot	✓ ½ EL Zucker
✓ 250 ml Milch	✓ 3 TL Chutney
✓ 2 Eier	

ZUBEREITUNG:

1. Den Backofen auf 180°C vorheizen.

2. Die Zwiebeln schälen, in Würfel schneiden und diese anschließend in einer großen Pfanne glasig anbraten. Nun das Hackfleisch in die Pfanne geben und unter regelmässigem Umrühren „krümlig“ braten.

3. Die Brotscheibe wird jetzt in Milch eingeweicht, welche danach wieder ausgedrückt wird. Die Rosinen einmal zerschneiden und die Mandeln grob im Mörser anstoßen.

4. Alle Gewürze (außer Lorbeer), die Rosinen, gestoßenen Mandeln, ein Ei, das Weißbrot und 125 ml Milch in der Pfanne, mit dem Hackfleisch vollständig vermengen und einige Minuten ziehen lassen.

5. Eine geeignete Auflaufform mit Pflanzenöl einfetten und die Hackfleischmasse hineingeben. Die Lorbeerblätter nun zur Hälfte, senkrecht in die Masse stecken und das Bobotie für eine Stunde im Ofen backen. Nach 30 Minuten Garzeit, die restliche Milch mit einem Ei verquirlt, gleichmäßig über die Masse gießen.

In Südafrika wird Bobotie traditionell mit Chutney und Reis serviert.

Südafrika

-MALVA POEDING-

(Aprikosenpudding)

NACHSPEISE

ZUTATEN FÜR 4 PORTIONEN.

Für den Teig	*Für die Soße*
✓ 200 g Zucker	✓ 150 g Zucker
✓ 150 g Mehl	✓ 100 g Butter
✓ 150 g Butter	✓ 200 ml Sahne
✓ 100 ml Milch	✓ 100 ml warmes Wasser
✓ 2 Eier	
✓ 1 EL Aprikosenmarmelade	
✓ 2 TL Vanillezucker	
✓ 1 TL Natron	
✓ 5 g Backpulver	
✓ 1 TL Weißweinessig	
✓ 1 Prise Salz	

ZUBEREITUNG:

1. Den Ofen auf 180°C vorheizen und bitte unbedingt eine Auflaufform verwenden. Diese sehr dünn einfetten.

2. (Teig:) Schlagen Sie 2 Eier mit 200 g Zucker schaumig und rühren Sie anschließend die Aprikosenmarmelade darin ein. In einer 2. Schüssel werden eine Prise Salz mit dem Backpulver, Natron und dem Mehl gemischt. Diese Zutaten werden nun langsam in die Buttermischung gesiebt und danach vorsichtig untergerührt. 100 g weiche Butter in einem geeigneten Topf schmelzen lassen und diese, einschließlich des Essigs in den Teig rühren.

3. Die Milch unterrühren. Der Teig kann nun in die eingefettete Auflaufform gegossen werden und soll jetzt im vorgeheizten Backofen 40 Minuten lang backen, bis er eine appetitlich goldbraune Farbe angenommen hat.

4. (Soße:) Alle Zutaten für die Soße bitte in einen geeigneten Topf geben, umrühren und langsam erwärmen, jedoch nicht kochen!

5. Nehmen Sie nun den fertigen Kuchen aus dem Ofen und stechen diesen mehrmals, großflächig mit einer Gabel ein (den Kuchen dann mit der Soße großzügig übergießen), sodass das Gebäck sich mit der Dessertsoße vollständig vollsaugen kann. Der Aprikosenpudding ist servierfertig, wenn die süße Soße eingezogen ist und der Kuchen eine klebrige Konsistenz aufweist.

„Goeie eetlus!"

GHANA

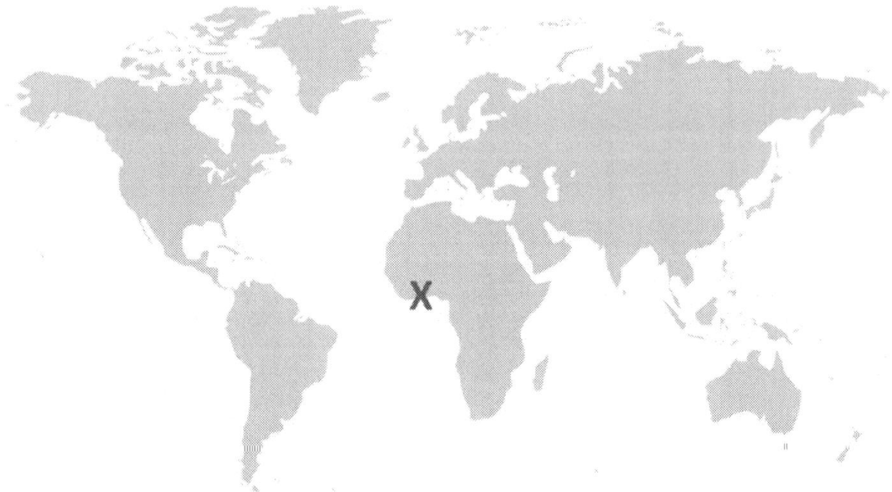

Amtssprache	Englisch
Hauptstadt	Accra
Staatsform	Republik
Regierungssystem	Präsidentielle Demokratie
Staatsoberhaupt, zugleich Regierungschef	Präsident Nana Akufo-Addo
Fläche	238.537 km²
Einwohnerzahl	28.834.000

Ghana

-PEANUTSTEW-

(scharfer Erdnusseintopf)

VORSPEISE

ZUTATEN FÜR 4 PORTIONEN.

✓ ½ Weißkohl	✓ 250 ml Gemüsebrühe
✓ 1 rote Paprikaschote	✓ 1 EL Senf
✓ 2 Möhren	✓ 4 EL Erdnussbutter
✓ 1 Zwiebel	✓ 1 EL Kreuzkümmel
✓ 1 Paket passierte Tomaten	✓ 2 TL Cayennepfeffer
✓ 1 Dose Mais	✓ 1 TL Thymian
✓ 1 kleine Dose Kidneybohnen	✓ ½ TL Paprikapulver
✓ Mango Saft	✓ Salz & Pfeffer

ZUBEREITUNG:

1. Den Strunk des Kohls vollständig entfernen, dann den Kohl putzen und in kurze, dünne Streifen schneiden. Die Zwiebel schälen und fein hacken. Die Möhren schälen und in Scheiben schneiden. Die Paprikaschote putzen, das Kerngehäuse und eventuelle Kerne entfernen, danach die Frucht in kleine Stücke schneiden. Den Weißkohl und die Möhren in verschiedenen Töpfen separat ankochen (halbgar!).

2. Nun in einer Pfanne Öl erhitzen und darin die Zwiebeln und Paprikastücke leicht anbraten. Geben Sie dann den Senf, Kreuzkümmel und Cayennepfeffer dazu und braten Sie den Pfanneninhalt weiter an. Jetzt wird mit der Brühe abgelöscht, die passierten Tomaten eingerührt und alles für 5 Minuten bei mittlerer Hitze gekocht. Die Erdnussbutter, das Paprikapulver und den Thymian in den Topf geben und gut durchmischen.

3. Die Kidneybohnen und den Mais abgießen, dann abspülen und in den Topf einrühren. Ebenso werden nun die vorbereiteten Möhren und der Weißkohl in den Topf eingerührt. Für 5 – 10 Minuten, bei schwacher Hitze leicht köcheln lassen und schließlich mit Mango Saft, Cayennepfeffer sowie Salz und Pfeffer kräftig abschmecken.

Wird in Ghana zu Reis oder frischem Baguette gegessen.

Ghana

-GRILLED TILAPIA-

(gegrillter Tilapia)

HAUPTSPEISE

ZUTATEN FÜR 4 PORTIONEN.

✓ 800 g – 1 kg Tilapia (auch Seebarsch/ Rotbarsch/andere hochwertige Weißfische)	✓ 1,5 TL weißer Pfeffer ✓ 1,5 TL schwarzer Pfeffer
✓ 1,5 Limetten	✓ 1 TL Paprikapulver, scharf
✓ 1 Zwiebel	✓ 1,5 TL gekörnte Hühnerbrühe
✓ 4 Zehen Knoblauch	✓ 1 Bund Petersilie
✓ 2 cm Ingwer	✓ 1 Bund Basilikum
✓ 1 - 1,5 Muskatnüsse	✓ Salz & Pfeffer
✓ 1,5 TL Anissamen	

ZUBEREITUNG:

1. Die Limetten halbieren, den Saft auspressen und auffangen. Schneiden Sie 3-4 Mal von jeder Seite, diagonal und tief in jeden Fisch, bis auf die Gräte ein. Danach den Fisch mit Salz und Pfeffer stark würzen und mit dem Limettensaft übergießen. Dann den Fisch abgedeckt ruhen lassen.

2. In der Kaffeemühle werden alle trocknen Kräuter/Gewürze (Anis, Muskatnuss, die Pfeffer) fein gemahlen und anschließend in einen geeigneten Topf gegeben.

3. Petersilie und Basilikum putzen, waschen, trockenschütteln, die Petersilie grob zerkleinern und die Basilikumblättchen vorsichtig vom Zweig lösen. Den Ingwer, die Zwiebel und den Knoblauch schälen und anschließend grob zerteilen. Alle vorbereiteten Zutaten, einschließlich der Gemüsebrühe werden jetzt in eine Küchenmaschine/Mixer gefüllt und zu einem feinen Püree zerhackt. Bei Bedarf etwas Wasser bzw. Öl hinzufügen. Das entstandene Püree wird zu den trockenen Zutaten in den Topf gegeben und alles gut miteinander vermischt.

4. Nun wird der vorbereitete Fisch mit der hergestellten Marinade übergossen und sollte dann vollständig (von innen und außen) von dieser bedeckt sein. Danach den marinierten Fisch für 24 Stunden im Kühlschrank durchziehen lassen.

5. Den Grill des Ofens auf 180°C vorheizen.

6. Das zu nutzende Fischgitter mit Hilfe eines Tuches leicht einölen und den Fisch/Fische einlegen. Jetzt für etwa 2 Minuten von jeder Seite grillen. Nun die Hitzezufuhr auf mittlere Hitze herunterregeln (120/130°C). Nach Geschmack kann der Fisch jetzt noch einmal gewürzt werden.

7. Nun wird der Fisch ein weiteres Mal von jeder Seite für etwa 4 – 5 Minuten gegrillt, bis das Fleisch eine weiße Farbe angenommen hat und mit einer Gabel/Messer leicht zu durchdringen ist. Bitte achten Sie besoners auf den grätennahen Bereich, welcher in der Regel eine etwas längere Garzeit benötigt.

Schmeckt auch köstlich vom Grill! In Ghana werden dazu traditionell Pfeffersoße und gegrillte (Koch-)Bananen gereicht!

Ghana

-KWADU NE NKATE-

(Erdnussbananen)

NACHSPEISE

ZUTATEN FÜR 4 PORTIONEN:

✓ 4 Bananen	✓ 3 kleine Eigelb
✓ 1 großer Apfel	✓ Öl zum Braten
✓ 1 große Zwiebel	✓ 1 1/3 EL Curry
✓ 170 ml Apfelsaft	✓ 1 1/3 EL Zucker
✓ 1,5 TL Zitronensaft	✓ Erdnussöl zum Braten
✓ 200 g Erdnüsse	✓ Salz & Pfeffer

ZUBEREITUNG:

1. Die Erdnüsse mahlen oder im Mörser zerstoßen. Den Apfel waschen, das Kerngehäuse entfernen und die Frucht mit einem Reibeisen raspeln. Die Zwiebel schälen und in kleine Würfel schneiden.

2. Erhitzen Sie Öl in einer Pfanne und dünsten darin die Zwiebelwürfel glasig an. Anschliessend den geriebenen Apfel und die gemahlenen Erdnüsse in die Pfanne geben und etwas mitrösten lassen. Nun mit Zitronensaft, Zucker, dem Curry, Salz und Pfeffer würzen und dann, bei starker Hitze, für 2-4 Minuten braten lassen.

3. Gießen Sie dann den Apfelsaft dazu und lassen den Pfanneninhalt für 20 Minuten bei geringer Hitze köcheln.

4. Die Bananen werden geschält, große Bananen geviertelt, kleinere gedrittelt.
   Erhitzen Sie dann Öl in einer Pfanne und braten darin die Bananenstücke goldbraun an. Die Bananen herausnehmen, abtropfen und abkühlen lassen.

5. Nun wird das Eigelb geschlagen und die abgekühlten Bananenstücke darin mehrmals gewendet, bis sie gleichmäßig bedeckt sind.

6. Erhitzen Sie reichlich Öl in einer Pfanne und braten darin, bei leichter Hitze die Bananen knusprig.

7. Danach die Bananen aus der Pfanne nehmen, abtropfen und etwas abkühlen lassen. Anschließend mit der vorbereiteten Erdnusssoße großzügig übergießen und servieren.

„Kwadu ne nkate“ ist in Ghana eine sehr beliebte Zwischenmahlzeit und traditioneller Nachtisch.

„Enjoy your meal!“

ÄTHIOPIEN

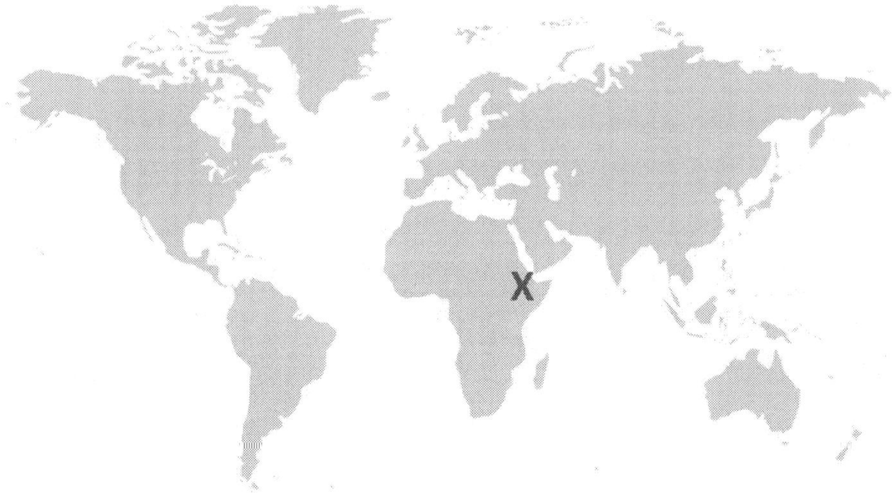

Amtssprache	Amharisch
Hauptstadt	Addis Abeba
Staatsform	Parlamentarische Bundesrepublik
Regierungssystem	Parlamentarisches System
Staatsoberhaupt	Präsidentin Sahle-Work Zewde
Regierungschef	Ministerpräsident Abiy Ahmed Ali
Fläche	1.104.300 km^2
Einwohnerzahl	105.350.020

Äthiopien

-HAIL SEITAN-

(Linsensuppe)

VORSPEISE

ZUTATEN FÜR 4 PORTIONEN:

✓ 300 g Linsen	✓ 4 TL Berbere[iii]
✓ 1,5 l Brühe	✓ 4 EL Essig
✓ 200 ml passierte Tomaten	✓ Knoblauchöl
✓ 4 Zwiebeln	

ZUBEREITUNG:

1. Die Zwiebeln schälen und klein würfeln. Danach in heißem Knoblauchöl anschwitzen, bis sie glasig sind.

2. Die Linsen werden zuerst gründlich gewaschen und danach zu den Zwiebeln in die Pfanne gegeben. Dort die Linsen kurz anrösten lassen und im Anschluss, mit dem Essig ablöschen. Die passierten Tomaten dazu geben und bei geschlossenem Deckel, alles einmal aufkochen. Jetzt die Hitzezufuhr reduzieren und die Suppe, im geöffneten Topf, für weitere 20 Minuten leicht köcheln lassen.

3. Das Beriberi einrühren und danach die Suppe so lange köcheln lassen, bis diese reduziert bzw. etwas sämig wird. Bitte kontinuierlich umrühren, da die Linsen leicht anbrennen. Die fertige Suppe in Schalen oder auf tiefen Tellern anrichten und heiß servieren.

Äthiopien

-DORO WAT-

(scharfes Hühnchen)

HAUPTSPEISE

ZUTATEN FÜR 4 PORTIONEN:

✓ 3 Hähnchenbrüste	✓ 4 - 5 EL Berbere
✓ 5 Zwiebeln	✓ 2 EL Niter kibbeh[iv]
✓ 2 Zehen Knoblauch	✓ 3 EL Butter
✓ 1 Zitrone	✓ 1 ½ TL Salz
✓ 2 cm Ingwer	✓ ½ Tasse Tej (Äthiopischer Honigwein)
✓ 4 hart gekochte Eier	✓ oder Sie mischen eine ½ Tasse
✓ 1 Tasse Hühnerbrühe	✓ Weißwein mit einem TL Honig
✓ 2-3 EL Olivenöl	

ZUBEREITUNG:

Doro wat ist ein sehr zeitaufwändiges Gericht, welches eine umfangreiche Organisation erforderlich macht!

1. Die Hühnerbrüste waschen, abtrocknen und in 2 x 2 cm große Würfel schneiden. Die Würfel in eine große Schüssel geben, mit Zitronensaft übergießen und bei Zimmertemperatur, abgedeckt für mindestens 30 Minuten durchziehen lassen.

2. Die Zwiebeln schälen und sehr fein hacken. Den Knoblauch und Ingwer schälen anschließend beide Zutaten fein hacken.

3. Erhitzen Sie nun in einem geeigneten Topf die Niter kibbeh mit dem Olivenöl. Die vorbereiteten Zwiebeln dazu geben und diese bei geschlossenem Topf und schwacher Hitze für 45 Minuten braten. Gelegentlich umrühren.

4. Nun den gehackten Knoblauch, den Ingwer, sowie einen EL Butter einrühren und bei geschlossenem Topf für weitere 20 Minuten, unter gelegentlichem umrühren mitbraten lassen.

5. Die Berbere Gewürzmischung und 2 weitere TL Butter einrühren und für weitere 30 Minuten, unter gelegentlichem Umrühren weiter braten.

6. Nun werden die vorbereiteten Hähnchenwürfel, Salz, die Hühnerbrühe und der Wein untergerührt. Anschliessend den Hühnchen Eintopf einmal aufkochen und danach bei schwacher Hitze im geschlossenen Topf für weitere 15 Minuten köcheln lassen.

7. Die hartgekochten Eier schälen und von allen Seiten, etwa 1 cm tief, mit einer Gabel, mehrfach einstechen. Die vorbereiteten Eier in den Topf geben, das Gericht abschmecken und für weitere 15 Minuten bei schwacher Hitze köcheln lassen. Danach die Eier aus dem Topf nehmen,

diese halbieren (oder vierteln) und auf Tellern anrichten. „Doro wat“ über die Eier verteilen und mit Reis oder Brot heiß servieren.

Wird in Äthiopien traditionell mit „Injera“ (Fladenbrot) gegessen.

Äthiopien

-CHECHEBSA-

(ostafrikanischer Kaiserschmarrn)

NACHSPEISE

ZUTATEN FÜR 4 PORTIONEN:

✓ 200 g Mehl	✓ 1 TL Öl
✓ 1 TL Niter kibbeh	✓ 180 ml Wasser
✓ 2 TL Berbere	✓ ½ TL Salz

ZUBEREITUNG:

1. Mischen Sie Mehl und Salz und geben Sie dazu eine halbe Tasse Wasser. Unter ständigem Rühren 2 weitere Esslöffel Wasser nach Bedarf hinzufügen. Den Teig so lange rühren, bis er klumpen frei und etwas flüssig ist.

2. Öl in einer Pfanne erhitzen, den Teig portionsweise hineingeben und nun von beiden Seiten für jeweils 2 – 3 Minuten goldbraun backen.

3. Den abgekühlten Eierkuchen („Kita“) jetzt in Finger große Stücke zerreißen und diese in eine Schüssel geben.

4. In einer Pfanne Niter kibbeh schmelzen, Berbere dazugeben und gut vermischen. Die zerteilten Eierkuchenstücke dazu geben und diese durch Anschwenken mit der scharfen, geschmolzenen Butter vollständig bedecken.

5. Das Gericht noch einmal erwärmen, dann in Schüsseln oder Tellern anrichten und servieren.

Wird in Äthiopien mit einem Löffel Joghurt garniert genossen.

„Melkom mégéb!“

ÄGYPTEN

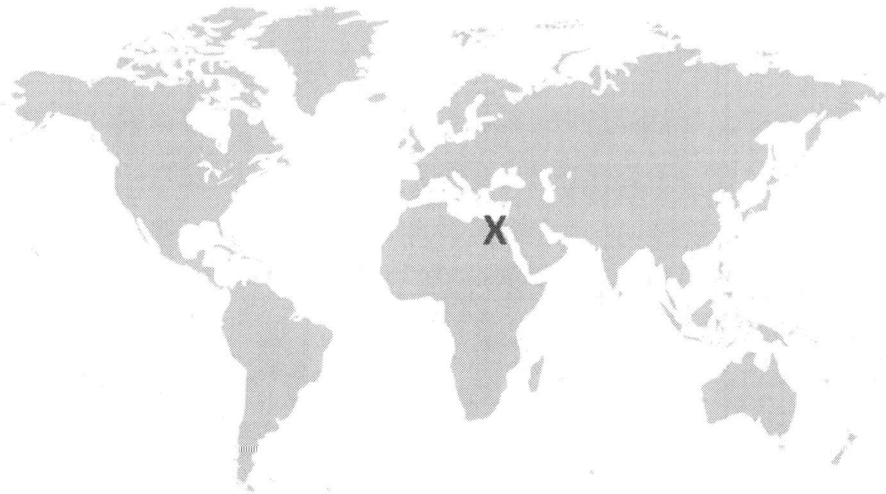

Amtssprache	Arabisch
Hauptstadt	Kairo
Staatsform	Republik
Regierungssystem	Semipräsidentielles System
Staatsoberhaupt	Präsident Abd al-Fattah as-Sisi
Regierungschef	Premierminister Mustafa Madbuli
Fläche	1.001.449 km²
Einwohnerzahl	97.041.072

Ägypten

-EADS AL MISR-

(orientalischer Linsensalat)

VORSPEISE

ZUTATEN FÜR 4 PORTIONEN:

✓ 250 g Linsen	✓ ½ TL gemahlener Kreuzkümmel
✓ 2 Zehen Knoblauch	✓ ½ TL gemahlener Koriander
✓ ½ Bind Petersilie	✓ 4 EL Olivenöl
✓ 2 Zitronen	✓ Salz & Pfeffer

ZUBEREITUNG:

1. Die Linsen zwischen 8 und 10 Stunden in Wasser einweichen. Danach werden diese gekocht bis sie bissfest sind, gut gesalzen und anschließend durch ein Sieb vollständig abgetropft.

2. Die Petersilie waschen, fein hacken und im Anschluss, zusammen mit dem Pfeffer, Kreuzkümmel, Koriander, und Olivenöl zu einer Marinade verrühren. Die Marinade über die abgetropften, noch heißen Linsen gießen und alles gut miteinander mischen. Mit Salz und Pfeffer abschmecken, danach mindestens 10 bis 12 Stunden im Kühlschrank durchziehen lassen.

In Ägypten wird dazu Fladenbrot gegessen.

Ägypten

-KOFTA-

(orientalische Hackfleischspieße)

HAUPTSPEISE

<u>ZUTATEN FÜR 4 PORTIONEN:</u>

✓ 200 g Lammfleisch, gehackt	✓ ½ Bund Koriander
✓ 600 g Rindfleisch, gehackt	✓ ½ Bund Dill
✓ 2 Zwiebeln	✓ 2 EL Kreuzkümmel
✓ 2 Zehen Knoblauch	✓ Salz & Pfeffer
✓ 1 Bund Petersilie	

ZUBEREITUNG:

1. Die Zwiebeln und die Knoblauchzehen schälen. Die Zwiebeln werden gehackt, der Knoblauch ausgepresst. Die Petersilie, den Dill und Koriander putzen, waschen und trocken schütteln. Beim Dill und Koriander die feinen Blätter vom Stiel zupfen und diese wie die Petersilie sehr fein hacken.

2. Die vorbereiteten Kräuter, einschließlich der Zwiebeln und Knoblauch werden nun mit den beiden Sorten Hackfleisch gründlich verknetet und im Anschluss mit Kreuzkümmel, Salz und Pfeffer gewürzt.

3. Formen Sie nun längliche „Hackfleischwürste“, in welche traditionell ein dünner Spieß (Holz/Metall) zu etwa 2/3 seiner Länge nach hineingeschoben wird (zum Umdrehen auf dem Grill). Es geht aber auch ohne Spieße.

4. Die Grillpfanne erhitzen und die Kofta beidseitig bei starker Hitze scharf anbraten. Das Fleisch sollte nun die typischen Grillstreifen zeigen. Danach die Hitze reduzieren, die Pfanne abdecken und die Fleischspieße für etwa 6 – 10 Minuten bei geringer Hitzezufuhr garen. Der typische Grillgeschmack wird erzeugt, indem Sie vor dem Schließen des Pfannendeckels, auf ein vorbereitetes Stück Aluminiumfolie eine glimmende Grillkohle legen.

In Ägypten wird Kofta immer auf einem Bett aus frischer Petersilie und Koriander angerichtet. Traditionell werden dazu Fladenbrot und Hummus (Kichererbsen Püree) serviert.

Ägypten

-OM ALI-

(Blättereigauflauf)

NACHSPEISE

ZUTATEN FÜR 4 PORTIONEN:

✓ 300 g Croissant/Blätterteig/o.ä. vom Vortag	✓ 2 TL gehackte Nüsse, nach Geschmack
✓ 50 g Zucker	✓ 1 TL Pistazien, gehackt
✓ 100 g Butter	✓ 1 TL Mandeln, gehackt
✓ 200 ml Milch	✓ 3 TL Sultaninen, Güteklasse A
✓ 100 ml Sahne	✓ 1 TL Zimt

ZUBEREITUNG:

1. Die altbackenen Croissants in kleine Stücke schneiden und danach in eine geeignete, leicht gefettete Auflaufform (o.ä.) legen. Die Butter auslassen und anschließend über die Croissant stücke gießen. Die Butter sollte von dem Gebäck restlos aufgenommen werden.

2. Erwärmen Sie nun Milch, in welche der Zucker eingerührt wird. Dieses Gemisch ebenfalls über die zerschnittenen Croissants gießen. Für etwa 3 Minuten, diese abgedeckt ruhen lassen.

3. Heizen Sie den Ofen auf 180°C vor.

4. Jetzt werden die Sultaninen und gehackten Nüsse (einschl. Pistazien, Mandeln) auf der Croissant Masse verteilt. Bitte gut verrühren.

5. Schlagen Sie Sahne steif und geben Sie diese gleichmäßig auf den Blätterteigauflauf, welcher nun für etwa 10 Minuten gebacken wird. Aus dem Ofen nehmen und für mindestens 5 Minuten ruhen lassen. Anschließend mit Zimt bestreuen und in Kompottschüsseln, noch warm servieren.

„Bilhana wa schifa!“

MAROKKO

Amtssprache	Arabisch und Mazirisch (Berberisch); Französisch mit halboffiziellem Status
Hauptstadt	Rabat
Staatsform	Erbmonarchie
Regierungssystem	konstitutionelle Monarchie
Staatsoberhaupt	König Mohammed VI.
Regierungschef	Premierminister Saadeddine Othmani
Fläche	446.550 km^2 (mit Westsahara) 712.550 km^2
Einwohnerzahl	33.986.655

Marokko

-ALJUZUR MAGREBI-

(marokkanischer Möhrensalat)

VORSPEISE

ZUTATEN FÜR 4 PORTIONEN:

✓ 500 g Möhren	✓ 2 TL Honig
✓ 2 Zehen Knoblauch	✓ 2 TL edelsüßes Paprikapulver
✓ ½ Bund Petersilie	✓ 1 Messerspitze Koriander
✓ 4 EL Olivenöl	✓ 1 Messerspitze Kreuzkümmel
✓ 5 EL Wasser	✓ Salz & Pfeffer
✓ 2 EL Essig	

ZUBEREITUNG:

1. Die Möhren putzen, schälen, waschen und danach in dünne Scheiben schneiden. Den Knoblauch schälen und auspressen. Die Petersilie waschen, trocken schütteln und fein hacken,

2. Die Möhrenscheiben in einem Gemisch aus Wasser und Olivenöl bissfest dünsten. Anschließend werden der vorbereitete Knoblauch, Essig und die Gewürze hinzugegeben. Den Honig gleichmäßig über den Möhren verteilen und abschließend die „Aljuzur“ mit gehackter Petersilie bestreuen. Einmal umrühren und abgedeckt 10 – 15 Minuten durchziehen lassen.

Wird in Marokko als kalte Vorspeise mit Weißbrot gereicht.

Marokko

-TAJINE-

(Taischin)

HAUPTSPEISE

ZUTATEN FÜR 4 PORTIONEN:

✓ 1 kg Kalbfleisch	✓ Safran, (wenn möglich)
✓ 4 große Tomaten	✓ 1 TL gemahlener Ingwer
✓ 5 mittelgroße Kartoffeln	✓ ½ TL Paprikapulver
✓ 3 Zwiebeln	✓ ½ TL Pfeffer
✓ 3 Zehen Knoblauch	✓ ¼ TL Kreuzkümmel, gemahlen
✓ ½ Bund Petersilie	✓ Salz
✓ 1 Zweig Koriander	✓ Öl zum braten

ZUBEREITUNG:

1. Die Zwiebeln und den Knoblauch schälen. Zwei Zwiebeln werden in Ringe geschnitten, die Dritte fein gehackt. Den Knoblauch auspressen. Die Tomaten waschen, Stielansatz und Kerngehäuse entfernen, danach in Scheiben schneiden. Schälen, waschen und vierteln Sie die Kartoffeln. Petersilie und Koriander waschen, trocken schütteln, die Petersilie fein hacken. Anschließend werden die frischen Korianderblättchen vom Zweig gezupft und ebenfalls fein gehackt.

2. Das Fleisch gut waschen, trocken tupfen und in einem geeigneten Topf mit heißem Öl vollständig von allen Seiten anbraten. Geben Sie nun die gehackten Zwiebeln, die vorbereiteten Tomaten, den Knoblauch und sämtliche Gewürze dazu. Das Gemüse und die Kräuter werden nun solange mitgedünstet, bis die Zwiebeln glasig angebraten sind. Nun das Gargut mit Wasser auffüllen (bis dieses vollständig bedeckt ist) und für 45 – 60 Minuten bei schwacher Hitze köcheln lassen.

3. Jetzt werden die Zwiebelringe, die gehackten Korianderblättchen sowie die Petersilie und Kartoffeln in den Topf gegeben und darin für weitere 30 Minuten mitgegart. Bei Bedarf Wasser hinzufügen und mit Salz und Pfeffer abschmecken. Die Flüssigkeit darf nicht komplett verkochen, da sie als Soße dient!

4. Nach dem Ende der Garzeit das Gericht in tiefe Teller füllen, mit und mit Petersilie garnieren

traditionell marokkanisch, mit frischem Salat, Tomatensalat und Fladenbrot heiß servieren.

Marokko

-TARIKH ALHULWAA-

(Dattel-Bananen Dessert)

NACHSPEISE

ZUTATEN FÜR 4 PORTIONEN:

✓ 350 g Datteln	✓ 200 ml Sahne
✓ 4 reife Bananen	✓ 1 Prise Salz

ZUBEREITUNG:

1. Die reifen Bananen (auch überreife) in Scheiben schneiden. Die getrockneten Datteln entkernen und in kleine Stücke schneiden.

2. In vorbereiteten Gläsern werden nun Bananen und Datteln abwechselnd, schichtweise übereinander gefüllt.

3. Jetzt die Sahne halb steif schlagen, evtl. eine Prise Salz hinzufügen. Die halb steife Sahne wird über das Obst in die Gläser gegossen.

4. Der Nachtisch muss nun mindestens 24 Stunden (oder länger!) im Kühlschrank durchziehen und stark abkühlen, wobei er sich zu einer leicht klebrigen, köstlichen Dessertmasse wandelt.

„Bssacha!“

EUROPA

PORTUGAL

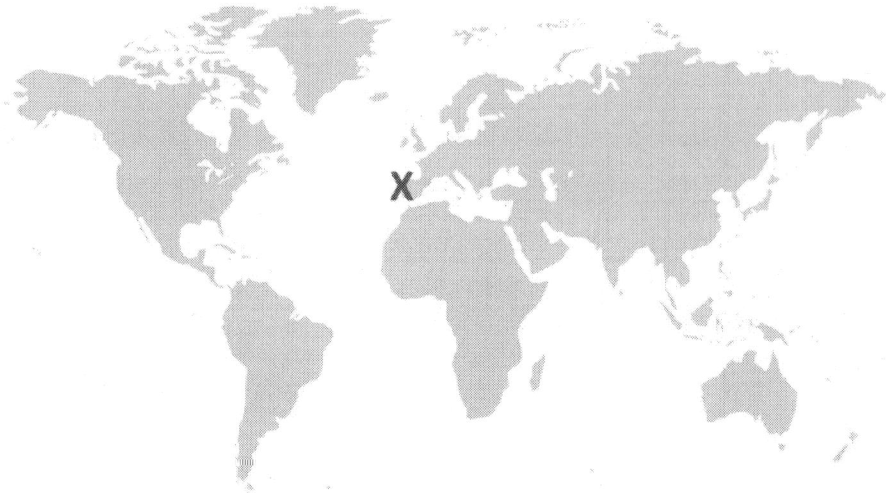

Amtssprache	Portugiesisch
Hauptstadt	Lissabon
Staatsform	einheitsstaatliche Republik
Regierungssystem	semipräsidentielle Demokratie
Staatsoberhaupt	Staatspräsident Marcelo Rebelo de Sousa
Regierungschef	Premierminister António Costa
Fläche	92.212 km^2
Einwohnerzahl	10.600.000

Portugal

-CALDO VERDE-

(Wirsingkohlsuppe)

VORSPEISE

ZUTATEN FÜR 4 PORTIONEN:

✓ 300 g Wirsingkohl	✓ 1,5 Scheiben Weißbrot
✓ 300 g Kartoffeln	✓ 15 ml Olivenöl
✓ 2 kleine Zwiebeln	✓ 1,3 l Wasser
✓ 1 Zehe Knoblauch	✓ Salz & Pfeffer
✓ 3 Chourico (scharfe port. Schweinswürste) o. span. rote Chorrizo bzw. Cabanossi	

ZUBEREITUNG:

1. Die Zwiebeln und den Knoblauch schälen, die Zwiebeln in Ringe schneiden, den Knoblauch fein hacken. Anschließend werden Knoblauch und Zwiebeln in etwas heißem Olivenöl glasig angebraten.

2. Die Kartoffeln schälen, waschen, in Würfel schneiden und danach in heißem Salzwasser garkochen. Nach Ende der Garzeit (mit Hilfe einer Gabel) diese im Kochwasser grob zerdrücken. Die vorbereiteten Zwiebeln und den Knoblauch nun unter die zerdrückte Kartoffelmasse rühren.

3. Den Wirsingkohl waschen, in feine Streifen schneiden und ebenfalls zu den Kartoffeln geben. Das Olivenöl hinzufügen und die Suppe jetzt für etwa 10 Minuten köcheln lassen.

4. Die Chourico in dünne Scheiben schneiden, das Weißbrot würfeln und beide Zutaten, zusammen leicht anbraten.

5. Die Suppe wird auf tiefen Tellern angerichtet, mit der angebratenen Wurst und den Weißbrotwürfeln bestückt und heiß serviert.

In Portugal wird dazu gerne leichter Weißwein getrunken.

Portugal

-SARDINHAS ASSADAS-

(gegrillte Sardinen)

HAUPTSPEISE

ZUTATEN FÜR 4 PORTIONEN:

✓ 1 kg Sardinen	✓ 1 große Zwiebel
✓ Weizenmehl	✓ 2 Zehen Knoblauch
✓ Olivenöl	✓ Salz
✓ 1 Zweig Koriander	

ZUBEREITUNG:

1. Die Sardinen ausnehmen, vollständig abschuppen, dann waschen, stark mit Salz einreiben und für etwa 30 Minuten ruhen lassen.

2. Schälen Sie die Zwiebel und den Knoblauch; den Knoblauch fein hacken, die Zwiebel halbieren und in Halbmonde schneiden. Den Koriander waschen, trocken schütteln, die frischen Blättchen vom Stiel zupfen und diese ebenfalls fein hacken. Das vorbereitete Gemüse/Kräuter wird nun in Olivenöl leicht angebraten und anschließend in eine feuerfeste Auflaufform gegeben.

3. Den Backofen auf 180°C vorheizen.

4. Jetzt werden die Sardinen mit Weizenmehl paniert und eng nebeneinander, auf dem Gemüse, in der Auflaufform platziert. Bei Bedarf mit etwas Olivenöl auffüllen. Die Sardinen auf die mittlere Schiene des Ofens stellen und (größenabhängig) zwischen 20 und 30 Minuten garen lassen. Die kleineren Sardinen schmecken um einiges besser, als die großen!

In Portugal wird dazu traditionell frischer Salat und Weißbrot gereicht.

Portugal

PASTEIS DE NATA-

(Sahneküchlein)

NACHSPEISE

ZUTATEN FÜR 4 PORTIONEN.

✓ 1 Paket Blätterteig	✓ 500 ml Milch
✓ 275 g Zucker	✓ 1 Ei
✓ 1 Päckchen Vanillezucker	✓ 5 Eigelb
✓ 35 g Mehl	✓ 1 Prise Salz
✓ 1 TL Butter	✓ Zimt

ZUBEREITUNG:

1. Die aufgetauten Scheiben des Blätterteiges aufeinanderlegen und diese zu einem 40x20 cm großem Rechteck ausrollen. Anschließend wird der Teig von der kurzen Seite her aufgerollt. Die Teigrolle nun im Tiefkühlfach kalt lagern, bis sie sehr fest geworden, aber nicht gefroren ist. Im Anschluss wird die Rolle in etwa 1 cm dicke Scheiben geschnitten und diese in eingefettete Muffin Förmchen platziert.

2. Bringen Sie jetzt in einem geeigneten Topf Milch und Butter zum Köcheln. Vermischen Sie das Mehl mit dem Zucker sowie einer Prise Salz und geben Sie dieses Gemisch unter ständigem Rühren in die leicht köchelnde Milch. Alles einmal kurz aufkochen, dann vom Herd nehmen und abkühlen lassen. Das Ei, die Eigelbe, einschließlich dem Vanillezucker vorsichtig unter die Masse ziehen.

3. Den Ofen auf 225°C vorheizen.

4. Die eingerührte Masse wird nun gleichmäßig auf dem Blätterteig verteilt und dann für 8 bis 10 Minuten im Ofen gebacken, bis die Oberseite sehr braun (fast schwarz) ist. Mit Zimt bestreuen, auf Tellern anrichten und servieren.

„Bom apetite!“

NORWEGEN

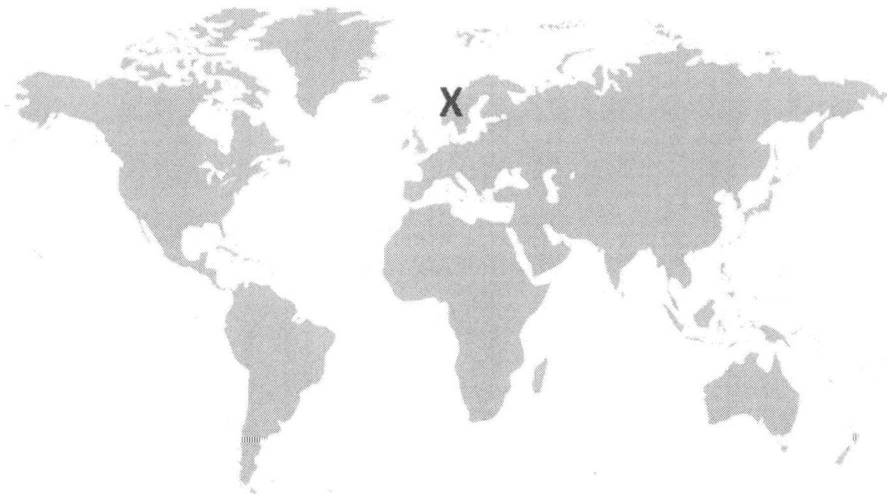

Amtssprache	Norwegisch (Bokmål und Nynorsk) regional: Samisch, Kvenisch
Hauptstadt	Oslo
Staatsform	Erbmonarchie
Regierungssystem	konstitutionelle Monarchie mit stark parlamentarischen Zügen
Staatsoberhaupt	König Harald V.
Regierungschef	Ministerpräsidentin Erna Solberg
Fläche	385.2071 km^2
Einwohnerzahl	5.328.212

Norwegen

-LAKS PAN-

(Lachspfanne)

VORSPEISE

ZUTATEN FÜR 4 PORTIONEN:

✓ 2 handelsübliche Pakete Lachs (Tk)	✓ 200 ml süße Sahne
✓ 250 g Shrimps/Krabben (Tk)	✓ 4 - 6Zitronen
✓ 2 Stangen Porree	✓ ½ TL Zucker
✓ 6 große Tomaten	✓ 1 Bund Petersilie
✓ 2 Zehen Knoblauch	✓ Salz und Pfeffer
✓ 150 ml Tomatensaft	

ZUBEREITUNG:

1. Den Lachs auftauen lassen, gut abwaschen und trocken tupfen. Die Shrimps vollständig auftauen lassen, danach gut abspülen und abtropfen.

2. Die Zitronen halbieren, den Saft auspressen und nun den vollständig aufgetauten Lachs, für mind. 25 Minuten darin einlegen/marinieren.

3. Die Tomaten waschen, die Stielansätze entfernen, danach schälen und in grobe Würfel schneiden. Die Petersilie putzen, waschen, fein hacken und zur Seite stellen. Den Knoblauch schälen und fein hacken, den Porree putzen, waschen und in dünne Ringe schneiden. Nehmen Sie jetzt den Lachs aus dem Zitronensaft und schneiden Sie diesen in mundgerechte Stücke.

4. Die Tomatenwürfel werden nun mit dem Tomatensaft und der Sahne in einer geeigneten Pfanne, bei geringer Hitze, miteinander verrührt. Den zerkleinerten Porree und Knoblauch dazu geben und das Gericht mit Salz, Pfeffer und dem Zucker würzen. Jetzt 10 Minuten bei geringer Hitze köcheln lassen. Anschließend den vorbereiteten Lachs in die Pfanne geben und für weitere 15 Minuten köcheln lassen. Gelegentlich umrühren.

5. Die vollständig aufgetauten Shrimps/Garnelen in die Pfanne geben und diese für 5 Minuten mitköcheln lassen. Nach dem Ende der Garzeit, das Gericht in eine Schüssel füllen und mit der gehackten Petersilie bestreuen.

In Norwegen wird dazu traditionell Weißbrot gereicht.

Norwegen

-KJØTTKAKER-

(Frikadellen mit Steckrübenpüree)

HAUPTSPEISE

ZUTATEN FÜR 4 PORTIONEN:

Für die Frikadelle:	*Für das Püree:*
✓ 500 g Rinderhack	✓ 1 kg Kohlrabi
✓ 2 mittelgroße Zwiebeln	✓ 2 Möhren
✓ 500 ml Wasser	✓ 100 ml Sahne
✓ 450 ml Milch	✓ 3 EL Butter
✓ 50 g Butter	✓ 1/3 Muskatnuss, gerieben
✓ 2 EL Vollkornmehl	✓ 1 Priese gemahlener Ingwer
✓ 2 EL Kartoffelstärke	✓ 1 Priese Pfeffer
✓ 1 Priese Muskatnuss, gerieben	✓ 1 TL Salz
✓ 1 Priese Ingwer	
✓ 1 TL Salz	

ZUBEREITUNG:

1. Das Hackfleisch, den Rindertalg und die Kartoffelstärke gründlich miteinander verkneten. In die Masse kontinuierlich kalte Mich einkneten, bis ein relativ fester Teig entsteht. Den Teig nun mit Muskatnuss, Ingwer, Salz und Pfeffer würzen, diese gründlich einkneten und dann abgedeckt für 15 Minuten durchziehen lassen.

2. Nach dem Durchziehen formen Sie aus der Masse, etwa handtellergroße Frikadellen, welche erst vollständig mit Mehl bestäubt und danach, in einer Pfanne appetitlich goldbraun gebraten werden.

3. Die Zwiebeln schälen, blanchieren (mit heißem Wasser übergießen), dann in Scheiben schneiden und in einer Pfanne leicht braun anbraten.

4. Die gebratenen Frikadellen werden nun in einem geeigneten Topf platziert und mit 500 ml kochendem Wasser aufgegossen. Die gebräunten Zwiebeln dazu geben und den Topfinhalt für etwa 15 Minuten bei geringer Hitze köcheln lassen.

5. Für die Soße bitte Butter auslassen, in diese dann Mehl einrühren (Mehlschwitze) und etwas Kochflüssigkeit aus dem Frikadellen Topf hinzu fügen. Alles gut verrühren.

6. Die Kartoffeln, Möhren und den Kohlrabi schälen, waschen und in mundgerechte Würfel schneiden. Kochen Sie dann das gesamte Gemüse in einem Topf mit leicht gesalzenem Wasser gar. Anschließend wird das Wasser abgegossen und das gar gezogene Gemüse zu Brei zerstampft (kann auch mit einer Gabel zerdrückt werden). Nun Sahne und Butter in den heißen Gemüsebrei geben und vollständig einrühren. Mit Pfeffer, Salz und Muskatnuss abschmecken. Auf Tellern neben den Frikadellen mit Soße anrichten und heiß servieren.

Wird in Norwegen traditionell mit Salzkartoffeln gegessen.

Norwegen

-TILSLØRTE BONDEPIKER-

(traditionelles Apfeldessert)

NACHSPEISE

ZUTATEN FÜR 4 PORTIONEN:

✓ 130 g Pumpernickel	✓ 70 g Butter
✓ 140 g Zucker	✓ 30 g Zartbitterschokolade
✓ 1 ½ Päckchen Vanillezucker	✓ 3 kleine Äpfel
✓ 150 ml Schlagsahne	

ZUBEREITUNG:

1. Die Äpfel werden gewaschen, geschält, in Viertel geschnitten und das Kerngehäuse vollständig entfernt. Danach die Apfelviertel in etwa 1 cm dicke Spalten schneiden.

2. Nun 6 EL Wasser mit 2 EL Zucker und dem Vanillezucker aufkochen. In der entstandenen Flüssigkeit, die vorbereiteten Apfelscheiben etwa 5 Minuten lang dünsten.

3. Das Pumpernickel mit Hilfe eines Messers nicht zu fein zerkleinern/zerbröseln. Erhitzen Sie nun Butter in einer Pfanne, geben die zerbröselten Pumpernickel und 100 g Zucker dazu und rösten alles für etwa 4 Minuten an.

4. Die Apfelspalten aus der Zuckerlösung nehmen und abtropfen lassen. anschließend wird die Sahne mit dem Schneebesen/Handrührgerät halb steif geschlagen. In vorbereiteten Gläsern werden nun die Pumpernickelstückchen abwechselnd mit den Apfelspalten, übereinandergeschichtet (oberste Schicht-Apfelspalten) und zum Schluss mit einer großen Portion Sahne garniert. Verfeinern Sie den Nachtisch, mit über der Sahne geraspelter Schokolade.

„God appetitt!"

POLEN

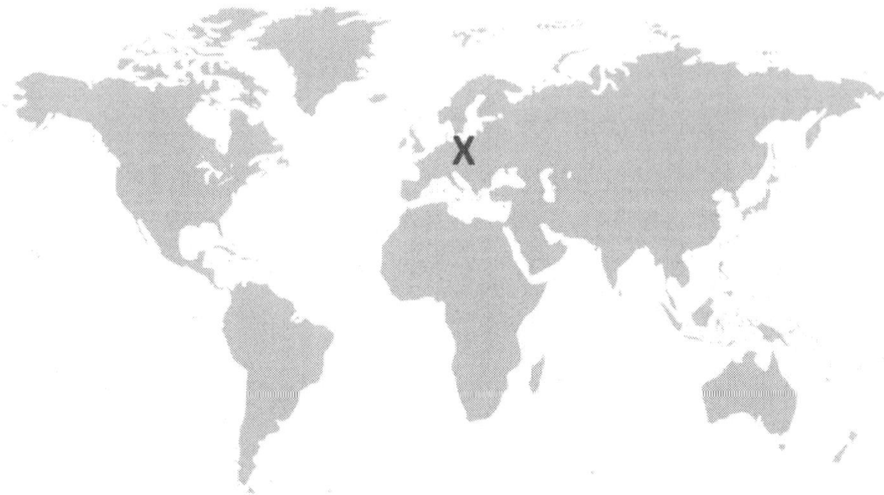

Amtssprache	Polnisch
Hauptstadt	Warschau
Staatsform	parlamentarische Republik
Regierungssystem	parlamentarische Demokratie
Staatsoberhaupt	Staatspräsident Andrzej Duda
Regierungschef	Ministerpräsident Mateusz Morawiecki
Fläche	312.696 km^2
Einwohnerzahl	38.427.000

Polen

-PIEROGI Z KAPUSTA-

(Maultaschen)

VORSPEISE

ZUTATEN FÜR 4 PORTIONEN:

✓ 500 g Sauerkraut	✓ 350 g Mehl
✓ 1 kleine Zwiebel	✓ 1 Ei
✓ 150 g getrocknete Steinpilze	✓ 75 ml Wasser
✓ 40 g durchwachsener Speck	✓ Salz

ZUBEREITUNG:

1. Die Steinpilze vor der Weiterverarbeitung für ca. 4 Stunden einweichen.

2. Danach wird das Sauerkraut gekocht, dieses anschließend abkühlen lassen und in mundgerechte Stücke schneiden.

3. Die eingeweichten Pilze bei schwacher Hitze einmal kurz aufkochen lassen und dann abgießen. Nach dem Erkalten in dünne Streifen schneiden.

4. Nun wird die Zwiebel geschält, in feine Würfel geschnitten und in etwas Butter leicht braun angebraten. Die gegarte Zwiebel wird mit den Pilzen und dem Sauerkraut vermischt und danach mit Salz abgeschmeckt.

5. Aus dem Mehl, dem Ei und 60 ml Wasser wird jetzt ein weicher, elastischer Nudelteig geknetet. Ist der Teig zu spröde, bitte mehr Wasser einkneten. Der Nudelteig wird im Anschluss gleichmäßig ausgerollt und mit Hilfe eines Glases (o.ä.) runde Teiglinge ausgestochen.

6. Auf jedem Teigling wird mittig ein Esslöffel Füllung platziert. Die Teiglinge werden dann über die Mitte zusammengeklappt, sodass ein Halbkreis entsteht. Die noch offenen Seiten werden mit Hilfe einer Gabel zusammengedrückt und so vollständig verschlossen.

7. In einem großen Topf Wasser zum Kochen bringen und die Maultaschen in das kochende Wasser geben. Steigen die „Pierogi" an die Oberfläche werden sie mit Hilfe einer Schaumkelle herausgenommen und abgetropft. Anschließend auf Tellern anrichten und mit geschmolzener Butter, Schmalz und/oder Röstzwiebeln garniert servieren.

Ohne Speck und Schmalz zubereitet ist diese Vorspeise auch für Vegetarier geeignet.

Polen

-BIGOS-

(Krauteintopf)

HAUPTSPEISE

ZUTATEN FÜR 4 PORTIONEN:

✓ 200 g geräucherter Schweinebauch	✓ 5 Wacholderbeeren
✓ 800 g Schweinenacken	✓ 2 Lorbeerblätter
✓ 680 g Sauerkraut (frisch oder Konserve)	✓ 1 TL Majoran
✓ 800 g Weißkohl	✓ scharfes Paprikapulver
✓ 80 g Zwiebeln	✓ edelsüßes Paprikapulver
✓ 115 g Tomatenmark (3-fach konzentriert)	✓ Salz & Pfeffer
✓ etwas Fett zum anbraten	

ZUBEREITUNG:

1. Den geräucherten Schweinebauch in mundgerechte Stücke schneiden und danach in einer Kasserolle/oder anderem geeigneten Gefäß mit Deckel, in heißem Fett anbraten.

2. Der Schweinenacken wird ebenfalls in mundgerechte Stücke geschnitten und stark mit Pfeffer, Salz und Paprikapulver gewürzt. Das vorbereitete Fleisch wird dann zum Schweinebauch in die Pfanne gegeben und kurz scharf angebraten.

3. Den Backofen auf 180°C vorheizen und nach dem Erreichen der gewünschten Temperatur, das Fleisch für eine Stunde darin garen lassen.

4. Den Weißkohl putzen, waschen und in sehr dünne Streifen schneiden. Danach in reichlich Salzwasser weichkochen.

5. Nun das Sauerkraut erhitzen und mit dem Weißkohl vermischen. Die Zwiebeln schälen dann würfeln.

6. Jetzt wird das gebratene Fleisch, einschließlich Bratensaft mit dem Sauerkraut/Weißkohl Gemisch vermengt und diesem anschließend das Tomatenmark untergerührt. Mit Wacholderbeeren und Lorbeerblättern würzen und im Ofen für etwa 1 Stunde weiter köcheln lassen. Bitte gelegentlich umrühren und bei Bedarf den Sud mit Wasser auffüllen. Zum Schluss wird mit Pfeffer, Salz, Paprikapulver und dem Majoran abgeschmeckt.

In Polen werden dazu Kartoffelpüree, Salzkartoffeln oder Weißbrot gereicht. Bitte nicht zu mageres Fleisch verwenden! Schmeckt auch aufgewärmt hervorragend.

Polen

-MAKUFKI-

(Mohnklöschen)

NACHSPEISE

ZUTATEN FÜR 4 PORTIONEN.

✓ 250 g Mohn	✓ 50 g Rosinen
✓ 500 ml Milch	✓ 50 g gehackte Mandeln
✓ 4 EL Zucker	✓ 3 EL Rum
✓ 16 Scheiben Weißbrot	✓ 1 EL Honig

ZUBEREITUNG:

1. Den Mohn in eine geeignete Schüssel geben.

2. Die Milch erhitzen, den Rum und 2 EL Zucker darin einrühren. Nun die Hälfte der warmen Milch über den Mohn ausgießen und diesen etwas quellen lassen. Zerteilen Sie die Rosinen und geben Sie diese, einschließlich der gehackten Mandeln in den Mohn/Milch Gemisch. Bitte gut verrühren.

3. Die übrige Milch noch einmal erhitzen, 2 EL Zucker darin auflösen und anschließend mit der Milch die Weißbrotscheiben leicht anfeuchten. Das Brot darf nicht zerfallen!

4. Nun im Wechsel das leicht eingeweichte Weißbrot und die Mohnmasse, übereinander in eine Auflaufform oder ein anderes geeignetes Gefäß schichten. Mit den Brotscheiben beginnen und mit der Mohnmasse abschließen.

5. Das Dessert jetzt für mindestens 8 Stunden im Kühlschrank durchziehen lassen.

In Polen wird dazu Vanillesoße gegessen.

„Dobry apetyt!“

GRIECHENLAND

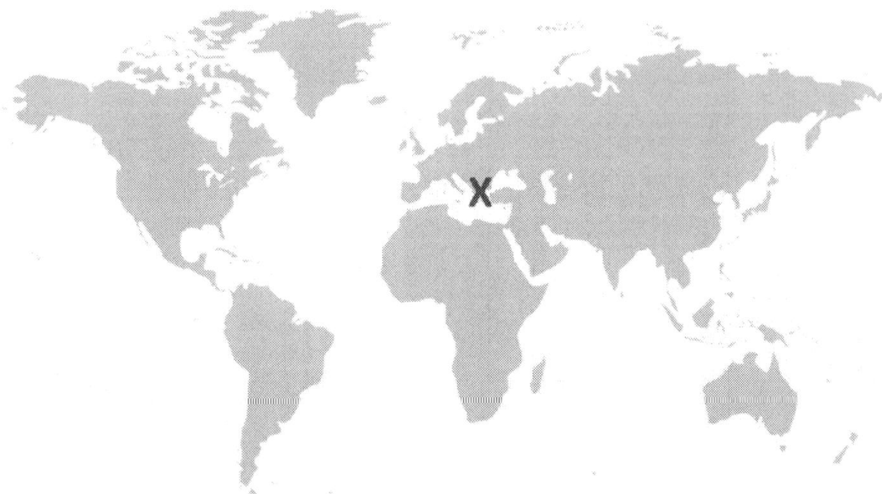

Amtssprache	Griechisch
Hauptstadt	Athen
Staatsform	parlamentarische Republik
Regierungssystem	parlamentarische Demokratie
Staatsoberhaupt	Staatspräsident Prokopis Pavlopoulos
Regierungschef	Ministerpräsident Kyriakos Mitsotakis
Fläche	131.957 km^2
Einwohnerzahl	11.160.000

Griechenland

-SAGANAKI-

(gebratener Sesam - Fetakäse mit Honig)

VORSPEISE

ZUTATEN FÜR 4 PORTIONEN:

Für den Feta:	*Für den Salat:*
✓ 400 g Feta	✓ 2 Mangos
✓ 6 EL Mehl	✓ 400 g Feldsalat
✓ 4 EL Milch	✓ 12 Cherrytomaten
✓ 2 Eier	✓ 2 EL Honig
✓ 16 EL Sesamsamen	✓ 2 EL Wasser
✓ 8 EL Öl	✓ 4 EL Olivenöl
✓ 8 TL Honig	✓ 4 EL Balsamicoessig
✓ 2 TL Salz, 2 TL Pfeffer	✓ Salz und Pfeffer

ZUBEREITUNG:

1. Waschen, putzen und zerkleinern Sie zunächst den Feldsalat. Die Tomaten waschen, den Stielansatz entfernen, danach die Früchte vierteln. Die Mangos schälen, das Fruchtfleisch vom Kern lösen und dieses würfeln. In einer geeigneten Schüssel alles gut miteinander vermengen.

2. Für das Dressing mischen Sie bitte Wasser mit Honig, Balsamicoessig und Olivenöl, mit Salz und Pfeffer würzen.

3. Vermengen Sie nun in einer Schüssel das Mehl mit den Gewürzen. In einer weiteren Schüssel wird die Milch mit den Eiern verquirlt. Den Fetakäse der Breite nach, in 8 längliche Stücke schneiden.

4. Die Käsestücke werden jetzt erst in Mehl, dann in Ei gewälzt. Diesen Prozess bitte noch einmal wiederholen und zum Schluss den panierten Feta, vollständig mit Sesamsamen bedecken.

5. Erhitzen Sie nun Öl in einer Pfanne und braten Sie für etwa 3-4 Minuten die Fetastreifen, bei mittlerer Temperatur appetitlich goldbraun. Bitte mehrmals wenden.

6. Die fertigen Saganaki mit etwas Honig beträufeln und auf Tellern anrichten. Den vorbereiteten Salat gut mit dem Dressing mischen und neben dem Käse platzieren.

Griechenland

-STIFADO-

(Lammfleischeintopf)

HAUPTSPEISE

ZUTATEN FÜR 4 PORTIONEN:

✓ 1,6 kg Lammkeule (mit Knochen)	✓ 1 Zweig Olivenkraut (wenn verfügbar)
✓ 6 große Tomaten	✓ 2 Zweige frischer Rosmarin
✓ 5-6 Schalotten	✓ 2 Zweige frischer Oregano
✓ 2-3 Zehen Knoblauch	✓ 2 Zweige frischer Thymian
✓ 12 Backpflaumen	✓ 2 Frische Lorbeerblätter
✓ 16 grüne Oliven	✓ ½ TL Paprikapulver edelsüß
✓ 3 EL Olivenöl	✓ 5 Pimentkörner
✓ 1 EL Tomatenmark (dreifach konzentriert)	✓ Salz und Pfeffer

ZUBEREITUNG:

1. Die Rosmarinzweige, der Oregano, Thymian und das Olivenkraut werden zunächst gewaschen, trocken geschüttelt, die feinen Kräuterblättchen von den Stielen gelöst und diese anschließend fein gehackt. Den Knoblauch schälen und ebenfalls fein hacken. Mischen Sie nun aus den vorbereiteten Kräutern, Knoblauch, Pfeffer und dem Olivenöl eine Marinade.

2. Die Lammkeule waschen, trocken tupfen und von Knochen, Fett und Sehnen befreien. Danach das Fleisch in mundgerechte Stücke schneiden und diese in die vorbereitete Marinade einlegen. Bitte das Fleisch für mindestens 10 Stunden in der Marinade (Kühlschrank) durchziehen lassen!

3. Erhitzen Sie Öl in einer großen Pfanne und braten darin das marinierte Lammfleisch scharf an. Danach wird das Fleisch in einen großen Topf gelegt, den übrigen Fleischfond (aus der Pfanne) mit etwas Wasser ablöschen und ebenfalls über das Fleisch in den Schmortopf geben.

4. Die Tomaten waschen, Stielansätze entfernen und in kleine Würfel schneiden. Die Backpflaumen entkernen und ebenso in kleine Würfel schneiden. Die Schalotten schälen, putzen und halbieren.

5. Erhitzen Sie ein weiteres Mal Öl in einer Pfanne und geben Sie dann die vorbereiteten Tomatenwürfel hinein, danach mit Tomatenmark auffüllen und bei geringer Hitze etwas köcheln lassen. Jetzt die Backpflaumenwürfel, Lorbeerblätter, die zerdrückten Pimentkörner und das Paprikapulver vorsichtig einrühren. 1-2 Minuten köcheln lassen.

6. Die Tomaten-Gewürz Mischung einschließlich der halbierten Schalotten werden nun, zu dem Lammfleisch in den Schmortopf gegeben, mit etwas Wasser aufgegossen (bis der Topfinhalt bedeckt ist) und anschließend mit geschlossenem Deckel, bei schwacher Hitze für 90 – 100 Minuten

geschmort. Tomaten, Backpflaumen und Schalotten müssen vollständig in der Soße verkocht sein! Bitte gelegentlich umrühren.

7. Kurz vor Ende der Kochzeit mit Salz, Pfeffer und Paprika abschmecken. Den fertigen Stifado auf tiefen Tellern anrichten und traditionell mit Weißbrot servieren.

Griechenland

-ELLINIKÓ GIAOÚRTI-

(Joghurt griechischer Art)

NACHSPEISE

ZUTATEN FÜR 4 PORTIONEN.

✓ 600 g griechischer Jogurt	✓ 60 g flüssiger Honig
✓ 100 g Walnüsse	

ZUBEREITUNG:

1. Den Honig unter den Joghurt rühren und dieses Produkt 15 Minuten im Kühlschrank durchziehen lassen.

2. Die Walnüsse schälen, fein hacken und 2/3 (der Masse) in den Joghurt einrühren.

3. Den gut gekühlten Joghurt auf vier Kompottschüsseln verteilen und mit den restlichen Nüssen garniert servieren.

„Kalí órexi!“

ASIEN

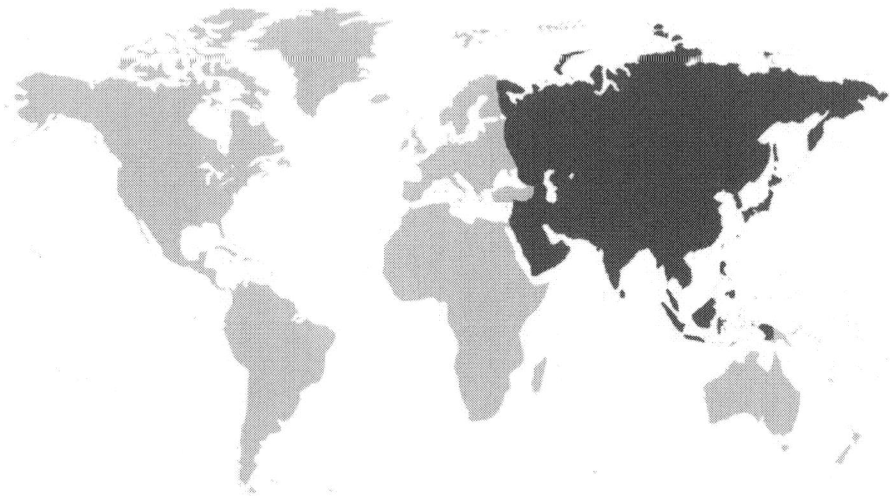

ISRAEL

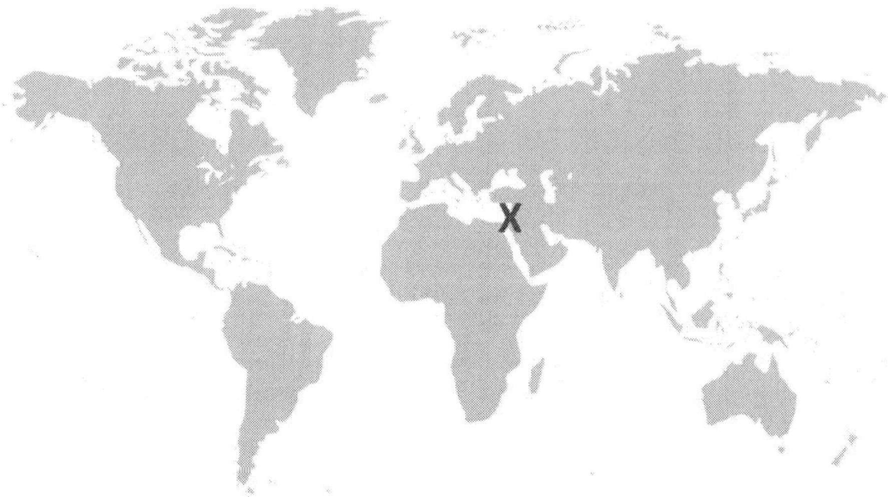

Amtssprache	Ivrit (Hebräisch) anerkannte Minderheitensprache: Arabisch
Hauptstadt	Jerusalem
Staatsform	Republik
Regierungssystem	parlamentarische Demokratie
Staatsoberhaupt	Präsident Reuven Rivlin
Regierungschef	Ministerpräsident Benjamin Netanjahu
Fläche	Kernland 22.380 km^2, besetzte Gebiete 6.831 km^2
Einwohnerzahl	9.021.000

Israel

-HUMMUS-

(Kichererbsen Paste)

VORSPEISE

ZUTATEN FÜR 4 PORTIONEN:

✓ 250 g Kichererbsen	✓ 4 EL Tahina (Sesampaste)
✓ 1 Bund Petersilie	✓ 1 TL Paprikapulver
✓ 2 Zehen Knoblauch	✓ 1 Prise Kümmel
✓ 6 EL Olivenöl	✓ 1 Prise Salz
✓ 50 ml Zitronensaft	

ZUBEREITUNG:

1. Die Kichererbsen werden über Nacht (8-10 h) in kaltem Wasser eingeweicht. Die Kichererbsen abgießen und dann in reichlich Wasser für etwa eine Stunde weichkochen lassen.

2. Die Petersilie putzen, waschen und fein hacken. Den Knoblauch schälen und ebenfalls fein hacken. Die genannten Zutaten jetzt mit Salz und dem Olivenöl zu den Kichererbsen geben. Nun, am besten in kleinen Portionen, alle Zutaten mit einem Mixer/Stabmixer vollständig miteinander vermixen und glatt pürieren.

3. Anschließend werden die Sesampaste und der Zitronensaft untergerührt. In den Kühlschrank stellen und durchziehen lassen.

Wird in Israel mit Oliven, sauer eingelegtem Gemüse und Pitabrot zu jeder Tageszeit gegessen.

Israel

-SHAKSHUKA-

(Tomatenomelett)

HAUPTSPEISE

ZUTATEN FÜR 4 PORTIONEN:

✓ 10 Tomaten	✓ 1 EL edelsüßes Paprikapulver
✓ 4 Zehen Knoblauch	✓ ½ TL Kreuzkümmel
✓ 6 Eier	✓ ½ TL Chilipulver
✓ 3 Zweige Koriander	✓ ½ TL Salz
✓ 3 EL Olivenöl	

ZUBEREITUNG:

1. Die Tomaten waschen, die Stielansätze entfernen danach die Früchte fein würfeln. Den Knoblauch schälen und fein hacken. Den Koriander waschen, trockenschütteln, dann ebenfalls fein hacken.

2. Erhitzen Sie in einer geeigneten Pfanne bei mittlerer Hitze Olivenöl und braten Sie darin leicht den Knoblauch, Kreuzkümmel und das Paprikapulver für etwa 2-3 Minuten an, bis dass die Gewürze ihr Aroma entfalten.

3. Nun werden die Tomatenwürfel dazu gegeben und die Soße gesalzen. Die Tomatensoße soll jetzt bei geschlossenem Deckel und niedriger Hitze für 15 Minuten einkochen. Danach 2/3 des vorbereiteten Korianders in die Soße einrühren.

4. Nachdem die Tomatensoße eingeköchelt ist, werden mit dem Holzlöffel kleine „Löcher“ in die Soße geschoben. In Jedes dieser Löcher/Mulden wird vorsichtig ein Ei eingeschlagen. Die Eier dürfen nicht zusammenlaufen, sondern müssen vollständig von Tomatensoße umschlossen sein. Der Pfanne einen Deckel auflegen und die Shakshuka für weitere 5 Minuten bei mittlerer Hitze köcheln lassen. Danach Hitzezufuhr unterbrechen und das Gericht mit dem restlichen Koriander bestreuen. Die Eier sollten innen noch etwas flüssig sein.

In Israel wird Pitabrot, Weissbrot oder frischer Salat zur „Shakshuka“ gereicht.

Israel

-GEZARIM TAPUZIM-

(Möhren/Orangen Getränk)

NACHSPEISE

<u>ZUTATEN FÜR 4 PORTIONEN:</u>

✓ 600 ml Möhrensaft	✓ 1 Bund Petersilie
✓ 400 ml Orangensaft	✓ 4 Eier
✓ 2 EL Zitronensaft	

ZUBEREITUNG:

1. Die Petersilie putzen und waschen, danach fein hacken. Alle Säfte in einem geeigneten Gefäß miteinander vermischen, die fein gehackte Petersilie dazu geben und anschließend die Eier unterrühren. Kalt servieren.

Wird in Israel auch mit Eiswürfeln getrunken und/oder mit verschiedenen Kräutern/ Gewürzen gemischt, „an jeder Ecke“ angeboten.

„Beteavon!“

RUSSLAND

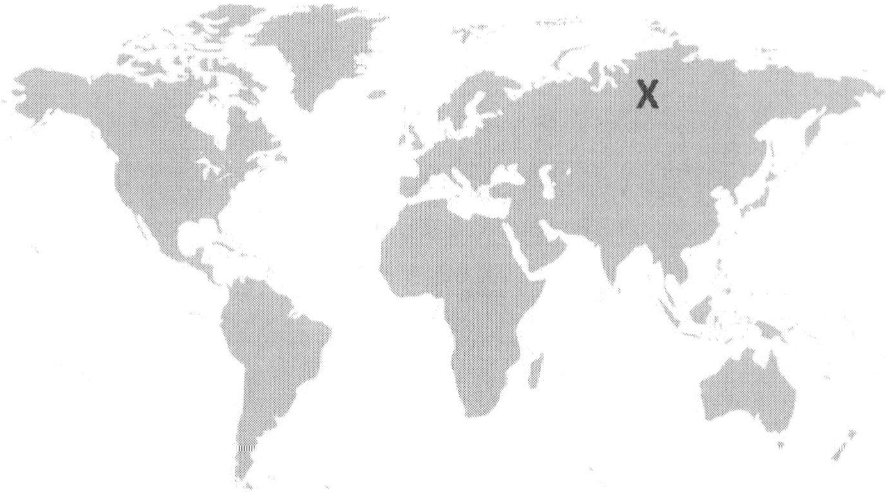

Amtssprache	Russisch
Hauptstadt	Moskau
Staatsform	Föderale Republik
Regierungssystem	Semipräsidentielles System
Staatsoberhaupt	Präsident Wladimir Putin
Regierungschef	Ministerpräsident Dmitri Medwedew
Fläche	17.075.400 km², davon in Europa: 3.952.550 km², in Asien: 13.122.850 km² mit Krim: 17.102.344 km²
Einwohnerzahl	144.526.636

Russland

-RUSSKIYE YAYATSA-

(russische Eier)

VORSPEISE

ZUTATEN FÜR 4 PORTIONEN:

✓ 8 Eier	✓ 8 Kapern
✓ Zitronensaft	✓ 100 g Butter
✓ 2 TL Kaviar	✓ 3 TL Senf
✓ 4 – 5 Sardellen	✓ Salz & weißer Pfeffer

ZUBEREITUNG:

1. Die Eier zwischen 8 und 10 Minuten (sehr) hart kochen. Danach in kaltem Wasser abschrecken und stark abkühlen lassen. Die Kapern fein hacken.

2. Anschließend die Eier schälen, halbieren und das hartgekochte Eigelb vorsichtig herausnehmen. Dieses wird zusammen mit der Butter schaumig gerührt und danach mit den gehackten Kapern sowie mit Salz und Pfeffer fein abgeschmeckt, zurück in die Eihälften gegeben. Die russischen Eier werden mit Kaviar und/oder Sardellenstückchen garniert, auf Tellern/Salatblättern angerichtet.

Russland

-GOLUBZI-

(russische Kohlrouladen)

HAUPTSPEISE

ZUTATEN FÜR 4 PORTIONEN:

✓ 120 g Reis	✓ 3 kleine Tomaten
✓ 400 g gemischtes Hackfleisch	✓ 5 EL passierte Tomaten
✓ 800 g Weißkohlblätter	✓ 400 ml Hühnerbrühe, klar
✓ 2 kleine Zwiebeln	✓ etwas Öl
✓ 1 kleine Möhren	✓ 1 TL Dill, gehackt
✓ 200 g Champignons	✓ Salz & Pfeffer

ZUBEREITUNG:

1. Die oberste Blattschicht des Kohlkopfes abziehen und entsorgen. Danach einzelne Kohlblätter vorsichtig abblättern, bis etwa 800 g Weiskohlblätter vor Ihnen liegen. Von den Blättern die Strunkreste großzügig entfernen, dann sehr gut waschen.

2. Bringen Sie in einem Topf Wasser zum Kochen und dünsten Sie darin für ca. 15 Minuten die Kohlblätter. Nach dem Kochen diese abgießen und mit kaltem Wasser „abschrecken“.

3. Nun wird der Reis halbgar gekocht (nur 1/3 der Kochzeit, dann abgießen!). Die Zwiebeln schälen und fein hacken. Anschließend die Champignons putzen, waschen und in gleichmäßige Scheiben schneiden. Erhitzen Sie nun Öl in einer Pfanne und dünsten Sie darin die Zwiebeln glasig an, dann die Champignons dazu geben und bei mittlerer Hitze kurz mit anbraten.

4. Die Möhren schälen, danach reiben. Die Tomaten an der Spitze mit einem Messer kreuzförmig einschneiden und (zum Enthäuten) in heißes Wasser legen. Anschließend die Schale abziehen und die Früchte in kleine Würfel schneiden.

5. Der halbgare Reis wird nun mit den vorbereiteten Zwiebeln und Champignons, den geriebenen Möhren, Tomatenwürfeln und dem rohen Hackfleisch in einer großen Schüssel gleichmäßig miteinander vermischt. Mit Salz und Pfeffer würzen.

6. Legen Sie jetzt die abgetrockneten Weißkohlblätter nebeneinander aus und befüllen Sie diese (je nach Größe des Kohlblattes) mit 1-2 Esslöffeln der vorbereiteten Füllung. Schließen Sie dann die Kohlblätter, wie ein Briefkuvert um die Füllung und fixieren, mit einem Faden, Spieß o.ä., jede einzelne Roulade.

7. Öl in einer Pfanne erhitzen und die Kohlrouladen darin von beiden Seiten goldbraun anbraten. In einer Kasserolle (oder anderem geeignetem Küchengerät) die Hühnerbrühe erwärmen und in diese die passierten Tomaten einrühren. Die vorbereiteten Kohlrouladen in die Brühe legen und für ca. 1h, bei geringer Hitze darin garen. Anschließend herausnehmen, abtropfen lassen und mit frischem gehacktem Dill bestreut, auf Tellern anrichten und servieren.

Wird in Russland zu Kartoffelbrei und frischem Salat gereicht.

Russland

-KARTOSCHKA-

(süße Kartoffel)

NACHSPEISE

ZUTATEN FÜR 4 PORTIONEN:

✓ 100 ml Milch	✓ 75 g Butter
✓ 100 g Zucker	✓ 150 g Zwieback
✓ 25 g Puderzucker	✓ 1,5 TL Kakaopulver (entölt)
✓ ½ TL Vanillezucker	✓ 50 g gemahlene Walnüsse

<u>ZUBEREITUNG:</u>

1. Den Zwieback in einen Gefrierbeutel geben, diesen schließen und mit Hilfe eines Nudelholzes den Inhalt vollständig zerbröseln.

2. Den Zucker mit 1 TL Kakaopulver vermischen. Kochen Sie nun Milch auf, in welcher das Zucker-Kakao Gemisch eingerührt und langsam aufgelöst wird.

3. Die Butter auslassen und jetzt zusammen mit dem Zwieback in die gesüßte Kakaomilch einrühren. Danach mit Hilfe eines Löffels die Masse solange vermischen, bis ein gleichmäßiger Teig entstanden ist. Ist dieser erkaltet, werden daraus 8 kleine Kartoffeln geformt.

4. Schälen und hacken Sie nun die Walnüsse und vermischen Sie diese mit Puderzucker und dem restlichen Kakaopulver. Die süßen Kartoffeln werden dann in der entstanden Masse gewälzt, von allen Seiten vollständig von dieser bedeckt und danach für einige Stunden im Kühlschrank kaltgestellt.

In Russland wird dazu gerne Schlagsahne und/oder Kompott gegessen.

„Priyatnogo appetita!“

JEMEN

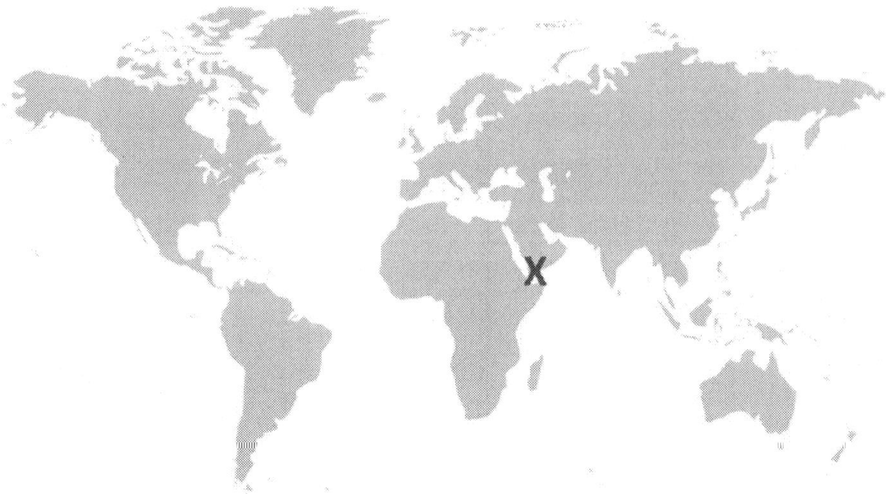

Amtssprache	Arabisch
Hauptstadt	Sanaa (de jure) Aden (de facto)
Staatsform	Republik
Regierungssystem	Präsidialsystem (de jure)
Staatsoberhaupt	Staatspräsident Abed Rabbo Mansur Hadi
Regierungschef	Premierminister Maeen Abdul Malek
Fläche	528.076 km²
Einwohnerzahl	30.536.729

Jemen

-TABEEKH-

(Gemüseeintopf)

VORSPEISE

ZUTATEN FÜR 4 PORTIONEN:

✓ 4 Kartoffeln	✓ 250 ml Tomatensoße
✓ 2 Tomaten	✓ 2 – 3 grüne Chili
✓ 2 Zwiebeln	✓ 2 große Zehen Knoblauch
✓ 1 Aubergine	✓ 2 EL Hawaij[v]
✓ 200 g Okraschoten	✓ 50 ml Öl
✓ 1 Zucchini	✓ Salz

ZUBEREITUNG:

1. Die Zwiebeln und den Knoblauch schälen, danach fein würfeln. Die Chilischoten putzen, waschen, mittig zerteilen, Stielansatz und Kerne entfernen, dann fein hacken.

2. Nun alle vorbereiteten Zutaten miteinander mischen und danach für 8 – 10 Minuten in einer großen Pfanne mit heißem Öl anbraten.

3. Die Tomaten waschen, die Stielansätze entfernen, die Früchte fein würfeln und anschließend, einschließlich der Tomatensoße in die Pfanne geben. Nun für etwa 5 Minuten bei mittlerer Hitze, alle Zutaten kochen lassen, bis die Tomatenflüssigkeit eindickt.

4. Die Kartoffeln schälen und in kleine Würfel schneiden. Die Okraschoten putzen, waschen und in schmale Ringe schneiden. Die Zucchini und Aubergine putzen, waschen, dann würfeln. Die Gemüsewürfel mit der Hawaij Gewürzmischung in die Pfanne geben und diese nun mit Wasser auffüllen.

5. Den Pfanneninhalt zum Kochen bringen und bei mittlerer Hitze für etwa 15 – 20 Minuten garen, bis die Kartoffeln weichgekocht sind und ein Großteil der Kochflüssigkeit verdunstet ist. Bitte das Gemüse nicht anbrennen lassen! Zum Schluss das Gericht mit Salz abschmecken, auf Tellern oder in Schüsseln anrichten und frisch gekocht servieren.

Im Jemen wird dazu traditionell frischer Salat und Reis gereicht.

Jemen

-SALTAH-

(überbackenes Lamm)

HAUPTSPEISE

ZUTATEN FÜR 4 PORTIONEN:

✓ 1 kg Lammfleisch	✓ ½ EL Kurkuma, gemahlen
✓ 1 Zwiebel	✓ ¾ l Wasser
✓ 2 Zehen Knoblauch	✓ Salz
✓ 4 Kartoffeln	*Für die Hulba:*
✓ 1 grüner Chili	✓ 2 TL Bokskornklee, gemahlen
✓ 1 TL Koriander, gemahlen	✓ 2 EL Bisbas[vi]
✓ 1 TL Kreuzkümmel, gemahlen	✓ 150 ml Wasser

ZUBEREITUNG:

Saltah ist ein sehr arbeitsintensives Rezept, welches außerdem einen hohen zeitlichen Aufwand erfordert!

1. Für die Hulba, den gemahlenen Boxhornklee in 150 ml warmes Wasser einrühren und dann für mindestens eine Stunde zum Quellen stehen lassen. Danach evtl. überschüssiges Wasser abgießen. Nun wird die Hulba mit Hilfe eines Handrührgerätes so lange aufgeschlagen, bis eine sehr feincremige Masse entstanden ist und die Farbe von leicht braun zu weiß gewechselt hat. Der bittere Geschmack des Klees muss vollständig neutralisiert sein. In diese Masse werden jetzt die 2 EL Bisbas gleichmäßig eingerührt. Danach beiseitestellen.

2. Die Zwiebel schälen und in kleine Würfel schneiden. Den Knoblauch schälen und fein hacken. Die Chilischote putzen, waschen und klein schneiden. Erhitzen Sie nun Öl in einer Pfanne und braten darin die eben erwähnten Zutaten solange an, bis die Zwiebeln glasig sind. Mit Koriander, Kreuzkümmel, Kurkuma und Salz würzen, anschliessend das Gericht in einen großen Topf mit Deckel umfüllen.

3. Die Kartoffeln schälen und in Achtel teilen. Danach in reichlich kochendem Salzwasser garkochen.

4. Waschen Sie jetzt gründlich das Lammfleisch und schneiden Sie dieses nach dem abtrocknen in mundgerechte Würfel. Das vorbereitete Lammfleisch mit in den Topf geben und für etwa 5 Minuten etwas anbräunen lassen. Dann den Topf mit Wasser auffüllen und mit geschlossenem Deckel für etwa 1,5-2 Stunden bei mittlerer Hitze kochen lassen. Das Fleisch sollte vollständig gar und sehr weich sein. Das Fleisch herausnehmen, mit einer Gabel zerdrücken und die vorbereiteten Kartoffeln dazu geben. Diese werden ebenfalls zerdrückt und schließlich vollständig mit dem Fleisch vermischt.

5. Die Fleisch/Kartoffelmasse wird jetzt in einen Römertopf/Auflaufform gefüllt, mit der eingedickten Brühe aufgegossen und mit 3 EL Hulva gewürzt auf dem Herd zum Kochen gebracht. Danach Hitzezufuhr stoppen, etwas abkühlen lassen und noch heiß servieren.

Wird im Jemen mit frischem Fladenbrot gegessen.

Jemen

-BINT AL SAHN-

(Honignapfkuchen)

NACHSPEISE

ZUTATEN FÜR 4 PORTIONEN.

✓ 2 kleine Eier	✓ 1 Eigelb
✓ 90 g Butter	✓ 180 g Mehl
✓ 1/2 EL Trockenhefe	✓ 1 TL Salz
✓ Honig	✓ Sesamsamen

ZUBEREITUNG:

1. Die Trockenhefe in 60 ml lauwarmen Wasser, für 10 Minuten zum quellen stehen lassen.

2. In der Zwischenzeit wird in einer großen Schüssel Mehl und Salz gemischt. Diesem wird im Anschluss 60 g geschmolzene Butter, 2 Eier und die vorbereitete Hefe hinzugefügt. Den Teig für etwa 15 Minuten durchkneten, bis er beginnt aufzugehen. Danach abdecken und für 30 Minuten gehen lassen.

3. Der Teig wird nun in 10 – 12 gleichmässig große Kugeln geformt und für weitere 30 Minuten zum Gehen stehen gelassen.

4. Heizen Sie den Ofen auf 200°C vor.

5. Großzügig eine geeignete (kleine) Springform einfetten.

6. Mit Hilfe eines Nudelholzes eine Teigkugel kreisförmig und hauch dünn ausrollen. Danach den ausgerollten Teigkreis in die Springform legen. Nun den Teigkreis mit geschmolzener Butter bestreichen, bitte nutzen Sie dafür einen Pinsel. Wie beschrieben wird mit jeder Teigkugel verfahren, auf die oberste Schicht im Anschluss ein Eigelb gepinselt und der Kuchen danach mit Sesam bestreut.

7. Das Gebäck wird jetzt im Ofen für 25 Minuten gebacken, bis es eine appetitlich goldene Farbe angenommen hat. Zum Schluss geben Sie großzügig Honig über den Kuchen und servieren diesen noch warm!

„Bismillah!“

THAILAND

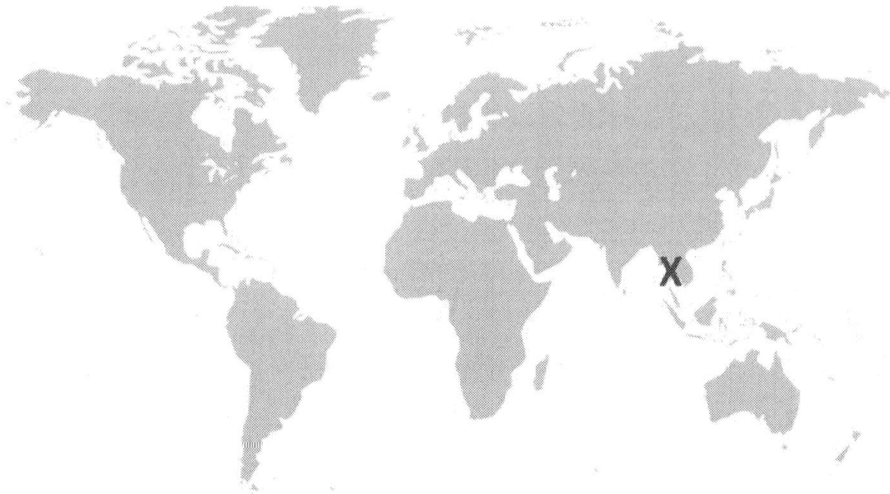

Amtssprache	Thai
Hauptstadt	Bangkok (thailändisch: Krung Thep)
Staatsform	Erbmonarchie
Regierungssystem	Konstitutionelle Monarchie
Staatsoberhaupt	König Maha Vajiralongkorn Rama X.
Regierungschef	Premierminister General Prayut Chan-o-cha
Fläche	513.115 km^2
Einwohnerzahl	69.037.513

Thailand

-SOM TAM-

(Papayasalat)

VORSPEISE

ZUTATEN FÜR 4 PORTIONEN:

✓ 1 große, grüne, feste Papaya (oder 2 kleine)	✓ 10 getrocknete Garnelen
✓ 2 Zehen Knoblauch	✓ 2 – 3 Schlangenbohnen
✓ 4 Möhren	✓ Palmzucker
✓ 16 Cocktailtomaten	✓ Fischsauce
✓ 2 Limetten	✓ 4 EL Erdnüsse, geröstet
✓ 2 Vogelaugenchilis (rot o. grün), ersatzweise Cayenne Chili	

ZUBEREITUNG:

Für die Zubereitung benötigen Sie einen Mörser mit Holzstößel!

1. Zuerst werden die getrockneten Garnelen in lauwarmem Wasser eingeweicht. Danach die Papaya schälen, der Länge nach halbieren und mit Hilfe eines Löffels restlos die Kerne aus dem Inneren der Frucht entfernen. Anschließend wird die Papaya in etwa 2mm dünne Streifen geschnitten. Nun die Möhren schälen und ebenfalls in Streifen dieser Größe schneiden.

2. Danach die Schlangenbohnen putzen, waschen und in ca. 4 cm lange Stückchen schneiden. Die Garnelen abgießen, nochmals abspülen, dann grob zerhacken. Die Knoblauchzehen schälen und die Stiele der Chilischoten entfernen.

3. Die grob zerhackten Garnelen nun mit dem Chili und dem Knoblauch in den Mörser geben und vollständig zerstampfen. Zu den zerstampften Zutaten die Schlangenbohnen geben und weiter stampfen. Diese sollen jedoch nur leicht zerdrückt und nicht, wie die vorher genannten Zutaten, zu Mus zerstampft werden. 1/3 der vorbereiteten Papaya in den Mörser geben und ebenfalls vorsichtig zerstampfen.

4. Fügen Sie 2 EL Palmzucker, 4 EL Fischsoße sowie eine, heiß abgespülte, in Viertel geschnittene und wenn möglich entkernte (oder kernlose Sorte, z.B.: Limon Tahiti) Limette hinzu. Bitte den Mörserinhalt nun weiter leicht stampfen und dabei kontinuierlich alle Zutaten mit Hilfe eines langen Löffels kontinuierlich vermischen, damit sich das Aroma der Früchte entfalten kann. Den Salat nun für 5 Minuten abgedeckt durchziehen lassen.

5. Die vorbereitete Papaya und die Möhren werden unter ständigem stampfen und verrühren jetzt ebenfalls in den Mörser gegeben und mit der Fischsoße, Palmzucker und etwas Limettensaft vollständig gemischt

und danach abgeschmeckt. Die Cocktailtomaten waschen, die Stielansätze entfernen, dann halbieren und zusammen mit den gerösteten Erdnüssen, unter regelmäßigem Stampfen/Verrühren in den Mörser füllen. Nach dem Zerstampfen aller Zutaten, bitte diese gut mischen.

Wird in Thailand mit gedämpften Jasminreis als Vorspeise serviert.

Thailand

-PAD THAI-

(Tofu-Hähnchen Nudeln)

HAUPTSPEISE

ZUTATEN FÜR 4 PORTIONEN:

✓ 200 g Tofu	✓ 4 EL Pflanzenöl
✓ 200 g Hähnchenbrust	✓ 8 TL Fischsoße
✓ 200 g Reisnudeln (3 mm breit)	✓ 12 TL Austernsoße
✓ 200 g Bambussprossen	✓ 2 Tassen Wasser
✓ 4 Frühlingszwiebeln	✓ 4 TL brauner Zucker
✓ 2 - 3Zehen Knoblauch	✓ 25 g Erdnüsse, geröstet, ungesalzen
✓ 1 Limette	✓ Kurkuma
✓ 4 Eier	✓ Chiliflocken

ZUBEREITUNG:

Zur Zubereitung dieses Gerichtes benötigen Sie einen Wok.

1. Die trockenen Reisnudeln werden zuerst für einige Minuten in heißem Wasser eingeweicht.

2. Der Tofu wird an 2 Seiten stark mit Kurkuma eingerieben und danach in Stücke geschnitten. Den Knoblauch schälen und fein hacken. Die Frühlingszwiebeln putzen, waschen und in etwa 2 cm lange Stücke schneiden. Anschließend die Bambussprossen waschen und vollständig abtropfen lassen. Die Limette vierteln und die Erdnüsse nicht all zu fein hacken. Die Hähnchenbrust waschen, trocken tupfen und in mundgerechte Stücke schneiden.

3. Im Wok nun wenig Öl erhitzen und darin den Knoblauch kurz anbraten. Die vorbereiteten Hähnchenwürfel in den Wok geben und eine Minute darauf den Tofu hinzufügen. Alles jetzt für eine weitere Minute braten. Im Anschluss werden zuerst die Eier in den Wok gegeben, dann die Fischsoße, Austernsoße und der Zucker. Bitte alle Zutaten sehr gründlich miteinander vermischen.

4. Das Wasser in den Wok gießen und die geweichten Nudeln dazu geben.

5. Danach werden die Frühlingszwiebel und die Bambussprossen untergerührt und nur für wenige Sekunden mitgekocht. Nach dem Garprozess „Pad Thai" in Schüsseln anrichten, mit den gehackten Erdnüssen und Chiliflocken bestreuen sowie mit einem Limettenviertel garniert heiß servieren.

Thailand

-TæNGTHIY NI KATHI-

(Honigmelone in Kokosmilch)

NACHSPEISE

ZUTATEN FÜR 4 PORTIONEN:

✓ 400 ml ungesüßte Kokosmilch	✓ 1 kleine Vanilleschote
✓ 1 Honigmelone	✓ 5 EL brauner Zucker

ZUBEREITUNG:

1. Die Melone schälen, in Mundgerechte Stücke schneiden und danach für 1 Stunde kaltstellen.

2. Die Vanilleschote halbieren und mit Hilfe eines Messers vollständig das Mark aus der Schote herauskratzen. Nun wird die Kokosmilch mit dem Zucker sowie dem gewonnenen Vanillemark in einen Topf gegeben und so lange erhitzt, bis sich der Zucker aufgelöst hat. Abkühlen lassen, dann ebenfalls kaltstellen.

3. Alle Zutaten sollten vor dem servieren sehr gut gekühlt sein! Die kalten Melonenstücke werden nun in Kompottschalen angerichtet und mit der gekühlten Kokosmilch, großzügig übergossen serviert.

„Khwām xyāk xāhār thī́ dī!"

SRI LANKA

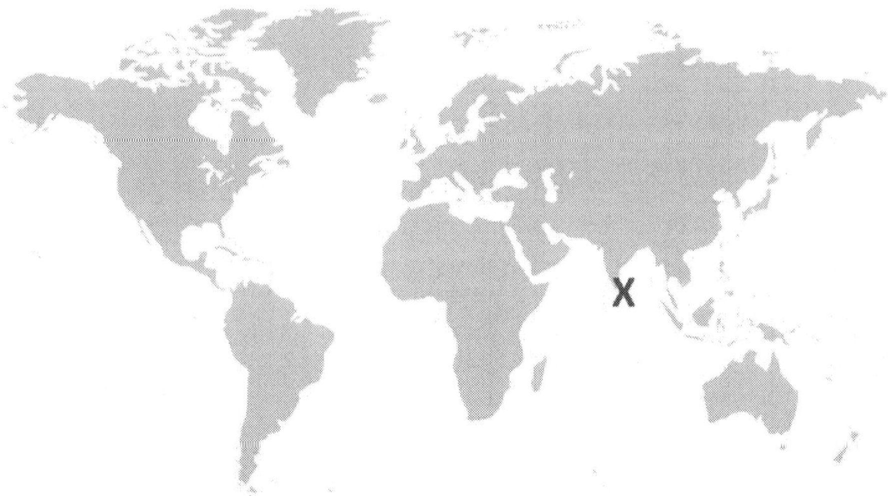

Amtssprache	Sinhala, Tamil
Hauptstadt	de jure: Sri Jayawardenepura de facto: Colombo
Regierungssitz	Sri Jayawardenepura
Staatsform	Republik
Regierungssystem	Präsidialsystem
Staatsoberhaupt	Präsident Maithripala Sirisena
Regierungschef	Premierminister Ranil Wickremesinghe
Fläche	65.610 km²
Einwohnerzahl	20.877.000

Sri Lanka

DAHL

(ein Linsengericht)

VORSPEISE

ZUTATEN FÜR 4 PORTIONEN:

✓ 700 g tiefgefrorener Spinat	✓ 2 EL Senf, mittelscharf
✓ 2 kleine Zwiebeln	✓ 2 EL Kurkuma
✓ 2 Zehen Knoblauch	✓ 2 EL Currypulver
✓ 1 grüne Paprika	✓ 1 TL Koriander
✓ 120 g Linsen	✓ 1 TL schwarzer Pfeffer, gemahlen
✓ 250 ml Wasser	✓ 2 Prisen Zimt
✓ 125 ml Kokosnussmilch	

<u>ZUBEREITUNG:</u>

1. Den Spinat vollständig auftauen lassen.

2. Die Zwiebeln und den Knoblauch schälen, danach beides sehr fein hacken. Die Paprika putzen, waschen, den Stielansatz, ggf. Kerne entfernen und das Fruchtfleisch in sehr kleine Würfel schneiden. In einer Pfanne Öl erhitzen und darin die Zwiebeln, den Knoblauch und die Paprika anbraten.

3. Danach werden die Linsen gewaschen, abgetropft und zusammen mit dem Spinat in einen Topf gegeben. Geben Sie nun das vorbereitete Knoblauch/Zwiebel/Paprika Gemisch, den Senf, Zimt, Curry- und Kurkumapulver, Pfeffer, Salz und den Koriander in den Topf und füllen Sie diesen mit Wasser auf. Gut umrühren und jetzt bei mittlerer Hitze alles für 10 Minuten leicht köcheln lassen. Gießen Sie dann die Kokosmilch dazu (bei Bedarf auch gerne etwas mehr, als die oben angegebene Menge).

4. Das Dahl noch einmal auf kleiner Flamme erhitzen und anschließend mit Salz und Pfeffer abschmecken.

Wird auf Sri Lanka traditionell mit Naan (Fladenbrot) serviert.

Sri Lanka

-PURRUNOY KARI-

(Krebscurry)

HAUPTSPEISE

ZUTATEN FÜR 4 PORTIONEN:

✓ 4 mittelgroße Krebse (etwa 800 g)	✓ 3 - 4 große Korianderblätter
✓ 2 grüne Chilischoten	✓ 1 große Zimtstange
✓ 4 Schalotten	✓ 2 - 3 TL Paprikapulver
✓ 3 Zehen Knoblauch	✓ ¾ TL Bockshornklee
✓ 1 grüne Paprikaschote	✓ ¾ TL Chilipulver
✓ 4 cm Ingwer	✓ ¾ TL Kurkumapulver
✓ 1 EL Zitronensaft	✓ ¾ TL Salz
✓ 250 ml Kokosnussmilch	

ZUBEREITUNG:

1. Zuerst werden die Krebse für etwa 5 Minuten in kochendem Wasser gegart, und danach in jeweils 6 – 9 Stücke zerteilt.

2. Die Schalotten und den Knoblauch schälen, danach würfeln. Die Paprika und grüne Chilischoten putzen, Ansätze, Kerngehäuse und Kerne entfernen, dann die Früchte waschen und in nicht allzu große Würfel schneiden. Den Ingwer schälen und in kleine Stückchen schneiden. Danach zusammen mit dem Knoblauch in den Mixer geben und sehr fein zerhacken.

3. Nun wird Öl in einer Pfanne erhitzt und darin der Ingwer, Knoblauch, die vorbereiteten Zwiebeln und der Chili kurz scharf angebraten. Die Zimtstange, Korianderblätter, sowie alle oben erwähnten Gewürze in Pulverform dazugeben, gut umrühren und den Pfanneninhalt bei mittlerer Hitze für 3-5 Minuten garen, bis dieser sein angenehmes Aroma entfaltet.

4. Im Anschluss werden die vorbereiteten Krebsstücke in die Pfanne gelegt und mit dem Zitronensaft, Salz, sowie der Kokosnussmilch gewürzt. Hitzezufuhr erhöhen und das Curry noch einmal aufkochen lassen, danach für 7-8 Minuten bei schwacher Hitze köcheln lassen. Bitte die ausgekochte Zimtstange vor dem Servieren entfernen.

Wird auf Sri Lanka traditionell mit Reis serviert.

Sri Lanka

-KULFI-

(Sahnedessert mit Cashew Kernen)

NACHSPEISE

ZUTATEN FÜR 4 PORTIONEN:

✓ 500 ml Milch	✓ 2 EL Maismehl
✓ 170 g Zucker	✓ Cashew Nüsse
✓ 250 ml Sahne	✓ Kardamompulver
✓ 120 g Milchpulver	

ZUBEREITUNG:

1. Die Cashew Kerne im Mörser zerstampfen oder mit dem Messer fein hacken.

2. Vermischen Sie in einem geeigneten Topf das Maismehl mit dem Milchpulver, dann etwas Milch dazugeben und alles zu einem glatten Teig verrühren. Die restliche Milch sowie den Zucker dazu geben und ebenfalls einrühren.

3. Bei niedriger Hitze die Masse auf dem Herd langsam eindicken lassen. Anschließend vom Feuer nehmen und mit der Sahne mischen. Danach das Kulfi in eine Schüssel füllen und mit dem Kardamompulver sowie den gehackten Cashew Nüssen bestreuen. Danach für mindestens 8 – 10 Stunden im Kühlschrank kaltstellen und dort durchziehen lassen.

„Nala paci!“

JAPAN

Amtssprache	Japanisch
Hauptstadt	Tokio
Staatsform	Parlamentarische Erbmonarchie
Regierungssystem	Parlamentarische Demokratie
Staatsoberhaupt	Kaiser Naruhito
Regierungschef	Premierminister Shinzō Abe
Fläche	377.835 km²
Einwohnerzahl	126.045.000

Japan

-YAKITORI-

(Hühnerspieße)

VORSPEISE

ZUTATEN FÜR 4 PORTIONEN:

✓ 600 g Hähnchenbrust	✓ 180 ml helle Sojasoße
✓ 2 rote Spitzpaprika	✓ Bambusholzstäbchen
✓ 10 Frühlingszwiebeln	✓ 280 ml Mirin (jap. Reiswein)
✓ 2 EL Zucker	oder lieblicher Weißwein

ZUBEREITUNG:

Yakitori kann auf dem Grill oder in der Pfanne zubereitet werden. Um das Anbrennen der Bambusholzstäbchen auf dem Grill zu verhindern, müssen diese für etwa 20 Minuten in eine flache Schale mit Wasser gelegt werden, welches die Holzstäbchen vollständig bedecken soll.

1. Den Reiswein mit der Sojasoße und dem Zucker in einem geeigneten Topf verrühren. Dann ein Mal aufkochen lassen und anschließend bei mittlerer Hitze einkochen, bis die Soße eindickt und eine sirupartige Konsistenz annimmt. Danach abkühlen lassen.

2. Die Frühlingszwiebeln waschen, putzen und die grünen Enden abschneiden. Der weiße Teil der Zwiebel wird in etwa 2,5 cm lange Stücke geschnitten. Die Hähnchenbrustfilets werden gewaschen, abgetrocknet und in mundgerechte Stücke geschnitten.

3. Auf die gewässerten Spieße werden 4 Stückchen Hühnerbrustfilet und zwischen diesen, jeweils eine Frühlingszwiebel, quer aufgespießt.

4. Die Grillpfanne/Grill erhitzen, die Spieße hinein/darauflegen und bei starker Hitze von allen Seiten scharf abraten. Auf mittlere Hitzezufuhr herunterregeln und die Spieße für etwa 5 Minuten unter mehrmaligem Wenden braten. Diese dabei ca. 4-5 Mal vollständig mit der vorbereiteten Marinade einpinseln. Durch den, in der Marinade enthaltenen Zucker sollte eine feine Glasur entstehen.

Yakitori ist ein sehr beliebtes Fastfood in Japan und wird nur mit Sojasoße und Salz gereicht.

Japan

-TONKATSU-

(Schweineschnitzel)

HAUPTSPEISE

ZUTATEN FÜR 4 PORTIONEN:

✓ 4 Schweinesteaks	✓ 500 ml Öl
✓ 1 Ei	✓ 5 EL Sosu-Soße
✓ 2 EL Mehl	✓ Salz & Pfeffer
✓ 10 EL Panko (japanisches Paniermehl)	

HINWEIS:

Panko und Sosu-Soße erhalten Sie in gut sortierten, asiatischen Lebensmittelgeschäften.

ZUBEREITUNG:

1. Die Schweinesteaks werden zuerst gewaschen, dann die eventuell vorhandenen Fettränder abgeschnitten und danach das Fleisch mit Salz und Pfeffer gewürzt.

2. Erhitzen Sie nun Öl in einer großen Pfanne oder Fritteuse auf180°C.

3. Für die Panade werden 3 geeignete Schüsseln vorbereitet. Eine für Mehl, die zweite für das verquirlte Ei und die dritte für das Panko-Paniermehl.

4. Damit die Panade besser haften kann, werden zuerst, beide Seiten der Schnitzel in Mehl gewendet und danach durch das verquirlte Ei gezogen. Anschließend die Fleischstücke in das Pankow legen und von beiden Seiten vollständig mit dem Paniermehl bedecken.

5. Jetzt werden die vorbereiteten Schnitzel vorsichtig in das heiße Öl gelegt, von welchem diese vollständig umschlossen werden/schwimmen - müssen. Unter mehrmaligem wenden die Schnitzel appetitlich braun braten.

Wird in Japan traditionell mit Sosu-Soße und zerkleinertem Weißkohl, auf Tellern angerichtet serviert.

Japan

-TEMPURA-

(frittiertes Obst)

NACHSPEISE

ZUTATEN FÜR 4 PORTIONEN:

✓ 80 g Mehl	✓ ¼ TL Salz
✓ ½ EL Zucker	✓ 180 ml Wasser
✓ 15 g Stärke	✓ 5 Eiswürfel
✓ 5 g Backpulver	✓ 600 g frisches Obst, nach belieben
✓ Sesamöl zum Frittieren	

ZUBEREITUNG:

1. Für optimale Ergebnisse muss das Wasser sehr kalt sein, deshalb werden diesem 5 Eiswürfel hinzugefügt.

2. Das Mehl, die Stärke und das Backpulver in eine Schüssel fein sieben, das Salz dazu geben und alles gründlich vermischen.

3. Nun das gesamte Wasser dazu geben und genau 10 Mal mit den Essstäbchen umrühren. Der Teig soll klumpenfrei sein aber einige Luftblasen enthalten.

4. Nun werden die Früchte gewaschen, ggf. geschält und danach in mundgerechte Stücke geschnitten. Banane, Mango und Ananas eigenen sich ganz besonders, aber auch Apfel, Pflaume oder Birne schmecken frittiert hervorragend.

5. In einer Fritteuse bzw. in einem kleinen, mit Frittieröl gefüllten, Topf das Sesamöl auf 200 C erhitzen.

6. Mit Hilfe zweier Essstäbchen werden nun die Früchte, zuerst kurz in den Tempurateig getaucht und danach vorsichtig in das heiße Öl gegeben. Das Obst bitte nicht in das Öl fallen lassen oder „werfen“, sondern sachte in den Topf gleiten lassen.

7. Hat der Teig eine goldbraune Farbe angenommen, werden die frittierten Früchte sofort herausgenommen und zum abtropften auf Küchenpapier gelegt. Der Vorgang wird so lange wiederholt, bis der Teig bzw. alle Früchte verbraucht sind.

Tempura wird in Japan auch zum frittieren von verschiedenem Gemüse, Fisch, Hühnchen, Sushi und Garnelen verwendet.

„Itadakimasu!“

PHILIPPINEN

Amtssprache	Filipino (National- und Amtssprache), Englisch (Amtssprache)
Hauptstadt	Manila
Staatsform	Republik
Regierungssystem	präsidentielle Demokratie
Staatsoberhaupt, zugleich Regierungschef	Präsident Rodrigo Duterte
Fläche	343.448 km²
Einwohnerzahl	106.512.000

Philippinen

-NILAGA-

(Rindergulasch)

VORSPEISE

ZUTATEN FÜR 4 PORTIONEN.

✓ 1 kg Rindfleisch (aus der Keule)	✓ 2 EL Tomatenmark
✓ 500 g Tomaten	✓ 500 ml Rinderbrühe
✓ 1 Bund Frühlingswiebeln	✓ 2 EL Sojasoße
✓ 6 mittelgroße Zwiebeln	✓ 4 EL Reisessig, hell
✓ 4 Zehen Knoblauch	✓ 4 EL Öl
✓ 3 cm Ingwer	✓ 1 TL brauner Zucker
✓ 4 Lorbeerblätter	✓ Salz & Pfeffer

ZUBEREITUNG:

1. Zuerst das Fleisch waschen dann abtrocknen und anschließend in mundgerechte Stücke schneiden.

2. Öl in einer Pfanne erhitzen und darin das Fleisch von allen Seiten kurz, scharf anbraten. Danach das Tomatenmark in die Pfanne einrühren.

3. Nun die Zwiebeln und den Knoblauch schälen, die Zwiebeln werden in dicke Scheiben geschnitten, der Knoblauch fein gehackt. Den Ingwer schälen und ebenfalls fein hacken.

4. Im Anschluss werden der Knoblauch, Ingwer, die Zwiebeln, der Lorbeer, die Rinderbrühe, Essig, Zucker und die Sojasoße zum Fleisch gegeben und im geschlossenen Topf für etwa 60 Minuten bei mittlerer Hitze geschmort.

5. Die Tomaten waschen, den Stielansatz entfernen, dann die Früchte achteln. Mit dem Pfeffer würzen und beide Zutaten nach etwa 60 Minuten Garzeit, dem Gulasch hinzufügen. Bei geschlossenem Topf für weitere 20-25 Minuten garen lassen.

6. Die Frühlingszwiebeln putzen, waschen und in feine Scheiben schneiden, diese werden dann über das geschmorte Fleisch gestreut.

Auf den Philippinen wird Nilaga traditionell mit Basamati Reis serviert.

Philippinen

-CHICKEN ADOBO-

(Chilihuhn in Sojasoße)

HAUPTSPEISE

ZUTATEN FÜR 4 PORTIONEN:

✓ 12 Hähnchenunterkeulen	✓ 100 ml Sojasoße
✓ 2 kleine getrocknete Chilischoten	✓ 100 ml Essig
✓ 6 cm Ingwer	✓ 300 ml Wasser
✓ 5 Zehen Knoblauch	✓ 2 TL ganze, schwarze Pfefferkörner
✓ 2 Zitronenschalen, fingerlang	✓ 4 Lorbeerblätter

ZUBEREITUNG:

1. Zuerst den Ingwer schälen und in Scheiben schneiden. Dann die Knoblauchzehen ungeschält etwas andrücken. Die Bio Zitrone mit heißem Wasser abspülen und 2 dünne, fingerlange Stücke aus der Schale der Frucht herausschneiden/schälen. Die Hähnchenbeine mit kaltem Wasser abspülen und abtrocknen.

2. Nun das Wasser mit dem Knoblauch und den Ingwerscheiben, den Chilischoten, Pfefferkörnern, Lorbeerblättern, der Sojasoße, Essig und den vorbereiteten Zitronenschalen aufkochen. Im Anschluss die Unterkeulen dazu geben und bei schwacher Hitze sowie geschlossenem Deckel für etwa 40 Minuten köcheln lassen.

3. Nach 20 Minuten Garzeit die Fleischstücke wenden. Diese sollten am Ende der Garzeit eine appetitlich gold/braune Farbe angenommen haben.

4. Nach dem Garen das Fleisch herausnehmen und warmhalten. Den im Topf entstandenen Sud durch ein Sieb abgießen, diesen dann durch schwache Hitzezufuhr wieder erwärmen und langsam etwas einkochen lassen, bis die Soße sämig und eingedickt ist.

5. Nun wird das Fleisch in der Soße noch einmal aufgekocht und anschließend auf Tellern angerichtet serviert.

Wird auf den Philippinen mit Reis gereicht.

Philippinen

-MANGO FLOAT-

(Mango/Keks Nachtisch)

NACHSPEISE

ZUTATEN FÜR 4 PORTIONEN:

✓ 1 große reife Mango	✓ ½ Dose gesüßte Kondensmilch
✓ 400 g Butterkekse	✓ 250 ml Sahne

ZUBEREITUNG:

1. Die Sahne im Kühlschrank für 30 Minuten abkühlen. Danach diese mit dem Handrührgerät steifschlagen. In die aufgeschlagene Sahne nun die gesüßte Kondensmilch einlaufen lassen. Gründlich verrühren.

2. Schälen Sie die Mango und lösen Sie das gesamte Fruchtfleisch vorsichtig vom Kern. ¾ der Frucht werden in dünne Scheiben geschnitten, das restliche ¼ in kleine Würfel.

3. Der Boden einer rechteckigen Glasdessertschale wird nun vollständig mit Butterkeks ausgelegt. Auf dem Keksboden verteilen Sie dann ¼ der vorbereiteten Sahne/Milch Creme, auf welche Sie wiederum Mangoscheiben schichten. Wiederholen Sie diesen Prozess 2 Mal und schließen Sie mit der Cremeschicht ab, welche schlussendlich von den vorbereiteten Mangowürfeln bedeckt werden soll.

4. Das Mango Float für 4-5 Stunden im Kühlschrank durchziehen lassen und kalt servieren.

„Pakpak!“

AUSTRALIEN / OZEANIEN

AUSTRALIEN

Amtssprache	de jure: keine de facto: Englisch
Hauptstadt	Canberra
Staatsform	föderale, parlamentarische Monarchie
Regierungssystem	parlamentarische Demokratie (Westminster-System)
Staatsoberhaupt	Königin Elisabeth II. vertreten durch Generalgouverneur David Hurley
Regierungschef	Premierminister Scott Morrison
Fläche	7.688.287 km²
Einwohnerzahl	25.324.713

Australien

-CHICKEN SWEET CORN SOUP-

(Mais-Hühnchen Suppe)

VORSPEISE

ZUTATEN FÜR 4 PORTIONEN:

✓ 400 g Hähnchenbrustfilet	✓ 1 EL Mehl
✓ 1 l Hühnerbrühe	✓ 60 ml Wasser
✓ 300 g Mais/ Konserve	✓ 1 TL Sesamöl1
✓ 420 g Creamed Corn[vii]	✓ 1 TL Sojasose
✓ 100 g Schinken	✓ 2 TL gehackter Ingwer
✓ 6 Frühlingszwiebeln	✓ Salz & schwarzer Pfeffer
✓ 2 Eier	

ZUBEREITUNG:

1. Die Hähnchenfilets waschen und in eine große Pfanne legen, mit Hühnerbrühe aufgießen und bei starker Hitze zum Kochen bringen. Die Hitzezufuhr reduzieren und nun für etwa 5 Minuten (auch länger) köcheln lassen, bis das Fleisch gar ist. Dieses abkühlen lassen, dann in einen Topf legen und zerfasern. Danach abdecken und beiseitestellen.

2. Geben Sie nun den feingehackten Ingwer und die Sojasoße in die Hühnerbrühe und rühren Sie danach vollständig und klumpenfrei, bei geringer Hitze, langsam das Mehl in die Brühe ein. Nun die Suppe köcheln lassen, bis sie etwas eindickt (2-5 Minuten). Bitte gelegentlich umrühren.

3. Aus dem Schinken dünne Streifen schneiden und diese zusammen mit dem creamed Corn, und der zerfaserten Hühnerbrust in die Suppe geben. Unter gelegentlichem umrühren für weitere 2 – 3 Minuten köcheln lassen.

4. Trennen Sie nun Eigelb vom Eiweiß und geben Sie nur das Eiweiß unter ständigem Rühren (Holzlöffel) in die köchelnde Suppe. Für weitere 2 Minuten köcheln lassen. Bei starker Blasenbildung der Suppe Hitzezufuhr abschalten.

5. Die Frühlingszwiebeln putzen, waschen und in feine Ringe schneiden.

6. Geben Sie dann das Sesamöl und die Hälfte der vorbereiteten Frühlingszwiebeln in den Topf und rühren beide Zutaten vollständig ein. Mit Salz und Pfeffer abschmecken, danach die Suppe auf tiefe Teller oder Schalen verteilen und mit den restlichen Frühlingszwiebeln garniert heiß servieren.

Australien

-MEAT PIE-

(Fleischkuchen)

HAUPTSPEISE

ZUTATEN FÜR 4 PORTIONEN:

Für den Teig	*Für die Füllung*
✓ 150 g Butter	✓ 800 g Lamm, geschmort
✓ 500 g Mehl	✓ 100 g geräucherter Speck
✓ 100 ml Milch	✓ 2 Zwiebeln
✓ 100 ml Wasser	✓ 400 ml Rinderbrühe
✓ 1 TL Salz	✓ 1 EL Speisestärke
	✓ 2 EL Worcestersoße
	✓ 1 EL Wasser
	✓ Salz & Pfeffer

ZUBEREITUNG:

1. *Der Teig:* Vermischen Sie Wasser mit Salz, der Milch und Butter in einem geeigneten Topf und bringen Sie diese Flüssigkeit kurz zum Aufkochen. Das Mehl in eine Schüssel geben und in das Wasser/Butter Gemisch hineingießen. Danach mit Hilfe einer Küchenmaschine/ Handrührgerät, die Masse zu einem glatten Teig verkneten. Diesen mit einem sauberen Handtuch abdecken und zur Seite stellen.

2. *Die Füllung:* Die Zwiebeln schälen und fein würfeln. Den Räucherspeck ebenfalls fein würfeln. Das geschmorte Lammfleisch wird in sehr kleine Würfel geschnitten und danach in einer Pfanne mit heißem Öl angebraten. Wenn das Fleisch leicht angebraten ist, werden die vorbereiteten Zwiebeln und der Speck dazu gegeben. Für einige Minuten weiter braten lassen, dann mit der Worcestersoße, Salz und Pfeffer würzen. Die Brühe aufgießen und alles bei starker Hitze einmal kurz aufkochen, Hitzezufuhr herunter regeln und nun bei geringer Hitze mit verschlossenem Deckel für etwa eine Stunde köcheln lassen.

3. Verrühren Sie jetzt 2 EL Wasser mit der Speisestärke zu Brei und rühren diesen in das Gargut ein. Wieder bei starker Hitze kurz aufkochen, danach Hitzezufuhr unterbrechen und das Gargut vollständig abkühlen lassen.

4. Die Kuchenform/en (auch große und kleine Springformen) mit Butter einfetten. Auf einer bemehlten Arbeitsfläche werden 2/3 des aufbewahrten Fleischkuchenteiges 5 mm dick ausgerollt.

5. Nun aus dem Teig 4 große Kreise ausschneiden, welche im Durchmesser etwas größer sein sollen, als die Kuchenformen. Die gefetteten Kuchenformen werden jetzt mit den Teigplatten ausgekleidet und anschließend zu etwa ¾ mit dem hergestellten Fleischragout befüllt. Der überstehende Teigrand wird nach innen auf die Füllung gelegt. Die Teigränder zum verkleben bitte mit Eigelb bestreichen.

6. Heizen Sie den Backofen auf 160°C vor.

7. Rollen Sie nun den restlichen Teig aus und schneiden Sie aus diesem, die passenden Kuchendeckel heraus. Im Anschluss wird der/die Deckel auf den Fleischkuchen gelegt und dieser am Rand leicht angedrückt.

8. Bestreichen Sie danach den gesamten Kuchen mit Eigelb und schneiden Sie einen etwa 1-1,5 cm großen Schlitz in dessen Oberfläche (für die Luftzirkulation).

9. Der Fleischkuchen wird jetzt für etwa eine Stunde im vorgeheizten Backofen appetitlich goldbraun gebacken und sollte im Anschluss, bei geöffneter Backofentür, für mindestens 10 weitere Minuten im Ofen ruhen.

Wird in Australien mit Ketchup und verschiedenen Dips serviert.

Australien

-PAVLOVA-

(Baiser/Sahne Törtchen mit Früchten)

NACHSPEISE

<u>ZUTATEN FÜR 4 PORTIONEN:</u>

✓ 280 g Zucker	✓ 1 TL Speisestärke
✓ 1 Päckchen Vanillezucker	✓ 1 TL Essig
✓ 400 ml Sahne	✓ Beerenfrüchte/Früchte der Saison
✓ 4 Eier	

ZUBEREITUNG:

1. Den Backofen auf 180°C vorheizen.

2. Die Eier trennen und das gewonnene Eiweiß so lange schlagen, bis es beginnt steif zu werden. Unter ständigem weiterschlagen langsam den Zucker einrieseln lassen. Nun den Eischnee kräftig weiterschlagen, bis er steif ist, danach Speisestärke und Essig unterheben. Die Baisermasse sollte jetzt fest und glänzend sein.

3. Fetten Sie ein Backblech ein und geben Sie die Baisermasse als einen Kreis von 3 cm Höhe darauf. Bitte die Oberfläche glattstreichen und bei 100°C für etwa eine Stunde die „Pavlova“ im Ofen backen. Anschließend die Ofentür öffnen und bei geöffneter Tür nun das Dessert 10 – 15 Minuten erkalten lassen.

4. Der Boden könnte sich beim Abkühlen vor allem in der Mitte etwas absenken. Die „Pavlova“ muss über einen noch weichen Kern verfügen, jedoch von außen knusprig sein und keinesfalls gebräunt.

5. Jetzt die Sahne steif schlagen und über das abgekühlte Baiser geben.

Wird in Australien mit Beerenfrüchten und/oder mit in mundgerechte Stücke geschnittenem Obst der Saison kalt serviert.

„Enjoy (your meal)!“

TAHITI

Amtssprache	Französisch
Hauptstadt	Papeete
Staatsform	Französisches Überseegebiet
Regierungssystem	Parlamentarisches Regierungssystem
Fläche	1042 km^2
Einwohnerzahl	186.909

Tahiti

–„TAHITI“–

(Cocktail)

VORSPEISE

ZUTATEN FÜR 4 PORTIONEN:

Für den Cocktail:	*die alkoholfreie Variante:*
✓ 12 cl Malibu Kokoslikör	✓ 20 cl Kokosmilch
✓ 8 cl dunkler Rum	✓ 8 cl Mangosirup
✓ 8 cl Mangolikör	✓ 65 cl Orangensaft
✓ 65 cl Orangensaft	✓ 16 cl Zitronensaft
✓ 16 cl Zitronensaft	✓ 1 Mango
✓ 1 Mango	✓ Eiswürfel
✓ Eiswürfel	

-„Tahiti“-

ZUBEREITUNG:

1. Den Orangensaft, Zitronensaft, Rum, Malibu und Mangolikör mit den Eiswürfeln in einen Shaker geben und gut schütteln. Danach den „Tahiti“ in vier vorbereitete Longdrinkgläser auf Eiswürfel gießen.

2. Mit Mangostücken garniert servieren.

3. Schälen Sie die Mango, entfernen Sie den Kern und geben Sie danach die Hälfte des Fruchtfleisches mit dem Zitronensaft, Orangensaft, dem Mangosirup, der Kokosmilch und etwa 4 Eiswürfeln in einen Standmixer und vermixen nun alle Zutaten gründlich miteinander.

   Anschließend wird der alkoholfreie „Tahiti“ in vier vorbereitete Longdrinkgläser, auf Eiswürfel gegossen und mit Mangostückchen garniert serviert.

Wird auf Tahiti als Cocktail, Aperitif oder alkoholfreies Erfrischungsgetränk genossen!

Tahiti

-CHICKEN FAFA-

(Spinat/Hähnchen)

HAUPTSPEISE

ZUTATEN FÜR 4 PORTIONEN.

✓ 500 g Hühnchenbrust	✓ 1 Würfel Hühnerbrühe
✓ 400 g Spinat	✓ 8 g Stärke
✓ 350 ml Kokosmilch	✓ scharfer Curry
✓ 3 Zwiebeln	✓ ½ frische Ingwerwurzel
✓ 1 Zehe Knoblauch	✓ Salz & Pfeffer
✓ 1 große Limette	✓ Bouquet garni[viii]

ZUBEREITUNG:

1. Den Tiefkühlspinat auftauen lassen.

2. Zwiebeln und Ingwer schälen, danach fein hacken. Die Hünchenbrüste waschen, abtrocknen und in mundgerechte Stücke schneiden.

3. Erzeugen Sie aus den Brühwürfeln einen Liter Hühnerbrühe, welcher mit dem Bouquet garni gewürzt wird. Danach in einem geeigneten Topf die vorbeteten Zwiebeln und den Ingwer leicht anbraten. Die Hühnerbrust und den Knoblauch dazu geben und langsam bei geringer Hitzezufuhr braun braten lassen.

4. Wenn das Hühnerfleisch angebräunt ist, wird der Spinat und der Limettensaft dem Topf hinzugegeben. Mit Salz, Pfeffer und dem Curry würzen, anschliessend die Speisestärke langsam unterrühren. Danach den Deckel schließen und bei geringer Hitze für 40 Minuten köcheln lassen.

5. Nach dem Kochprozess werden die Fleischstücke und der Spinat aus dem Topf genommen und die Soße mit der Kokosmilch angedickt. Hat sich die Soße stark reduziert, wird das Hühnchen und der Spinat wieder zurück in den Topf gegeben und nun für weitere 5 Minuten bei schwacher Hitze fertig gegart.

Auf Tahiti wird Chicken Fafa mit Reis serviert.

Tahiti

-PO´E-

(Banenenpudding)

NACHSPEISE

<u>ZUTATEN FÜR 4 PORTIONEN:</u>

✓ 4 – 6 reife Bananen	✓ 160 ml Koksmilch
✓ 80 g brauner Zucker	✓ 90 g Maisstärke
✓ 2 TL Vanillezucker	

ZUBEREITUNG:

1. Die Bananen werden geschält und im Mixer püriert. Maisstärke, Vanillezucker und braunen Zucker hinzufügen und alles gut vermischen.

2. Den Backofen auf 190°C vorheizen,

3. Nun die Auflaufform einfetten und mit dem Brei befüllen. Der Pudding wird jetzt für ca. 35 – 45 Minuten gebacken, bis er vollständig fest ist. Dann aus dem Ofen nehmen und mindestens 10 Minuten abkühlen lassen.

4. Der Pudding wird dann würfelförmig in Portionen geschnitten, auf Kompottschälchen verteilt und mit Kokosmilch übergossen. Abschließend mit braunem Zucker bestreuen. Auf Tahiti wird ein Teil der Banane auch gern durch andere tropische Früchte wie Mangos, Ananas oder Papayas ersetzt.

„Tama´a Maitai!“

NACHWORT

Ihre kulinarische Reise um die Welt ist auf Tahiti zu Ende gegangen. Schon morgen werden Sie zu ihren bevorzugten Gerichten und liebgewonnen Essgewohnheiten zurückkehren und wieder alltägliche Mahlzeiten zubereiten und verzehren. Möglicherweise hat jedoch der ein oder andere Rezeptvorschlag dieses Buches Ihren Geschmack oder den Ihrer Familienangehörigen oder Freunde, so sehr verzaubert, dass besagtes Gericht, demnächst bei ihnen zu Hause öfter oder immer wieder auf den Tisch kommt. Wie Sie jetzt natürlich aus eigener Erfahrung wissen, sind die meisten Nationalgerichte weder teuer in der Zutatenbeschaffung noch Zeit oder arbeitsintensiv, obwohl auch diese Variante oder besser Ausnahmen (von der Regel) durchaus existieren. (Siehe Saltah, Jemen)

Die für die Zubereitung dieser Art von Gerichten benötigten Zutaten sind in den jeweiligen Regionen reichlich vorhanden und die allermeisten der vorgestellten Gerichte überzeugen durch einfaches Zubereiten und günstige Einkaufspreise. Die wenigen „exotischen" Gewürze oder Kräuter welche dringend benötigt werden, erhalten Sie in gut sortierten, Supermärkten oder im Onlinehandel. Alle gelisteten authentischen Nationalgerichte wurden sorgfältig von erfahrenen Küchenchefs, nach ernährungsphysiologischen Aspekten ausgewählt, mehrmals zur Probe gekocht und für -sehr gut-befunden, dann im Anschluss, für Sie zusammengestellt und schließlich publiziert. Bitte probieren auch Sie diese außergewöhnlich gewöhnlichen,

internationalen Gerichte, möglicherweise werden Sie überrascht und erfreut sein, über den Geschmack, der aus der Ferne zu Ihnen kam.

Ihr Nelson Mané

ANMERKUNGEN

i
Cajun

Zutaten:

- 1 EL Salz
- 1 EL Paprikapulver, edelsüß
- 1 EL Knoblauchpulver
- 1 EL Oregano
- 1 EL weißer Pfeffer
- 1 EL Cayennepfeffer
- 1 EL Salz
- 1 TL Thymian
- 1 EL Zwiebelpulver
- 1 EL schwarzer Pfeffer
- 1 EL Paprikapulver, edelsüß
- 1 EL Salz

Zubereitung:

Die Zutaten werden jetzt vorsichtig in der oben genannten Reihenfolge (von links nach rechts) in ein geeignetes Schraubglas geschichtet. Die Gewürzmischung kann im Kühlschrank bis zu 3 Monate aufbewahrt werden.

ii
Aji amarillo Soße (gelber Pfeffer)

Zutaten:

- 2 Frühlingszwiebeln
- 1 gelbe Chilischote
- 2 Limetten
- 100 g Mayonnaise
- 50 g Frischkäse/Feta
- 1 EL Ketchup
- 50 g Saure Sahne
- Salz & Pfeffer

Zubereitung:

1. Die Frühlingszwiebeln putzen, waschen und in schmale Streifen schneiden. Die gelbe Pfefferschote waschen, halbieren, Stielansatz und evtl. Kerne entfernen, danach kleinschneiden und in wenig Öl kurz anbraten. Die Limetten halbieren und den Saft auspressen.

2. Nun die Frühlingszwiebeln und die vorbereitete gelbe Chilischote mit Mayonnaise, saurer Sahne, Frischkäse, Ketchup und dem Limettensaft mit Hilfe einer Küchenmaschine/Mixer gut vermischen, bis eine cremige Masse entstanden ist. Würzen Sie die "Aji amarillo Soße" mit Pfeffer, Salz und Chili. Die Soße sollte vor der Verwendung im Kühlschrank 24 Stunden durchgezogen sein!
Haltbar (im Kühlschrank) etwa 1 Woche.

iii
Berbere

Zutaten:

- 75 g Chiliflocken
- 1/2 TL Zimt, gemahlen
- 1/2 TL Pimentkörner
- 1/2 TL Koriander
- 1/2 TL Gewürznelken
- 1/2 TL Bockshornklee
- 1/2 TL Kardamom
- 1/2 TL Kreuzkümmel
- 1/2 TL Inger, gemahlen
- 1/2 TL Muskatnuss, gerieben
- 50 g Paprikapulver
- Salz & Pfeffer

Zubereitung:

1. Alle Gewürzsamen werden ohne Öl in einer geeigneten Pfanne kurz angeröstet. Danach abkühlen lassen. Anschließend die angerösteten Gewürze in einen Mörser geben und so lange zermahlen, bis sie gewünschte Größe der Körner erreicht ist.

2. Diese Mischung nun mit den übrigen Gewürzen zu Berbere vermischen. Kann im Kühlschrank (im verschlossenen Glas) für mehrere Monate aufbewahrt werden.

iv
Niter kibbeh

Zutaten:

- 500 g Butter
- 3 Zehen Knoblauch
- 4 cm Ingwer
- 1 Bund Frühlingszwiebel
- 1 Zimtstange
- 3 Gewürznelken
- 1 TL schwarze Pfefferkörner
- 1 TL Bockshornklee
- 1 TL Oregano
- 3 Kardamomkapseln, schwarz
- 1 TL Koriander
- 1/2 TL Kreuzkümmel
- 1/4 TL Curcuma, gemahlen
- 1/4 TL NUTMEG
- 1 TL Bersobela (sacerd basil)
- 1 TL Kosseret (lippia javanica)

Zubereitung:

1. In einer Pfanne ohne Öl werden die Gewürze für einige Minuten angeröstet, bis sich das Aroma entfaltet. Die Gewürze dürfen nicht anbrennen, da sie sonst leicht bitter werden.

2. Die Frühlingszwiebeln putzen, waschen und in feine Ringe schneiden.

3. Nun alle Zutaten in einer großen Pfanne mischen und danach bei sehr schwacher Hitze für mindestens 90 Minuten simmern lassen.

4. Danach, mit Hilfe eines Küchentuches, die festen Bestandteile herausfiltern. Die noch flüssige Butter abkühlen lassen und danach in ein luftdichtes Gefäß mit Deckel abfüllen. Bei Raumtemperatur hält sich Niter kibbeh für mehrere Monate, im Kühlschrank noch länger. Vor Gebrauch (bei Zimmertemperatur) weich werden lassen!

v

Hawaij

Zutaten:

- 6 1/2 TL schwarze Pfefferkörner
- 15-20 g Kreuzkümmel
- 1 1/1 TL ganze Nelken
- 2 1/2 TL Koriander
- 1 1/2 TL grüner Kardamom
- gemahlener Kurkuma

Zubereitung:

1. Alle Zutaten (außer das Kurkuma) in einer Pfanne ohne Öl für einige wenige Minuten kurz rösten, abkühlen lassen und schließlich in einer Gewürzmühle mahlen. Vermischen Sie nun das Kurkma mit dem Pulver und lagern Sie die fertige Gewürzmischung in einem geschlossenen Behälter an einen trockenen, belüfteten und sonnengeschützten Ort.

vi

Bisbas

Zutaten:

- 1-2 grüne frische Chilischoten
- 1 Bund Frühlingszwiebeln
- 1 getrocknete Chili
- 1 Zehe Knoblauch
- 1/2 TL Koriander, gemahlen
- 1/4 TL Keuzkümmel
- 1/2 TL Salz
- 1 EL Wasser

Zubereitung:

1. Alle Zutaten in den Mixer geben und so gründlich zerkleinern, bis eine homogene Masse entstanden ist. Bisbas kann bis zu 3 Tage im Kühlschrank aufbewahrt werden.

vii
Creamed Corn

Zutaten:

- 300 g Maiskörner, tiefgefroren
- 150 ml Sahne
- 2 EL Butter
- 100 g Parmesankäse
- 150 ml Milch
- 2 TL Mehl
- 2 EL Zucker
- 1/4 TL Pfeffer, schwarz
- 1 TL Salz

Zubereitung:

1. In einem geeigneten Gefäß Mehl und Milch vermischt und diese anschließend in das Mais/Sahen Gemisch gegeben. Bitte gründlich umrühren. Bei mittlerer Hitze so lange Kochen, bis das creamed Corn gar gezogen ist und die Suppe eindickt. Dann Hitzezufuhr unterbrechen und den Parmesankäse einrühren, bis dieser zerlaufen ist. Bitte heiß servieren.

viii

Bouquet Garni

Zutaten:

- 3 frische Salbeiblätter
- 2 Zweige Thymian
- 2 Zweige Petersilie
- 1 Zweig frischer Rosmarin
- 2 Lorbeerblätter

Zubereitung:

1. Alle Kräuter mit Hilfe eines Bindfadens zusammenbinden und in einem Zellstoffteebeutel verschließen. Dieser Beutel kocht mit und wird nach Abschluss des Garvorgangs wieder aus dem Topf entfernt.